FORSCHUNGSBERICHTE DES LANDES NORDRHEIN-WESTFALEN

Nr. 3223 / Fachgruppe Wirtschafts- und Sozialwissenschaften

Herausgegeben vom Minister für Wissenschaft und Forschung

Dipl.-Volkswirt Dr. Joachim Vesper

Forschungsinstitut der Friedrich-Ebert-Stiftung
Bonn - Bad Godesberg

Zur Dynamik regionaler Arbeits- und Investitionsmärkte

Angebot und Nachfrage regionaler Wirtschaftsfördermaßnahmen im Konjunkturverlauf

Westdeutscher Verlag 1987

CIP-Titelaufnahme der Deutschen Bibliothek

Vesper, Joachim:
Zur Dynamik regionaler Arbeits- und Investitionsmärkte : Angebot u. Nachfrage regionaler Wirtschaftsfördermaßnahmen im Konjunkturverlauf / Joachim Vesper. - Opladen : Westdt. Verl., 1987
(Forschungsberichte des Landes Nordrhein-Westfalen ; H. 3223 : Fachgruppe Wirtschafts- und Sozialwissenschaften)
ISBN 978-3-531-03223-8 ISBN 978-3-322-88623-1 (eBook)
DOI 10.1007/978-3-322-88623-1
NE: Nordrhein-Westfalen: Forschungsberichte des Landes ...

Herstellung: Westdeutscher Verlag

Lengericher Handelsdruckerei, 4540 Lengerich

ISBN 978-3-531-03223-8

Inhalt

Abbildungsverzeichnis

Tabellenverzeichnis

Seite

Kartenverzeichnis

Einleitung

Innerhalb der heutigen Ökonomie lassen sich zwei wesentliche und stimmführende Gruppen unterscheiden, deren Aussagen und Programme man miteinander kontrastieren kann. Es sind auf der einen Seite diejenigen Ökonomen, die, obwohl untereinander sehr verschieden, in der Perspektive der Gegenpartei als "Nachfrageökonomen" und "Beschäftigungsprogramm- Anhänger" zusammengehörig erscheinen, auf der anderen Seite diejenigen, die sich in den Augen dieser Nachfrageökonomen vage oder lautstark genug als Angebotstheoretiker klassifizieren.

Wer auf polarisierende Definitionen aus ist, dem bieten sich handfeste Begriffspaare an, wie Leistung und Mißbrauch, Subvention und Eigeninitiative und so weiter. Wo sich Vorurteil und Polemik einschleichen, da wird die eine Seite der Glorifizierung der Marktwirtschaft und ihrer Selbstheilungskräfte und der Vernachlässigung der sozialen Aspekte – des Begriffs "soziale Marktwirtschaft" überhaupt – bezichtigt, die Gegenseite des Glaubens an die Wunder der Staatstätigkeit oder gar des Klassenkampfes, eine Anklage, die für die Mentalität der öffentlichen Meinung und der meisten heutigen Kritiker und Interpreten ökonomischer Aussagen und Verhaltensweisen ein vernichtendes Urteil in sich schließt.

Alles Etikettieren und Definieren in dieser Sache hat sein Mißliches, Irreführendes und Unfruchtbares. Jede Definition ist also mit Vorbehalt zu nehmen; trotzdem kann das korrekte gegenseitige Klassifizieren von Nutzen sein, auch in kritisch-polemischer Absicht. Joan Robinson, die die Bankrotterklärung der Ökonomie forderte, wollte damit die mangelnde Übereinstimmung praktischer Probleme und theoretischen Disputierens bezeichnen. Heute ist die Forderung nach "Verbesserung der Angebotsbedingungen ökonomischer Tätigkeiten" ein Ehrenprogramm der Politik geworden. Als musterhaft gelten Ökonomen, die die Einschränkungen der internationalen Wettbewerbsfähigkeit und die Überlastung der Wirtschaft durch das Sozialtransfersystem nachweisen.

Das Transfersystem ist in Abhängigkeit - nicht als Anhängsel, sondern im politischen Willensbildungsprozeß - von der Entwicklung der Zahl und Qualität der Arbeitsplätze und der Produktivitätssteigerungen entstanden und ausgebaut worden. Das Transfersystem der Gegenwart, in seiner Größenordnung erschreckender Dauerbestandteil des wirtschaftlichen Kreislaufs und in seiner Notwendigkeit nicht nur im Detail zu rechtfertigen, dabei noch immer weiter ausgreifend, setzt entscheidende Daten für Bevölkerung und Unternehmen. Die Prosperität der vergangenen Dekaden führte dazu, daß der Eindruck entstehen konnte, oder heute zu vermitteln versucht wird, daß "Wohltaten" - im sozialen System oder in bezug auf Unternehmenssubventionen - hinterhergeworfen werden konnten.

"Den Politikern war allemal wichtiger, sich von Wahl zu Wahl mit einem immer reichhaltiger gefüllten Korb sozialer Leistungen zu präsentieren, den es galt, möglichst flächendeckend über die Bevölkerung und die Wähler aller Parteien zu leeren."[1]

Während für die Leistungen des sozialen Systems die Notwendigkeit von Einschränkungen und Kürzungen als unbestritten gilt, werden die Zusammenhänge von Investitionen und staatlichen Transferleistungen zwar ansatzweise diskutiert, aber die Überprüfung eines angekündigten Subventionsabbaus fällt jedesmal negativ aus. Dabei kann angenommen werden, daß die "neue" Sichtweise, die für das System der sozialen Sicherung gilt, auch Gültigkeit in bezug auf Transferleistungen in das Unternehmenssystem beanspruchen kann.

"Es muß erlaubt sein zu fragen, wie die inzwischen ins Gigantische angestiegenen Summen monetärer und realer Sozialtransfers - mittlerweile ca. 500 Mrd.DM oder ca. 1/3 des Bruttosozialprodukts - sowie die zu ihrer Finanzierung aufgewendeten Steuern, Kredite und Abgaben auf die Aggregate des volkswirtschaftlichen Kreislaufs, auf Wachstum und Beschäftigung wirken und wie sie die Objekte sozialpolitischer Wohltaten und abgabenpolitischer Bestra-

---

[1] Jochem Langkau,Sozialpolitik, längerfristige Wirtschaftsentwicklung und Finanzpolitik - Wechselwirkungen und Anpassungserfordernisse, in: Jochem Langkau,Claus Köhler(Hg.), Wirtschaftspolitik und wirtschaftliche Entwicklung, Festschrift für Walter Hesselbach, S.231-245, S.231f.

fungen in ihren ökonomischen Verhaltensweisen Investieren, Sparen und Arbeiten beeinflussen."[1]

Während das soziale System an die Grenzen der finanziellen Leistungsfähigkeit stößt, werden regionale Fördermittel nicht abgerufen, d.h. dort schiebt die regionale Wirtschaftsförderung Geldmittel vor sich her, die zum Anreiz und "Wiedererwecken" regionaler Investitionen dienen sollen, aber nur eingeschränkte Verwendung finden, da das regionale Investitionsniveau in diesen Problemregionen einen Tiefststand erreicht hat.[2]

Während die finanziellen Engpässe verschiedener Sicherungssysteme - von Jahr zu Jahr gerät die Zahlungsfähigkeit einzelner Versicherungsträger ins Gerede - dazu herhalten müssen, die Diskussion über Mißbrauch oder Anspruchsdenken neu und jedesmal verstärkt anzufachen, erfolgt im Rahmen der Forderung nach Verringerung staatlicher Tätigkeit langsam eine Zuwendung der Analyse in Richtung auf das umfangreiche System der Unternehmenssubventionen - sowohl unter dem Stichwort "Deregulierung", als auch unter dem Gesichtspunkt, daß in Verbindung mit einer Steuersenkung ein Subventionsabbau mehr Arbeitsplätze schaffte als vernichtete.

Auch hier besteht die Gefahr, daß allzu schnell von Mißbrauch die Rede sein kann. Gegenbewegungen zu dieser Argumentation oder Einstellung entstehen nur langsam. Gegenbewegungen, die sowohl die Steuerungsfähigkeit der Faktoren betonen, die das Arbeitskräfteangebot beeinflussen, als auch der Faktoren die das Arbeitsplatzangebot stimulieren und die darauf hinweisen, daß den vielfältigen Formen der Transferleistungen eine Bestimmung des begünstigten Personenkreises und eine umfassende Diskussion der verbundenen Gerechtigkeitsvorstellungen vorausgegangen ist.

Gegenthemen zur Diskussion über den Mißbrauch von Sozialleistungen sind: Arbeitsschutzfunktionen und -gesetze als stabilisierende Faktoren der ökonomischen Entwicklung, der Einfluß verstärkt entnommener Gewinne auf die Investitionstätigkeit, die neue Diskussion über Formen der Vermögensbildung und Mitbestimmung, Erkenntnis über sich wan-

1 Ebenda S. 231

2 Die Summen beider Systeme können in ihrer Größenordnung jedoch nicht ohne weiteres verglichen werden.

delnde Beziehungen zwischen Arbeitnehmer und Arbeitgeber zur kooperativen Bewältigung technologischer Herausforderungen zur Sicherung der internationalen Wettbewerbsfähigkeit.

Die Schwierigkeiten liegen darin, daß das politische Klima und die darin durchscheinende ökonomische Theorie und ihre stimmführenden Gruppen diese Gegenthemen kaum wahrnehmbar erscheinen lassen.

Es ist modern, von Erwartungen über die Verläßlichkeit des Handelns und der Konstanz wirtschaftspolitischer Institutionen im Rahmen der konjunkturpolitischen Steuerung zu schreiben. Selbst die regelmässige Neuabgrenzung regionaler Fördergebiete erscheint als Verletzung der Stetigkeit des ökonomischen Datenkranzes. Mit entsprechenden Argumenten nähert man sich den sogenannten angebotsorientierten oder neuen klassischen Theorien zur Wirtschaftspolitik und den in der Politikberatung modernen Prinzipien der Verstetigung und Prophylaxe. Die drei tragenden Säulen dieses Theoriegebäudes sind die Theorien rationaler Entscheidungen, die Theorie der Räumung aller Märkte bei Preisreagibilität und ein Konglomerat von Annahmen zu nicht antizipierten Preisänderungen.

Zurückgeschraubt sind die Erwartungen über die Machbarkeit der wirtschaftlichen Entwicklung. Die Fragen, wo zusätzliche Infrastrukturleistungen oder die Ausweitung der Sozialinvestitionen mehr Lebensqualität bringen, gelten als nicht gelöst, ein positiver Zusammenhang wird oft verneint.

Vor dem Hintergrund, daß es sich um die Neuformulierung gesellschaftlicher Zielsysteme infolge von Strukturproblemen der demographischen Entwicklung handelt und nicht mehr um die Glättung konjunktureller Schwankungen um einen Wachstumstrend, reicht die Beschwörung des sozialen Konsens nicht mehr aus, so notwendig dieser auch ist; darüber hinaus notwendige Bedingung ist die Offenlegung und Diskussion gruppenegoistischer Interessen.

Es scheint eine kurze, flüchtige Stufe der ökonomischen Entwicklung gewesen zu sein, die tragfähige gemeinsame Wertvorstellungen gesellschaftlicher Gruppen hervorgebracht hat.

In der Regionalpolitik werden Indikatoren ermittelt, die - nach einem langen

Diskussionsprozess, in dem die Konsensfähigkeit unterschiedlicher Gewichtungen geprüft wird - eine für alle Bundesländer einheitliche Zielfunktion abbilden, der sich trotz abweichender Wertungen im Einzelfall alle Wirtschaftsminister und -senatoren der Länder und Stadtstaaten in der Vergangenheit unterworfen haben.

Diesen gemeinsamen, tragfähigen Wertvorstellungen der Bundesländer stehen die unternehmerischen Notwendigkeiten gegenüber, sich an internationalen Marktradien zu orientieren und nicht am Zirkelschlag nationaler Wohlfahrtsfunktionen. Die Ohnmacht der regionalen Wirtschaftsförderung rührt daher, daß im Zusammenhang mit der internationalen Zinsabhängigkeit jede Region davon betroffen wird, wenn die Investitionsquote gesamtwirtschaftlich von 25% auf 23% des Sozialprodukts sinkt, was einem nationalen Investitionsnachfrageausfall von ca. dreißig Milliarden DM entspricht. Diese Größenordnung des Nachfrageausfalls kann auch durch die regionale Investitionsförderung nicht kompensiert werden, zumindest nicht, ohne strukturelle Fehlentwicklungen hervorzurufen - oder, von Seiten der Befürworter von Beschäftigungsprogrammen aus gesehen, dieser Nachfrageausfall kann durch regionale Beschäftigungsprogramme ebenfalls nicht ohne Strukturverwerfungen kompensiert werden.

Die Kenntnis der Grössenordnung des nationalen Investitionsnachfrageausfalls macht auch skeptisch gegenüber der Forderung nach neuen Instrumenten der regionalen Wirtschaftsförderung; trotzdem zwingt die gegenwärtige Wirtschaftslage und die prognostizierbare weitere Entwicklung zu jeder, auch unkonventionellen, Diskussion über neue Instrumente, will sagen, einer Überprüfung des regionalpolitischen Instrumentariums. Die wirtschaftspolitische Diskussion bewegt sich vorwiegend im Rahmen der Konjunkturtheorie und -politik. Die Verstärkung des Arbeitsangebotsdrucks auf den regionalen Arbeitsmärkten durch Erhöhung der Zahl der Erwerbspersonen - relativ sicher prognostizierbar - ist hierbei noch nicht berücksichtigt, so daß das Thema "Verringerung der Arbeitslosigkeit" eigentlich nicht unkonventionell genug erörtert werden kann. Die aktuelle hohe regionale Arbeitslosigkeit hat dazu geführt, daß in der Wohlfahrtsfunktion der Indikator "regionale Arbeitslosenquote" ein stärkeres Gewicht erhielt. Diese veränderte Gewichtung hat die Regionskulisse, innerhalb der Investitionen gefördert werden können, für die einzelnen Bundesländer unterschiedlich beeinflußt; allerdings war, trotz des hohen verbalen Konsens, die veränderte Gewichtung politisch nicht leicht durchsetzbar.

Erweiterungen des Blickwinkels auf neue Instrumente der regionalen Wirtschaftsförderung werden aber noch schwieriger möglich sein. Denn mit dem Glauben an die Machbarkeit ökonomischer Entwicklungen und des sozialen Fortschritts ist auch das Vertrauen in die Wirksamkeit mittelfristig orientierter staatlicher regionaler Investitionshilfen verlorengegangen oder gesunken. Ein Mißtrauen, das nicht berechtigt ist, wie die Größenordnung der Nachfrage nach den Investitionshilfen, die wir weiter unten analysieren werden, zeigt.

Wenn Konsens über neue Handlungsfelder besteht, so scheint die Annahme berechtigt, daß auch die dazu erforderlichen Instrumente bald entwickelt werden. Über das "bald" gibt es jedoch unterschiedliche Auffassungen, je nachdem wie reaktionsschnell Verwaltungshandeln eingeschätzt wird. Als neue Handlungsfelder werden diskutiert: Maßnahmen zur rationellen Erzeugung und Verwendung von Energie, zur Förderung des Ersatzes alter Kohlekraftwerke, der wasserwirtschaftlichen Zukunftsvorsorge, der Umweltsanierung, der Verbesserung der Wohnversorgung und Verkehrsberuhigung, der Aufarbeitung von Industriebrachen usw.

Trügerisch ist hierbei jedoch die Hoffnung, durch diese Maßnahmen würden ausreichend Arbeitsplätze in den förderbaren Regionen geschaffen. Zwar existieren Modellrechnungen, die innerhalb dieser neuen Handlungsfelder zusätzlichen Arbeitsplatzbedarf in einer Größenordnung prognostizieren, der zur Wiederherstellung gesamtwirtschaftlicher Vollbeschäftigung führt, aber eine Reihe von Entwicklungen, die in einem engen Zusammenhang mit der oben konstatierten Hypothese einer Gegenbewegung im Verständnis der arbeitsvertraglichen Beziehungen, d.h. den sich wandelnden Beziehungen zwischen Arbeitnehmern und Arbeitgebern zur kooperativen Bewältigung technologischer Herausforderungen stehen, lassen an dieser Erwartung zweifeln. In der ökonomischen Literatur ist die getrennte Behandlung der Produktionsfaktoren Arbeit, Kapital und technischer Fortschritt üblich. Vernachlässigt wird hierbei die Erkenntnis, daß mit jeder einseitigen Faktorausweitung auch eine Faktorintensivierung für die anderen Produktionsfaktoren zwingend erforderlich ist.

Neue Faktoreinsatzrelationen und neue Faktorintensitäten sind durch veränderte Beziehungen zwischen technischem Fortschritt und Arbeit sowie technischem Fortschritt und Kapital zu erwarten. Hier erfordern die tatsächlichen Zusammenänge einen neuen Entwurf der in der Produktionstheorie unterstellten funktionalen Beziehungen. Ein Indiz hierfür:

Zur Unterstützung der Arbeit in Verwaltung und Büro, zur Wissensbasierung von Verwaltungssystemen und zur Verbesserung der Mensch-Maschine-Kommunikation werden zur Realisierung neuartiger Kommunikationssysteme Informatiker gesucht. Die Aufgabe: "..unter Einsatz von Wissensrepräsentationsmethoden aus dem Gebiet der Künstlichen Intelligenz Wissen aus der Büroorganisation im System verfügbar zu machen ..."[1]

Wissen von qualifizierten Arbeitnehmern in technische Systeme zu übertragen und produktiv anzuwenden - mit all den Vorteilen maschineller Leistungserstellung - zeigt die Richtung, in die Rationalisierungsinvestitionen und Produktivitätsentwicklung gehen, so daß die Befürchtungen über einen erneuten Impuls regionaler arbeitsplatzvernichtender Rationalisierungsinvestitionen nicht von vornherein als Gespensterseherei abgetan werden können.

Vor dem Hintergrund derartiger Bewertungslinien des technischen Fortschritts ist Höhe und sektorale Struktur der durch die regionale Wirtschaftsförderung mitfinanzierten Rationalisierungsinvestitionen zu diskutieren.

Hiermit sind wir bereits bei der Beschreibung der Untersuchungsthemen. Die Kritik an der regionalen Wirtschaftsförderung insbesondere an der Gemeinschaftsaufgabe "Verbesserung der regionalen Wirtschaftsstruktur" wird in Zeiten, in denen eine Neuabgrenzung der Fördergebiete zur Diskussion steht, besonders intensiv vorgetragen. Mit der Konstatierung der "geänderten gesamtwirtschaftlichen Rahmenbedingungen" wird regelmässig ein Disput über die Notwendigkeit der regionalen Strukturpolitik eröffnet. Die Kritik an der Gemeinschaftsaufgabe "Verbesserung der regionalen Wirtschaftsstruktur" - im folgenden als GRW oder GA bezeichnet - wollen wir den Theorien gegenüberstellen, die über Ausgestaltung und im Verlauf der Zeit erfolgte Änderungen regionaler Wirtschaftsförderung entschieden haben.

Das Volumen der Geldmittel, mit dem regional Investitionen gefördert wor-

[1] DIE ZEIT Nr.8 - 15.Februar 1985, S.37.

den sind, wird in einem weiteren Kapitel zu ermitteln versucht - gesamtwirtschaftlich und in der Verteilung nach Bundesländern, sowie nach Sektoren, jeweils nach den Kategorien Erweiterungsinvestitionen, Umstellungs- und Rationalisierungsinvestitionen.

Vor dem Hintergrund der bisherigen Fördervolumina wird in einem weiteren Kapitel die Strategie der räumlichen Steuerung der Arbeitsplätze diskutiert. Förderung der "Starken" ist ein neues Stichwort aus der Theorie des dynamischen Wettbewerbs. Im Anschluß daran muß eine Diskussion zur Wirtschaftsförderung im Dienstleistungssektor erfolgen; sie steht im Zusammenhang mit der Förderung hochqualifizierter Arbeitsplätze.

Die Erfolgsaussichten einer innovationsorientierten Regionalpolitik werden vor dem Hintergrund spezialisierter regionaler Wirtschaftsstrukturen, dem Beitrag der Regionalpolitik zur Lösung von Umstellungsproblemen und von Bestrebungen zur Deregulierung, d.h. des geforderten Subventionsabbaus zu bewerten versucht. Sie geben auch den Hintergrund ab, vor dem die Beschäftigungsorientierung der Regionalpolitik zu bewerten ist.

Die Kontroverse "Infrastrukturförderung versus Investitionsförderung" wird nur kurz aufgenommen.

Die Notwendigkeit sowie Eignung einer regionalen Arbeitskräfteförderung - mit anderen Worten, die Notwendigkeit von Humankapitalinvestitionsförderung - als Ergänzung der regionalen Investitionspolitik wird aus der Entwicklung der prognostizierbaren Arbeitsmarktverhältnisse in der zweiten Hälfte der 80er Jahre und der 90er Jahre abgeleitet. Hier werden die wahrscheinlichen Arbeitsmarktentwicklungen vorgestellt. Die Überraschungsfreiheit von regionalen Arbeitsmarktprognosen wird anhand der regionalen Bewegungen der Vergangenheit behauptet und mit der Unsicherheit über zukünftige sektorale Trends konfrontiert.

Die methodischen Schwierigkeiten der Untersuchung bestehen darin, daß wir nur die Entwicklung der Investitionen in der Vergangenheit[1] darstellen können,

[1] Dennoch, die hier analysierten Zeitreihen bieten sich geradezu an, da in Zukunft mit einer verstärkten Handwerksförderung die Bedingungen der Investitionsförderung andere sind, als jene in der Periode zwischen 1972 und 1985. Die bisher erkennbare Kapitalintensivierung der Produktion wird sich nicht mehr fortsetzen; daraus wird jedoch nicht der Schluß auf veränderte Investitionsbedingungen der Wirtschaft zu ziehen sein, sondern auf das veränderte Instrumentarium.

während aber Fragen der Zukunft diskutiert werden, wenn es um neue Medien und neue Innovationsbedingungen geht. Diesen Schwierigkeiten können wir nur durch den Hinweis begegnen, daß bereits zu Anfang der 1970er Jahre die Kontroverse über zunehmende Automatisation, Montagefertigung und kybernetische Prozesse geführt worden ist, Innovationsorientierung der Regionalpolitik also keine gänzlich neue Erscheinung ist.

"Die Geschwindigkeit, mit der Staaten gegründet, Transurane entdeckt, polymere Riesenmoleküle konstruiert werden, ist exponential gewachsen. ... Die traditionelle Zeitrechnung, die die Zeit nach dem Muster des stets gleichbleibenden Pariser Urmeters interpretiert und Einzelheiten summierend zu einer stetig und regelmäßig wachsenden Reihe des Fortschritts addieren zu können meint, ist längst überholt."[1]

Modern ist die Diskussion zur Konzentration von Technologiezentren um Universitätsorte. Daß auch dies keine neue Erscheinung ist, soll das folgende Zitat belegen, in dem es um die weltweite Verbreitung deutscher Produkte der Feinmechanik und Optik geht.

"Bei der weiten Verbreitung in der ganzen Welt kann von einer Absatzorientierung in der Standortfrage heute nicht mehr die Rede sein, wohl aber hat sie in der geschichtlichen Entwicklung der feinmechanischen und optischen Industrie eine Rolle gespielt. In den Universitätsorten entstanden Werkstätten der Mechanici und Optici, die vielfach Keimzellen größerer Unternehmungen wurden."[2]

Während die Diskussion zur Technologie- und Mittelstandsförderung sich zu wiederholen scheint, scheinen die Bedingungen, unter denen die Gemeinschaftsaufgaben entstanden sind, nicht erneuerbar. Gemeinschaftsaufgabe heißt immer handeln anhand konkreter Aufgaben und Programme, d.h. außerhalb des Bund- Länder- Finanzausgleichssystems. Was könnten neue gesamtwirtschaftliche Gemeinschaftsaufgaben sein? Neben der Technologieförderung kommt zur Zeit wohl nur noch die "Integration der geburtenstarken Jahrgänge in den Arbeitsmarkt" in Betracht. Aber es gibt keine gesellschaftliche Gruppe, die hierüber einen "großen Streit" anfinge, wie dies in den 1960er Jahren der

---

[1] Claus Grossner, Hans-Hermann Münchmeyer, Arend Oetker, Carl Christian von Weizsäcker, Das 198. Jahrzehnt. Eine Team- Prognose für 1970 bis 1980, Hamburg 1969, Einleitung S. 1

[2] H. Nicklisch, Handwörterbuch der Betriebswirtschaftslehre, Stuttgart 1983, Bd.1, S.1703, Artikel "Feinmechanik und Optik"

Fall war, als die bisherigen Aufgaben ins Leben gerufen und Möglichkeiten einer neuen Gesellschaft bewußt gemacht wurden.

Die Gemeinschaftsaufgaben sind auf dem gemeinsamen Boden demokratischer Interessengruppen und Parteien gewachsen. "Der so abgesicherte 'gemeinsame Boden' sollte dann allerdings die Möglichkeit eröffnen, die 'echten Alternativen' aufzuzeigen, einen 'großen Streit' über die Erfüllung des sozialstaatlichen Anspruches zu beginnen, unter dem die Bundesrepublik 1949 ins Leben getreten war und dem sie in den fünfziger Jahren mit der kaum gebändigten marktwirtschaftlichen Doktrin, die zwar persönliches ökonomisches Profitstreben freisetzte, gesellschaftspolitisch jedoch desintegrierend und defizitär wirkte, so wenig hatte gerecht werden können."[1]

[1] Kurt Klotzbach, Der Weg zur Staatspartei, Berlin/Bonn 1982, S. 532f.

2. Zur Reformdiskussion der regionalen Wirtschaftsförderung

Die Kritik an der Gemeinschaftsaufgabe"Verbesserung der regionalen Wirtschaftsstruktur" ist eine Kritik an ausgefeilten Gegenständen der Regierungslehre. Regionale Wirtschaftsförderung geschieht in Gebieten, die anhand einheitlicher Wohlfahrtsfunktionen ermittelt sind. Die Instrumente der Förderung sind entsprechend neuerer Theorie modifiziert worden — negativ wirkt am Erscheinungsbild die Interpretation des Gesetzes als Festlegung auf Instrumente zur Investitions- und Infrastrukturförderung, d.h. Arbeitnehmerförderung wird als ausgeschlossen interpretiert.

Die regionale Wirtschaftspolitik kann ein Modellbeispiel der Regierungslehre sein.[1]

Regionalpolitik anhand einheitlicher Wohlfahrtsfunktionen setzt einen einheitlichen Staatsgedanken voraus, dessen Idee in der Wirklichkeit der unterschiedlichen Lebensverhältnisse in den Bundesländern jedesmal zu bewahren ist. Finanzkraft, Industriealisierungsgrade und Wirtschaftskraft in den Bundesländern differieren allmählich sehr stark; die Klagen der Bundesländer gegen das System des Finanzausgleichs demonstrieren den zerbrochenen Grundkonsens.

Als eigenständiges Finanzierungsinstrument innerhalb des Finanzausgleichssystems sind die Gemeinschaftsaufgaben ebenfalls an die Grundbedingungen des Finanzausgleichs gekettet: Harmonisierungsgebot aber Nivellierungsverbot. Mit anderen Worten, einmal darf die Größenordnung, in der hier Gelder umverteilt werden, nicht zu einem konterkarierenden System, d.h. zu ei-

---

[1] Versteht man Regierungslehre wie folgt:"Ihre Gegenstände sind alle politischen Einrichtungen, durch die Regierung im weitesten Sinne ausgeübt wird, das heißt Einrichtungen, die Entscheidungen über die Befriedigung von Bedürfnissen der Gesamtgesellschaft, von sozialen Gruppen und Individuen - soweit politisch relevant - vorbereiten, treffen, vollziehen und ihre Wirksamkeit kontrollieren. Derartige Einrichtungen sind nicht nur die Regierung im formellen Sinne, also der Regierungschef eines Landes und seine Minister, sondern darunter fallen auch alle Einrichtungen, die formell oder informell am Prozeß der Entscheidungsbildung, des Entscheidungsvollzugs und der Entscheidungskontrolle beteiligt sind. Hierzu gehören in der modernen politischen Gesellschaft die Parlamente und die in ihnen vertretenen Parteien und Parteiungen sowie die parlamentarischen Hilfsmittel, die Kanzleien der Regierungschefs, die Bürokratien der Ministerien, die Höchstgerichte, voran die Verfassungsgerichte, die Staatsoberhäupter, wissenschaftliche Einrichtungen in vielgestaltiger Form, soziale Gruppierungen jeder Art." Heinz Laufer, Regierungslehre, in: Leonhard Reinisch (Hg.), Politische Wisschenschaft heute, München 1971, S.79f.

nem Gegenstrom werden, zum anderen gilt bei eigenständiger Aufgabendefinition der Regionalpolitik das Harmonisierungsgebot der "Einheitlichkeit der Lebensverhältnisse". Dieses Gebot ist inzwischen die 'ratio legis' derFinanzverfassung geworden.

Um einen Eindruck von der Größenordnung der Finanzströme in der regionalen Wirtschaftsförderung zu geben, wollen wir die folgenden Abbildungen anführen; sie geben einen länderweisen Vergleich der eingesetzten Mittel im Zeitverlauf.

Abb. 1: Gefördertes regionales Investitionsvolumen 1972 - 1985 nach Ländern

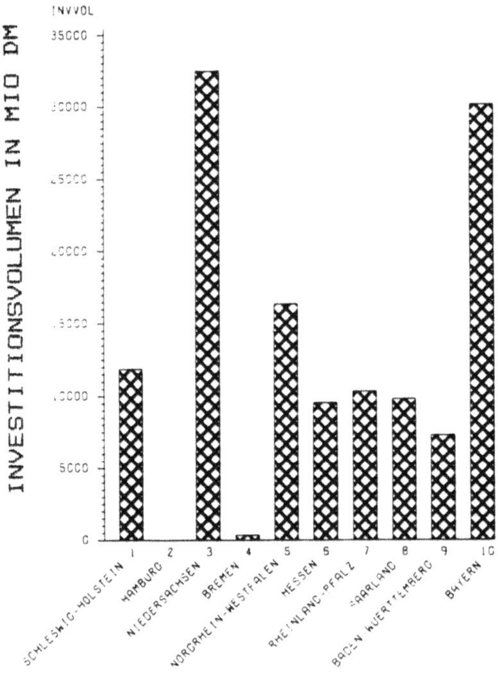

QUELLE: EIGENE BERECHNUNGEN

Karte 1:

Regionale Verteilung des geförderten Investitionsvolumens 1972 - 1984

ERRICHTUNGEN -- REGIONALE INVESTITIONSSUMME

1.1.1972 - 30.6.1984

REGIONALE LANDKREISTABELLE

INVESTITIONS-VOLUMEN

OHNE FOERDERUNG	UNTER 50000
50001-100000	100001-200000
200001-300000	300001-400000
400001-500000	500001 U.MEHR

WERTE IN TDM

MIT GA-MITTELN UND/ODER INV.ZULAGE GEFOERD.VORHABEN

QUELLE: EIGENE BERECHNUNGEN

Die Frage ist, ob die regionale Verteilung[1] der eingesetzten Mittel für jedes Bundesland auch die wirtschaftlichen Problemlagen der Regionen - wie sie in der Vergangenheit auftraten - widerspiegelt, oder mit anderen Worten, gibt es für die Mehrzahl der Regionen eine zeitliche Konstanz in der Größenordnung wirtschaftlicher Probleme, oder gelten veränderte Rahmenbedingungen?

Gemessen an der Höhe des Technologiebudgets oder den Ausgaben der Arbeitsmarktpolitik, ist in der regionalen Wirtschaftsförderung der Subventionsaufwand vergleichsweise gering. Dies steht nicht im Gegensatz zu einer positiven Bewertung des konsensbereiten Operierens anhand einer einheitlichen Wohlfahrtsfunktion in der Regionalpolitik.

Kritik wird aufgrund folgender Anlässe laut, die die neue Reformdiskussion zur regionalen Wirtschaftsförderung in Gang gebracht haben. Sie lassen sich vielleicht in drei Gruppen einteilen. Zum einen die unvermeidbare Hypothese geänderter gesamtwirtschaftlicher Rahmenbedingungen, von denen nach unserer Auffassung nur die Erhöhung des demographischen Potentials der Bevölkerung im erwerbsfähigen Alter - 2 Millionen Erwerbspersonen bis 1995 gegenüber 1970 -, das Faktum der vergangenen Energiekrise und die Freigabe der Wechselkurse bleiben.

Zweitens: Infolge des hohen Niveaus der Arbeitslosigkeit hat sich auch das klassische Disparitätenmuster von Regionen geändert - so die Behauptung. Nicht die Gleichsetzung, ländlicher Raum gleich unterentwickeltes Gebiet, Verdichtungsraum gleich entwickeltes und prosperierendes Gebiet gilt mehr, sondern neu ist eine Klassifizierung von Verdichtungsgebieten zum einen nach prosperierenden und zum anderen nach altindustrialisierten; hinzu kommt als eigene Kategorie der ländliche Raum. Dieses vermutete neue Muster regionaler Disparitäten hat dazu geführt, die zu fördernden Regionen neu zu ermitteln, neu abzugrenzen.

Drittens: Die demographischen Bewegungen, die Dynamik der Produktivität und der Arbeitsplatzentwicklung sind ein europäisches Phänomen. Die Regelung der Europäischen Gemeinschaft, daß Subventionen unter Wetbewerbsgesichtspunkten generell verboten sind, sie im Einzelfall jedesmal begründet, sie

[1] Welche Regionen im Zeitverlauf aus der regionalen Wirtschaftsförderung ausgeschieden sind, soll weiter unten behandelt werden.

durch das Zielsystem der Regionalpolitik jedesmal dargelegt werden müssen, führt zu einer Auseinandersetzung auf europäischer Ebene über die regionale Wirtschaftsförderung.

Diese aktuellen Anlässe führen zu einer Kritik an der regionalen Wirtschaftsförderung, die sich wiederum gliedern läßt in jene Kritik, die von der Wissenschaft, jene, die von der politischen, wirtschaftlichen Praxis kommt und in jene, die betroffene Arbeitnehmer der Regionen äußern. Wir wollen sie im folgenden systematisch darstellen.

2.1. Grenzen staatlicher Eingriffe in den Wirtschaftskreislauf

Die Hypothese veränderter Rahmenbedingungen für die soziale und wirtschaftliche Entwicklung der Bundesrepublik Deutschland wird seit der Rezession der Jahre 1974 und 1975 aufgestellt. Veränderungen der internationalen Arbeitsteilung beeinflussen - als Folge der neuen Rahmenbedingungen - die Intensität der binnenwirtschaftlichen Umstellungen und Rationalisierungen in den Branchen und Produkten der Regionen. In diesem Zusammenhang wird gefordert, daß regionale Strukturpolitik der neuen Problemsituation anzupassen sei.

Eine Neuaufteilung der Fördermittel müßte besonders altindustrialisierten Regionen mit ihren schweren Beschäftigungsproblemen zugute kommen, eine nur schwer durchzusetzende Forderung, da die Größenordnung der Arbeitsmarktprobleme den finanziellen Rahmen jeder Wirtschaftsförderung sprengte. Die Verwirklichung neuer Sonderprogramme war die Konsequenz, die auf der einen Seite gezogen wurde - Arbeitsmarktpolitisches Programm der Bundesregierung und Aktionsprogramm Ruhr sind Beispiele, die jedoch nicht regionalpolitisch motiviert waren. Auf der anderen Seite mußte sich die Kritik an der Praxis der regionalen Wirtschaftspolitik verstärken, der ein unzureichender Beitrag zur Lösung des Arbeitslosigkeitsproblems in monostrukturierten Industriegebieten und eine falsche, auf Arbeitsplätze mit geringen Qualifikationsanforderungen ausgerichtete Industriepolitik vorgeworfen wurde.

Neue Konzeptionen kamen in die Diskussion, die

— stärkere Förderung von Forschung und Entwicklung in Problemregionen,
— arbeitsmarktpolitische Maßnahmen in räumlicher Differenzierung und
— selektive Maßnahmen für unterschiedliche Arten von Problemregionen

forderten.

Die Notwendigkeit für staatliche Interventionen in den Wirtschaftsablauf schien im Bereich der regionalen Strukturpolitik zunächst noch unbestritten, da die Selbstheilungskräfte des Marktes nicht immer und überall in der Lage sind, ungleichgewichtige Situationen selbsttätig zu bereinigen und Abweichungen von den gesellschaftlichen und wirtschaftspolitischen Zielen autonom zu korrigieren, bzw. eine marktimmanente Tendenz zur räumlichen Konzentration nicht auszuschließen ist. Aber auch für diesen Politikbereich mehrten sich die Stimmen, die einen Rückzug des Staates forderten, d.h. die verneinten, daß der öffentlichen Hand die Aufgabe der Vermeidung von Instabilitäten zukomme, da gerade durch den Eingriff in das marktwirtschaftliche System, in die Entscheidungen der Unternehmer, der Ablauf der Wirtschaftsprozesse irregulär beeinflußt werde.

Von solchen extremen Positionen abgesehen, geht es bei der Diskussion neuer Instrumente der Regionalpolitik aber immer um die Frage: Sind die Eingriffe in den Selbststeuerungsmechanismus des Marktes so gestaltet, daß sie ordnungs- und systemkonform genannt werden können oder geltendem Recht entsprechen? Das bedeutet, daß die Marktkräfte nur partiell aufgehoben sind, und zwar durch die Beschränkung auf solche Instrumente, die marktkonform auf die unerwünschten Disparitäten einwirken. Für die regionale Strukturpolitik bedeutet dies, daß über quantitativ- interventionistische Maßnahmen der Versuch einer Beeinflussung der regionalen Wirtschaftsstruktur unternommen wird, und zwar nach vorgegebenen gesamtwirtschaftlichen Zielen, die mit bereits eingetretenen oder erwarteten wirtschaftlichen Situationen verglichen werden.

Die Zieldiskussion zur regionalen Wirtschaftspolitik ist ausführlich geführt worden. Es besteht über die wichtigsten Ziele Konsens. Die einzelnen Zielsetzungen der maßgebenden Gesetze sind in quantitativer und qualitativer Hinsicht für eine unmittelbare Umsetzung in die Praxis aber zu ungenau. Maßgebende Gesetze sind: das Raumordnungsgesetz, das Stabilitäts- und Wachstumsgesetz, Gesetz über die Gemeinschaftsaufgabe "Verbesserung der regionalen Wirtschaftsstruktur", das Investitionszulagengesetz, das Zonenrandförderungsgesetz, die Verordnung (EWG) Nr. 214/79 des Rates vom 6.2.1979 über die Errichtung eines Europäischen Fonds für regionale Entwicklung.

Als dominierende Ziele der regionalen Wirtschaftspolitik werden das Wachstumsziel, das Stabilitätsziel und das Gerechtigkeitsziel anerkannt. Die Indikatoren, die diese Ziele abbilden sollen, sind in einem langen Forschungsprozeß entstanden. Wir werden diese Indikatoren weiter unten diskutieren, ebenso den historischen Prozeß in den die Gemeinschaftsaufgaben eingebettet sind.

Vielschichtige Zielkonflikte machen es erforderlich, Prioritäten der einzelnen Ziele untereinander zu fixieren. Für diese Probleme gibt es keine zeitstabile allgemeingültige, objektive Lösung. Eine politische Entscheidung ist in diesem Zusammenhang erforderlich. In der Vergangenheit ist diese überwiegend zugunsten des Wachstumsziels ausgefallen und führte zu einer primär produktivitätsorientierten Regionalpolitik, Gerechtigkeitsaspekte fanden nur ergänzend Berücksichtigung. In den Zusammenhängen der Indikatoren, die für die Zielfunktion ausgewählt wurden, war dies begründet.

2.2. Zur Reform der Instrumente der regionalen Strukturpolitik

Durch eine angebotsorientierte Strategie sollen in der Bundesrepublik Deutschland die Ziele der regionalen Strukturpolitik erreicht werden, und zwar durch Verbesserung der Ausstattung der Problemregionen durch privates produktives Kapital und durch produktionsnotwendiges Infrastrukturkapital. Der Einfluß der öffentlichen Hand ist hierbei nur indirekt - lediglich räumlich konzentrierte und in der Intensität abgestufte Investitionsanreize werden für die privaten Unternehmen und für gezielte Verbesserungen der wirtschaftsnahen Infrastruktur geschaffen. Sie stellen eine Hilfe zur Selbsthilfe dar. Keine Dauersubventionen zur Strukturkonservierung sollen gezahlt werden, sondern Investitionen sind in solchen Betrieben zu fördern, die auf Dauer am Markt auch ohne langfristige Investitionshilfe des Staates bestehen können. Durch die Investitionen sollen gleichzeitig regional zusätzliche Quellen des Einkommens geschaffen werden, die das Gesamteinkommen der Region unmittelbar erhöhen; eine Bedingung, die dann erfüllt ist, wenn der zu fördernde Betrieb exportorientiert produziert, d.h. seine Güter überregional absetzt.

Unternehmen der gewerblichen Wirtschaft, ihnen gleichgestellte Betriebe des Tertiärsektors und Fremdenverkehrsbetrieben werden zu folgenden Investitionsvorhaben Zuschüsse und Zulagen gezahlt:

— Errichtung eines Betriebes,
— Erweiterung eines Betriebes,
— Umstellung oder
— Rationalisierung eines Betriebes,
— Erwerb oder
— Verlagerung eines Betriebes.

Industriegeländeerschließungen und Abwasserbeseitigungs- und -reinigungsanlagen dominieren bei der Förderung der wirtschaftsnahen Infrastruktur. Zur wirtschaftsnahen Infrastruktur zählt auch der Bau von Ausbildungs-, Fortbildungs- und Umschulungsstätten.

Auf eine stärkere Berücksichtigung innovationsorientierter Elemente innerhalb der regionalen Strukturpolitik zielen folgende Förderungsregeln: Forschungszulagen nach dem Investitionszulagengesetz werden teilweise nicht auf die Fördersätze der Gemeinschaftsaufgabe angerechnet, d.h. können kumuliert werden. Spezifische Förderung erfahren in einer Testphase Forschungs- und Entwicklungs- sowie Managementarbeitsplätze, da sie in der Regel nur geringe Investitionskosten pro Arbeitsplatz erfordern, aber ein hohes Einkommen erzielen.

In ihrer gegenwärtigen Praxis besitzt die regionale Strukturpolitik eine mittel- und langfristige Ausrichtung. Keine Fördermittel stehen zur Verfügung für kurzfristige Aktivitäten, durch die kein wesentlicher Beitrag zu einer kontinuierlichen Entwicklung wirtschafts- und strukturschwacher Regionen geleistet wird. Die Vergangenheit hat aber gezeigt, daß Situationen eintreten können, die ein rasches Eingreifen der regionalen Strukturpolitik zur Vermeidung von regionalen Wirtschaftseinbrüchen erfordern. Dies gilt für sektorale Anpassungsprozesse in monostrukturierten Regionen, die schwerwiegende Arbeitsplatzverluste auslösen können. Zur Schaffung von Ersatzarbeitsplätzen ist in diesen Regionen kurzfristig ein Spitzenbedarf an Fördermitteln notwendig. In das Maßnahmenbündel der GRW wurden entsprechende Sonderprogramme 1975 und 1978 aufgenommen. Es ging um die Kompensation von Arbeitsplatzverlusten in besonders betroffenen VW- Standorten in Niedersachsen und Hessen und um Ersatzarbeitsplätze für Stahlstandorte, die von der Stahlkrise besonders betroffen waren (Saarland, Westpfalz). Zur Zeit wird ein Programm für Küstenstandorte diskutiert.

Derartige Sonderprogramme werden immer erforderlich sein, denn es gibt keine überraschungsfreie Wirtschaftsentwicklung. Sie werden immer wieder zu einer mehr oder weniger lebhaften Diskussion über die Konzeption der regionalen Strukturpolitik führen, und zwar können immer zwei Kritikfelder bearbeitet werden. Einmal kann der Wirtschaftsförderung der Vergangenheit immer vorgeworfen werden, daß sie Mängel zeigte und nicht zielkonform wäre, zum anderen folgte daraus, daß Änderungen der Regionalpolitik erforderlich seien. Veränderungen der Rahmenbedingungen werden dann wieder entdeckt werden.

Wir wollen im folgenden der Größenordnung regionaler Investitionsförderung nachgehen und dabei fragen, ob der erste Kritikbereich gilt. Dieser wesentliche Kritikbereich richtet sich dagegen, daß mit der bisherigen Regionalpolitik kein durchgreifender Erfolg in den traditionellen Fördergebieten erzielt werden konnte Dabei wird hinsichtlich der Zuschüsse zu Investitionen bemängelt, daß sie nur in groben Ansätzen auf die individuellen regionalen Entwicklungsziele und Beschäftigungsprobleme ausgerichtet seien. Aus der Bildung von Problemkategorien würden keine Schlußfolgerungen für die Instrumentengestaltung gezogen. Wichtigstes Argument ist die Hypothese, daß zu wenig Arbeitsplätze geschaffen wurden, bzw. Arbeitsplätze durch die Förderung von Rationalisierungsinvestitionen vernichtet wurden. Aus langfristigen Erwägungen heraus wird bemängelt, daß die Regionalpolitik nicht nachhaltig auf eine grundlegende Verbesserung der regionalen Wettbewerbsposition ausgerichtet sei. In Problemregionen fehlten Maßnahmen, die den vorhandenen Bestand an Produktionsfaktoren dauerhaft verbessern und damit die Produktionsfaktoren Arbeit und Kapital für Zukunftsproduktionen tragfähig machen.

Die Diskussion über Zukunftstechnologien und Förderung des regionalen Humankapitals durch Verbesserung von Qualifikation und Ausbildung der Arbeitnehmer steht in einem Zusammenhang mit dem zweiten Teil der Kritik, der unzureichenden Berücksichtigung neuer Problemfelder innerhalb der regionalen Strukturpolitik, insbesondere der regional konzentrierten Arbeitslosigkeit. Der Konflikt zwischen Entwicklungs- und Anpassungszielen in der Regionalpolitik wird in den Regionen hoher Arbeitslosigkeit besonders deutlich, die Notwendigkeit einer Neukonzeption der regionalen Strukturpolitik ebenfalls. Alle Kritik an der zur Zeit praktizierten Regionalpolitik macht letztlich eine Entscheidung darüber erforderlich, ob das regionalpolitische Ziel gleichwertiger Entwicklungschancen im volkswirtschaftlichen Interesse aufgegeben werden muß oder ob es das regionale und volkswirtschaftliche Interesse erforderlich macht, inhaltliche Änderungen bei den Instrumenten vorzunehmen.[1]

Die folgende Tabelle gibt einen Überblick der Finanzgrößen der regionalen Wirtschaftsförderung im Rahmen der Gemeinschaftsaufgabe.

Tabelle 1: GA - Mittel 1985-1987 und Investitionszulage 1985 nach Bundesländern[2]

Land	GA-Mittel (in Mio. DM)				Investitionszulagen 1985 (in Mio. DM *))
	insgesamt	davon Haushalt			
		1985	1986	1987	
Schleswig-Holstein	66,3	16,3	25,0	25,0	120,60
Niedersachsen	132,6	32,6	50,0	50,0	262,50
Bremen	4,1	1,1	1,5	1,5	8,40
Nordrhein-Westfalen	82,9	19,9	31,5	31,5	149,06
Hessen	47,7	9,7	19,0	19,0	93,40
Rheinland-Pfalz	52,3	12,3	20,0	20,0	108,17
Saarland	25,5	5,5	10,0	10,0	58,45
Baden-Württemberg	4,6	0,6	2,0	2,0	10,50
Bayern	135,5	33,5	51,0	51,0	241,58
insgesamt	551,5	131,5	210,0	210,0	1 052,66

*) Hierbei handelt es sich um Schätzungen der Länder auf der Grundlage der im Planungszeitraum angestrebten Arbeitsplatzziele.

[1] Die hohe Gewichtung der regionalen Arbeitslosenquote in der Wohlfahrtsfunktion wirft die Frage auf, wie hoch die Rationalisierungsinvestitionen in den Regionen mit hoher Arbeitslosenquote und hoher Dauerarbeitslosigkeit sind, welche Struktur die Arbeitslosigkeit aufweist und was die Grundlagen der regionalen Produktion sind.

[2] Quelle: Vierzehnter Rahmenplan der Gemeinschaftsaufgabe "Verbesserung der regionalen Wirtschaftsstruktur", BT- Drucksache 10/3562, vom 25.6.1985, S.13. Die Investitionszulage ist eine Steuervergünstigung, auf die ein Rechtsanspruch besteht, sie unterliegt dem Steuergeheimnis und kann vor den Verwaltungsgerichten eingeklagt werden, damit besteht für die Bewilligungsbehörden fast kein Raum für die Beurteilung einzelner regionaler Investitionen. Die GA- Mittel (Investitionszuschuß) sind zu versteuern. Für 1985 betragen die Steuervergünstigungen durch die Investitionszulage mehr als das Siebenfache der GA- Mittel. Aus dieser Zulage werden vor allem Rationalisierungsinvestitionen gefördert.

3. Finanzausgleich und Größenordnung regionaler Wirtschaftsförderung

3.1. Größenordnung regionaler Wirtschaftsförderung

Wenn wir im folgenden Zahlen zur Wirtschaftsförderung der letzten 10 - 15 Jahre vorstellen, so darf nicht vergessen werden, daß diese Zahlen zur Investitionshilfe für sich allein und absolut genommen wenig aussagekräftig sind. Sie müssen im Vergleich gesehen werden:

— Im Zeitvergleich werden Absolutzahlen immer der Inflation unterworfen und müssen durch Preisindizes bereinigt werden.

— Im Politik- Ressortvergleich stehen sie in Konkurrenz zu anderen öffentlichen Fördermitteln.

— Innerhalb des föderativen Aufbaus der Bundesrepublik müssen sie als Teilsystem des Finanzausgleichs gesehen werden.

Diese Bedingungen sind wie folgt berücksichtigt. Erstens kommt es zunächst darauf an, das regionale Verteilungsbild der verschiedenen Fördermittel darzustellen. Die aktuelle Gebietskulisse der Förderregionen kann den Gebieten gegenüber gestellt werden, die früher und gegenwärtig Subventionen erhielten.

Tabelle 2: Die zeitliche Entwicklung von geförderten Investitionen, geschaffenen Arbeitsplätzen und durchschnittliche Investitionskosten je Arbeitsplatz.[1]

Jahr	Zahl der Fälle	Zahl der neuen Arbeitsplätze	Investitionsvolumen		
			insgesamt in Mio. DM	nur Errichtungen und Erweiterungen	
				in Mio. DM	DM je neuen Arbeitsplatz
1972	4 668	124 945	10 531	9 947	79 610
1973	4 240	107 340	8 966	8 187	76 270
1974	3 577	87 038	9 010	8 238	94 650
1975	3 825	72 126	9 568	8 759	121 150
1976	3 761	58 407	8 992	7 292	124 850
1977	3 393	52 414	7 461	6 556	125 080
1978	3 353	46 274	9 442	7 860	169 860
1979	3 724	50 128	12 236	11 250	224 430
1980	3 752	55 905	10 992	9 852	176 220
1981	4 003	49 734	10 976	9 854	198 130
1982	3 160	41 347	11 398	9 831	237 770
1983	3 056	43 336	10 668	9 488	218 940
1984	2 965	36 787	11 371	9 026	245 360
1972—1984	47 477	825 781	131 611	116 140	140 640

[1]Quelle: Vierzehnter Rahmenplan der Gemeinschaftsaufgabe "Verbesserung der regionalen Wirtschaftsstruktur", BT- Drucksache 10/3562, vom 25.6.1985, S.20

Damit wird die "Lernfähigkeit" des Systems demonstrierbar. Zweitens stellen wir in einem Kapitel die Bedeutung der Technologieforschung und -förderung dar, sowohl die Theoriediskussion zu neuen Technologien, als auch die laufenden Ausgaben nach Bundesländern. Drittens gehen wir auf die Einbettung der Gemeinschaftsaufgaben in das Finanzausgleichssystem ein, zum einen in einer historischen Analyse, zum anderen auf die aktuelle Situation infolge des Urteils des Bundesverfassungsgerichts zum Finanzausgleich.

Allen drei Punkten ist das Argument gemeinsam, daß die Wirksamkeit der Regionalpolitik von der Höhe der eingesetzten Finanzmittel abhängt; diese Höhe ist hierbei relativ zu anderen Instrumenten der Wirtschaftsförderung, des Transfersystems in Unternehmen zu sehen. Der öffentlichen Förderung wird also zentrale Bedeutung beigemessen, betriebswirtschaftliche Engpässe, vom unzureichenden cash- flow bis zu wenig dynamischem Unternehmerverhalten, gelten als staatlich beeinflußbar.

Da Subventionen aus anderen Staatsprogrammen nicht mit der Regionalförderung kumuliert werden dürfen – in der Regel nicht – ist eine betriebliche Entscheidung von einem Zahlenvergleich der erzielbaren Fördermittel verschiedener Programme abhängig. Argument ist, daß die regionale Wirtschaftsförderung ein Gefälle zu anderen Programmen aufweise, d.h. zu gering, zu unmerklich sei. Die absoluten Beträge der Regionalförderung seien zwar beibehalten worden, aber flächendeckende Technologieprogramme oder wachstumsstimulierende Bestrebungen der Ballungsgebiete machten die Wirkung zunichte.[1]

[1] Die folgenden Abbildungen zeigen, daß in der Tat die Absolutbeträge beibehalten worden sind.

Wachstumspolitik des Gesamtraums, d.h. vorwiegend der Ballungsgebiete konterkariert die Ausgleichspolitik der Regionalförderung. Startchancen von Regionen zu verbessern, aufzuholen in der wirtschaftlichen Entwicklung, scheint als Ziel für Problemregionen unerreichbar; es bleibt eine Notstandspolitik, um das Schlimmste zu verhindern.

Eine derartige Festellung ist nur wahr oder falsch vor dem Hintergrund der Hypothesen von der Einebnung des Fördergefälles der Regionalpolitik. Zwar kann Technologieförderung als neue Gemeinschaftsaufgabe der Politik gesehen werden, aber die Regionalpolitik hat mit einer Konzentration auf wenige Gebiete und auf Arbeitsmarktindikatoren zu reagieren versucht. Die Ausgangslage ist durch folgende Zahlensysteme, Abbildungen und Karten dargestellt.

Abb. 2:
Gefördertes Investitionsvolumen im Zeitvergleich 1972 - 1984

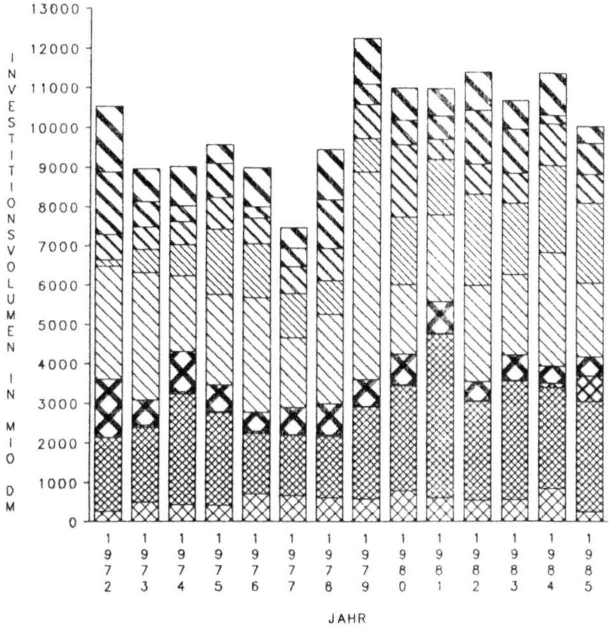

FFES
QUELLE: EIGENE BERECHNUNGEN

Karte 2:

Regionale Verteilung des geförderten Investitionsvolumens

Erweiterungsinvestitionen 1972 - 1984

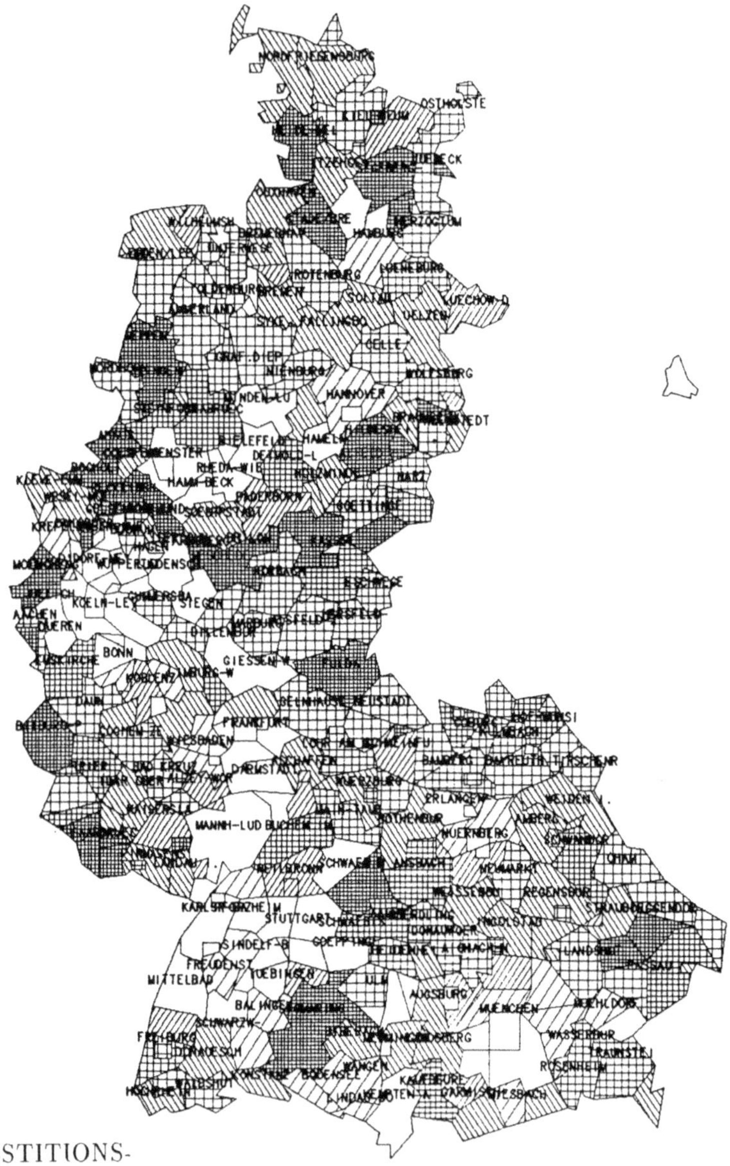

INVESTITIONS-
VOLUMEN

OHNE FOERDERUNG	UNTER 50000
50001-100000	100001-200000
200001-300000	300001-400000
400001-500000	500001 U.MEHR

WERTE IN TDM

MIT GA-MITTELN UND/ODER INV.ZULAGE GEFOERD.VORHABEN
QUELLE: EIGENE BERECHNUNGEN FES

Karte 3:

Regionale Verteilung des geförderten Investitionsvolumens

Umstellungsinvestitionen 1972 - 1984

MIT GA-MITTELN UND/ODER INV.ZULAGE GEFOERD.VORHABEN

QUELLE: EIGENE BERECHNUNGEN FES

DATEN : BUNDESAMT FUER GEWERBL.WIRTSCHAFT

Karte 4:

Regionale Verteilung des geförderten Investitionsvolumens

Rationalisierungsinvestitionen 1972 - 1984

INVESTITIONS-
VOLUMEN

OHNE FOERDERUNG	UNTER 10000
10001-20000	20001-30000
30001-40000	40001-50000
50001-90000	90001 U.MEHR

WERTE IN TDM

MIT GA-MITTELN UND/ODER INV.ZULAGE GEFOERD.VORHABEN
QUELLE: EIGENE BERECHNUNGEN FES

Den Stellenwert der regional eingesetzten Finanzmittel wollen wir zunächst anhand der beiden bereits skizzierten Entwicklungen beurteilen, erstens den neuen sozialen, ökonomischen und technologischen Herausforderungen, zweitens den verstärkten Maßnahmen der Kommunen und Länder zur Wirtschaftsförderung, an späterer Stelle anhand der Umstellungen der Wirtschaftsstruktur in der Vergangenheit.

Die Investitionsförderung des Bundes ist zunächst am Ziel des gesamtwirtschaftlichen Wachstums ausgerichtet, die Forschungszulage nach §4 InvZulG konnte z.B. bis 1985 nicht kumuliert werden, d.h. Unternehmen mußten entscheiden, ob sie die Forschungszulage in Anspruch nehmen wollten, oder Mittel der Gemeinschaftsaufgabe, so daß zwar in abgegrenzten Gebieten der Gemeinschaftsaufgabe Investitionsförderung betrieben wurde, in "benachbarten" Nicht- Fördergebieten aber ebenfalls öffentliche Investitionsmittel zur Verfügung standen, allerdings aus der Technologieförderung. Ein regionales Gefälle existierte somit gar nicht!

Die gleiche Argumentation gilt für Abschreibungserleichterungen für kleine und mittlere Unternehmen (§7g EStG, ca. 1 Mrd. DM in 1985), sowie die Förderung von Forschung und Entwicklung nach §51 Abs.1 Nr.2 EStG, 300 Mio. DM in 1985).

Ein finanzieller Standortvorteil der regionalen Fördergebiete der Gemeinschaftsaufgabe "Verbesserung der regionalen Wirtschaftsstruktur" existierte in der Vergangenheit also nur mit Einschränkungen.

Städtebaupolitik, Verkehrspolitik und Wohnungsbaupolitik dienen ebenfalls eher der Verbesserung der Lebensbedingungen in Ballungsgebieten, als der Verbesserung der Einheitlichkeit der Lebensverhältnisse im Gesamtraum.

Die regionalpolitischen Entscheidungsträger haben auf die Kritik an der regionalen Wirtschaftsförderung weitgehend reagiert. Es sind im 14. Rahmenplan Änderungen, die sofort wirksam sind, angesprochen, aber auch Vorschläge, die zur Änderung des Investitionszulagengesetzes führten. Ausgangsfrage der Diskussion war, ob die Regionalpolitik stärker beschäftigungsorientiert durchgeführt werden könne, und zwar als Ergänzung und Unterstützung der global wirksamen Wachstumspolitik. Im Mittelpunkt standen die Fragen

- nach einer stärkeren Gewichtung der Arbeitslosenquote im Abgrenzungskriterienkatalog,
- nach der Integration des Handwerks und unternehmensbezogener Dienstleistungen in die Wirtschaftsförderung,
- nach verstärkter Förderung der Innovationen der Unternehmen,
- nach der technischen Orientierung der Infrastruktur sowie
- nach politischer Unterstützung der Regionalpolitik.

Das Kriterium der Arbeitslosenquote ist inzwischen mit hohem Gewicht in die regionale Wohlfahrtsfunktion aufgenommen worden. Damit wurde die Kritik ausgeräumt, daß Einkommens- und Infrastrukturindikatoren durch hohe Korrelationen bisher dominierten. Jetzt bestimmen Einkommens- und Beschäftigungsdisparitäten den Gebietszuschnitt.

Die Diskussion über Indikatoren, d.h. über die Gebietsabgrenzung und über die Frage, wie wirtschaftsschwache Regionen herauskristallisierbar sind, ist bereits sehr lange geführt worden. Die Transparenz in der Abgrenzung der Fördergebiete wird nur durch die Vielzahl der Modelle, die berechnet wurden, erschwert. Lineare, kardinale, substitutive Wohlfahrtsfunktionen sind berechnet und diskutiert worden. Innerhalb eines politischen Entscheidungsprozesses ist zwischen verschiedenen Gewichtungsmodellen ausgewählt worden. Diese Modelle sollten das Problem der Substitutivität klären helfen. Separat für Einkommensindikatoren und Arbeitsmarktindikatoren sind Rangordnungen und Schwellenwerte festgelegt worden, die aber gegenüber dem dann ausgewählten und dann "präsentierten" Gesamtindikatormodell keine Abweichungen im Fördergebietszuschnitt erkennen ließen.[1]

---

[1] Die Frage, muß die regionale Wirtschaftspolitik nicht arbeitskräfteorientierter werden, bezieht sich auf diese Zieldiskussion. Der Rückgang der regionalen Arbeitsplatzzahlen hat aber auch zu Fragen der Kriterienauswahl geführt: sind nicht aufgrund von Mängeln der einzelnen Indikatoren die wirklich wirtschaftsschwachen Arbeitsmarktregionen verborgen geblieben? — Die Regionen Heide-Meldorf, Ingolstadt und Gelsenkirchen als Raffineriestandorte verfälschen die regionalen Vergleiche zum Bruttoinlandsprodukt, da die indirekten Steuern die Regionalwerte nur künstlich aufblähen. (Es ist inzwischen zu Faktorkosten berechnet worden.) - Die Kritik an der Lohn- und Gehaltssumme richtet sich gegen die alte Datenbasis aus dem Jahre 1970. Sie ist ebenfalls unbegründet. Die Werte werden aktualisiert und z. Z. korrigiert. - Zur Berechnung regionaler Arbeitslosenquoten wird das Erwerbsverhalten des Jahres 1970 zugrunde gelegt. Kritik läßt sich auch hier sofort entkräften: Im Alter von 35

Das Ergebnis der Diskussion, ob kleine und mittlere Betriebe das regionale Wirtschafts- und Beschäftigungswachstum tragen, kommt in den Maßnahmen zur Förderung des Handwerks zum Vorschein. Interne Kräfte, endogene Potentiale sind durch das Handwerk zu mobilisieren. Die Vorleistungsstruktur von Regionen kommt in die Diskussion und Begutachtung. Unternehmen ohne Primäreffekt versorgen solche mit Primäreffekten, d.h. überregionalem Absatz. Die Vorleistungen selbst haben hohe Standortqualität, da große Unternehmen betriebsinterne Vorleistungen nutzen können (Siehe Konzernverflechtungen der Vorleistungen, ausgewiesen in den statistischen Jahrbüchern). Kleine und mittlere Unternhmen benötigen ein externes Angebot; deshalb die Erweiterung der Förderung für solche Unternehmen, die ihre Produkte vorwiegend an die gewerbliche Wirtschaft mit Primäreffekt absetzen. Hier verbinden sich Technologie- und Dienstleistungsförderung. Ingenieurbüros, Laborbetriebe, EDV- Unternehmen usw. liefern Leistungen an Unternehmen mit Primäreffekt und weisen hochwertige Arbeitsplätze auf. Humankapital und Qualifikationsniveau der Arbeitsplätze der Regionen werden aufgestockt. Or-

---

bis 55 Jahren wollen in jeder Region zu jeder Zeit von 100 Männern 97 arbeiten; sie sind beschäftigt oder als arbeitslos registriert. Für die Erwerbsbeteiligung gelten gesellschaftliche Trendentwicklungen, von denen angenommen werden kann, daß sie in allen Regionen in die gleiche Richtung wirken. Unterschiede im Niveau der Erwerbstätigkeit sind wahrscheinlich verstärkt worden durch Arbeitsplatzrückgänge. Entmutigungseffekte und die Bildung von stillen Reserven betreffen also vorwiegend die Erwerbstätigkeit von Frauen. Darüber hinaus ist im Arbeitskraftreservekoeffizienten sofort korrigiert, was in der Arbeitslosenquote vielleicht noch als kleiner Fehler enthalten ist. - Im Arbeitskraftreservekoeffizienten liegt immer ein Rest von Prognoseunsicherheit. Plötzliche Einbrüche der wirtschaftlichen Entwicklung wie in Bremen und im Saarland, vor Jahren in Wolfsburg, führen vor Augen, daß Einzelprognosen für Einzelfälle konstante kleinräumige Rahmendaten verlangen. - Der Infrastrukturindikator: Die Kritik bezieht sich darauf, daß er eine Instrumentvariable sei und größere Einzugsbereiche habe als Arbeitsmarktregionen, er also Transferleistungen abbilde, von denen die regionale Bevölkerung überhaupt nicht betroffen sei, bzw. deren Nutzung nur geringfügig möglich sei. Diese Kritikpunkte scheinen berechtigt, könnten aber durch Berechnung einzelner Teilindikatoren entkräftet werden. Inzwischen geht der Indikator nur mit einem geringen Gewicht in die Zielfunktion ein. - Zu den räumlichen Einheiten der Diagnose: Hier scheint es möglich, daß sich die Einzugsgebiete der großen Verdichtungsgebiete noch vergrößert haben, so daß inzwischen mit weniger Arbeitsmarktregionen als räumliches Abbildungsmuster auszukommen wäre. Schwerer wiegt die bewußte Abtrennung von Arbeitsmarktteilen im politischen Entscheidungsprozeß. - Zur Informationsauswertung und Gewichtung: Modellrechnungen, die auf der Gleichheit der Varianzen beruhen, zeigen, daß es ein stabiles Muster von Regionen gibt, die bei allen Indikatoren Defizite aufweisen - Unabhängig wie sie gewichtet werden, unabhängig davon, ob sie additiv oder multiplikativ zusammengefaßt werden. - Die Kritik an der Förderschwelle wagt sich in politische Entscheidungsräume vor und ist Kritik am Zonenrandgesetz. Die Regionaltheorie rechtfertigt die Beseitigung der Folgen künstlicher Trennung eher als daß sie sie verneint. Der Status des Saarlandes wird mit diesem Argument ebenfalls der Kritik entzogen.

ganisatorisches Problem wird vielleicht sein, daß jetzt regionale Wirtschaftsfördergesellschaften punktuell Vorleistungsstrukturen ermitteln müssen, die in der Forschung bisher durch aufwendige Input- Output- Tabellen zu ermitteln versucht wurden.

Die Förderung verschiedener Dienstleistungs- und Handwerksbetriebe wird einen Einfluß auf die Kapitalintensität der geförderten Investitionen haben. Spätere Zeitreihen werden deshalb mit den bisherigen Zeitreihen nicht vergleichbar sein, d.h. die Trendänderung der Kapitalintensität darf in späterer Forschung nicht als ökonomische Änderung interpretiert werden, sondern muß sich der Änderungen der Regelungen erinnern.

Die Umsetzung der Innovationsdebatte ist in den Beschlüssen zur Änderung des Rahmenplans zu erkennen: Vereinfachung und wirksame Ausgestaltung der seit 1981 bestehenden Förderungen für Investitionen, durch die hochwertige Arbeitsplätze, d.h. mit einem Gehalt über 60000 DM Brutto pro Jahr, geschaffen werden, und zwar für Angestellte im Forschungs-, Entwicklungs-, und Planungsbereich und für Angestellte mit Planungs- und Aufsichtsbefugnis im kaufmännischen Bereich.[1]

Die Förderung aktivierter Kosten für immaterielle Wirtschaftsgüter, Patente, Lizenzen und Investitionskonzepte spiegelt die Innovationsdebatte ebenso wider, wie die erweiterte Investitionsförderung in einer Gründungsphase von Unternehmen (fünf Jahre, gedacht ist an junge Unternehmen, die zunächst in einem Technologie- oder Innovationszentrum beginnen).

Zur Infrastrukturförderung gehört inzwischen auch die Errichtung oder der Ausbau derartiger "Forschungs-, Innovations-, Technologie-, Gründerzentren u. ä. Einrichtungen ", die Erschließung von Gewerbeflächen, Wiedernutzbarmachung von Brachflächen und Errichtung und Ausbau von Einrichtungen neuer Techniken der Individualkommunikation (Telematik, befristet bis Ende 1987).[2]

Durch diese Maßnahmen versucht die Regionalpolitik in Zukunft Engpässe und Defizite im regionalen Innovationsprozeß zu beseitigen — durch das Angebot technischer, wirtschaftlicher und juristischer Dienstleistungen, die notwendig sind, um die schwierigen Planungsvorgänge und Entscheidungen regionaler und sektoraler Investitionen zu erleichtern.

---

[1] Vgl. Vierzehnter Rahmenplan der Gemeinschaftsaufgabe "Verbesserung der regionalen Wirtschaftsstruktur", BT- Drucksache 10/3562, vom 25.6.1985, S.5 und S.29f

[2] Vgl. Vierzehnter Rahmenplan der Gemeinschaftsaufgabe "Verbesserung der regionalen Wirtschaftsstruktur", a.a.O., S.5 und S. 30f

Verkannt wird, daß die Verfügbarkeit technischer, wirtschaftlicher und juristischer Dienstleistungen - Marketingpersonal eingeschlossen - nur eine Auskunft gibt über die Betriebe, die, obwohl zu schrumpfenden Branchen gehörend, dennoch wirtschaftlichen Erfolg haben oder erwarten lassen. Als Verlierer können Betriebe in Regionen und Sektoren identifiziert werden, die ihre Forschungs- und Marketingaktionen nicht verstärkten.[1] Der gesamtwirtschaftliche Effekt wird vergessen. Nehmen wir das Beispiel der Textilindustrie oder der Glasindustrie. Erfolgreich waren nur die Betriebe mit hohem Forschungsaufwand - insgesamt ist in diesen Branchen seit langem die Beschäftigung abgebaut worden - und wird wahrscheinlich weiterhin abgebaut werden. Innovationsorientierte Regionalpolitik wird den technologischen Ausleseprozeß verstärkt fördern. Die Gesamtsumme der Arbeitsplätze in der Textil- oder Glasindustrie wird weiter zurückgehen, es wird sich aber eine lineare Beziehung zwischen dem hohen Anteil des Forschungspersonals und der Ausweitung der Beschäftigung in der einen Region und dem geringen Anteil des Forschungspersonals und dem Abbau der Beschäftigung in einer anderen Regionen ermitteln lassen. Regionalpolitik wird einen Beitrag zum gesamtwirtschaftlichen Wachstum des Sozialprodukts leisten können. Die Ausweitung der Beschäftigungsmöglichkeiten wird jedoch von gesamtgesellschaftlichen Strömungen der Produktivität bestimmt. Durch innovationsorientierte Regionalpolitik wird ein verstärkter Arbeitsplatzeffekt entstehen, wenn durch die regionale Förderung der Datenbe- und verarbeitung, des Versandhandels, des Import/Exporthandels, von Hauptverwaltungen, von Kongressen Verlagen und Unternehmensberatungen, von Marktforschung, Laborleistungen, Werbung, Messen und Forschungsleistungen die regionale Produktivitätssteigerung sich zu einer gesamtwirtschaftlichen Einkommenssteigerung summiert, d.h. zu einer Erhöhung des Sozialprodukts führt.

"Aber die Änderungen im 14. Rahmenplan gegenüber vorangegangenen Förderansätzen reflektieren eben auch nur einen Teil der wissenschaftlichen Ergebnisse über regionale Innovationsbedingungen, nämlich jenen, der die Ausstattung mit unternehmensbezogener Infrastruktur, mit Sachkapital und mit sogenannten höherwertigen tertiären Funktionen betrifft, die nach einem ver-

---

[1] Vgl. Franz-Josef Bade, Die Beschäftigtenentwicklung in den Regionen der Bundesrepublik Deutschland 1976 bis 1983, 2. Zwischenbericht zum Gutachten "Die regionale Verteilung von Wirtschaftsaktivitäten" im Auftrag des Niedersächsischen Ministers für Wirtschaft und Verkehr, Berlin, im August 1985, S. 108

kürzten Verständnis als allein innovationsrelevant angesehen werden und eine entsprechend angelegte Angebotsförderung zur Folge hat.

Der andere Teil der empirischen Befunde wissenschaftlicher Untersuchungen, der auf die Bedeutung der beruflichen Kompetenz der im Produktionsprozeß tätigen Arbeitskräfte für die Neuerungsleistungen kleiner und mittlerer Unternehmen abstellt, wird mit den innovationsorientierten Änderungen im 14. Rahmenplan weder erfaßt noch als neuerungsrelevantes Problem angesprochen."[1]

Die Konkurrenz der Bundesländer um Ansiedlung von Unternehmen trägt weiterhin zu einer Stärkung der Finanzstarken bei. Knappe Wachstumsressourcen werden in finanzstarke Gebiete gelenkt, und zwar innerhalb der Länder vorwiegend wieder in prosperierende Teilregionen. Die Diskussion um die Subventionierung der Industrieansiedlung in Rastatt ist weiterer Beleg hierfür. Auf der Ebene der Gemeinden läuft Hand in Hand die Subventionierung von wachstumsstarken Gebieten über die Verbilligung von Grundstücken, selbst wenn sich generell die Wirtschaftsförderung eher in eine Bestandspflege als Gewerbeansiedlung verwandelt hat.

Als Reaktion auf diese Entwicklung ist seit einiger Zeit in den Fördergebieten die Erlaubnis der Kumulierung von Finanzmitteln gegeben worden, d.h. der Bedienung aus mehreren Töpfen. Derartige Kumulationsmöglichkeiten könnten noch auf weitere gesamtwirtschaftlich wichtige Gemeinschaftsaufgaben und Programme ausgedehnt werden: Agrarstruktur und Wirtschaftsstruktur, Technologie- und Mittelstandsförderung. Was könnten neue gesamtwirtschaftliche Gemeinschaftsaufgaben sein? Gemeinschaftsaufgabe heißt immer handeln anhand konkreter Aufgaben und Programme, d.h. außerhalb des Finanzausgleissystems. Neben der Technologieförderung kommen zur Zeit wohl noch die Arbeitsmarktintegration von sozial Schwachen oder spezieller die "Integration der geburtenstarken Jahrgänge in den Arbeitsmarkt" in Betracht. Aber es gibt keine gesellschaftliche Gruppe, die hierüber einen "großen Streit" anfängt, wie dies in den 1960er Jahren der Fall war, als die bisher bekannten Aufgaben ins Leben gerufen wurden. Bei der Anrechnung auf die Höchstsätze der Haushaltsmittel der Gemeinschaftsaufgabe "Verbesserung der regionalen Wirtschaftsstruktur" bleiben bereits unberücksichtigt: "Die Investitionszulage

[1] Peter Joachim, Sozioökonomische Determinanten regionaler Innovationsbedingungen, Gutachten, gefördert durch die Deutsche Forschungsgemeinschaft, Bonn 1986, S.160f

nach §4b InvZulG, Investitionszulage gemäß dem Gesetz über eine Investitionszulage für Investitionen in der Eisen- und Stahlindustrie, Hilfen zur Förderung der Gründung selbständiger Existenzen, Umweltschutzhilfen, die sozialen Hilfen nach dem Arbeitsförderungsgesetz (AFG), Hilfen im Rahmen des Schwerbehindertengesetzes (SchwbG), Städtebauförderungsmittel, bedingt rückzahlbare Mittel des Bundesministers für Forschung und Technologie bei der Errichtung kerntechnischer Anlagen, Frachthilfen einschließlich Frachthilfekapitalisierung für das Zonenrandgebiet und Ostbayern sowie Umstellungsdarlehen nach Artikel 56 Abs.2a des EGKS- Vertrages."[1]

Die Bedenken gegen weitere Ausdehn ung der Kumulationserlaubnis öffentlicher Mittel sind unmittelbar einleuchtend. Addierte man alle Subventionen, dann ergäben sich Größen je Betrieb, die sofort auf ordnungspolitische Bedenken stoßen müssen. Die Intervention des Staates wäre in einigen Gebieten so hoch, daß die Allokationsfunktion des Marktes außer Kraft gesetzt würde, jedenfalls nach den Argumenten der reinen Lehre des Marktes. Für die Regionalförderung im Zonenrandgebiet ergeben sich schon hohe Prozentsätze: 10% Regionalzulage, 15% Regionalzuschuß plus 10% Konjunkturzuschuß plus Sonderabschreibungen (50% , wobei der Liqiditätseffekt abhängig ist vom Steuersatz, den ein Unternehmen z.Z. zahlt). Bei einem Steuersatz von 50 Prozent und mehr werden insgesamt schon mehr als 50% der Investitionssumme durch den Staat gefördert. Wenn dann noch Technologieförderung des BMFT und Einarbeitungszuschüsse der Bundesanstalt für Arbeit hinzukämen, dann könnten 100% Fördersatz bald erreicht sein. Stimmte die These, daß dadurch nur Mitnahmeeffekte erreicht würden, wäre die Größenordnung der Verschwendung von Staatsgeldern nur noch beträchtlicher. Aber es gibt keine Theorie, wie Investitionsentscheidungen durch öffentliche Finanzhilfen gesteuert werden.

Als Alternative zur Kumulierung von Fördermitteln in strukturschwachen Gebieten bietet sich an, die Subventionen, die nicht räumlich gezielt gewährt werden, zu kürzen, d.h. die Mehrzahl der Programme. Diese Forderung ist modern, denn sie folgt aus der Annahme, daß die Dynamik des Marktes eher zu Wachstumseffekten führe, als Staatsinterventionen. Subventionsabbau und Deregulierung sind die Stichworte. Liefert die subventionsfreie Faktoralloka-

---

[1] Vierzehnter Rahmenplan der Gemeinschaftsaufgabe "Verbesserung der regionalen Wirtschaftsstruktur", a.a.O., S.25f

tion bessere Wohlfahrtsergebnisse als wirtschaftspolitische Intervention, dann entstehen durch Subventionsabbau keine Wohlfahrtsverluste, eher Wohlstands- und Arbeitsplatzgewinne. Es geht um eine Neubewertung der Staatsaufgaben, d.h. der Lenkungs- und Ausgleichsfunktion des Staates. Es gibt anerkannte Bereiche, in denen der Staat tätig ist, aber es sind auch viele Bereiche zur Reprivatisierung vorgeschlagen worden

Um die Konsequenzen der egoistischen Wirtschaftspolitik der Kommunen zu mildern, ist vorgeschlagen worden, die Bedingungen unter denen die Gemeinden und Länder agieren, zu ändern. Die Zuweisungspolitik der Länder und die Kommunalaufsicht bieten Instrumente hierfür.[1]

"Freilich ergeben sich bei einer solchen Strategie neben staatsrechtlichen Fragen Zielkonflikte mit dem Grundanliegen föderativer Staatsgebilde, auch unteren Gebietskörperschaftsebenen Handlungsspielräume einzuräumen und damit im Gesamtraum unterschiedliche Versorgungssituationen und eigenständige Wirtschaftspolitiken zu gestatten. Eine mit Blick auf das hier behandelte Thema vorgenommene faktische oder rechtliche Beschneidung der Entscheidungsmöglichkeiten etwa der Kommunen im Bereich ihrer Wirtschaftspolitik müßte vor dem Hintergrund grundsätzlicher verteilungspolitischer Belange gegenüber der Beeinträchtigung grundsätzlicher föderativer Belange, eventuell auch vor dem Hintergrund wachstumspolitischer Einbußen, vertreten werden."[2]

Sinnvoller scheint die Forderung, im Bereich der Arbeitskräftequalifizierung, Berufsbildung und Arbeitsbeschaffungsmaßnahmen, d.h. der Arbeitskräfteförderung die Kompetenz und Mittel der Gemeinden zu erhöhen. Damit begegnet man der Gefahr, mit der Beschneidung kommunaler Kompetenzen zuviele föderative Belange zu tangieren; und Gemeinschaftsaufgaben sind Teil des föderativen Finanzausgleichssystems. Die Empfehlungen des Planungsausschusses zur kommunalen Wirtschaftsförderung mahnen denn auch die Kommunen an, ihre Stellung in der gesamtstaatlichen Ordnung bei der Förderung der Wirtschaft zu berücksichtigen, ebenso die Verpflichtung zu bundes- und

---

[1] "Zur Verminderung der regionalpolitisch nachteiligen Wirkungen, die sich aus der eigenständigen Wirtschaftspolitik der Länder und Gemeinden ergeben, könnte an den Rahmenbedingungen angesetzt werden, unter denen die Kommunen und Länder ihre Wirtschaftspolitik betreiben." Rolf- Dieter Postlep, Helmut Stegemann, Die Einebnung des Fördergefälles als Problem der Regionalpolitik, in: WIRTSCHAFTSDIENST 1986/VII, S. 357- 361, S. 360.

[2] Ebenda, S. 361.

landestreuem Verhalten. Sie sollten sich auf unbedenkliche Maßnahmen der indirekten Förderung konzentrieren und Zurückhaltung bei direkten Maßnahmen üben; falls ausnahmsweise doch erforderlich, sollten genaue Wirtschaftlichkeitsprüfungen erfolgen.[1]

Abb. 3: Entstandene zusaetzliche Dauerarbeitsplaetze
nach Jahren und Laendern

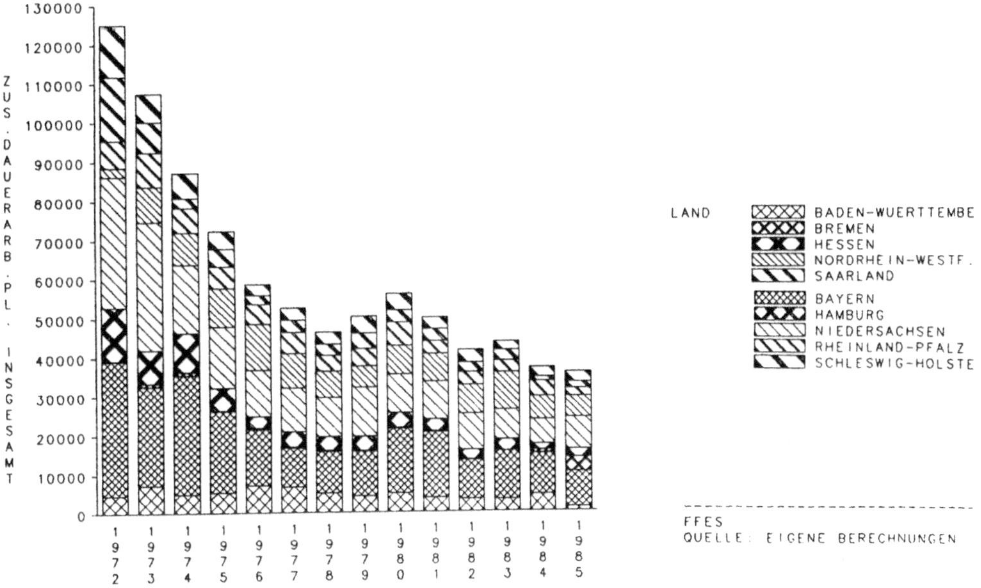

Abb. 4: Entstandene zusaetzliche Dauerarbeitsplaetze
nach Laendern
1972 – 1985

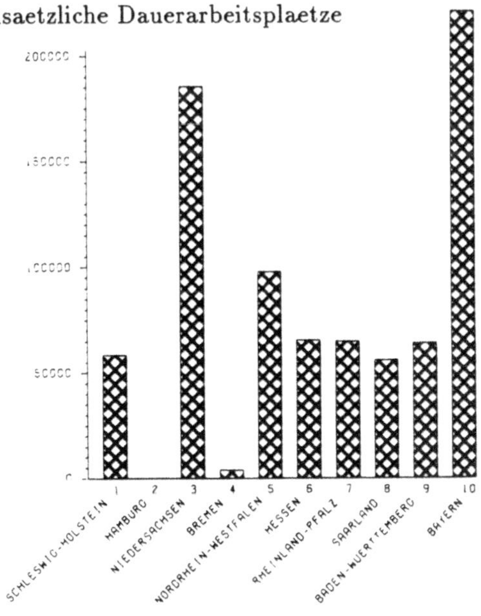

[1] Vgl. Vierzehnter Rahmenplan der Gemeinschaftsaufgabe "Verbesserung der regionalen Wirtschaftsstruktur", a.a.O., S.15

Abb. 5: Umstellungen u. Rationalisierungen
Investitionsvolumen
nach Jahren und Laendern

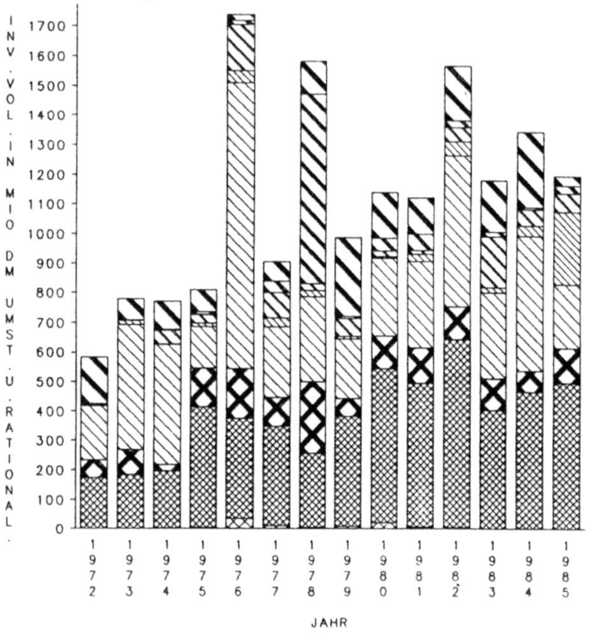

Abb. 6: Gesicherte Arbeitsplaetze
nach Jahren und Laendern

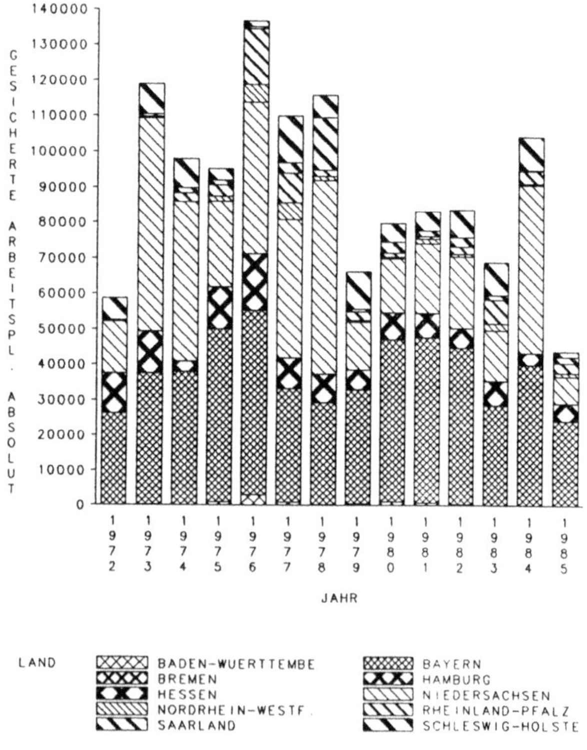

FFES
QUELLE: EIGENE BERECHNUNGEN

3.2. Finanzausgleich und Gemeinschaftsaufgaben

Mit den regionalen Erscheinungen der Arbeitslosigkeit und den Möglichkeiten, die die Gemeinden haben, um Aufgaben die beschäftigungsintensiv sind zu finanzieren, ist der gesamte Problembereich des Länderfinanzausgleichs verbunden. Von der Finanzkraft der Länder hängt es inzwischen weitgehend ab, ob und welche Investitionen und Maßnahmen kommunaler Beschäftigungsinitiativen unterstützt werden können, ob Umschulung und Weiterbildung Finanziert werden kann. Der Erfolg lokaler Beschäftigungsinitiativen ist es, der entscheidet, ob Hoffnungen, die sich an diese regionalen Erscheinungen solidarischer Lebens- und Arbeitsformen knüpfen, erfüllt werden und Arbeitsgelegenheiten für langfristig arbeitslose Erwerbspersonen geschaffen, bzw. in den zahlreichen Fällen bereits existierender Selbsthilfeprojekte und selbstverwalteter Betriebe gesichert werden. Mit den Merkmalen "normaler" regionaler Investitionstätigkeit haben diese Projekte nur noch mit Einschränkung etwas gemeinsam, d.h. es treten Definitionsprobleme auf: was ist Arbeitnehmerförderung, was ist Investitionshilfe.

Sind die Finanzierungsprobleme auf lokaler Ebene - oder zwischen den Ländern - so gravierend, z.B. um Beschäftigungsinitiativen zu unterstützen, daß das gesamte System des Finanzausgleichs neu zu regeln wäre?

Der immer wieder zu findende Hinweis auf die geringe Höhe des geförderten Investitionsvolumens, d.h. auf die angebliche Tatsache, daß Regionalpolitik wenig bewirkt habe, wiegt schwer, besonders in bezug auf die hier erörterte Fragestellung der Inanspruchnahme von Investitionshilfen. Zum einen ist nicht bekannt, wie regionale Disparitäten in der Bundesrepublik jetzt aussähen, wären die zwischen 1972 und 1984 eingesetzten Finanzhilfen den Regionen nicht zugute gekommen. Zum anderen - und das ist weit wichtiger - verkennt, wer so argumentiert,die Einordnung der Gemeinschaftsaufgaben in das föderative Staatssystem. Dieser einheitliche Staatsgedanke muß sich jedesmal neu bewähren.

Wir wollen uns auf drei Wegen mit dieser Argumentation auseinandersetzen:

— zum einen wollen wir die Einordnung der Gemeinschaftsaufgaben in das System des Finanzausgleichs erörtern, denn dieses übergeordnete System zeigt die Probleme auf, die generell existieren, wenn Finanzströme in Abhängigkeit von der wirtschaftlichen Leistungskraft von Ländern fließen und zu regulieren sind,

— zum anderen, indem wir uns einen anderen Bereich anschauen, in dem ebenfalls Regelungen existieren, die eine länderweise Verteilung von Finanzmitteln zur Folge haben, und zwar den Bereich der Technologieförderung,

— zum Schluß wollen wir uns Prämissen verschiedener für wahrscheinlich gehaltener Entwicklungen des Süd-Nord Gefälles ansehen.

4.1. Finanzausgleich und Geschichte der Gemeinschaftsaufgaben

Die Reform der bundesrepublikanischen Finanzverfassung des Jahres 1969 war von der Zielsetzung getragen, den westdeutschen Föderalismus auf eine tragfähige Grundlage zu stellen - ein Teil der Finanzreformgesetzgebung, die Institutionen der Gemeinschaftsaufgaben, dienten ebenfalls dieser Zielsetzung: Entwicklung der bundesstaatlichen Ordnung durch Stärkung der gemeinsamen Verantwortung von Bund und Ländern.

Die Finanzlage der steuerschwachen Länder wurde durch die Finanzverfassung insgesamt merklich verbessert - die Umverteilungseffekte der Gemeinschaftsaufgaben können gar nicht zu einem zweiten, evtl. konterkarierenden Finanzstrom werden, denn sie sind in das Gesamtsystem eingebettet; Ziel der Gemeinschaftsaufgaben ist es vielmehr, Aufgaben in Angriff zu nehmen, die einzelne Bundesländer nicht allein bewältigen konnten und können:

- Küstenschutz,
- Hochschulbau,
- Verbesserung der regionalen Wirtschaftsstruktur und der
- Agrarstruktur.

Die Gemeinschaftsaufgaben sind ein eigenständiges Prinzip der Verteilung in dem Finanzausgleich der Bundesstaaten: aus der stets schwer vorzunehmenden Zuordnung von Bedarf und Einkommenssteueraufkommen sind die Gemeinschaftsaufgaben herausgenommen; ein Teil der Steuermasse wird auf die Länder entsprechend der tatsächlichen Lasten verteilt.

Die Harmonisierung der Steuerkraft der Länder ist ein Problem, das alle

Dekaden neu zu bewältigen ist, denn das Finanzausgleichssystem ist durch Indikatoren geregelt, die sich im Zeitverlauf ändern. Hinter der Zielsetzung der Harmonisierung der Steuerkraft scheint jedoch die Zielsetzung der Harmonisierung der Lebensverhältnisse durch. Die übergeordnete Zielsetzung der "Einheitlichkeit der Lebensverhältnisse" wurde als ratio legis in die Gemeinschaftsaufgaben übernommen, mit anderen Worten, das Gebot der Einheitlichkeit der Lebensverhältnisse - in den Gutachten zu der Gemeinschaftsaufgabe "Verbesserung der regionalen Wirtschaftsstruktur " immer wieder thematisiert - ist zur Zeit die eigentliche ratio legis der Finanzverfassung.

"In einem engen Zusammenhang mit dem bundesstaatlichen Finanzausgleich stand ein anderer Teil der Finanzreformgesetzgebung: die Schaffung des Instituts der *Gemeinschaftsaufgaben*. Gemeinschaftsaufgaben sollten diejenigen Länderaufgaben werden, die wegen ihrer Größe und ihrer Bedeutung den Rahmen der Möglichkeiten der einzelnen Länder sprengten. Anstelle der in einer verfassungsrechtlichen Grauzone angesiedelten Mischfinanzierungen, Dotationsauflagen, Verwaltungsabkommen usw. sollte eine verfassungsmäßig saubere Lösung treten, die der Tatsache gerecht wurde, daß eine 'lupenreine' Trennung von Bundes- und Landesaufgaben nicht möglich sei."[1]

"Implizit wurde im nachhinein das Harmonisierungsgebot 'Einheitlichkeit der Lebensverhältnisse' die eigentliche 'ratio legis' der Finanzverfassungsreform."[2]

Wie schwierig die Ermittlung der tatsächlichen Lasten, die die Länder im Rahmen der Regionalpolitik zu tragen haben, ist, wird in den Diskussionen über die Neuabgrenzung der Fördergebiete deutlich.

Noch schwieriger wird die Trennung der staatlichen Aufgaben in jene, die durch den Oberstaat und in jene, die durch die Gliedstaaten erfüllt werden müssen - diese Aufgabentrennung ist Grundlage der Aufteilung verschiedener Steuerarten. Daß eine Trennung der Aufgaben zwischen Bund und Ländern strikt möglich sei, haben bereits die Väter und Mütter des Grundgesetzes bezweifelt. Aus diesem Zweifel resultierte auch die Frist - bis 1952, dann verlängert bis 1955 - eine Finanzreform durchzuführen.

---

[1] Wolfgang Renzsch, Alfred Kubels Vorschläge zur Neuordnung des bundesstaatlichen Finanzausgleichs, in: Bernd Rebe, Klaus Lompe, Rudolf von Thadden (Hg.), Idee und Pragmatik in der politischen Entscheidung, Alfred Kubel zum 75. Geburtstag, Bonn-Bad Godesberg 1985, S.176.

[2] Ebenda, S. 177.

Die zufällige Länderabgrenzung steht nun mal in keinem Zusammenhang mit der Wirtschaftskraft und Steuerkraft der Länder, so daß die Forderung, die Aufgaben müßten durch die Steuern finanzierbar sein, ohne Finanzausgleich illusorisch ist.

Die Ländergrenzen sind nur zum Teil zufällig; historische Entwicklungen haben sich weit häufiger durchgesetzt als die Neuregelungen nach dem Kriege durcheinandergebracht haben. Unterschiedlichen ökonomischen Entwicklungen in der Wirtschaftskraft steht noch immer der Gedanke der Souveränität voran. "Im Deutschen Reiche geht diese Vorstellung von der Unantastbarkeit der Souveränität so weit, daß ein bayerischer Abgeordneter im Jahre 1921 mit Gefängnis bestraft wurde, weil er dafür eintrat, daß Franken sich von Bayern ablösen und an Preußen oder Thüringen anschließen sollte. Der im Jahre 1929 vorliegende Entwurf eines neuen deutschen Strafgesetzbuches erlaubt zwar jede Diskussion über die Neueinteilung der preußischen Provinzen und Gemeinden, stellt aber die Betreibung des Anschlusses der bayerischen an die hessische Pfalz oder der Einverleibung Aschaffenburgs in Preußen als 'Hochverrat' unter Strafe."[1]

Die Entstehung des Kompromisses, den das Werk der Finanzreform darstellt, nachzuzeichnen, ist eine langwierige Aufgabe.[2]

Es ist offen, ob die Geschichte des Paragraphen 29 GG als Geschichte des Scheiterns betrachtet werden muß. Die verbindliche Vorschrift, das Gebiet der Bundesrepublik neu zu ordnen, ist in eine Kann-Bestimmung geändert worden.

Der ursprüngliche Artikel 29 GG ist von den Alliierten mit der Genehmigung des Grundgesetzes 1949 außer Kraft gesetzt worden, d.h. solange die deutsche Souveränität nicht bestand. Deswegen ist ja auch – das übersieht man meistens – die Bildung Baden-Württembergs aus dem die Länder Baden, Baden-Württemberg und Württemberg- Hohenzollern umfassenden Gebiet nach Art. 118 GG erfolgt. Von vornherein war klar, daß die Alliierten dem Art. 29 GG erst einmal nicht zustimmen würden. Um das Jahr 1955 herum ging die Neugliederungsdiskussion noch einmal los, da mit Erhalt der Souveränität der Gebietsschnitt noch einmal geändert werden konnte. Eine Komission unter dem ehemaligen Reichskanzler Hans Lutter hatte sich für eine Gebietsänderung im

[1] Walter Sulzbach, Nationales Gemeinschaftsgefühl und wirtschaftliches Interesse, Leipzig 1929, S. 95.

[2] Vgl. Wolfgang Renzsch, Alfred Kubels Vorschläge ...a.a.O., passim

Südwesten und Rheinland- Pfalz eingesetzt, aber das Ganze endete wie das Hornberger Schießen, weil im Prinzip keine politische Kraft existierte, die die Änderung wollte. Die Aufgabe ist damals vertagt worden - auf den Tag nach der Wiedervereinigung. Neuen Schub bekam die Diskussion um Artikel 29 GG durch die sozialliberale Koalition, "als man alles neu anfangen wollte". Man hatte gerade die Erfahrung der Finanzreform hinter sich und das Land Niedersachsen unter Alfred Kubel befürwortete den "Nordstaat", eine Diskussion, die wieder aktuell geworden ist. Die "Ernst- Kommission" wurde eingesetzt, allerdings zeigte sich schon relativ schnell, daß es politisch nicht zuwege zu bringen war. Denn die Befürworter erhofften, etwas dazu zu bekommen, Nordrhein-Westfalen wollte Teile von Rheinland- Pfalz, Hessen wollte die rechtsrheinischen Teile von Rheinland- Pfalz und die Niedersachsen, die wollten den Nordstaat, Bayern war es gleichgültig. Dezidiert dagegen waren die beiden Hansestädte, Rheinland- Pfalz als betroffenes Land und das Saarland. H. Kohl hatte damals als rheinland- pfälzischer Ministerpräsident die Argumentation vertreten, die Länder seien bereits historisch gewachsen und erfüllten damit die Qualifikation des Grundgesetzes für eine Existenzberechtigung. Diesem Argument hatte sich der damalige Innenminister Genscher angeschlossen, und damit war die Sache eigentlich erledigt.

Dieser historische Exkurs zu den Möglichkeiten einer Länderneugliederung zeigt, daß diese Möglichkeit auszuschließen ist - mit einer Ausnahme vielleicht: wenn ein Land wirklich "pleite macht", d.h. wenn so ein ähnlicher Punkt erreicht ist. Es hat mit Schleswig- Holstein diese Situation 1950 gegeben. Schleswig- Holstein war das finanzschwächste Land der Bundesrepublik, einfach weil auf jeden schleswig- holsteinischen Bürger ein Flüchtling kam. Es hatte eine Finanzausstattung, die ca. einem Fünftel der von Hamburg entsprach. Vor 1949 ohne Finanzausgleich und auch nach 1949 erhielt Schleswig- Holstein massive Sonderhilfen, da es keine eigene Steuerkraft hatte. Ein Argument der Landesregierung war, um Sonderzahlungen zu erhalten, die Drohung eines Anschlußes an ein anderes Land. Damit konnte man eine CDU- Regierung in Bonn unter Druck setzen, zumindest unter parteipolitischen Perspektiven wäre ein Wahrmachen dieser Drohung kathastrophal gewesen. Schleswig- Holstein ist im Finanzausgleichssystem - sehr lange Zeit - als Sonderfall behandelt worden, in der 1955 er Finanzreform sind noch Sonderleistungen für dieses Land enthalten gewesen. Artikel 29 GG ist erst 1976 in eine Kann- Bestimmung geändert worden.

Die heutige Situation des Saarlandes kann mit dieser vergangenen in etwa verglichen werden, zukünftig vielleicht auch die des Landes Bremen. Diese Länder sind in einer Situation, in der sie Sonderzahlungen benötigen, bzw. in Landesteilen Sektoren wie Stahl eine Situation schaffen, in der der Bund nach Artikel 104a, Abs.(4) GG "Zur Abwehr einer Störung des gesamtwirtschaftlichen Gleichgewichts oder zum Ausgleich unterschiedlicher Wirtschaftskraft" einem Land Finanzhilfen gewähren kann. Parteipolitische Konstellationen zwischen Bund und Ländern sind hierbei sicher nicht zu vernachlässigen. Daß der Subventionsabbau bei Arbed- Saarstahl anfangen sollte, ist sicher kein Zufall, das Sonderprogramm für Küstenländer ebenfalls nicht. Was die ökonomische Situation mit den Vorschlägen eines Nordstaates zu tun hat, zeigt ein Kartenvergleich.

Karte 5:
Der Nordstaatvorschlag

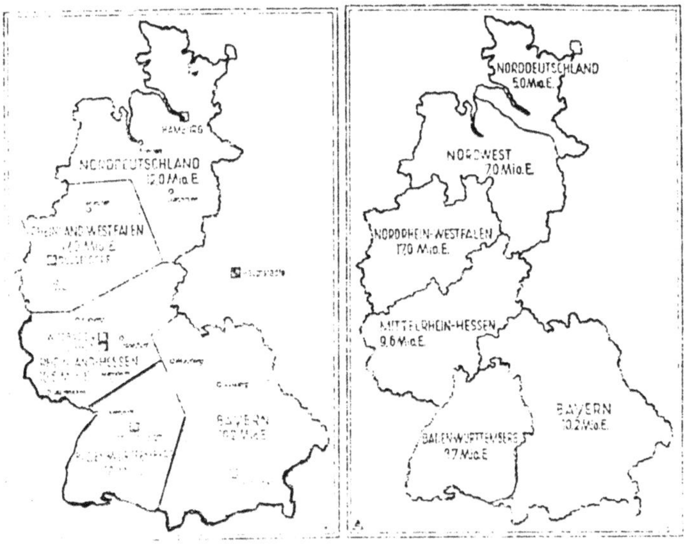

QUELLE:
HANS ESTERMANN, INDUSTRIEBRACHEN, DORTMUND 1985, S.132
DORT ZITIERT NACH H.-F. MATTENKLODT, GEBIETS- UND VERWALTUNGSREFORM IN NORDRHEIN-WESTFALEN, MÜNSTER 1970

Karte 6:

Ueber die registrierten Arbeitslosenquoten hinausgehende Arbeitsplatzdefizite

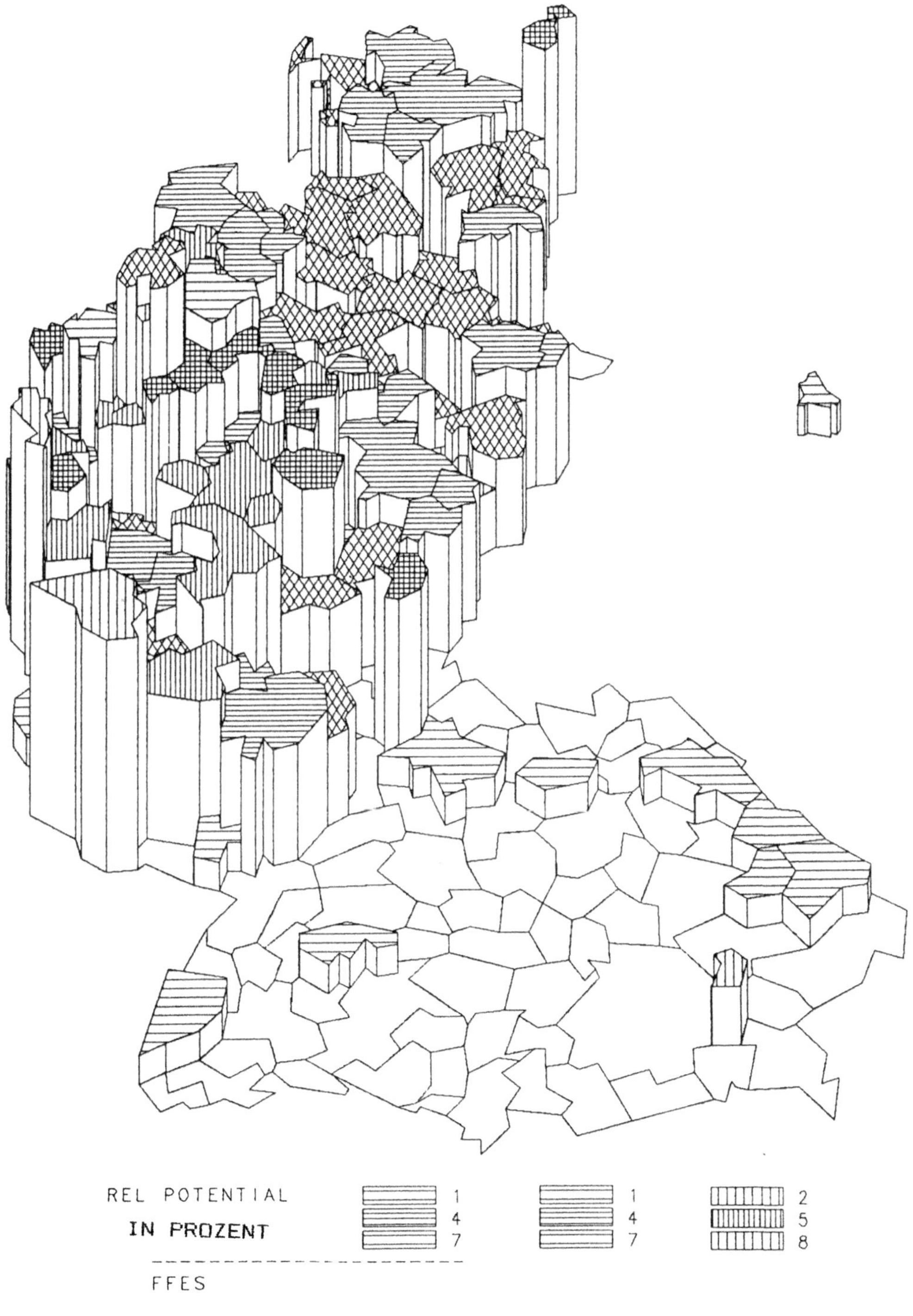

Das Saarland klagt gegen den Finanzausgleich, aber gemessen an dem, was ursprünglich durch das Normenkontrollverfahren erreicht werden sollte, hat sich die Situation grundlegend verändert. Um sie zu durchleuchten, muß man wieder vor der Situation des Jahres 1964 anfangen.

Wenn man die Finanzkraftverteilungen sieht, auch nach dem Finanzausgleichsmechanismus, so hatten die armen Länder, die finanzschwachen Länder, Anfang der 1950er Jahre eine Finanzausstattung, die nach dem horizontalen Finanzausgleich ca. bei 81 Prozent des Bundesdurchschnitts lag. Nach der 1955er Finanzreform ist eine Anhebung auf 91 Prozent erfolgt, sie verbesserte sich, als in den 1960er Jahren (Große Koalition) Bundesergänzungszuweisungen hinzukamen. In der Diskussion ist immer hervorgehoben worden, daß der horizontale Finanzausgleich nur subsidiär sein kann, er darf nicht nivellieren. In der ersten Phase der Finanzausgleichsdiskussion stand das Nivellierungsverbot im Vordergrund, später schob sich das Harmonisierungsgebot nach vorn.

Im Jahr 1969 ist folgendes erreicht worden: Durch den großen Steuerverbund haben sich die Einnahmeentwicklungen von Bund und Ländern angeglichen. Während vorher die Umsatzsteuer Bundessteuer war und die Einkommens- und Körperschaftssteuer zu überwiegenden Teilen Ländersteuern, waren somit konjunkturreagible Steuern Landessteuern, d.h. gerade für die öffentlichen Haushalte, die einen starren Anteil an fixen Kosten (Personalkosten) haben. Durch den großen Steuerverbund sind die Konjunkturbewegungen zwischen Bund und Ländern angeglichen worden. Weiter ist erreicht worden, daß im Zuge der vertikalen Steuerverteilung von Umsatzsteueranteilen nicht nur nach dem örtlichen Aufkommen, sondern nach der Bevölkerungszahl im ersten Schritt im vertikalen Verfahren alle Länder 92 Prozent des Bundesdurchschnitts garantiert bekommen haben. Im zweiten Schritt, im horizontalen Verfahren, werden - und das war Geschäftsgrundlage für den Bundesrat - die finanzschwachen Länder auf 95 % angehoben. Das ist jetzt gewissermaßen die Mindestausstattung der Länder: 95 % des Bundesdurchschnitts. Im Jahr 1974 sind die Bundesergänzungszuweisungen dynamisiert worden, auf 1,5 Prozent des Umsatzsteueraufkommens des Bundes, d.h. der Bund zahlt aus seinem Umsatzsteueraufkommen an die damals namentlich genannten finanzschwachen Länder; namentlich genannt worden sind: Bayern, Rheinland-Pfalz, Saarland, Niedersachsen und Schleswig- Holstein. Das hatte zur Folge, daß diese Länder auf eine Finanzausstattung von ungefähr 98- 99% des Bundesdurchschnitts kommen. Gleichzeitig ist von oben gestaucht worden. Während früher die reichen Länder bis zu 112 und 116% des Bundesdurchschnitts an Steueraufkommen aufwiesen, ist jetzt die Spitze bei 104% . Im Prinzip ist 1974 erreicht worden, daß die Länder sich in ihrer Finanzkraft in der Bandbreite von diesen 98/99% bis 104/105% bewegten.

Die Probleme, zu deren Lösung Verfahren jetzt anhängig sind, bzw. neue Modelle erforderlich werden, sind folgende. Nach 1974 oder genau genommen schon nach 1969 hat sich die Finanzkraft Bremens verschlechtert, die Stahl- und Werftenkrise führte dazu, daß Bremen ein finanzschwaches Land geworden ist. Es ist aber nicht bei den Ländern genannt, die die Bundesergänzungszuweisungen erhalten. Bremen hat heute eine Finanzkraft von 95% des Bundesdurchschnitts; ist damit das am schlechtesten ausgestattete Land. Das ist der Punkt, gegen den Bremen im wesentlichen klagt (Ausschluß aus dem Kreis der Bundesergänzungszuweisungsberechtigten). Heute gibt es keinen Grund mehr, Bremen - durch historischen Zufall bedingt - die Zuweisung zu verweigern. Die Ölförderabgaben sind der zweite Aspekt, der zur Neuregelungsnotwendigkeit geführt hat. In den Finanzausgleichsberechnungen sind nicht alle Steuern einbezogen worden, sondern es gibt eine Reihe von kleineren Steuern, die unberücksichtigt blieben, weil sie vom Aufkommen nicht erheblich sind - Feuerschutzsteuer, Essigsteuer - und weil sich keine erheblichen Diskrepanzen der Verteilung ergeben. Dazu zählte 1969 auch die Erdölabgabe, die damals mit ca 50 Mio. DM/Jahr zu Buche schlug und praktisch nur Niedersachsen zugute kam, damals auch ein finanzschwaches Land, wogegen niemand etwas einzuwenden hatte. Mittlerweile ist die Ölförderabgabe auf 2 Mrd. DM/Jahr angestiegen, damit hat sie eine Dimension gewonnen, die das gesamte Finanzausgleichssystem verzerrt. Für Niedersachsen - das bis 1982 zusätzlich zum eigenen Steueraufkommen im horizontalen Finanzausgleich 1,1 Mrd. DM erhielt, durch Bundesergänzungszuweisungen auf 99% des Bundesdurchschnitts kam - bedeutete dies, daß es auf ca. 106% des Bundesdurchschnitts kam und damit das finanzstärkste Land der Bundesrepublik war. Zwischen Baden-Württemberg und Niedersachsen - zwischen zahlendem und empfangendem Land im Finanzausgleich - wurde dann ein Kompromiß gefunden, der vorsah, von 1983 bis 1986 ein Drittel der Ölförderabgaben und ab 1987 die Hälfte in den bundesstaatlichen Finanzausgleich hineinzurechnen. Das ist unsystematisch und widerspricht der Konzeption des Ausgleichs, es ist aber ein politischer Kompromiß gewesen. In der Folge wurde ab 1983 Baden- Württemberg als der Hauptzahler des Finanzausgleichssystems erheblich entlastet.

Damit blieben aber die anderen Ungereimtheiten des Systems bestehen, der Ausschluß Bremens aus der Bundesergänzungszuweisung, kein Einbezug der kleinen Steuern usw. Die umfassenste Klage führte Nordrhein- Westfalen. Es möchte neben der vollen Berücksichtigung der Ölförderabgabe Sonderlasten anerkannt haben, und zwar für den Steinkohlenbergbau. Die Gegenklage ist die Baden- Württembergs. Es klagt nicht gegen die Förderabgabe, sondern es klagte gegen die Sonderstellung der Hansestädte. Hamburg und Bremen sind besser gestellt als die anderen Länder, weil die Einwohnerzahlen "veredelt" werden, d.h. ein Hamburger und ein Bremer Bürger zählt 1,3mal so viel wie ein anderer Bürger in dem ganzen System, aufgrund der höheren Aufwendungen, die den Stadtstaaten in ihrer Metropolfunktion für das Umland entstehen, zur Abgeltung von Hafenlasten usw. Darüber hinaus haben im Bereich der kommunalen Steuern Hamburg und Bremen eine "Reichtumsgarantie", d.h. es ist durch das System sichergestellt, daß Hamburg und Bremen nicht ärmer werden dürfen, als der Durchschnitt von Köln und Stuttgart (Hanseatenklausel). Dagegen wendet sich Baden- Württemberg. Diese Ausführungen zeigen, wie ausgefeilt ein System werden muß, um einen politischen Konsens zu ermöglichen.

Gravierend ist der Systemfehler des Finanzausgleichs: die Dynamisierung der Bundesergänsungszuweisungen. Ihr Volumen ist nahezu so groß wie das des horizontalen Ausgleichs, und es läßt sich absehen, wann der Einfluß des Bundes dominierend ist, die Länder dann von einer "Zentrale" abhängen. Eine Essenz der Staatlichkeit ist ein eigenes Steueraufkommen, eigene Steuervertragskompetenz. Augenblicklich bestehen die Haupteinnahmen der Länder aus Anteilen an den Gemeinschaftssteuern und aus dem Steuerverbund, ein Sachverhalt, der verfassungsrechtlich bedenklich ist, denn wo ist die Grenze zu Zuweisungen aus einer zentralen Kasse. Wenn es nur noch Zuweisungen gibt – wie in der Weimarer Republik – dann kann man nicht mehr mit Recht sagen, daß die Länder eine Eigenstaatlichkeit besitzen, dann werden die Länder Kostgänger des Bundes. Nur vor diesem Hintergrund ist die Aufrechterhaltung der komplizierten mehrstufigen Zerlegung und Verteilung zu verstehen, anderenfalls könnten die

Länder einen ruinösen Wettbewerb der Industrieansiedlung über Steuerpolitik – geringe Steuern als Standortfaktoren – durchführen. Der Systemfehler könnte auch durch Gemeinschaftsaufgaben entstehen: wenn finanzschwache Länder über einen zweiten Geldstrom mehr Mittel erhalten als finanzstarke Länder – wie dies zur Zeit durch die Ergänzungszuweisungen des Bundes der Fall ist – dann sprengt sich so ein System, ist nicht noch eine Rückkoppelung eingebaut, selbst. In der Abbildung.7 ist dargestellt, in welchem Maße das Finanzausgleichssystem eine Umverteilung der Einkommensströme der Einwohner im Jahre 1985 zwischen den Bundesländern herbeiführte.

Um eine Umverteilung in gewissen Größenordnungen außerhalb dieses Systems vornehmen zu können, ist eine klare Definition von Staatsaufgaben, die durch den Bund und die Länder gemeinsam durchzuführen sind, vorzunehmen. Wahrscheinlich werden es immer wieder jene Schwerpunkte sein, die 1962 auf dem internationalen "Kongreß Deutsche Gemeinschaftsaufgaben" bereits Thema waren: "Gesundheit um jeden Preis", "Aufstieg durch Bildung", "Wir sind eine Familie", "Gute Stube Stadt" usw..[1]

Abb. 7: Die Finanzausgleichsströme

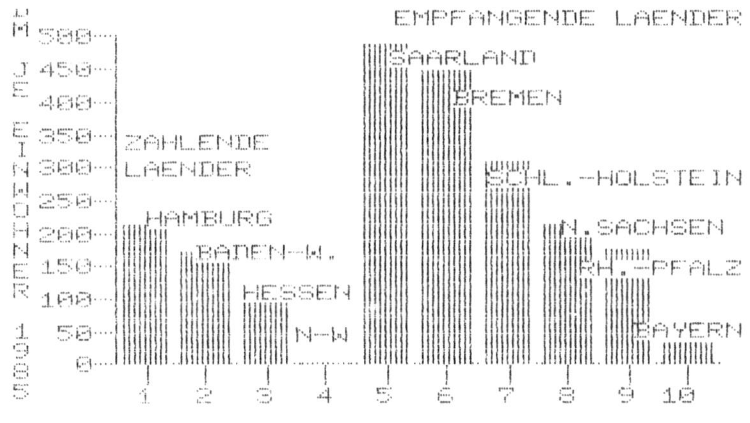

QUELLE:

GLOBUS ZAHLENBILDER, ZITIERT NACH W. RENZSCH, IN KARLSRUHE GEHT ES UM DIE ZUKUNFT DES FÖDERALISMUS, IN: DEMOKRATISCHE GEMEINDE, 3/86, S.14-17, S.16

[1]Kurt Klotzbach, Der Weg zur Staatspartei, Berlin/Bonn 1982, S. 533

4. Fragen zur technologisch-ökonomischen Entwicklung

Die regionale Wirtschaftspolitik steht vor den Problemen, die in den öffentlichen Auseinandersetzungen unter den abstrakten Fragen, ob Technik dem sozialen Fortschritt diene oder ob die Erringung von Technikkompetenz Selbstzweck sei, geführt wird.

Am Anfang der Entscheidungsprozesse steht in der gemeinsamen Wohlfahrtsfunktion das Kriterium "regional fehlende Arbeitsplätze". Nach diesem Kriterium wird unter anderem entschieden, wo Investitionen gefördert werden sollen. Und dann sind die meisten geförderten Investitionen Rationalisierungsinvestitionen, so daß sich der Verdacht aufdrängen muß , hier werden Arbeitsplätze wegrationalisiert, vernichtet, abgestuft. Mitteleinsatz und Ziel widersprechen sich, sind inkonsistent.

Wie kann die regionale Wirtschaftspolitik sich aus diesem Dilemma befreien, zumal geltende Hypothese immer noch ist, daß sich die Rationalisierungsströme noch vergrößern werden?[1]

[1] Bildet man aus den weiter oben vorgestellten Zeitreihen des geförderten Investitionsvolumens und der Arbeitsplätze für jedes Jahr den Quotienten "Investitionen pro Arbeitsplatz", so erhält man folgende Trendfunktion.

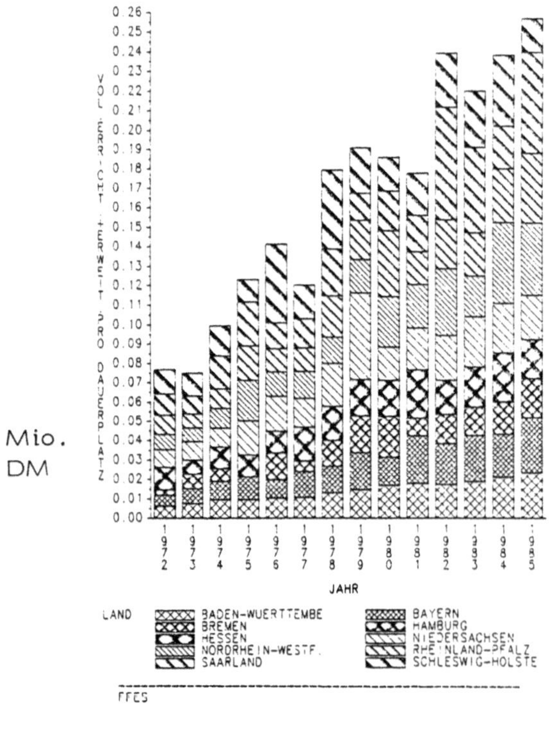

Zum einen kann man sich auf die Feststellung zurückziehen, daß rationalisierte Arbeitsplätze gesicherte Arbeitsplätze seien; eine Feststellung, die logisch nicht widerlegbar ist, nur im konkreten Einzelfalle betrieblicher Strategien kann Mißbrauch nachgewiesen werden.

Zum anderen kann man die Forderung aufstellen, regionale Wirtschaftsförderung solle anders organisiert werden: Unter Beteiligung der Betroffenen, unter Ausweitung der Mitbestimmungsrechte der Arbeitnehmer, durch Verstärkung des Rationalisierungsschutzes, regionale Gruppenbildung mit Beteiligung der Selbstverwaltungsgremien der Arbeitsämter usw. - Modell Schweden ist hier wieder im Hintergrund zu erkennen. Diese Forderungen sind für die regionale Arbeitsmarktpolitik noch weit aktueller und dringender als für die Regionalpolitik. Mit anderen Worten, es muß untersucht werden, welche Chancen bestehen, auf betrieblicher Ebene neue Kooperationsformen zu initiieren. Offensichtlich handelt es sich hierbei nicht um Probleme und Herausforderungen einzelner Politikbereiche, sondern um Herausforderungen, die an alle gesellschaftlichen Gruppen gestellt sind. Arbeitshypothese ist also, daß Regionalpolitik als Einzelbereich nur wenig wird ändern können, sondern der gesellschaftliche Konsens wird erneut angesprochen, muß erneut gefunden werden, dann erst kann Regionalpolitik reagieren.

Werfen wir einen Blick auf den Bereich, für den Konsensbildung als erforderlich betrachtet wird - unter dem Stichwort Technikfolgenabschätzung ist er bereits bekannt geworden. Er ist verknüpfbar mit dem Stichwort Künstliche Intelligenz oder der noch nicht geläufigen Berufsbezeichnung des Wissensingenieurs.

Der Ausschuß für Forschung und Technologie hat dem Bundestag in einer Beschlußfassung die Einsetzung einer Enquete-Kommission "Einschätzung und Bewertung von Technikfolgen; Gestaltung von Rahmenbedingungen der technischen Entwicklung" empfohlen, um die Informationsbasis über wesentliche technische Entwicklungslinien zu verbessern. Die Kommission soll die Auswirkungen der technischen Entwicklungen auf folgende Bereiche beraten:

- "auf Struktur und Weiterentwicklung der deutschen Wirtschaft unter Berücksichtigung ihrer Folgen für die natürliche Umwelt,
- auf die quantitative und qualitative Veränderung der Beschäftigung sowie der Arbeitsplätze,

- auf die demokratischen und sozialen Strukturen innerhalb und außerhalb der Arbeitswelt sowie der Lebens- und Arbeitsbedingungen der Menschen insgesamt... ".[1]

Die demokratischen und sozialen Strukturen innerhalb und außerhalb der Arbeitswelt zu verändern oder ihren Veränderungen zu begegnen, ist zur Zeit nicht Aufgabe der Regionalpolitik bzw. steht nicht in ihrer Macht. Es handelt sich immer um regionale Implikationen von Zielen: des Gerechtigkeitsziels, des Wachstumsziels, des Stabilitätsziels. Zielsysteme werden aber in naher Zukunft mit den Folgen technischer Entwicklungen zu konfrontieren sein und dann geht es um diese Fragen regionaler Implikationen, d.h. die Gestaltung regionaler Rahmenbedingungen der technischen Entwicklung.

Technologieförderung hat in der Regionalpolitik bereits eine systematische Stellung. In den Rahmenplänen der Gemeinschaftsaufgabe "Verbesserung der regionalen Wirtschaftsstruktur" ist die Innovationsproblematik thematisiert: "Es gibt verschiedene Anzeichen dafür, daß innovationsorientierte Elemente in der regionalen Wirtschaftsförderung verstärkt werden sollten, um die Fördergebiete stärker auf den technologischen Wandel und die Qualitätskonkurrenz hin zu rüsten".[2]

Ist es nur wissenschaftliches Interesse, das hier zum Ausdruck kommt, oder ist es bereits ein Indiz für zunehmenden politischen Problemdruck? Es gibt zwei Forschungsfelder und Problembereiche:

— Wie wertvoll sind Erkenntnisse über die Beteiligung spezialisierter Regionen am Innovationsprozeß, d.h. über die in den letzten Jahren abgelaufenen Innovationsprozesse nach sektoralen Schwerpunkten?
— Welche Bewertungsmöglichkeiten dieser Entwicklungen existieren im Hinblick auf autonom ablaufende Prozesse sowie auf eine regional und sektoral differenzierte Innovationsförderung?

Um Umstellungs- und Rationalisierungsinvestitionen mit Innovation in weiten Bereichen gleichsetzen zu können, bedarf es einer grundsätzlichen Analyse der Produktionstechnik und ihrer Veränderungen nach Wirtschaftssektoren.

---

[1] Beschlußempfehlung und Bericht des Ausschusses für Forschung und Technologie(18.Ausschuß) Deutscher Bundestag Drucksache 10/2937
[2] 10. Rahmenplan, a.a.O., S.19.

Eine dem Gegenstand angemessene Methode sowie ein einheitliches theoretisches Darstellungsprinzip der Forschungsresultate fehlt.

Da Grundlage des Prozesses der Rationalisierung und Umstellung ökonomische, technische und soziale Entscheidungen im Unternehmensbereich sind, ordnen sich diese Prozesse den Zielfunktionen von Wirtschaftseinheiten unter. Als Definition der Technologiepolitik ergibt sich dann fast zwangsläufig die Definition von Innovationen als gesellschaftliche Prozesse, die von definierbaren sozioökonomischen Interessen gesteuert werden: Technisierung, Organisationsänderung und Funktionalisierung sollen als Innovationsstrategie, oder synonym als Neuerungen und Rationalisierungen, definiert werden.

Technisierung — oder die Erhöhung des autonomen Technologiestandes — Organisierung als Schaffung berechenbarer, vorhersagbarer Abläufe und Funktionalisierung als Erhöhung der Verwendungs- und Zweckeignung der eingesetzten Mittel sind in ihren chronologisch und kausal faßbaren Ergebnissen nur vor dem Hintergrund der Realisierung von Prozeßzielen bewertbar. Indikatoren von Zielsystemen — gesellschaftliche oder einzelwirtschaftliche — grenzen die Möglichkeiten zur Technisierung, Organisierung und Funktionalisierung ein.

Anhand dieser Definitionen lassen sich alle Versuche, den Gegenstand regionaler Innovationsprozesse zu bestimmen, bewerten. Nähme die regionale Wirtschaftsförderung eine exakte Klassifikation der Umstellungs- und Erweiterungsinvestitionen vor, so müßte sie in dieses Definitionsraster regionale Investitionen einordnen. Das Spektrum der Innovationsdefinitionen zeigt die Schwierigkeiten auf, die hierbei auftreten. Definitionen wie "erste Verwirklichung potentiellen technischen Wissens", "erstmalige Durchsetzung eines neuen Produktes, die erstmalige Anwendung eines neuen Produktionsverfahrens oder einer organisatorischen Neuerung" und ihrer Gleichsetzung mit Forschungs- und Entwicklungsaktivitäten bis zur "Neugestaltung wesentlicher Bereiche des Wirtschafts- und Soziallebens" müßten in eine meßbare Größe überführt werden.[1]

Die Unsicherheit über die zukünftige regionale Entwicklung der Arbeit hat zur Folge, daß der Zusammenhang zwischen Technikeinsatz und geschaffenen

---

[1] Vgl. P. Joachim, Sozioökonomische Determinanten regionaler Innovationsbedingungen, a.a.O. und die dort angegebene Literatur; passim.

Arbeitsplätzen einem starken theoretischen und empirischen Interesse unterliegt. Auf der Suche nach Erklärungen des regionalen Beschäftigungswachstums spielt die Diskussion um technologische Arbeitsplätze, Forschungspersonal, qualifizierte Arbeitskräfte und Beschäftigte in produktionsbezogenen Dienstleistungen eine herausragende Rolle.

"Nahezu alle Vorschläge laufen darauf hinaus, zwar nicht mehr betriebliches Sachkapital, dafür aber den technischen Fortschritt zu fördern. Quantitative Förderung soll durch qualitative ersetzt werden. Produktionstheoretisch bedeutet dies aber lediglich, daß die Förderung des Faktors Kapital durch eine Förderung des Restfaktors technischer Fortschritt abgelöst werden soll; die Transferfaktoren werden ausgetauscht. Konkret geht es um die Förderung von Qualifikation und Innovation zur Erhöhung der beruflichen Kompetenz, zur Verbesserung des dispositiven Faktors und zur beschleunigten Umsetzung bei der Schaffung neuer Produkte und neuer Nachfrage."[1]

Sucht man die Größen, die in einem Zusammenhang mit den Beschäftigungsänderungen und dem Beschäftigungsniveau nach Sektoren sehen, so fällt in der Tat dem Anteil von Arbeitnehmern in technischen Berufen mit Fachhochschul-, Hochschul- und Universitätsabschluß eine besondere Rolle zu. Es läßt sich eine fast lineare Relation ermitteln:

$y = f(x)$ $\qquad y = 0{,}34\,x + 79$

y = Technische Berufe mit Fachhochschul- oder Universitätsabschluß

x = Beschäftigte im Sektor Elektrotechnik

ANALYSIS OF VARIANCE

SOURCE	DF	SUM OF SQUARES	MEAN SQUARE	F VALUE	PROB>F
MODEL	1	1067294966	1067294966	744.743	0.0001
ERROR	325	465758975	1433104.54		
C TOTAL	326	1533053941			

ROOT MSE	1197.123	R-SQUARE	0.6962
DEP MEAN	1050.183	ADJ R-SQ	0.6953
C.V.	113.9918		

PARAMETER ESTIMATES

VARIABLE	DF	PARAMETER ESTIMATE	STANDARD ERROR	T FOR H0: PARAMETER=0	PROB > |T|
INTERCEP	1	79.25832391	75.15571964	1.055	0.2924
X	1	0.33761291	0.01237131	27.290	0.0001

[1] Vgl. Dieter Ewringmann, Lydia Kortenkamp, Veränderte Rahmenbedingungen für die regionale Wirtschaftspolitik, in: Informationen zur Raumentwicklung, Heft 9/10. 1986, S.669-667, S.674. Da davon ausgegangen wird, daß strukturschwache Regionen nicht mit Kapitalzuflüssen von außen rechnen können, liegt als regionale Entwicklungsstrategie die Pflege des "endogenen" Potentials nahe, d.h. die Modernisierung der in einer Region vorhandenen Faktorausstattung. Funktionale Entwicklungsdefizite sollen dadurch abgebaut werden.

Da der Sektor Elektrotechnik der Bereich war, der in der Vergangenheit - und noch zur Zeit - die stärksten prozentualen Beschäftigungsgewinne verzeichnete, leuchtet die Argumentation unmittelbar ein: Je höher der Einsatz mit qualifiziertem Personal, um so höher das Beschäftigungswachstum.

Schwächer ausgeprägt - aber noch nachweisbar - ist dieser Zusammenhang für den Sektor Maschinenbau.

Wir wollen deshalb im folgenden die Sektoren Maschinenbau und Elektrotechnik als "Leitsektoren" der regionalen Arbeitsplatzveränderung betrachten und ihren Anteil an der Investitionsförderung besonders herausstellen.

Die Karten zeigen für die Leitsektoren einen deutlichen Nord- Süd- Kontrast. Die Länder Bayern und Baden- Württemberg erhielten die höchste Investitionsförderung.

Wer die Bedeutung, die der Technologiediskussion zukommt, bedenkt, ferner die Bedeutung der Debatte um berufliche Kompetenz, wer sich den Zusammenhang zwischen technischen Berufen und regionalem Besatz mit Unternehmen der Elektrotechnik vergegenwärtigt, ebenso die Verteilung der Investitionen in diesem Sektor im Nord- Süd- Gefälle, der kann nicht umhin, den Fragen der Technologieförderung eine geopolitische und geosoziale Dimension zuzusprechen. Die Gleichsetzung von Forschungspersonalförderung und Arbeitsplatzentwicklung muß aber stark kritisiert werden. Der Kausalzusammenhang kann auch umgekehrt gelten: erst der Errichtung von Unternehmen in den Sektoren Elektrotechnik und Maschinenbau folgte das hochqualifizierte Forschungspersonal.

Bedenkt man den geringen Anteil, den der Sektor Elektrotechnik an allen Beschäftigten aufweist, sowie seine regionale Konzentration, so erkennt man die Sachzwänge der regionalen Wirtschaftsförderung. Der Sektor Elektrotechnik müßte drastisch ausgebaut werden, um positive Arbeitsveränderungen zu induzieren.

Dem stehen die Vorleistungsfunktionen gegenüber, die dieser Sektor für die anderen Bereiche übernimmt: durch Einbau elektronischer Steueranlagen werden andere Bereiche rationalisiert. Hier treten die Rationalisierungsinvestitionen in den Vordergrund, deren Wirkungen des Arbeitsplatzabbaus immer weniger durch Neugründungen und Erweiterungen kompensiert werden, für die Wettbewerbsfähigkeit der in einer Region vorhandenen Unternehmen jedoch unerläßlich sind. "Gerade die höherwertigen Produktionsdienste sind nicht nur deshalb so erwähnenswert, weil ihre Zahl besonders stark gewachsen ist. Wichtiger erscheint vielmehr ihr i n d i r e k t e r Wachstumsbeitrag zu sein, der darin besteht, daß sie für die Anpassungs- und Innovationsfähigkeit der Unternehmen eine wesentliche Voraussetzung sind."[1]

In den Branchen, die nicht zu den Leitsektoren gehören, weisen Neugründungen und Erweiterungen eine gleichmäßigere Verteilung auf. Fast das gesamte Bundesgebiet ist in den letzten zehn Jahren gefördert worden; lediglich die Ballungskerne erhielten keine Subventionen.

Diese Gleichverteilung der Investitionen in den anderen Sektoren zeigt, daß die Frage der technischen Entwicklung kein regionales Problem darstellt, es sind vielmehr gesamtgesellschaftliche. Der Besatz mit bestimmten Branchen bestimmt die Orte, an denen Erweiterungsinvestitionen vorgenommen wurden, obwohl die Veränderungen zwischen Investition und Arbeitseinsatz nicht durch eine lineare Funktion berechnet werden können. (Daher die Aussage, Branchenstrukturen erklärten die Arbeitsplatzentwicklung nicht.)

Im folgenden wollen wir kurz die gesamtgesellschaftlichen Fragen zur Technikentwicklung darstellen, von deren Lösung regionale Entwicklungen ebenfalls abhängen werden.

Wenn sich technologische Entwicklungen auch nur annähernd so vollziehen, wie sie aus der bekannten Trendentwicklung der letzten 30 Jahre ableitbar erscheinen, so wird in den nächsten 20 Jahren oder bereits in den nächsten 15 Jahren eine Veränderung der technologischen Strukturen erfolgen, die soziale und ökonomische Systeme nicht unverändert lassen wird.[2] Ob man die weitere Entwicklung als zweite industrielle Revolution oder als Weg in die Informationsgesellschaft, in die Dienstleistungsgesellschaft, bezeichnet, zeigt die Interpretationsschwierigkeiten auf. Im Mittelpunkt der Diskussion um zukünftige Generationen von Rechnern - und diese Generationen werden wiederum schneller als menschliche Generationen durcheilt - steht die Frage, in

---

[1] Franz-Josef Bade, Funktionale Arbeitsteilung und regionale Beschäftigungsentwicklung, in: in: Informationen zur Raumentwicklung, Heft 9/10. 1986, S.695- 713, S.709.

[2] Bei jeder Argumentation muß darauf geachtet werden, wer von welcher Zeit spricht, von der Gegenwart, von 5 Jahren später oder von 15 Jahren danach: innerhalb dieser Zeiträume verkehren sich Probleme des Arbeitsmarktes, soweit sie durch demographische Entwicklungen bedingt sind, jeweils in ihr Gegenteil.

welchem Ausmaß Mikroelektronik menschliche Intelligenz verstärken wird und welche Handlungen, einschließlich Verwaltungshandeln durch Rechner und Apparate, d.h. durch Denkzeuge und Werkzeuge ersetzt werden. Die Ersetzung von ursprünglich durch menschliche Intelligenz vollzogener Tätigkeit durch Rechnersysteme und Steuersysteme reduziert den "Faktor" Arbeit im Wirtschaftssystem immer mehr - bis hin auf ein Mindestmaß . Eine Restgröße, die man nicht kennt, die aber als extrem niedrig eingeschätzt wird. In der Konsequenz sind alle Wirtschaftsordnungen und Sozialordnungen, die für ein nur langsam sich veränderndes System der Produktion entwickelt worden sind, nicht mehr haltbar, sie müssen neu gestaltet werden. Stichworte: Maschinensteuer und Grundversorgung. Für die technologischen Strukturen gilt, oder wird angenommen, daß die Veränderungen dramatisch sein werden. Ähnliche Annahmen scheinen damit auch für die ökonomischen und sozialen Systeme gerechtfertigt, soweit sie in der Folge des technologischen Fortschritts entstehen.

Der Vormarsch dieser neuen Technologien ist unaufhaltbar. Jeder Versuch des Aufhaltens würde ein Industrieland infolge des internationalen Wettbewerbs in die ökonomische Isolation treiben. Der Übergang von der Industriegesellschaft zur Informationsgesellschaft vollzieht sich grundsätzlich anders als jener Übergang von der Agrargesellschaft zum Industriezeitalter. Während die infolge des technischen Fortschritts freigesetzten Arbeitskräfte in der Phase der ersten industriellen Revolution - und noch sehr viel später - vom Dienstleistungssektor und Staatssektor aufgenommen wurden - parallel zu den Freisetzungsprozessen in der Landwirtschaft, die ebenfalls bis in die heutige Zeit reichen - ist zur Zeit kein vierter oder fünfter Sektor als aufnehmender Sektor in Sicht für jene Arbeitskräfte, deren Freisetzung erwartet wird.

Beweisbar zumindest erscheint der Prozeß, daß die ehemals vom Industriesektor in den Tertiärbereich abgedrängten Arbeiter, Angestellten und Beamten einem extremen Rationalisierungsdruck ausgesetzt sein werden – anhand der derzeit schon bei Banken und Versicherungen und Verwaltungen ablaufenden Rationalisierungen erkennbar. Die Struktur der Arbeitslosigkeit nach Berufen und Regionen kann hier fast schon als ausreichender Beweis gelten.

Daß der Arbeitsgesellschaft die Arbeit ausginge, ist als Schlagwort gekannt und diskutiert und stellt eine der Zukunftsvisionen dar.

Fragen wir nach gegenwärtig diskutierten Auswegen, auf die die Regionalpolitik allerdings kaum einen Einfluß haben wird:

- Arbeitsplatzverknappung in jeder Form - von Arbeitszeitverkürzungen bis hin zu Umverteilungen durch Verbot oder Diskriminierung von Doppelverdienern - bei gleichzeitiger Beschwörung der sanften Macht der Familie. Arbeitsplatzverknappung im Sinne einer Gleichverteilung stehen jedoch die Qualifikationsanforderungen an den Restfaktor Arbeit, die extrem hoch angesetzt werden, gegenüber und die unter dem Stichwort Facharbeitermangel oder Herausbildung des neuen Berufs des Wissensingenieurs das Problem kennzeichnen.
- Neben diesem von den Gewerkschaften favorisierten Ausweg, zunächst zu Vorstellungen der Arbeitgeberseite. Hier ist es schwierig,Positionen auszumachen, die als einheitlich gelten können. Erkennbar scheint zu sein, daß es sich ebenfalls um die Position einer Technisierung um jeden Preis handelt (um die internationale Wettbewerbsfähigkeit zu sichern). Kritische Stimmen tauchen zwar auf, die mahnen, daß zukünftiges Wachstum ein "jobless growth" sein wird, aber diese Stimmen werden mit dem Hinweis auf die Arbeitsplatzentwicklung in den USA zum Schweigen gebracht, ebenso das alte Argument der gesamtwirtschaftlichen Kaufkraftentwicklung - was bleibt ist die Forderung nach hohen Einzellöhnen und Lohndifferenzierung. Leistung muß sich wieder lohnen und das Aufbrechen von Verkrustungen am Arbeitsmarkt als Zieldeklaration.
- Als Zukunftsvorstellungen werden im Bereich der Technologiepolitik einige Aussagen genommen, die in diesem Bereich als phantasievoll gelten, im Bereich der Arbeitsmarktpolitik aber bereits existieren und dort zum Teil auch schon abgekanzelt sind. Es handelt sich um Verteilungsfragen: Wie soll der Anstieg der Produktion, durch die hohen Produktivitätszuwächse möglich, auf die High Tech und Low Tech Bereiche der Wirtschaft und Arbeitnehmer verteilt werden? Im Low Tech Bereich müßte dann eine Art Grundrecht auf Grundversorgung existieren - mehr oder weniger abhängig vom Grundrecht auf Arbeit, das es ja bereits in einigen Landesverfassungen gibt. Dieses Grundrecht auf Versorgung ist offensichtlich der Grundrente im Alter nur zeitlich vorgelagert. Derartige Grundrechte auf Arbeit werden schon seit langem diskutiert. Es lohnte sich ein historischer Exkurs.
- Utopische Vorstellungen schlagen hier durch: daß das Grundeinkommen fast automatisch erzeugt wird und daß daraus eben auch eine automatische

Grundversorgung sicherzustellen sei - Nahrung, Bekleidung und Wohnung. Der automatischen Erzeugung müßte eine automatische Verteilung nachgelagert sein, Grundbedürfnisse müßten erst definiert werden.

— Diesen Vorstellungen entspricht der Vorschlag einer Zweiteilung der Wirtschaft; auf der einen Seite marktwirtschaftlich organisiert. Jeder hat das Recht hohe Qualifikationen zu vermarkten, d.h. in Einkommen und Gewinn umzusetzen. In diesem Bereich wird modern und technikintensiv gearbeitet, und zwar durch Rechner unersetzbare Arbeitnehmer, Unberechenbare. Der andere Teilbereich ist von der Marktwirtschaft frei. Hier werden Produkte zum Teil noch von Hand erzeugt - die neue Romantik der Handarbeit kommt nicht von ungefähr.

— Dieses Grundrecht auf Grundversorgung wechselt im Alter über in ein Grundrecht auf Rente. Wie utopisch diese Vorstellungen sind zeigt die Konfrontation mit der aktuellen Rentenfinanzierungsdiskussion. Soziale Modelle und Generationenverträge funktionieren nicht mehr, da die Zuordnung von Arbeitsplatzbesitzern und Nicht- Besitzern und Rentnern nicht mehr stimmt und immer weniger stimmen wird.

Es ist durchaus unterschiedlich, wie derartige Vorschläge aufgenommen und behandelt werden. Kommen sie von Soziologen oder Ökonomen, wird es als Utopie sofort abgetan, kommen sie von Technikern, so werden sie durchaus ernst genommen. Voraussetzung derartiger Diskussionen über unbekannte soziale Systeme ist die Anerkennung der Technik- Kompetenz. Es hat somit schon einen Sinn für gesellschaftliche Gruppen, diese Technik- Kompetenz zu erreichen, ohne daß gleich der Vorwurf berechtigt ist, diese Gruppen verwechselten Ziele und Mittel des gesellschaftlichen Fortschritts.

Die Diskussion ist also noch offen. Es werden wahrscheinlich zwei Bereiche sein, die in Zukunft eine Rolle spielen: der Gegenstandsbereich der Künstlichen Intelligenz und die Organisation und innerbetriebliche arbeitspolitische Bewältigung der Einführung neuer Techniken.

An den zehn Fingern kann man abzählen, wohin die Entwicklung geht, wenn nicht versucht wird gestaltende Elemente in die Technikbewertung und Techniksteuerung einzubeziehen, anstatt nur reaktiv-korrigierend zu wirken. "Kein Wunder, wenn bei einer derartigen Dominanz 'flexibler Fertigungssysteme' der Arbeitnehmervertreter ernüchtert vor den Restarbeitsplätzen steht, neue Belastungen aus neuen Techniken befürchtet und die durch die Zentralsteuerung möglich werdende Kontrolle in schwärzesten Farben ausmalt. Wenn er dann im Traum von der vollautomatischen Fabrik erkennt, daß seine alte Parole: 'Wenn ein starker Arm es will, stehen alle Räder still', nicht mehr greift und daß Mitbestimmung Beteiligung nicht ersetzen kann, ist es kein Wunder, wenn der Arbeitnehmervertreter auf defensive Besitzstandswahrung ausweicht."[1]

Die Visionen sehen wie folgt aus:

"Die Auflösung traditioneller, technischer und ökonomischer Sachzwänge ermöglicht erstens die Eröffnung von Wahlmöglichkeiten hinsichtlich des Arbeits- und Leistungsumfangs sowie hinsichtlich der Termingestaltung, der örtlichen Arbeitsbedingungen und weiterer Umstände des Arbeitsvollzugs. - Neue Bedürfnisse, der hohe Grad an Saturiertheit und die breite Vermögensstreuung in Teilen der Bevölkerung erlauben dann zweitens den Übergang zu einer Mehrdimensionalität in der Leistungsbewertung, in den Arbeitsentgelten sowie in den übrigen Leistungsanreizen."[2]

Bis zu dem Zeitpunkt, da derartige Visionen realisiert worden sind, kann die regionale Wirtschaftsförderung nicht warten, denn Technologiezentren entstehen bereits rundherum in den Ländern und vorwiegend in den großen Ballungszentren der Bundesländer, der europäischen Nachbarn und in den Vereinigten Staaten. Die Diskussion um das Technologiezentrum Frankfurts verdeutlicht, daß Regionalpolitik nicht auf die soziale Bewältigung technologischer Herausforderungen warten kann, während in der Umwelt der Fördergebiete und wirtschaftsschwachen Regionen der Wettbewerb um neue Technologien und Technologiezentren sowie ihre örtliche Zuordnung in vollem Gange ist.

Der Stellenwert der Technologieförderung muß für die Regionalpolitik unter diesem Gesichtspunkt hoch eingeschätzt werden. Selbst geförderte Rationalisierungsinvestitionen müssen neu bewertet werden. Eine innovationsorientierte regionale Strategie muß zur Einführung neuer Produkte und Pro-

---

[1] Erich Staudt, Technik dient dem sozialen Fortschritt, Visionen über grundlegend veränderte Beziehungen zwischen Arbeit und technischer Umwelt, in: Frankfurter Allgemeine Zeitung, 27.April 1985,Nr.98,S.15

[2] Ebenda, Was Visionen bewirken können, zeigt die Diskussion zum Arbeitsentgelt für neu eingestellte Arbeitslose: Arbeit in Hülle und Fülle, für 8.-DM/Stunde statt 12,-DM Tarifvertragslohn. Auch die These von der breiten Vermögensstreuung gilt nur, wenn Ansprüche aus der Arbeitsleistung, d.h. aus der Rentenversicherung kapitalisiert und dann als Vermögen gezählt werden.

duktionsverfahren die Strukturanpassung bestehender Betriebe erleichtern und ermöglichen. "Neben einer Zusatzförderung für Neugründungen spielt dann aber für bestehende Unternehmen - auch und gerade im Zusammenhang mit Umweltsanierungen dieser Betriebe - der häufig kritisierte Förderungstatbestand 'Umstellung und Rationalisierung' eine wichtige Rolle. Er dürfte dann nicht eingeschränkt, müßte vielmehr sogar ausgebaut werden, wobei allerdings die Förderungsbestimmungen deutlicher auf Verbesserung der Inputstruktur, auf Produktverbesserungen und Umweltsanierungen abgestellt werden müßten; die bisherigen Kriterien wie 'Erhöhung der Wirtschaftlichkeit' und 'Investitionshöhe im Vergleich zu den verdienten Abschreibungen' reicht dazu nicht aus."[1] Bewältigung neuer Technologien durch die Strategie der flexiblen Spezialisierung ist ein neuer Forschungsbereich. Hier treten zwei Fragen in den Vordergrund:

- Welche Möglichkeiten haben Unternehmen, Anforderungen einer flexiblen Produktionsstruktur zu realisieren ?
- Welchen Einfluß haben neue Techniken auf das System der industriellen Beziehungen und auf die Mechanismen nach denen Konflikte und Interessengegensätze ausgetragen werden?[2] Wie leistungsfähig ist hierbei die betriebliche Mitbestimmung und das Tarifvertragssystem? Wie können Arbeitnehmer und Arbeitnehmervertretungen in den Prozeß der Technikentwicklung einbezogen werden, welche Institutionalisierung ist hierbei denkbar? Besteht ein gesellschaftlicher Handlungsbedarf?

Die Feststellung, daß mit der sich rapide beschleunigenden Einführung neuer Technologien eine Neuverteilung und Neubewertung von Wissen erfolgt sowie eine Veränderung sozialer Beziehungen wollen wir noch dahingehend erweitern, daß derartige Prozesse bereits in der Vergangenheit eingesetzt haben. Die Kar-

[1] Vgl. Dieter Ewringmann, Lydia Kortenkamp, Veränderte Rahmenbedingungen für die regionale Wirtschaftspolitik, a.a.O., S. 676

[2] Die bereits klassisch zu nennenden Erweiterungen der Instrumente zur Konfliktregulierung - die Rationalisierungsabkommen - erheben zum Gegenstand der Verhandlungen in der Regel zunächst die Einkommenssicherung und in der Form von Umsetzungen die Arbeitsplatzsicherung sowie die am ehesten konsensfähigen ergononomischen Bedingungen der neuen Arbeitsplätze; Veränderungen in den Entwicklungen der Qualifikationsanforderungen werden durch die Systeme der innerbetrieblichen und außerbetrieblichen Umschulung und Weiterbildung geregelt. Betriebliche Systeme der Arbeitsorganisation und Leistungskontrolle waren bisher kaum Gegenstand der Betriebsvereinbarungen, konnten es auch nicht sein, da Entscheidungen über Entwicklung und Einführung von Technik in den Bereich der unternehmerischen Investitionsautonomie fällt.

ten zur Höhe der regionalen Rationalisierungsinvestitionen können diese Hypothese belegen. Der Bestand der betrieblichen und tariflichen Regelungsmechanismen wurde durch die technischen und organisatorischen Veränderungen mit Sicherheit berührt: Neue Arbeitsplätze und Einstellungen, Arbeitsplatzabbau und Entlassungen, Veränderungen der benötigten Qualifikationen, Ein- und Umgruppierungen, Belastungen und Arbeitszeiten.

Wenn neue Techniken in ihrer Wirkung auf die Arbeitsprozesse über Einzelunternehmen hinausreichen, so sind Tarifvertragsregelungen auf Branchenebene zu verändern und zuvor zu überprüfen. Gehen die Wirkungen über Einzelbranchen hinaus, so sind die industriellen und sektoralen Beziehungen generell neu zu formulieren. Die Forschungsschwerpunkte der Technologieförderung können die Bereiche, in denen neue Entwicklungen zu erwarten sind, aufzeigen. Forschungs- und Technologieförderung ist eine eigenständige Aufgabe des Bundes und der Länder; sie wird unter regionalen Gesichtspunkten nicht betrieben. Dieser eigenständigen Aufgabe steht die ebenfalls eigenständige Aufgabe der "Verbesserung der regionalen Wirtschaftsstruktur" gegenüber. Es ist also legitim, von der Voraussetzung auszugehen, daß die Technologiepolitik des Bundes die finanziellen Mittel nur zu einem geringen Teil in die strukturschwachen Gebiete lenkt.

Die folgenden Abbildungen sollen einen Überblick zu den sachlichen Schwerpunkten der Forschungsförderung geben. An erster Stelle steht die Förderung der Energieforschung; die Forschungsförderung hat also auch die "neuen Rahmenbedingungen" seit der Energiekrise berücksichtigt. Ein regionaler Aspekt ist nicht möglich. Energieforschungseinrichtungen verteilen sich nicht auf strukturschwache Regionen.[1] Die gleiche Argumentation gilt für die Förderung der Informationstechnologieforschung und die Weltraumforschung. Die Verteilung der Forschungsmittel auf die Bundesländer ist von der Kapazität der Forschungseinrichtungen der einzelnen Länder abhängig. Eine Ausnahme ist das Sonderprogramm "Mikroelektronik", das kleine und mittlere Unternehmen anspricht. Hier sind räumliche Ausgleichswirkungen gemessen worden.

[1] Die Ergebnisse der Energieforschung könnten allerdings einen Beitrag zu einer neuen Rolle der Kohle und der Kohlestandorte in der Zukunft leisten.

Abb. 8: Direkte Projektfoerderung des BMFT 1984

nach Laendern

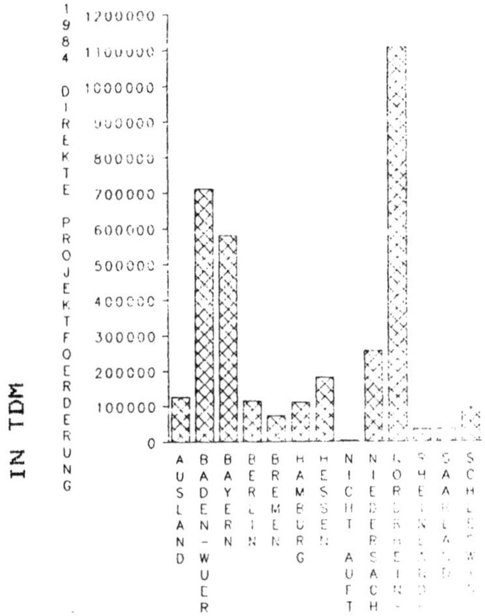

Abb. 9: Direkte Projektfoerderung des BMFT 1984
nach Foerderbereichen

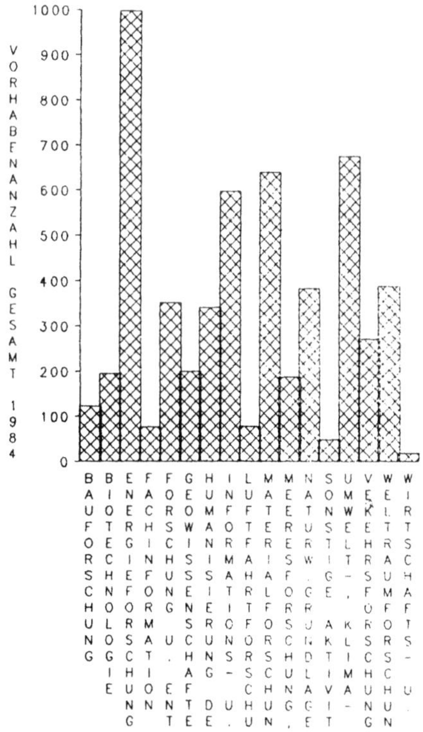

Abb. 10: Direkte Projektfoerderung Foerderbereich —Wirtschaft

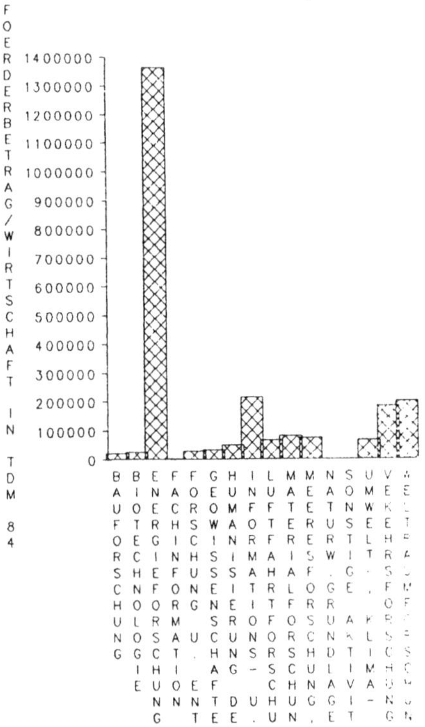

Abb. 11: Direkte Projektfoerderung Foerderbereich Hochschule[1]

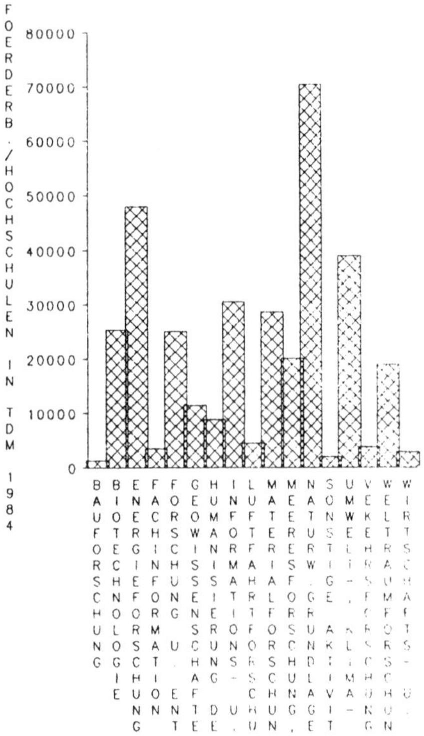

QUELLE ABB. 8 - 10: BMFT-DAVOR(HP.ST4K)

[1] Der Neunte Subventionsbericht weist folgende Haushaltsansätze für 1984 auf, wobei die Höhe der Finanzmittel zum Teil Anhaltspunkte über die Schwerpunkte gibt. Lfd.Nr. 49, F.u E.bei kleinen und mittleren Unternehmen in Berlin 8,0 Mio.DM, Lfd.Nr. 50 Zuschüsse zu Personalaufwendungen im F.u.E.Bereich kleiner und mittlerer Unternehmen 350,0 Mio.DM, Marktnahe Förderung im Rahmen technologischer Schwerpunkt- programme: Lfd.Nr. 58, Produkt- und Verfahrensentwicklung mit Hilfe der Mikroelektronik (Sonderprogramm) 150,0 Mio.DM, Quelle: Bericht der Bundesregierung, Drucksache 400/83 des Bundesrates 6.9.83 Ein Größenvergleich der eingesetzten Finanzmittel ist nicht aussagefähig, da die Förderung von Rationalisierungsinvestitionen innerhalb der regionalen Wirtschaftspolitik direkt an den Arbeitsplätzen ansetzt - Umrechnungen sind dennoch erforderlich - während die Mittel zur Technologieförderung nur indirekt in Arbeitsplätze umgerechnet werden können - zum einen finanziertes Forschungspersonal, zum anderen gesicherte oder rationalisierte Arbeitsplätze in der langfristigen Perspektive.

Zur Frage nach den zukünftigen technologischen Herausforderungen gehört ebenfalls die Frage nach dem Einfluß der Telekommunikation und der Informatik - zusammengefaßt als Telematik - auf die zukünftige Raumentwicklung und die zukünftige Regionalpolitik.

Zuvor einige gesamtgesellschaftliche Bewertungslinien zum Einfluß der sogenannten "neuen Medien". Gesamtgesellschaftliche Bewertungslinien durchziehen hierbei die Themenbereiche der Medienpolitik, der Finanzpolitik, der Wirtschaftspolitik und der Forschungspolitik. Diese politischen Problembereiche sind weiter durchdrungen von Rechtsfragen, Fragen zu kulturellen Entwicklungen und wirtschaftlichen Problemen.[1] Trotz dieser vielen Unsicherheiten im gesellschaftlichen Bezugsrahmen der neuen Medien hat der Planungsausschuß der Gemeinschaftsaufgabe "Verbesserungder regionalen Wirtschaftsstruktur" bereits eine Entschließung zu regionalen Modellversuchen der Telematik verabschiedet.

Im Mittelpunkt der öffentlichen Diskussion dürften jedoch die Auswirkungen der neuen Medien auf zwischenmenschliche Kommunikationsweisen und individuelle Verhaltensweisen stehen. Auch hier gibt es zwei wesentliche und stimmführende Gruppen. Die einen, in deren Augen neue Medien Vermittlungsfunktionen für anspruchsvolle und umfassende Informationen, d.h. vorwiegend Bildungsinformationen und -programme wahrnehmen, die anderen, für die sie Tendenzen der Isolierung der Lebensbereiche verstärken.

Die eine Position wird von Gruppen besetzt, die vorwiegend auf die bloße Veränderung in der Geschwindigkeit der Übertragung von Informationen zwischen den Individuen sowie auf die Möglichkeit zielgruppendifferenzierter Bildungsprogrammgestaltung hinweisen. Die andere Position wird von Gruppen besetzt, die einerseits auf die rechtlichen Notwendigkeiten hinweisen, einer rein kommerziell orientierten Programmstruktur der neuen Medien einen öffentlich- rechtlichen Kulturprogrammteil kontrollierend entgegenzusetzen, andererseits auf die allgemeine Skepsis vor den umwälzenden technischen Veränderungen verweisen. "Die Angst unterschiedlicher Bevölkerungsgruppen vor den nicht absehbaren Folgen eines raschen technischen Fortschritts führt zu

---

[1] Vgl. hierzu, Heribert Meffert, Marktkommunikation, Das System des Kommunikations-Mix, Westfälische Wilhelms-Universität Münster, o.J.(1979), S.170 ff.

Identifikationsproblemen einzelner Menschen. Der Einsatz der neuen Medien enthält dadurch Verbindungslinien zu den Szenarien von George Orwell."[1]

Die wirtschaftlichen Problembereiche der Unternehmen stehen im Mittelpunkt, wenn es um die "intelligente Spekulation" über die regionalen Wirkungen der neuen Medien geht.

Genannt werden folgende möglichen regionalen Entwicklungen.

— Die neuen Telekommunikationstechniken verstärken bestehende Trends, eigene regionale Entwicklungsrichtungen sind in ferneren Entwicklungsphasen denkbar.

— Der Saldo der Beschäftigungseffekte wird negativ sein, d.h. schon jetzt ist die Beschäftigungsentwicklung in dem streng definierten "Hochtechnologiebereich" negativ - im Mittelpunkt des öffentlichen Intereses stehen immer nur spektakuläre Einzelfälle in denen Arbeitsplätze in neuen Unternehmen der Hardwareproduktion und Softwareerstellung in neuen Technologieparks geschaffen worden sind - hinzu kommen Rationalisierungsinvestitionseffekte bei den Anwendern dieser Technologien, die den Arbeitsplatzabbau insgesamt beschleunigen.

— Arbeitsplatzabbau durch Rationalisierungsinformationsinvestitionen gilt als mittelfristige Spekulationsperspektive. In langfristiger Perspektive werden positive Beschäftigungseffekte dadurch unterstellt, daß die internationale Wettbewerbsfähigkeit der Anwender der Teleinformatiktechnik gesichert wird, sowie neue Marktfelder insbesondere der Kommunikationsindustrie und Werbebranche erschlossen werden. Diese Annahme gilt für die Technologiepolitik und -förderung als Basisannahme, als Grundeinstellung, als Hauptaxiom - ein neues Argument wird durch die Übertragung auf den speziellen Bereich der neuen Medien nicht begründet.

— Als weitere langfristig wirkende Einflüsse gelten die Wirkungen auf die Qualifikationsanforderungen der Arbeitskräfte. Während mittelfristig wieder Dequalifizierungsprozesse erwartet werden, sollen sie langfristig in kleinen und mittleren Betrieben positiv wirken - nach Abbau von Routinearbeitsplätzen ein statistischer Effekt.

— Regional wird mit diesen Qualifizierungs- und Dequalifizierungs- Bewe-

---

[1] Ebenda, S.183.

gungen eine Konzentration der tertiären Aktivitäten erwartet. Die Verteilung der Funktionen "Entscheiden" und "Kontrollieren" im Raum wird sich weiter verdichten, und zwar bezogen auf eine internationale Ebene.

Während die räumlichen Wirkungen der neuen Medien also Objekt der Spekulation sind, liegt zur Innovationstätigkeit und zum regionalen Innovationsgefälle bereits eine Reihe von Ergebnissen vor.

5. Zur Dynamik regionaler Arbeits- und Investitionsmärkte

Dieses Kapitel hat zum Ziel, Flexibilität und Mobilität von Arbeit und Investitionen in den Arbeitsmärkten der Bundesrepublik aufzuzeigen, sowie den Beitrag zu erforschen, den die regionale Wirtschaftspolitik hierbei geleistet hat. Die Veränderung regionaler und weltwirtschaftlicher Wirtschaftsstrukturen hat zu folgenden Fragestellungen geführt:

— In welchem Zusammenhang stehen Technologieentwicklung und regionale Arbeitsplatzentwicklung?
— Wie flexibel und vollständig sind regionale Wirtschaftsstrukturen in der Industrie- und im Dienstleistungsbereich?
— Wie hat sich die Handlungskompetenz der Gemeinden und Bundesländer vor dem Hintergrund verfestigter Arbeitsmarktstrukturen verändert?
— Wie weit ist die Segregation auf regionalen Arbeitsmärkten fortgeschritten und wie unterscheiden sich die Zukunftsprobleme der demographischen Entwicklung im Norden und Süden?
— Welche Aussichten hat eine arbeitnehmerorientierte Regional- und Arbeitsmarktpolitik in der Bundesrepublik Deutschland?

Wir wollen den Ansatz untermauern, daß die Entwicklung des Wohlstands der Regionen der Bundesrepublik Deutschland mit Mobilitäts- und Bildungsprozessen einherging, die besonders die Arbeitsmarktsituation der Frauen und Jugendlichen verändert haben und verändern werden. Wir wollen diese Fragen zu zwei Themenbereichen zusammenfassen und, empirisch gestützt, untersuchen:

— Beurteilung der Flexibilität regionaler Wirtschaftsstrukturen in der Industrie und im Dienstleistungsbereich (Diversifizierung - Spezialisierung), einschließlich sich herausbildender neuer Arbeitsmarktverflechtungen in den Bundesländern.
— Gefahr des Auseinanderdriftens regionaler Arbeitsmärkte aufgrund der Zukunftsprobleme der demographischen Entwicklung im Norden und Süden und die Frage, wie die Regionalpolitik hierauf reagiert hat. Mit welcher zeitlichen Verzögerung nähert sich die Demographie des Nordens der des Südens an? Ergeben sich bei zeitlich verschobenen demographischen Verläufen - in Verbindung mit der Entwicklung der Arbeitsplatzzahlen -

Arbeitsmarktstrukturen, die als Nord- Süd- Gefälle interpretiert werden könnnen?

Die regionale Wirtschaftsförderung muß in einer Phase Arbeitsmarktprozesse regulieren oder deregulieren, in der außergewöhnliche ökonomische, politische und demographische Veränderungen ablaufen werden - aber auch bereits abgelaufen sind.

Die Entwicklung auf dem Arbeitsmarkt der Bundesrepublik Deutschland - und auch auf regionalen Arbeitsmärkten - war mit relativer Sicherheit vorherschätzbar. Ergebnisse dieser Schätzung spiegeln sich in den regionalen Indikatoren zur Gleichwertigkeit der Lebensverhältnisse wider: Arbeit ist regional extrem ungleich verteilt. Als Indikatoren dieser ungleichen Verteilung zählen sowohl die registrierte Arbeitslosigkeit, als auch Formen der Unterbeschäftigung sowie der nicht registrierten Beschäftigung.

Zentrale Hypothese heutiger Forschung kann folgende Aussage sein: Auf dem Höhepunkt der demographischen Welle haben sich alle sozialen und ökonomischen Strukturen herausgebildet, die in den nächsten fünfzehn Jahren entscheidend für viele Politikbereiche sein werden. Die demographische Entwicklung selbst hat keine Dramatik mehr, aber die Entwicklungen verlaufen in einzelnen Altersgruppen nach Regionen sehr differenziert. Nach 1990 ist der demographische Druck insgesamt noch nicht abgebaut. In den Altersgruppen, die für die Besetzung der Lehrstellen wichtig sind, errechnen wir aber bereits Abnahmen von mehr als 40 Prozent. Erst mit einer zeitlichen Verzögerung von ca. 5 Jahren nähert sich die Demographie des Nordens der des Südens an. Während diese zeitliche Verzögerung nicht als großartiges Nord-Süd- Gefälle interpretiert werden kann, ergeben sich allerdings in Verbindung mit der Entwicklung der Arbeitsplatzzahlen Arbeitsmarktstrukturen, die ein deutliches Gefälle aufweisen. Die Daten zur Jugendarbeitslosigkeit und zum Beschäftigungsniveau der Frauen sind Beleg hierfür.

Untersucht werden müssen in der gegenwärtigen ökonomischen Situation Arbeitsmarktreaktionen, d.h. die Art in der Arbeitsmarktdruck weitergegeben wird: Abwanderung, Sinken der Erwerbsneigung, Verbleib in der Landwirtschaft, Schattenwirtschaft und so weiter. Die Frage, in welchem Ausmaß die Instrumente verschiedener Politikbereiche erweiterbar sind ohne marktwirtschaftliche Anpassung zu verhindern, zeigt die Größenordnung der Forschungsfelder auf. Sie reflektiert die Gefährdung des sozialen Konsenses und spiegelt sich vor allen Dingen in der Spaltung der ökonomischen Wissenschaften in angebotsorientierte und nachfrageorientierte Wirtschaftstheorie wider.

Es gibt viele Politikbereiche, für die zu befürchten ist, daß es nur einen flüchtigen Konsens über eine gegebene Stufe der sozialen Entwicklung gegeben hat. Die frühere stabile ökonomische Entwicklung, als Grundlage sozialen Fortschritts interpretiert und als Erfolgsausweis der zweiten deutschen Republik genommen, läßt bei instabiler ökonomischer Entwicklung ein Zerbrechen des Sozialen Konsens befürchten. Regionale Wirtschaftspolitik scheint ein Ausnahmefall zu sein. Aber auch hier wird die Entwicklung davon abhängen, ob die regionalpolitischen Akteure passiv oder aktiv dem ökonomischen und sozialen Veränderungsdruck begegnen. Auf jeden Fall stehen regionalpolitische Akteure im Spannungsfeld der gesellschaftlichen Bewertungen über die systematische Verursachung der gegenwärtigen Arbeitsmarktsituation.

Definition und Erklärung der Funktionsweisen von Arbeitsmärkten und Arbeitsmarktprozessen unterliegen einem starken theoretischen Interesse.[1]

Im Vordergrund steht hierbei entweder eine Definition der regionalen Arbeitsmärkte als reine Märkte mit gängigen Preis-Mengen-Reaktionen und der Forderung, die Preise (Löhne) flexibler zu halten. Ein anderer Schwerpunkt der Definition regionaler Arbeitsmärkte liegt auf den nicht-marktmäßigen Steuerungsprinzipien von Arbeitsangebot, Arbeitsnachfrage und Investitionsverhalten. Folgende Dreiteilung ist in der Literatur üblich:

Erstens die Frage, ob zwischen Arbeitsangebot und Arbeitsnachfrage marktmäßige Tauschbeziehungen dominieren, zweitens die Art des Tauschobjektes, d.h. die Betrachtung der Eigenschaften der Ware Arbeit, und drittens der Einfluß von nicht-marktmäßigen Organisations- und Steuerungsprinzipien, hier insbesondere die Rolle, die dem Staat zukommt und die über Qualifikationspolitik auf den Faktor Arbeit zurückwirkt.[2]

Ein strukturelles Arbeitsmarktungleichgewicht liegt insoweit vor, als ange-

[1] Zur Zeit gilt die mikroökonomische Fundierung der Makroökonomie als herausragende wirtschaftswissenschaftliche Entwicklung der jüngeren Zeit. Vgl. H. Gerfin, Ist Keynes entthront?, in: Wirtschaftswoche Nr. 33, 13.8.1982, S. 46 - 49.

[2] Vgl. insbesondere den Segregationsansatz.

botene Arbeitsplätze nicht besetzt werden können, und zwar aufgrund von Profildiskrepanzen zwischen dem Angebot an Arbeit bestimmter Art (in einer Region, nach dem Geschlecht, dem Beruf, der Qualifikation) und der Nachfrage nach eben diesen Arbeitsqualitäten und diese Profildifferenzen trotz üblicher Anpassungshilfen nachhaltig nicht überwunden werden können. Regionale Wirtschaftsförderung setzt lediglich am "Angebot an Arbeitsplätzen" an, und zwar durch die Verbilligung der Kapitalkosten.

Hier tauchen Begriffe auf, die immer wieder in der aktuellen Diskussion zu hören sind: Qualifikationsprofil, was in der Regel gleichgesetzt wird mit beruflicher Anpassungsflexibilität und beruflicher Weiterbildung, sowie der Begriff Mobilität, der regional gensauso von Bedeutung ist (Wohnortwechsel), wie beruflich und sektoral. Unter den aktuellen Konstellationen auf Teilarbeitsmärkten kommt diesem Meßkonzept bei einem Regionalvergleich nur eingeschränkte Bedeutung zu, da es nur wenige Regionen gibt, in denen diese strukturelle Arbeitslosigkeit anhand der hohen Zahl der offenen Stellen noch gemessen werden kann. Zwar gibt es ein Volumen von ca. sechs Millionen freiwerden Arbeitsplätzen, aber diese Stellen werden innerhalb kürzester Zeit neu besetzt. Profildikrepanzen können somit nicht gemessen werden. Sollen Arbeitsmarktbewegungen für regionale Vergleichsrechnungen gemessen werden, so muß man sich auf die Unterscheidung zwischen "bewegungsarmen" und "bewegungsintensiven" Arbeitsmärkten zurückziehen.[1]

Untersuchungen, die sich mit den Möglichkeiten einer Abgrenzung strukturell gefährdeter Industriegebiete auseinandersetzen, haben bekanntlich in der Regionalforschung Tradition.[2] Es waren jedesmal Versuche, die Beziehungen zwischen den verschiedenen Indikatoren regionaler Wirtschaftskraft zu überprüfen, d.h. die mit jedem Meßinstrument verbundenen Mängel aufzudecken, sowie Ansätze, strukturell gefährdete Gebiete durch eine regionale Klassifi-

---

[1] Hypothese dieser Forschungen ist, daß der Einwand, es bestehe kein Grund, zu vermuten, daß bei konjunkturell bedingten regionalen Nachfrageeinbrüchen andere Arbeitskräfte entlassen würden als bei strukturellen Anpassungsschwierigkeiten, nicht gültig ist; zwar wird eine exakte Zuordnung von konjunktureller und struktureller Arbeitslosigkeit kaum erreichbar sein, aber es fehlt nicht an zahlreichen empirischen Hinweisen über den Zusammenhang zwischen dem Ursachenkomplex des regionalen Strukturwandels und Merkmalen der regionalen Arbeitslosenstruktur.

[2] Vgl. z.B. Peter Thelen, Georg Lührs: Abgrenzung von Fördergebieten. Die Messung der Wirtschaftskraft und der strukturellen Gefährdung von Regionen, Schriftreihe des Forschungsinstituts der Friedrich-Ebert-Stiftung, Bonn-Bad Godesberg 1971.

kation einzugrenzen und Bestimmungsfaktoren und Konsequenzen regionaler Wirtschaftskraft zu präzisieren.

Es gilt nichts weniger als den technischen Wandel zu erklären, will man Unterschiede in der Zahl neugeschaffener Arbeitsplätze zwischen Regionen und Ländern innerhalb eines Zeitraums erklären oder Bestimmungsgründe finden für eine staatliche Politik, die diesen Prozeß der Arbeitsplatzentstehung fördert, sei es Arbeitsmarktpolitik oder Technologiepolitik oder Bildungspolitik.[1]

Im folgenden soll der Prozeß der Errichtungen, Erweiterungen, Umstellungen und der Rationalisierungen von Betrieben untersucht werden, und zwar im Hinblick auf seinen Anteil an der Wirtschaftsförderung, d.h. seine ökonomisch-gesellschaftliche Bestimmtheit, und auf das damit verbundene ökonomische Rentabilitätskalkül Die damit verbundenen Änderungen des quantitativen und qualitativen Arbeitskräteeinsatzes - und die Flexibilität, mit der diese Änderungen vonstatten gehen können - sind der zweite Untersuchungsschritt. Die Hypothesen über die Zusammenhänge zwischen Produktionssystem und Beschäftigungssystem, d.h. die Annahme einer hohen oder geringen Elastizität zwischen diesen beide Systemem, determiniert zum großen Teil dann auch die Bewertung der Flexibilität verschiedener regionaler Beschäftigungssysteme. Wir wollen unterschiedliche Arbeitsmarktflexibilität zurückführen auf Unterschiede im Umstellungverhalten der Betriebe hinsichtlich des quantitativen und qualitativen Arbeitskräfteinsatzes, Umstellungen zum einen innerhalb des Betriebes und Umsetzungen zum anderen zwischen Betrieben einer Volkswirtschaft oder einer Region. Wir halten derartige Unterschiede im innerbetrieblichen Arbeitskräfteumsetzungsprozeß und zwischenbetrieblichen Arbeitskräfteumsetzungsprozeß als extrem gesellschaftsabhängig. Rechnerische Größe zur Ermittlung dieser Unterschiede in der Häufigkeit, mit der Einstellungen und Entlassungen in Betrieben erfolgen, ist die Größe "Errichtungs- und Erweiterungsinvestition" sowie "Umstellungs– und Rationalisierungsinvestition".

Die Hypothesen über hohe oder niedrige Elastizitäten zwischen betrieblichem Produktionsprozeß und betrieblichem Arbeitskräfteeinsatz sind schon immer umstritten und kennzeichnen geradezu unterschiedliche ökonomische

[1] Gemessen z.B. an der Zahl der neugeschaffenen Arbeitsplätze und dem Niveau der Rationalisierungsinvestitionen in Abhängigkeit von der wirtschaftlichen Spezialisierung und Flexibilität der Arbeitsmärkte.

Schulen. Es macht schon einen Unterschied, ob man Veränderungen der Beschäftigungsstruktur ausschließlich technologisch begründet, oder ob man tradierte Verhaltensweisen und soziale Strukturen in die Begründung des Arbeitsmarktwandels mit einbezieht; die Unterschiede liegen in den Schlußfolgerungen hinsichtlich der Möglichkeiten staatlicher Arbeitsmarktpolitik und Technologiepolitik bzw. hinsichtlich der unterstellten Spielräume von Betrieben bei der Organistion von Arbeit. Die Annahme einer weitgehend naturwissenschaftlich- technischen Determination betrieblicher Arbeitskräftestrukturen kann in der gegenwärtigen industriesoziologischen Forschung als überwunden gelten, die Messung von Produktions- und Beschäftigungsstrukturen am jeweiligen Extrem technischer Möglichkeiten, an der jeweils letzten technischen Erfindung, am neuesten Computermodell, läßt jedoch diese Hypothese immer wieder durchscheinen. Die Berücksichtigung sozialer Arbeitsmarktstrukturen hat dazu geführt, daß unter technischem Fortschritt nicht nur Differenzierung und Vertiefung von Produktionstrukturen verstanden wird, sondern zur Definition des technischne Fortschritts gehört auch dessen Funktionalität, d.h. Funktion hinsichtlich der spezifischen Unternehmensziele. Diese Dreiteilung in der Definition des technischen Fortschritts darf nicht dazu führen, daß man übersieht, daß die einzelnen zuerst genannten Elemente der Definition, die jahrelang im Vordergrund standen, immer noch in dieser Definition enthalten sind. "Technischer Fortschritt kann in Bezug auf die Arbeit als Produktionsfaktor zunächst verstanden werden als ein fortschreitender Prozeß der Inkorporierung von Arbeitsaufgaben in Maschinen-Systeme. Der zunehmenden Reduktion der menschlichen Arbeitsleistung in komplexeren Mensch-Maschine-Systemen, bis hin zu voll integrierten, selbst gesteuerten automatischen Prozessen, entspricht jedoch ein komplementär wachsender Aufgabenbereich der Arbeit im Hinblick auf die Entstehungsbedingen und die Funktionsbedingungen dieses Prozesses, d.h. im Bereich der Produktion und Reproduktion von technischem Wissen und Fähigkeiten und im Bereich der Kommunikations- und Informationsstruktur des Gesamtsystems als Sicherung des Produktionszusammenhanges von Einzelkomplexen des Mensch - Maschine - Systems der Produktion".[1]

[1] H.J. Bodenhöfer: Zum Wandel der funktionalen Beschäftigungsstruktur im Wachstum, in: Bedarfsprognostische Forschung in der Diskussion, Hrsg. Arbeitsgruppe des IAB, Frankfurt a.M. 1976, S. 29

Dieses Zitat ist hier wiedergegeben, weil erkennbar ist, daß die Diskussion über die Rolle der Telematik die gleichen Probleme behandelt, wie sie zuvor unter dem Stichwort Automation behandelt worden sind, d.h. der Frage, nach welchen unterschiedlichen Entwicklungsmustern sich die Anteile der primären, sekundären und tertiären Arbeit bzw. die Relation von bestimmter und unbestimmter Arbeit verändern. Die Diskussion über die Rolle von Technologiezentren unterstellt z.B. die Dominanz des technischen Fortschritts als Determinante in der Veränderung der Arbeitsplätze, der nationalen Wachstumsraten und der Tätigkeitsinhalte der Arbeit. Veränderungen von Beschäftigungsstrukturen sollen hier jedoch unter regionalem Aspekt betrachtet werden. Regional bedeutet hierbei die Betonung eigener Gesetzmäßigkeiten in unternehmerischem Verhalten, Gesetzmäßigkeiten, die wie folgt bestimmt werden:

- Produktionsstruktur von Regionen und Betrieben,
- Regionale Traditionen,
- Regionale Managementorganisationen, sowie
- Regional spezifische Investions-, Produktions- und Absatzstrategien.

Wir nähern uns damit der Definition von Beschäftigungssystemen, wie sie in jenen Schulen sozialwissenschaftlicher Forschung Verwendung findet, die die These einer extremen Elastizität zwischen Arbeitsorganisation und Produktionsorganisation seit langem vertreten. Das Beschäftigungssystem wird allgemein als ein System von Gesetzen, Normen, Übereinkünften, Strategien und Verhaltensweisen definiert.[1]

Dieses Konzept eines relativ autonomen Beschäftigunssystems ist natürlich vielfach kritisiert worden. Die Kritik richtet sich vorwiegend auf die Relation von Beschäftigungssystem und Bildungssystem - vgl. die Diskussion zu Schlüsselqualifikationen. Die Annahme eines relativ autonomen Beschäftigungssystems gegenüber den technischen Bedingungen des Produktionssystems ist zu begründen. Hierzu zwei Hypothesen. Erstens: Technische Entwicklungen sind dadurch charakterisiert, daß sie von der konkreten Form regionaler Wirtschaftsstrukturen und den in ihnen zum Ausdruck kommenden Produktionsprozessen abhängen; regionale Wirtschaftssektoren weisen typischerweise

[1] Vgl. B. Lutz, I.Krings, J. Fleischer: Überlegungen zum Problem des "Bedarfs" an hochqualifizierten Arbeitskräften und seiner Prognose, Hannover 1970, S. 41

extrem unterschiedliche Automatisierungsgrade bzw. Mechanisierungsniveaus auf. Zweitens: Veränderungen der Arbeitsbedingungen infolge technologischer Veränderungen lassen sich dann nur vor dem Hintergrund dieser konkreten Produktionsprozesse erfassen bzw. interpretieren, d.h. sie hängen ab vom technischen Niveau der Gründungen und Erweiterungen, vom technischen Niveau vor und nach Rationalisierungs- und Umstellungsinvestitionen.

Diese Hypothesen sind nur dann nicht trivial, wenn man von der Ebene der Konstruktion theoretischer Begründungszusammenhänge, wie sie z.B. die Ansätze, die sich am Begriff des technischen Fortschritts bzw. am Phänomen der Arbeitsproduktivität als Restgröße der ökonomischen Wachstumstheorie orientieren, heruntersteigt. Unterschiedliche Arbeitsproduktivitäten werden durch unterschiedliche Automatisierungsgrade bestimmt. Die Bundesrepublik ist ein hoch spezialisiertes Maschinenbauland, ebenso wie die USA oder Japan; d.h. insbesondere mehr als die Hälfte der örtlichen Produktionsstrukturen werden durch den Sektor Maschinenbau dominiert. In diesen örtlichen Produktionsstrukturen lassen sich extrem unterschiedliche Automatisierungsgrade und zum Teil Mechanisierungsgrade finden. Zu einer derartigen Aussage gelangt man nur aufgrund von empirischen Untersuchungen,[1] die als Unterscheidungskriterium technische Konstruktionsprinzipien des Maschinenparks aufweisen.Auf dieser empirischen Ebene sind alle Klassifikationen nach Wirtschaftssektor, Branche sowie der Relation von Industriebereich zu tertiärem Sektor nicht aussagefähig, da in ihnen die Ausweitung der "Eigenfähigkeiten technischer Apparaturen" in Relation zur menschlichen Arbeit nicht zum Ausdruck kommt.[2]

Untersuchungen über den Verlauf technischer Umstellungen sind in den vergangenen 15 Jahren für den Bereich der Industrie in kaum übersehbarer Fülle vorgenommen worden. Die Diskussion scheint sich zur Zeit auf die technischen Veränderungen im Dienstleistungssektor zu verlagern, obwohl erkennbar ist, daß alle bisher gewonnenen Definitionen auch hier Gültigkeit haben werden.

---

[1] Vgl.Frigga Haug (Hrsg.), Projektgruppe Automation und Qualifikation, Band V: Automationsarbeit: Empirische Untersuchungen Teil 2, Berlin 1981

[2] Insofern taugt auch die Zugehörigkeit eines Betriebs zu einem Wirtschaftssektor nicht allein zu Prognosezwecken.

Der Begriff der Automation wird nur durch Begriffe wie Computerisierung, Telematik und dergleichen abgelöst.

Ein der dauernden technischen Veränderung angemessenes Arbeitsmarktsystem muß auf die Mobilitätsfähigkeit und Flexiblität der Arbeitskräfte und der regionalen Produktionsstrukturen ausgerichtet sein. Die Diskussion von Mobilitätsprozessen ist jedoch zum politischen Schlagwort inzwischen ebenfalls verkürzt. Sie verkennt insbesondere, welche großen Strukturwandlungen in der Vergangenheit bereits erfolgt sind, und wie unterschiedlich die Anpassungslasten regional verteilt waren.

5.1. Regionale Wirtschaftsstrukturen, Strukturwandel und Arbeitsmarktflexibilität

5.1.1. Regionale Wirtschaftsstrukturen und Spezialisierung der Regionen

Ein so komplexes Gebiet, wie das des Strukturwandels, verlangt eine Konzentration auf einzelne Bereiche:

- Probleme der Messung (regionaler) Wirtschaftsstrukturen,
- Fragen der Technikorientierung der regionalen Wirtschaftspolitik,
- Fragen der Innovationstätigkeiten in der Industrie und im Dienstleistungssektor.

Thema ist die Beschreibung eines Sachverhalts, der unter verschiedenen Stichworten diskutiert worden ist: Verkrustung der Strukturen der Wirtschaft der Bundesrepublik Deutschland und Europas - als Eurosklerose benannt - im scharfen Kontrast zu den weltwirtschaftlichen technologischen Herausforderungen, insbesondere der japanischen Herausforderung auf einer Reihe von spezialisierten Märkten der Elektronik, der Autoproduktion und so weiter. Danach sind verkrustete Strukturen und mangelnde Flexibilität der Arbeitnehmer Ursache der Arbeitslosigkeit. Verkrustete Strukturen werden, dieser Argumentation entsprechend, durch Staatstätigkeiten noch verstärkt.[1] Wir können nicht exakt überprüfen, was in den Regionen der BRD verkrustet ist, aber wir können untersuchen welche theoretischen Konstruktionen hinter derartigen Aussagen stehen, und wir können messen, wie stark die Regionen der BRD spezialisiert sind und auf welche Sektoren sich Investitionen und Investitionshilfen verteilen.[2]

[1] Fels und Schmidt sprechen davon, daß sektorspezifische Eingriffe in der Mehrzahl dazu führen, verkrustete Strukturen zu konservieren statt sie aufzubrechen. Vgl. G. Fels, K.-D. Schmidt, Die deutsche Wirtschaft im Strukturwandel. Tübingen 1981.

[2] Die Annahme, Stabilitätsprobleme regionaler Arbeitsmärkte durch Flexibilisierung der regionalen Wirtschaftsstruktur lösen oder vermeiden zu können, findet sich in fast allen Ordnungsvorstellungen zur regionalen Wirtschaftsstruktur. Innerhalb der Theorie der zentralen Orte wird z.B. - obwohl die Versorgung mit Gütern und Dienstleistungen im Vordergrund steht - auf die mit einem vielfältigen Dienstleistungsangebot verbundenen Beschäftigungsmöglichkeiten hingewiesen. Als Konzeption ist die Flexibilisierung ebenso in den Vorstellungen über ausgeglichene Funktionsräume und in der Theorie der Wachstumspole enthalten wie in den Modellen über die ökonomisch optimale Allokation der Produktionsfaktoren im Raum und dem Zielsystem des Raumordnungsprogramms. Innerhalb dieser Konzeptionen soll durch räumliche Schwerpunktbildung ein differenziertes Güter- und Dienstleistungsangbot und ein diversifizierter Arbeitsmarkt geschaffen werden. Die Flexibi-

Einige Konzeptionen der Regionaltheorie und Regionalpolitik setzen regionale Flexibilität als Ziel- und Ordnungsvorstellung der regionalen Wirtschaftsstruktur, um über die angenommene Identität von vielfältiger Struktur und regionaler Beschäftigungsstabilität einen automatischen Regelmechanismus zur Verstetigung des Wirtschaftsablaufs zu besitzen, d.h. um den im Rahmen der staatlichen regionalen Beschäftigungsstabilisierungspolitik schwierigen Informations-, Planungs- und Koordinationsprozeß, der zur Umstellung regionaler spezialisierter, d.h. arbeitsteilig organisierter Produktionsprogramme erforderlich ist, zu erleichtern oder überflüssig zu machen.

Die Zielsetzung einer flexiblen regionalen Wirtschaftsstruktur hat einen hohen Stellenwert in der gegenwärtigen Regionalpolitik. Dem steht gegenüber ein Mangel an Reflexion auf die Grundlagen und Voraussetzungen, die erfüllt sein müssen, um den angenommenen Zusammenhang zwischen Wirtschaftsstruktur und Beschäftigungsstabilität als gültig anzusehen.

Zunächst zeigt die Diskussion über mögliche Methoden und Indikatoren zur Beschreibung regionaler Wirtschaftstrukturen in Verbindung mit einer wirtschaftsstrukturellen Bestandsaufnahme, d.h. einer Messung des Spezialisierungsgrades der Arbeitsmärkte der Bundesrepublik Deutschland, ein hohes Niveau regionaler wirtschaftlicher Spezialisierung. Sieht man vom immer noch dominierenden Einfluß der Landwirtschaft in vielen Regionen ab, so bestimmen folgende Sektoren weitgehend das Niveau der regionalen Spezialisierung, und zwar sowohl 1970 als auch 1985:

- Maschinenbau,
- Elektrotechnik,
- Feinmechanik,
- Leder/Textil,
- Metallerzeugung,
- Einzelhandel,
- Papier/Druck,

---

lisierung der Arbeitsmärkte soll dabei sowohl zur Erleichterung des sektoralen Strukturwandels beitragen als auch zur Erreichung eines räumlichen Gleichgewichts dienen oder gar als Wachstumsstrategie herhalten.

- Hoch- und Tiefbau,
- Straßenfahrzeugbau,
- Chemische Industrie,
- öffentliche Dienste.

Die technische Spezialisierung der Bundesrepublik Deutschland kommt in der Vielzahl der Regionen, in denen der Sektor Maschinenbau und der Sektor Elektrotechnik zur wirtschaftlichen Spezialisierung von Regionen beitragen, zum Ausdruck.

Die folgende Karte gibt eine Typisierung der Arbeitsmärkte der Bundesrepublik nach der Industrie- und Dienstleistungsstruktur wieder, d.h. jene Regionen mit einem hohen Industrieanteil und jene Regionen mit einem überdurchschnittlichen Dienstleistungsanteil (Beschäftigte gemessen an der Gesamtbeschäftigung). Auffallend ist, daß die Mehrzahl der Regionen Baden-Württembergs zu den Industrieregionen zählt und gleichzeitig einen nur durchschnittlichen Besatz mit Dienstleistungen aufweist. Erinnert man sich der These, daß Überindustrialisierung die Ursache für Wachstumsschwäche sein soll, so beweisen die Regionen Baden- Württembergs das Gegenteil. Die Klassifikation bildet keine vier gleichgroße Gruppen, da es zwischen dem Anteil der Beschäftigten im Verarbeitenden Gewerbe (x- Achse der Abbildung 12) und dem Dienstleistungsanteil (Wirtschaftsabteilung 8, y- Achse Abb. 12) eine fast lineare Beziehung gibt. Wo der Industrieanteil 65% beträgt, wie in Wolfsburg, Balingen und Lüdenscheid, da kann der Dienstleistungsanteil nicht noch überdurchschnittlich sein. Bei einem Industrieanteil von 40% kann die Wirtschaftsstruktur weiter durch einen Dienstleistungsanteil von 7% oder 27% gekennzeichnet sein, d.h. hier ist sie nicht determiniert. Tabelle 3 gibt die Extremwerte der Spezialisierung und Diversifizierung der Regionen wieder, sortiert nach der Höhe der relativen Entropie. Welche Wirtschaftsabteilung in den spezialisierten Regionen dominiert, ist mit angegeben. Diese Tabelle bestätigt, daß Spezialisierung oder Diversifizierung der Wirtschaftsstruktur durch das verarbeitende Gewerbe und durch die sonstigen Dienstleistungen weitgehend bestimmt wird. Die Ruhrregionen gehören nicht zu den spezialisiertesten Regionen

Karte 7: Zur Typisierung der Arbeitsmärkte (Cluster-Bildung)

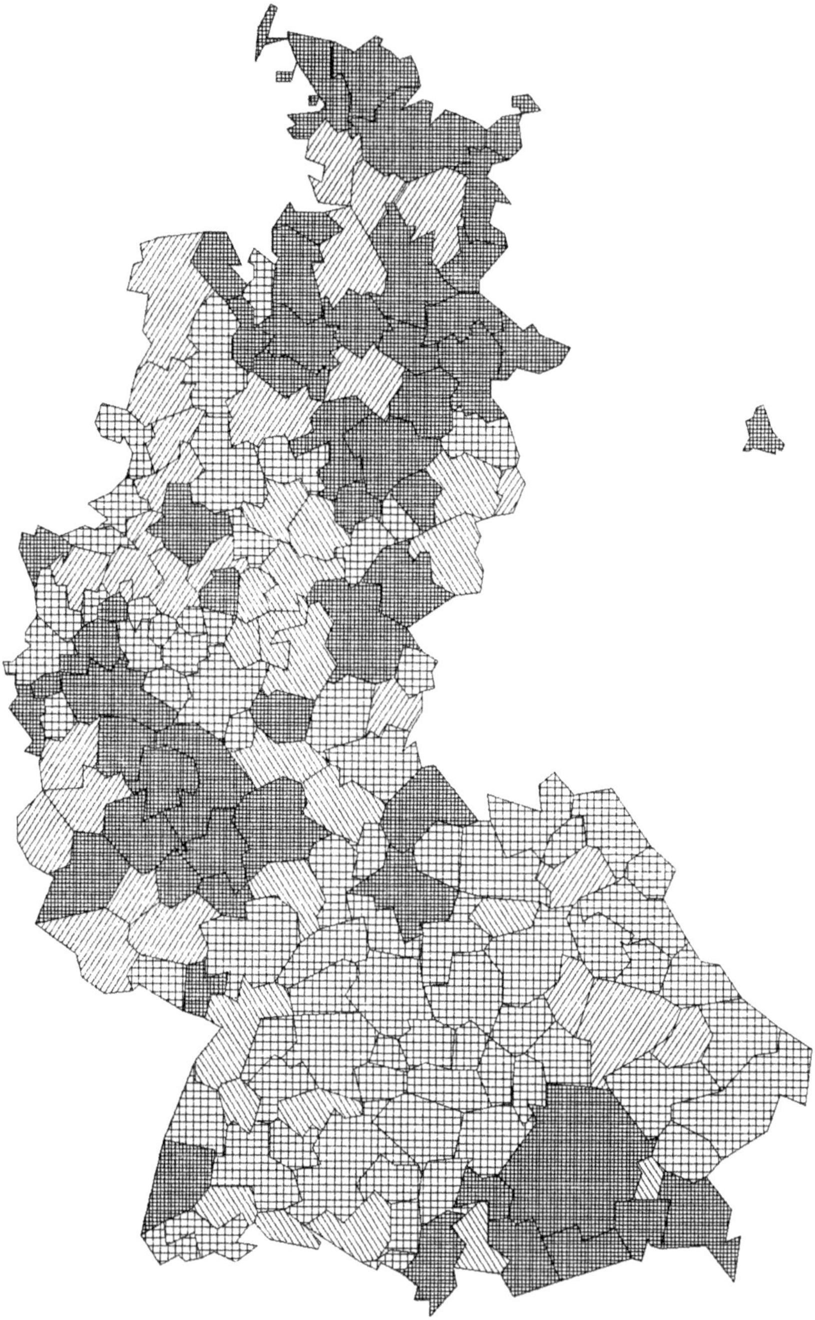

INDUSTRIE > 40 % DIENST < 18 %

INDUSTRIE < 40 % DIENST > 18 %

INDUSTRIE > 40 % DIENST > 18 %

INDUSTRIE < 40 % DIENST < 18 %

ANTEIL DER BESCHÄFTIGTEN AN DEN GESAMTBESCHÄFTIGTEN NACH DATEN DER BESCHÄFTIGTENSTATISTIK 1983

Tabelle 3: Anteile der Wirtschaftsabteilungen an den Erwerbstätigen und Spezialisierungsniveau der Regionen

NAME	ENTROPIE	LANDW.	ENERGIE	V.GEWERBE	BAU	HANDEL	VERKEHR	KREDIT	DIENSTL.	O.ERW.CH.	STAAT
STADE/BREMERVOERDE	11.76	0.04	0.04	0.27	0.14	0.13	0.05	0.03	0.16	0.02	0.11
OLDENBURG	13.35	0.01	0.02	0.22	0.09	0.18	0.06	0.06	0.22	0.03	0.12
MEPPEN	13.62	0.03	0.06	0.32	0.13	0.14	0.05	0.02	0.15	0.02	0.08
CUXHAVEN	13.89	0.06	0.01	0.25	0.09	0.15	0.05	0.03	0.21	0.02	0.12
KIEL-NEUMUENSTER	14.13	0.02	0.02	0.27	0.09	0.15	0.05	0.05	0.21	0.03	0.12
FLENSBURG-SCHLESWIG	14.24	0.03	0.01	0.24	0.09	0.14	0.06	0.04	0.23	0.02	0.13
BREMERHAVEN	14.30	0.02	0.01	0.26	0.08	0.16	0.09	0.03	0.20	0.02	0.12
MUENSTER	14.46	0.02	0.01	0.26	0.08	0.15	0.04	0.08	0.23	0.04	0.09
OSTHOLSTEIN	14.87	0.05	0.01	0.18	0.13	0.15	0.06	0.03	0.26	0.00	0.12
CELLE	14.88	0.03	0.05	0.28	0.10	0.13	0.03	0.03	0.20	0.01	0.13
HELMSTEDT	14.88	0.02	0.24	0.22	0.07	0.12	0.03	0.02	0.15	0.01	0.10
NORDFRIESLAND	14.92	0.04	0.01	0.15	0.12	0.16	0.04	0.04	0.27	0.02	0.16
HEIDE-MELDORF	15.27	0.04	0.02	0.32	0.13	0.13	0.05	0.03	0.17	0.02	0.10
UELZEN	15.31	0.05	0.01	0.29	0.12	0.15	0.04	0.03	0.21	0.02	0.07
HAMBURG	15.61	0.01	0.01	0.24	0.07	0.19	0.12	0.07	0.22	0.02	0.06
DORTMUND-LUEDINGHAUSE	15.72	0.01	0.12	0.31	0.08	0.15	0.05	0.04	0.18	0.02	0.05
TRIER	15.94	0.02	0.01	0.31	0.10	0.17	0.06	0.03	0.19	0.03	0.09
ITZEHOE	15.96	0.04	0.01	0.35	0.11	0.13	0.05	0.04	0.14	0.03	0.10
RECKLINGHAUSEN	16.29	0.01	0.17	0.29	0.11	0.13	0.04	0.02	0.17	0.01	0.06
BONN	16.59	0.01	0.01	0.24	0.06	0.12	0.03	0.04	0.26	0.08	0.15
SOLTAU	16.65	0.03	0.01	0.22	0.11	0.15	0.03	0.03	0.21	0.01	0.20
HANNOVER	16.67	0.01	0.03	0.31	0.07	0.16	0.07	0.06	0.21	0.02	0.07
SYKE	16.73	0.04	0.01	0.32	0.12	0.14	0.02	0.04	0.20	0.02	0.08
WUERZBURG	16.83	0.01	0.01	0.30	0.09	0.17	0.06	0.04	0.21	0.03	0.09
HERSFELD-ROTENBURG	17.02	0.02	0.10	0.35	0.11	0.11	0.04	0.02	0.17	0.01	0.07
EMDEN/LEER	17.11	0.02	0.01	0.33	0.11	0.15	0.05	0.03	0.18	0.02	0.11
ESSEN-MUELHEIM	17.23	0.01	0.07	0.29	0.08	0.18	0.05	0.03	0.22	0.03	0.04
WESEL-MOERS	17.24	0.01	0.14	0.34	0.08	0.13	0.03	0.03	0.16	0.01	0.07
LUEBECK	17.39	0.02	0.02	0.29	0.08	0.15	0.06	0.04	0.24	0.02	0.08
LUENEBURG	17.54	0.02	0.01	0.29	0.10	0.16	0.03	0.04	0.22	0.02	0.10
GRAF.DIEPHOLZ/VECHTA	17.56	0.04	0.05	0.36	0.11	0.14	0.02	0.03	0.15	0.02	0.08
LUECHOW-DANNENBERG	17.79	0.04	0.01	0.33	0.12	0.13	0.02	0.03	0.20	0.02	0.09
BITBURG-PRUEM	17.80	0.03	0.00	0.32	0.13	0.12	0.03	0.03	0.16	0.02	0.15
LINGEN	18.16	0.02	0.05	0.35	0.09	0.12	0.03	0.02	0.15	0.01	0.15
HAMM-BECKUM	18.20	0.01	0.14	0.36	0.07	0.13	0.04	0.03	0.14	0.02	0.06
	18.31	0.01	0.02	0.27	0.07	0.13	0.06	0.03	0.28	0.03	0.10
WIESBADEN-MAINZ	18.55	0.01	0.01	0.30	0.07	0.15	0.04	0.07	0.23	0.02	0.10
ROTENBURG/WUEMME	18.65	0.04	0.01	0.30	0.11	0.13	0.04	0.03	0.24	0.01	0.09
STEINFURT	18.76	0.02	0.08	0.39	0.09	0.12	0.03	0.03	0.15	0.02	0.08
REGENSBURG	18.77	0.02	0.01	0.36	0.10	0.15	0.06	0.04	0.17	0.02	0.07
MUENCHEN	18.83	0.01	0.01	0.32	0.08	0.15	0.05	0.06	0.23	0.03	0.06
WILHELMSHAVEN	18.89	0.01	0.01	0.30	0.08	0.13	0.04	0.03	0.19	0.02	0.18
BREMEN	19.23	0.01	0.01	0.32	0.06	0.18	0.11	0.04	0.19	0.02	0.06
AACHEN	19.50	0.00	0.07	0.36	0.06	0.15	0.04	0.04	0.20	0.02	0.06
FREIBURG	19.54	0.01	0.01	0.33	0.09	0.14	0.04	0.04	0.24	0.03	0.07
FRANKFURT	19.69	0.00	0.01	0.35	0.06	0.16	0.08	0.07	0.18	0.02	0.06
KOBLENZ	19.78	0.01	0.02	0.36	0.08	0.14	0.04	0.04	0.19	0.02	0.10
D'DORF-NEUSS-SOLINGEN	20.24	0.00	0.02	0.36	0.06	0.18	0.06	0.06	0.19	0.02	0.06
BAD KREUZNACH	20.25	0.02	0.02	0.34	0.07	0.17	0.04	0.02	0.21	0.01	0.10
COCHEM-ZELL	20.25	0.03	0.01	0.35	0.12	0.12	0.03	0.03	0.18	0.01	0.12
BIELEFELD	28.58	0.01	0.01	0.45	0.06	0.16	0.04	0.03	0.18	0.02	0.04
DEGGENDORF	28.83	0.02	0.01	0.49	0.12	0.09	0.03	0.02	0.15	0.01	0.06
HOCHRHEIN	28.86	0.01	0.01	0.49	0.09	0.12	0.05	0.02	0.14	0.01	0.05
BOCHUM	28.89	0.00	0.02	0.48	0.06	0.14	0.04	0.02	0.16	0.02	0.06
BUCHEN IM ODENWALD	29.16	0.01	0.01	0.48	0.12	0.09	0.02	0.02	0.16	0.01	0.08
ESCHWEGE	29.49	0.03	0.01	0.51	0.10	0.09	0.03	0.03	0.12	0.01	0.08
LANDSHUT	29.62	0.02	0.02	0.53	0.08	0.10	0.03	0.03	0.11	0.01	0.06
TUEBINGEN-REUTLINGEN	29.78	0.01	0.01	0.48	0.08	0.11	0.03	0.03	0.19	0.02	0.05
AHAUS	29.80	0.02	0.01	0.49	0.09	0.14	0.02	0.02	0.15	0.02	0.04
BIBERACH	29.80	0.02	0.03	0.51	0.11	0.09	0.02	0.02	0.15	0.01	0.05
BODENSEE	29.89	0.02	0.01	0.48	0.08	0.10	0.03	0.03	0.19	0.01	0.06
AMBERG	30.08	0.01	0.02	0.51	0.08	0.10	0.02	0.02	0.13	0.01	0.09
SIGMARINGEN	30.19	0.03	0.01	0.51	0.11	0.08	0.02	0.02	0.13	0.01	0.08
DONAUESCHINGEN	30.47	0.02	0.00	0.47	0.10	0.08	0.02	0.02	0.21	0.01	0.06
WANGEN	30.57	0.03	0.00	0.49	0.10	0.10	0.03	0.02	0.18	0.01	0.05
DONAUWOERTH	30.88	0.04	0.01	0.53	0.09	0.11	0.04	0.03	0.10	0.01	0.05
BRILON	31.57	0.02	0.01	0.47	0.11	0.09	0.02	0.02	0.23	0.01	0.03
WUPPERTAL	32.67	0.00	0.01	0.53	0.05	0.13	0.04	0.03	0.14	0.02	0.05
SCHWEINFURT	32.92	0.01	0.01	0.53	0.08	0.12	0.03	0.02	0.13	0.01	0.08
SIEGEN	32.95	0.01	0.01	0.54	0.06	0.12	0.03	0.02	0.13	0.02	0.06
WALDSHUT	33.22	0.01	0.01	0.52	0.10	0.09	0.02	0.02	0.15	0.01	0.06
LIPPSTADT	33.23	0.01	0.00	0.50	0.07	0.12	0.02	0.02	0.19	0.01	0.06
LINDAU BODENSEE	33.32	0.02	0.01	0.53	0.08	0.09	0.02	0.03	0.18	0.01	0.04
MUEHLDORF-ALTOETTING	33.42	0.01	0.02	0.55	0.10	0.10	0.03	0.03	0.13	0.01	0.03
PIRMASENS	33.66	0.01	0.01	0.52	0.06	0.12	0.02	0.02	0.12	0.00	0.11
ALFELD	34.01	0.02	0.01	0.54	0.09	0.10	0.03	0.02	0.14	0.01	0.04
ARNSBERG	34.04	0.01	0.02	0.55	0.06	0.10	0.03	0.03	0.14	0.01	0.05
LOHR AM MAIN	34.38	0.02	0.01	0.56	0.09	0.09	0.03	0.02	0.13	0.01	0.04
ASCHAFFENBURG	34.61	0.01	0.01	0.56	0.08	0.11	0.03	0.02	0.12	0.01	0.04
AALEN	34.72	0.02	0.01	0.57	0.09	0.09	0.02	0.02	0.11	0.01	0.06
ISERLOHN	34.73	0.01	0.01	0.55	0.07	0.11	0.03	0.02	0.14	0.01	0.05
INGOLSTADT	35.64	0.01	0.01	0.57	0.08	0.10	0.02	0.02	0.12	0.01	0.06
KULMBACH	35.85	0.01	0.01	0.56	0.09	0.11	0.02	0.02	0.13	0.01	0.03
GUMMERSBACH	35.88	0.01	0.01	0.55	0.08	0.10	0.02	0.02	0.15	0.01	0.04
PFORZHEIM	36.09	0.01	0.00	0.54	0.07	0.14	0.02	0.03	0.14	0.01	0.04
TIRSCHENREUTH	36.20	0.02	0.00	0.55	0.17	0.09	0.01	0.02	0.09	0.01	0.04
GOEPPINGEN	36.33	0.01	0.00	0.58	0.08	0.10	0.03	0.03	0.11	0.01	0.06
COBURG	36.53	0.01	0.01	0.58	0.07	0.10	0.04	0.04	0.10	0.01	0.04
HOF-WUNSIEDEL	36.64	0.01	0.01	0.58	0.08	0.11	0.04	0.02	0.11	0.01	0.04
HEIDENHEIM-DILLINGEN	36.89	0.02	0.01	0.58	0.09	0.09	0.02	0.02	0.12	0.01	0.04
RHEDA-WIEDENB,GUETERS	37.64	0.01	0.00	0.58	0.07	0.12	0.03	0.02	0.12	0.01	0.03
ERLANGEN-FORCHHEIM	37.98	0.01	0.01	0.54	0.06	0.09	0.01	0.02	0.21	0.01	0.04
SCHWARZW-BAAR-HEUBERG	38.36	0.01	0.01	0.59	0.08	0.09	0.03	0.02	0.12	0.01	0.05
DILLENBURG	39.13	0.01	0.01	0.60	0.05	0.12	0.04	0.02	0.11	0.01	0.04
SCHWAEBISCH GEMUEND	39.28	0.01	0.00	0.60	0.07	0.09	0.02	0.02	0.12	0.01	0.06
SINDELF-BOEBL-CALW	39.53	0.01	0.00	0.61	0.06	0.11	0.02	0.02	0.10	0.02	0.06
LUEDENSCHEID	44.75	0.01	0.01	0.65	0.04	0.09	0.02	0.02	0.11	0.01	0.05
BALINGEN	44.78	0.01	0.01	0.66	0.07	0.08	0.02	0.02	0.08	0.01	0.05
WOLFSBURG	48.05	0.01	0.01	0.69	0.04	0.08	0.01	0.02	0.10	0.01	0.04

Abb. 12: Industriestruktur und Dienstleistungsstruktur der Regionen

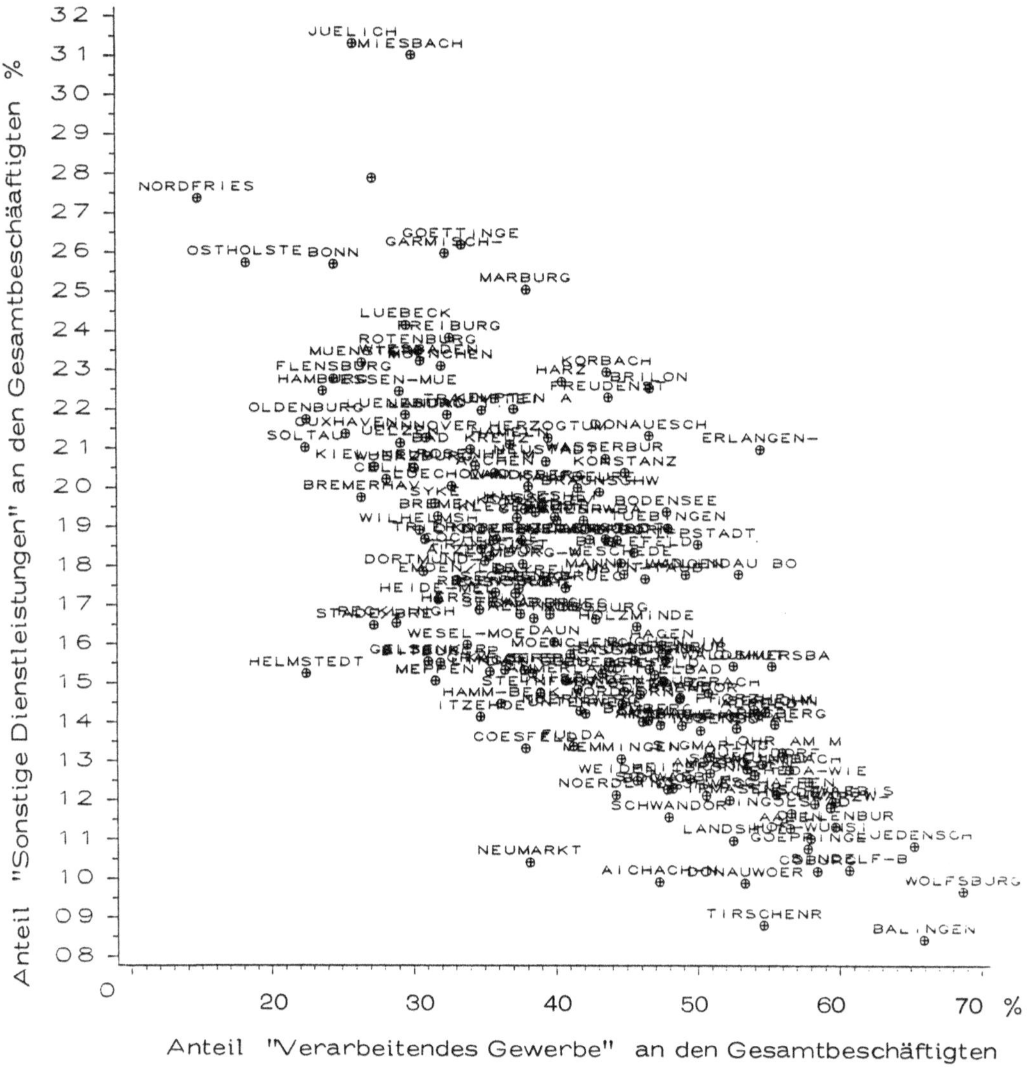

Quelle: Eigene Berechnungen nach Daten der Beschäftigtenstatistik 1983

Neben den technisch spezialisierten Regionen gibt es in der Bundesrepublik Deutschland eine Vielzahl von Gebieten, die durch die Dominanz eines Wirtschaftssektors geprägt sind. Diese Regionen geben dann bestimmten Produkten ihren Namen (Solinger Stahlwaren, Schwarzwälder Uhren, Schweinfurter Kugellager, Pirmasenser Schuhwaren, Idar-Obersteiner Schmuckwaren usw.). Die Beurteilung der Wachstumsaussichten und Beschäftigungsrisiken einer auf einen bestimmten Sektor spezialisierten Region basiert auf der Methode, aus der regionalen Wirtschaftsstruktur durch Übertragung gesamtwirtschaftlich sektoraler Wachstumserwartungen die regionalen Beschäftigungsperpektiven abzuleiten. Diese Argumentation vernachlässigt die Wirkung regionaler Besonderheiten (Standortfaktoren). Ursprüngliche Hypothese war: Je nachdem, welcher Sektor in einer Region dominiert, je nachdem werden die Beschäftigungsperspektiven der Region bestimmt sein, d.h. wenn von Agrarregionen, von Textilregionen, von Bergbaugebieten gesprochen wurde, so war damit in der Regel eine indirekte Bewertung der Entwicklungaussichten dieser Regionen verbunden. Da aber in der Mehrzahl der Regionen der Sektor Maschinenbau und Elektrotechnik dominiert, kann eine unterschiedliche Beschäftigungsentwicklung von Regionen nur durch eine innere Differenzierung dieser Sektoren verursacht sein.[1]

Weit mehr als die empirisch messbaren spezialisierten Wirtschaftsstrukturen (in der Karte 7. der Abbildung 12 und der Tabelle 3 kurz dokumentiert) setzten die theoretischen Grundlagen der Zielsetzung nach Flexibilität von Regionen enge Grenzen.

Für eine theoretische Fundierung und empirische Überprüfung der Flexibilitätszielsetzung muß der Nachweis erbracht werden, daß in Regionen mit einer ausgeglichenen Wirtschaftsstruktur Beschäftigungsfreisetzungen einzelner Branchen absorbiert werden konnten. Insbesonders der Nachweis, daß Regionalpolitik und Forschungs- und Technologiepolitik und deren Übertragung auf regionale Produktionsbedingungen zu regionalen Innovationen und Umstellungen und zur Flexibilisierung der regionalen Wirtschaftstruktur geführt haben. Zu beschreiben sind regional ablaufende Prozesse, die die Markt-, Technologie-

[1] Hypothese ist, daß in den Sektoren Maschinenbau und Elektrotechnik die Produktion hochwertiger spezialisierter technischer Produkte erfolgt, die von dem hohen Grad technischen Wissens der Erwerbstätigen und einem modernen Kapitalstock abhängig ist.

und Beschäftigungssituation von Regionen verändert haben. Schwer zu klären ist hierbei, wie sich die vergangenen Änderungen industrieller Markt- und Technologiebedingungen vom neuen Weg der regionalen Wirtschaftsförderung unterscheiden, jenem Weg, durch regionale Technologieberatungs- und - transferstellen Umstrukturierungsprozesse von Regionen zu erleichtern.

5.1.2. Regionale Beschäftigungsumstrukturierungen und gesamtwirtschaftliche Trends

Sollen innerhalb eines bestimmten Zeitraums regionale Veränderungen des Beschäftigungsniveaus und regionale Umstrukturierungen zwischen den Wirtschaftssektoren analysiert und der Einfluß unterschiedlich stark diversifizierter bzw. stark spezialisierter Wirtschaftsstrukturen auf die Veränderung des Beschäftigungsniveaus gemessen werden, so ist zumindest für die Variable "Veränderung des Beschäftigungsniveaus" die gesamtwirtschaftliche Entwicklung vorab zu betrachten.

Die Darstellung der wirtschaftlichen Entwicklung Westdeutschlands bzw. der Bundesrepublik Deutschland nach 1945 ist bereits zum Gegenstand wirtschaftshistorischer Forschung aufgerückt. "Die westdeutsche Nachkriegsgeschichte zu betrachten, heißt gleichzeitig, sich mit dem Mythos der sozialen Marktwirtschaft und dem 'Wirtschaftswunder' auseinanderzusetzen."[1]

Die gesamtwirtschaftliche Wachstumsrate des realen Bruttosozialprodukts der Bundesrepublik Deutschland war von 1948 an bis zum Jahre 1974, von 1976 bis 1980 und von 1982 bis 1986 positiv.

Hierbei zeigt sich ein langfristiger Trend, verbunden mit regelmäßig wiederkehrenden Konjunkturzyklen bzw. Wachstumszyklen.

Die im ganzen recht stabile ökonomische Entwicklung "... bildet zugleich stabile politische Basis wie Erfolgsausweis der Zweiten Deutschen Republik".[2]

---

[1] H.R. Adamsen, Faktoren und Daten der wirtschaftlichen Entwicklung in der Frühphase der Bundesrepublik Deutschland 1948 -1954, in: Archiv für Sozialgeschichte XVIII, 1978, S. 217 - 244, S. 217.

[2] H.R. Adamsen, Faktoren und Daten der wirtschaftlichen Entwicklung in der Frühphase der Bundesrepublik Deutschland 1948 -1954, a.a.O., S. 218.

"Sie ist das wichtigste Ereignis westdeutscher Sozialentwicklung in der Nachkriegszeit.".[1]

Die Gleichsetzung von ökonomischer Expansion und sozial sicherer Basis auf gesamtwirtschaftlicher Ebene kann auch auf regionale Einheiten übertragen werden. Nur dann ist folgende Schlußfolgerung notwendig: die vergleichsweise hohen Beschäftigungs- und Arbeitsplatzumstrukturierungen in den Regionen der Bundesrepublik Deutschland können zu vergleichsweise hohen sozialen Kosten und Fehlentwicklungen in diesen Regionen geführt haben.

Das betrifft sowohl die Situation der aus ökonomischen Gründen (Arbeitsplatzverlust) abgewanderten Erwerbspersonen und deren Familienmitglieder, als auch die soziale Erosion der Regionen, die durch Arbeitsplatzverluste und Abwanderung gekennzeichnet sind.

Die Arbeitsmarktregionen mit den höchsten Arbeitsplatzverlusten, Duisburg und Essen, verloren zwischen 1961 und 1970 je 80.000 Arbeitsplätze. Diesen Regionen, in denen jeden Monat 740 Arbeitsplätze abgebaut wurden, standen die Zentren München und Frankfurt gegenüber, mit 111.000 bzw. 105.000 neugeschaffenen Arbeitsplätzen. Die Extremwerte der Verteilung regionaler Arbeitsplatzveränderungen zwischen 1961 und 1970 sehen wie folgt aus:

Duisburg -80 000
Essen -80 000
Saarbrücken -24 000
Dortmund -22 000
Wuppertal-Hagen -22 000
Bochum -18 000
Kassel -17 000
Siegen-Hüttental -17 000
Trier -17 000
Recklinghausen -16 000
Cochem-Zell -16 000
Koblenz -16 000
Braunschweig-Salzgitter -15 000

[1] R. Dahrendorf, Gesellschaft und Demokratie in Deutschland, München 1968, S. 151, zitiert nach H.R. Adamsen, Faktoren und Daten der wirtschaftlichen Entwicklung in der Frühphase der Bundesrepublik Deutschland 1948 -1954, a.a.O., S. 218.

Bielefeld -15 000

Hamburg -14 000

Würzburg -12 000

Osnabrück -11 000

Krefeld -11 000

Holzminden-Höxt -11 000

Möchengladbach -11 000

Landshut -10 000

Nürnberg-Fürth 7 000

Karlsruhe-Baden-Baden 7 000

Ingolstadt 7 000

Bodensee 7 000

Münster 8 000

Augsburg 9 000

Ulm 9 000

Freiburg 9 000

Heilbronn 10 000

Konstanz 10 000

Wolfsburg 17 000

Lud.Hafen-Mannh.Heid. 18 000

Bonn 19 000

Darmstadt 21 000

Sindelf.-Böbl.-Calw 23 000

Hannover 31 000

Köln-Leverkusen 45 000

Stuttgart 53 000

Düsseld.-Neuss-Sol. 54 000

Frankfurt 105 000

München 111 000

Diese Entwicklung hat sich auch nach 1970 - bis 1984 - fortgesetzt, wobei einige Ballungskerne stärker Arbeitsplatzverluste hinnehmen mußten. Die Reihenfolge der Regionen mit extremen Arbeitsplatzverlusten ist jedoch sehr stabil geblieben. Unterschiedlich sind die Regionen aus dem Konjunkturtal nach 1978 hervorgegangen. Erklärungen der Arbeitsplatzentwicklungen sind für einen Teil der Regionen davon abhängig, ob der Zeitraum 1970-1978 oder 1978-1984 gewählt wird. Konjunktureinfluß und Struktureinfluß überlagern sich. Die Entwicklung von 1970 bis 1978 stellt die Rangfolge des regionalen Wirtschaftswachstums im Vergleich zu 1961 - 1970 geradezu auf den Kopf: die Regionen, die zwischen 1961 und 1970 das höchste Arbeitsplatzwachstum aufweisen, haben jetzt fast gleich hohe Beschäftigungsverluste. Es sind die großen Ballungsgebiete, die sowohl zwischen 1961 und 1970 als auch zwischen 1970 und 1975 extreme Beschäftigungsveränderungen aufweisen. Während jedoch die Entwicklung zwischen 1961 und 1970 durch Expansion des tertiären Sektors überwiegend getragen wurde, ist zwischen 1970 und 1978 ein Drittel des Beschäftigungsrückgangs durch den Beschäftigungseinbruch im Baugewerbe zu erklären.

Die folgende Liste zeigt die absoluten und relativen Arbeitsplatzveränderungen in den Regionen zwischen 1970 und 1984, unterteilt in Intervalle zwischen 1970 bis 1978 und 1978 bis 1984. Es ist schwer, davon auszugehen, daß bei Arbeitsplatzverlusten von mehr als 10% und Gewinnen von ebenfalls 10% Verkrustungen der Wirtschaftsstruktur durch staatliche Beschäftigungsgarantien zementiert worden sein sollen. Wer bei diesen Größenordnungen der Arbeitsplatzumstrukturierungen von mangelnder Flexibilität spricht, der muß eine Maß angeben, das zeigt, wie hoch die Arbeitsplatzverluste und -gewinne sein sollten.

Bei derartig extremen Unterschieden in der regionalen wirtschaftlichen Entwicklung kann ohne weitere Prüfung davon ausgegangen werden, daß durch sie auch die Sozialentwicklung geprägt worden ist. Instabilität in der regionalen ökonomischen Entwicklung wird jedoch in dem Maße nicht zur Instabilität der politischen Basis geführt haben, wie interregionale Kompensations- und Ausgleichszahlungen (kommunaler Finanzausgleich, Länderfinanzausgleich, regionale Wirtschaftsförderung, Zuständigkeit des Bundes in der Arbeitsmarktpolitik) die sozialen Folgelasten ökonomisch depressiver Regionen gemindert haben.

Die Karten 8 und 9 zeigen die Regionen mit Arbeitsplatzgewinnen und -verlusten im Zeitraum zwischen 1970 und 1984. Ein Nord- Süd- Gefälle existiert nicht.

Tabelle 4: Arbeitsplatzveränderungen 1970 - 1978 - 1984

	Arbeitsplatzveränderungen					
	absolut			relativ		
NAME	84-70	78-70	84-78	84-70	78-70	84-78
HAMBURG	-117919	-78770	-39149	-0.11	-0.07	-0.04
HANNOVER	-66995	-43157	-23838	-0.12	-0.08	-0.05
WUPPERTAL	-63622	-41174	-22448	-0.17	-0.11	-0.07
DUISBURG-OBERHAUSEN	-49626	-24783	-24843	-0.14	-0.07	-0.08
ESSEN-MUELHEIM	-46635	-30142	-16493	-0.13	-0.08	-0.05
FRANKFURT	-46056	-10142	-35914	-0.04	-0.01	-0.03
BOCHUM	-45118	-22132	-22986	-0.19	-0.09	-0.10
BRAUNSCHWEIG/SALZGITT	-44071	-27141	-16930	-0.16	-0.10	-0.07
BREMEN	-43159	-17233	-25926	-0.12	-0.05	-0.07
DORTMUND-LUEDINGHAUSE	-42782	-24036	-18746	-0.11	-0.06	-0.05
NUERNBERG-FUERTH	-41807	-23269	-18538	-0.08	-0.05	-0.04
STUTTGART	-41774	-22032	-19742	-0.05	-0.02	-0.02
D'DORF-NEUSS-SOLINGEN	-36630	-27282	-9348	-0.05	-0.04	-0.01
KOELN-LEVERKUSEN	-33479	-20485	-12994	-0.04	-0.02	-0.02
RECKLINGHAUSEN	-31513	-15392	-16121	-0.10	-0.05	-0.06
KASSEL	-30727	-20429	-10298	-0.12	-0.08	-0.04
MANNH-LUDWIGSH-HEIDEL	-29582	-23028	-6554	-0.04	-0.03	-0.01
HAGEN	-26642	-16230	-10412	-0.16	-0.10	-0.07
HOF-WUNSIEDEL	-25543	-17887	-7656	-0.18	-0.12	-0.06
GELSENKIRCHEN	-25220	-15697	-9523	-0.19	-0.12	-0.08
HARZ	-23893	-16580	-7313	-0.19	-0.13	-0.07
BIELEFELD	-20691	-2347	-18344	-0.07	-0.01	-0.06
AUGSBURG	-17734	-14680	-3054	-0.08	-0.06	-0.01
MOENCHENGLADBACH	-17351	-14802	-2549	-0.08	-0.07	-0.01
HILDESHEIM	-16835	-12801	-4034	-0.18	-0.14	-0.05
WILHELMSHAVEN	-14066	-10221	-3845	-0.16	-0.11	-0.05
EMDEN/LEER	-13197	-14176	979	-0.08	-0.09	0.01
SAARBRUECKEN	-13019	-8307	-4712	-0.03	-0.02	-0.01
NIENBURG/SCHAUMBURG	-12855	-8169	-4686	-0.13	-0.09	-0.05
LUEBECK	-12181	-11440	-741	-0.08	-0.07	-0.01
KREFELD	-11888	-5123	-6765	-0.07	-0.03	-0.04
LUEDENSCHEID	-11197	-3984	-7213	-0.10	-0.04	-0.07
KIEL-NEUMUENSTER	-10792	-6555	-4237	-0.04	-0.02	-0.02
AACHEN	-10661	-6525	-4136	-0.05	-0.03	-0.02
HAMELN	-10585	-5250	-5335	-0.15	-0.08	-0.08
PIRMASENS	-10539	-8177	-2362	-0.12	-0.10	-0.03
HEIDENHEIM-DILLINGEN	-10245	-9455	-790	-0.11	-0.10	-0.01
GOETTINGEN-NORTHEIM	-10100	-5662	-4438	-0.07	-0.04	-0.03
GOEPPINGEN	-9478	-10057	579	-0.09	-0.10	0.01
PFORZHEIM	-9434	-1392	-8042	-0.08	-0.01	-0.07
ALSFELD-ZIEGENHAIN	-9251	-6870	-2381	-0.13	-0.10	-0.04
OSNABRUECK	-8983	-4944	-4039	-0.05	-0.03	-0.02
GIESSEN-WETZLAR	-8666	-8045	-621	-0.06	-0.05	-0.00
NEUSTADT A.D.SAALE	-8406	-6972	-1434	-0.12	-0.10	-0.02
KARLSR-BADEN-BADEN	-8388	-6459	-1929	-0.02	-0.02	-0.00
SCHWEINFURT	-8282	-5396	-2886	-0.10	-0.06	-0.04
LIMBURG-WESTERWALD-LA	-7835	-6481	-1354	-0.07	-0.05	-0.01
LANDAU I.D.PFALZ	-7665	-5698	-1967	-0.14	-0.11	-0.04
COBURG	-7479	-2171	-5308	-0.06	-0.02	-0.04
ESCHWEGE	-7341	-4987	-2354	-0.23	-0.16	-0.09
ARNSBERG	-7312	-5750	-1562	-0.16	-0.13	-0.04
SCHWARZW-BAAR-HEUBERG	-7122	-7749	627	-0.04	-0.04	0.00
ALZEY-WORMS	-6720	-6105	-615	-0.11	-0.10	-0.01
BUCHEN IM ODENWALD	-6720	-8477	1757	-0.09	-0.11	0.03
ISERLOHN	-6534	-97	-6437	-0.09	-0.00	-0.09
WOLFSBURG	-6467	-4395	-2072	-0.06	-0.04	-0.02
COCHEM-ZELL	-6026	-6089	63	-0.10	-0.10	0.00
IDAR OBERSTEIN	-5433	-3467	-1966	-0.12	-0.08	-0.05
HOCHRHEIN	-5291	-6348	1057	-0.07	-0.08	0.01
BAMBERG	-5238	-4218	-1020	-0.05	-0.04	-0.01
ALFELD	-5145	-3372	-1773	-0.17	-0.11	-0.06
HOLZMINDEN-HOEXTER	-5043	-1544	-3499	-0.11	-0.03	-0.08
LINDAU BODENSEE	-4966	-11228	6262	-0.15	-0.34	0.29
HELMSTEDT	-4907	-3264	-1643	-0.20	-0.13	-0.08
KULMBACH	-4866	-2517	-2349	-0.14	-0.07	-0.07
KORBACH	-4756	-3830	-926	-0.07	-0.06	-0.02
HEILBRONN	-4432	-7056	2624	-0.03	-0.05	0.02
UNTERWESER	-4423	-4294	-129	-0.13	-0.13	-0.00
SYKE	-4375	-3619	-756	-0.14	-0.11	-0.03
NORDHORN	-4313	-3773	-540	-0.09	-0.08	-0.01
HERSFELD-ROTENBURG	-4286	-4018	-268	-0.08	-0.07	-0.01
JUELICH	-4098	-5450	1352	-0.14	-0.19	0.06
UELZEN	-4018	-2789	-1229	-0.09	-0.06	-0.03
TUEBINGEN-REUTLINGEN	-4007	-2719	-1288	-0.02	-0.02	-0.01
BAYREUTH	-3963	-3037	-926	-0.05	-0.04	-0.01
STRAUBING	-3844	-3526	-318	-0.08	-0.07	-0.01
MAIN-TAUBER-KREIS	-3820	-6028	2208	-0.07	-0.11	0.04
FALLINGBOSTEL	-3754	-1898	-1856	-0.07	-0.03	-0.04
MINDEN-LUEBBECKE	-3659	722	-4381	-0.04	0.01	-0.05
WEISSENBURG IN BAYERN	-3534	-4561	1027	-0.08	-0.10	0.02
BAD KREUZNACH	-3398	-2649	-749	-0.07	-0.05	-0.02
LIPPSTADT	-3271	-1397	-1874	-0.06	-0.03	-0.04
CUXHAVEN	-3241	-1334	-1907	-0.09	-0.04	-0.05
WEIDEN I.D.OPF.	-2956	-3399	443	-0.04	-0.05	0.01
AALEN	-2893	-5737	2844	-0.04	-0.08	0.04
DILLENBURG	-2872	-3052	180	-0.07	-0.07	0.00
LUECHOW-DANNENBERG	-2769	-2317	-452	-0.13	-0.11	-0.02
KEMPTEN ALLGAEU	-2759	-4799	2040	-0.03	-0.05	0.02
SIGMARINGEN	-2744	-9727	6983	-0.02	-0.08	0.06
TRAUNSTEIN-BAD REICH	-2658	-5672	3014	-0.03	-0.06	0.03
ITZEHOE	-2570	-3074	504	-0.05	-0.06	0.01
ROTHENBURG O.D.T.	-2558	-3071	513	-0.05	-0.06	0.01

Fortsetzung Tabelle 4:

Arbeitsplatzveränderungen

	absolut			relativ		
	84-70	78-70	84-78	84-70	78-70	84-78
TRIER	-2510	-1744	-766	-0.02	-0.01	-0.01
AMBERG	-2354	-4962	2608	-0.04	-0.09	0.05
REGENSBURG	-2317	-2985	668	-0.01	-0.02	0.00
CELLE	-2253	1169	-3422	-0.04	0.02	-0.05
DAUN	-2201	-3930	1729	-0.06	-0.10	0.05
SCHWAEBISCH GEMUEND	-2073	691	-2764	-0.04	0.01	-0.05
TIRSCHENREUTH	-2029	-802	-1227	-0.09	-0.04	-0.06
BRILON	-2021	-848	-1173	-0.07	-0.03	-0.04
KOBLENZ	-1980	-2326	346	-0.01	-0.01	0.00
KAISERSLAUTERN	-1962	-2897	935	-0.02	-0.02	0.01
FULDA	-1901	-4188	2287	-0.02	-0.04	0.02
MEPPEN	-1828	-2314	486	-0.05	-0.06	0.01
SOLTAU	-1468	-1653	185	-0.06	-0.07	0.01
FLENSBURG-SCHLESWIG	-1426	41	-1467	-0.01	0.00	-0.01
HEIDE-MELDORF	-1352	-3315	1963	-0.03	-0.07	0.04
WESEL-MOERS	-1344	-6960	5616	-0.01	-0.06	0.05
LUENEBURG	-1277	82	-1359	-0.02	0.00	-0.03
MARBURG	-1224	-2856	1632	-0.02	-0.04	0.02
BOCHOLT	-1109	-32	-1077	-0.02	-0.00	-0.02
NOERDLINGEN	-1063	-439	-624	-0.04	-0.02	-0.03
STEINFURT	-833	1053	-1886	-0.01	0.01	-0.02
SCHWANDORF	-758	-713	-45	-0.02	-0.02	-0.00
MEMMINGEN	-749	-1260	511	-0.01	-0.02	0.01
CHAM	-745	-3898	3153	-0.02	-0.09	0.08
SIEGEN	-487	5302	-5789	-0.00	0.03	-0.03
DETMOLD-LEMGO	-471	2926	-3397	-0.01	0.03	-0.04
LOHR AM MAIN	-311	-805	494	-0.02	-0.04	0.03
GARMISCH-PARTENK	-254	-4287	4033	-0.00	-0.07	0.07
BALINGEN	-222	1516	-1738	-0.00	0.02	-0.02
BITBURG-PRUEM	-85	153	-238	-0.00	0.00	-0.01
ANSBACH	124	-2708	2832	0.00	-0.03	0.03
KAUFBEUREN	171	-1248	1419	0.00	-0.02	0.03
DUEREN	236	-5	241	0.00	-0.00	0.00
BREMERHAVEN	307	5969	-5662	0.00	0.07	-0.06
SOEST	506	1218	-712	0.01	0.03	-0.02
AHAUS	539	1370	-831	0.01	0.03	-0.02
WALDSHUT	564	-3085	3649	0.01	-0.06	0.08
OSTHOLSTEIN	584	4035	-3451	0.03	0.23	-0.16
DONAUWOERTH	738	-628	1366	0.02	-0.02	0.04
AICHACH-NEUB-SCHROBEN	835	1286	-451	0.02	0.04	-0.01
DEGGENDORF	1144	-2438	3582	0.01	-0.03	0.05
WUERZBURG	1264	-2841	4105	0.01	-0.02	0.03
LANDSBERG AM LECH	1281	-1517	2798	0.03	-0.04	0.07
FREUDENSTADT	1309	564	745	0.04	0.02	0.02
NORDFRIESLAND	1339	-2549	3888	0.02	-0.04	0.07
OLDENBURG	1369	4090	-2721	0.02	0.05	-0.03
HERZOGTUM LAUENBURG	1591	571	1020	0.05	0.02	0.03
MIESBACH	1683	-170	1853	0.04	-0.00	0.05
MESCHEDE	1717	1419	298	0.06	0.05	0.01
KONSTANZ	1833	-3422	5255	0.02	-0.04	0.06
ASCHAFFENBURG	1872	3070	-1198	0.02	0.03	-0.01
STADE/BREMERVOERDE	2031	1377	654	0.03	0.02	0.01
GELNHAUSEN-SCHLUECHTE	2119	1483	636	0.03	0.02	0.01
RHEDA-WIEDENB.GUETERS	2177	5239	-3062	0.02	0.05	-0.03
DONAUESCHINGEN	2232	803	1429	0.06	0.02	0.04
GUMMERSBACH	2583	361	2222	0.04	0.01	0.03
COESFELD	2635	2835	-200	0.16	0.17	-0.01
EUSKIRCHEN-SCHLEIDEN	2824	1179	1645	0.06	0.03	0.04
ROSENHEIM	2853	353	2500	0.04	0.00	0.03
KLEVE-EMMERICH	3178	2591	587	0.06	0.05	0.01
ROTENBURG/WUEMME	3212	2500	712	0.11	0.08	0.02
NEUMARKT I.D.OPF	3269	1606	1663	0.10	0.05	0.05
WASSERBURG AM INN	3534	2572	962	0.20	0.14	0.05
SCHWAEB.HALL-CRAILSH	4049	-4228	8277	0.04	-0.04	0.08
PASSAU	4116	-4921	9037	0.03	-0.03	0.06
DARMSTADT	4200	-473	4673	0.02	-0.00	0.02
MITTELBADEN	4372	109	4263	0.03	0.00	0.03
BIBERACH	4706	1415	3291	0.12	0.04	0.08
GRAF.DIEPHOLZ/VECHTA	4788	1692	3096	0.07	0.03	0.04
MUEHLDORF-ALTOETTING	5330	899	4431	0.08	0.01	0.06
FREIBURG	5462	-1354	6816	0.03	-0.01	0.04
WANGEN	5742	3788	1954	0.16	0.10	0.05
LINGEN	6331	5464	867	0.19	0.17	0.02
AMMERLAND/CLOPPENBURG	6517	3634	2883	0.09	0.05	0.04
WIESBADEN-MAINZ	6969	-2465	9434	0.02	-0.01	0.03
BODENSEE	7609	-1616	9225	0.07	-0.02	0.09
ULM	7665	9167	-1502	0.04	0.05	-0.01
HAMM-BECKUM	9377	11404	-2027	0.10	0.13	-0.02
INGOLSTADT	9624	6719	2905	0.12	0.09	0.03
PADERBORN	12127	9943	2184	0.15	0.12	0.02
MUENSTER	12252	8830	3422	0.07	0.05	0.02
LANDSHUT	13263	6852	6411	0.13	0.07	0.06
ERLANGEN-FORCHHEIM	17157	14870	2287	0.17	0.15	0.02
SINDELF-BOEBL-CALW	18421	11536	6885	0.14	0.09	0.05
BONN	18627	10290	8337	0.08	0.05	0.04
SEGEBERG-STORMARN	28566	19729	8837	0.30	0.21	0.08
MUENCHEN	42693	22405	20288	0.04	0.02	0.02

Karte 8: Wachstumsregionen

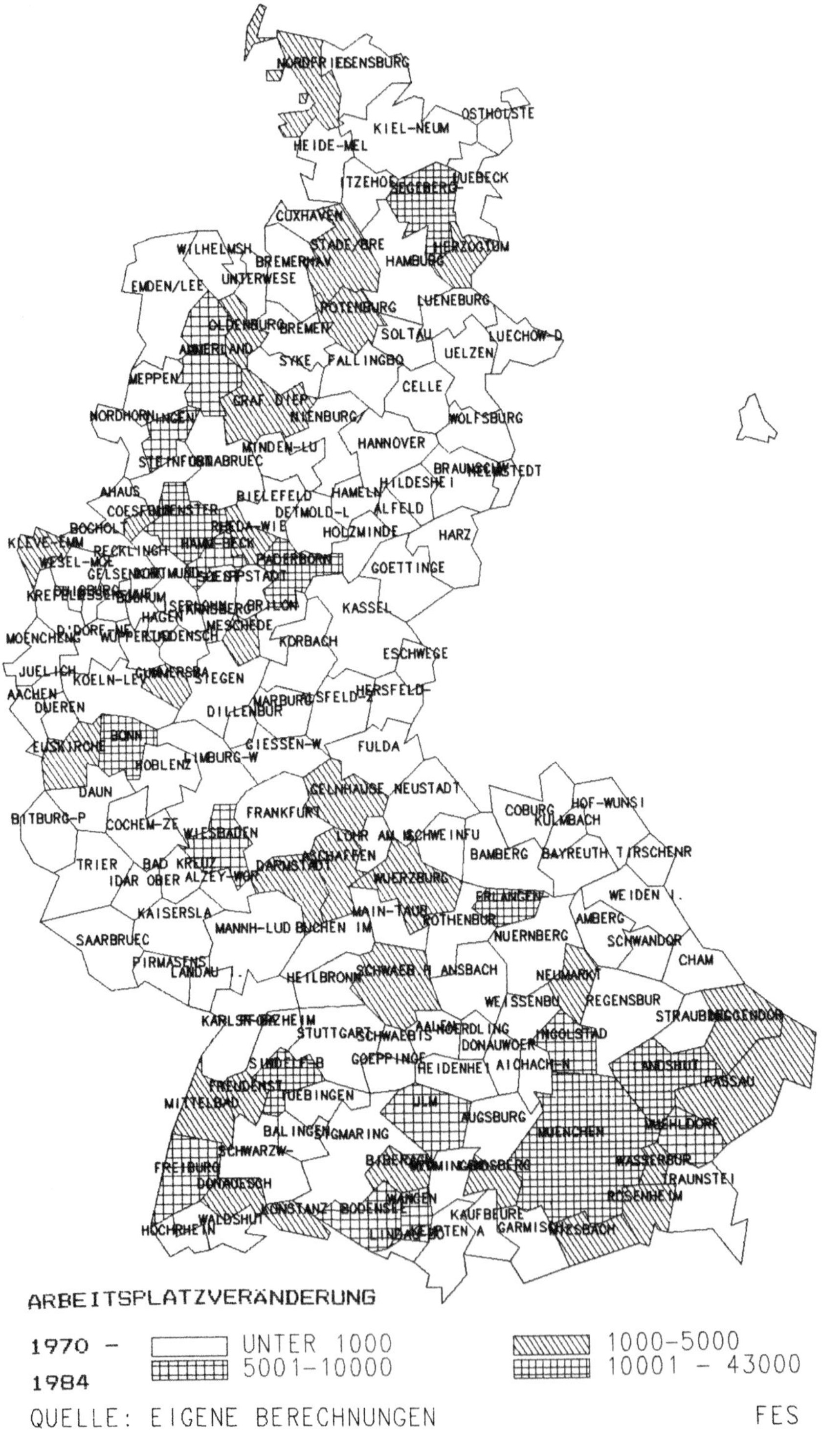

Karte 9: Regionen mit stagnierender/schrumpfender Arbeitsplatzzahl

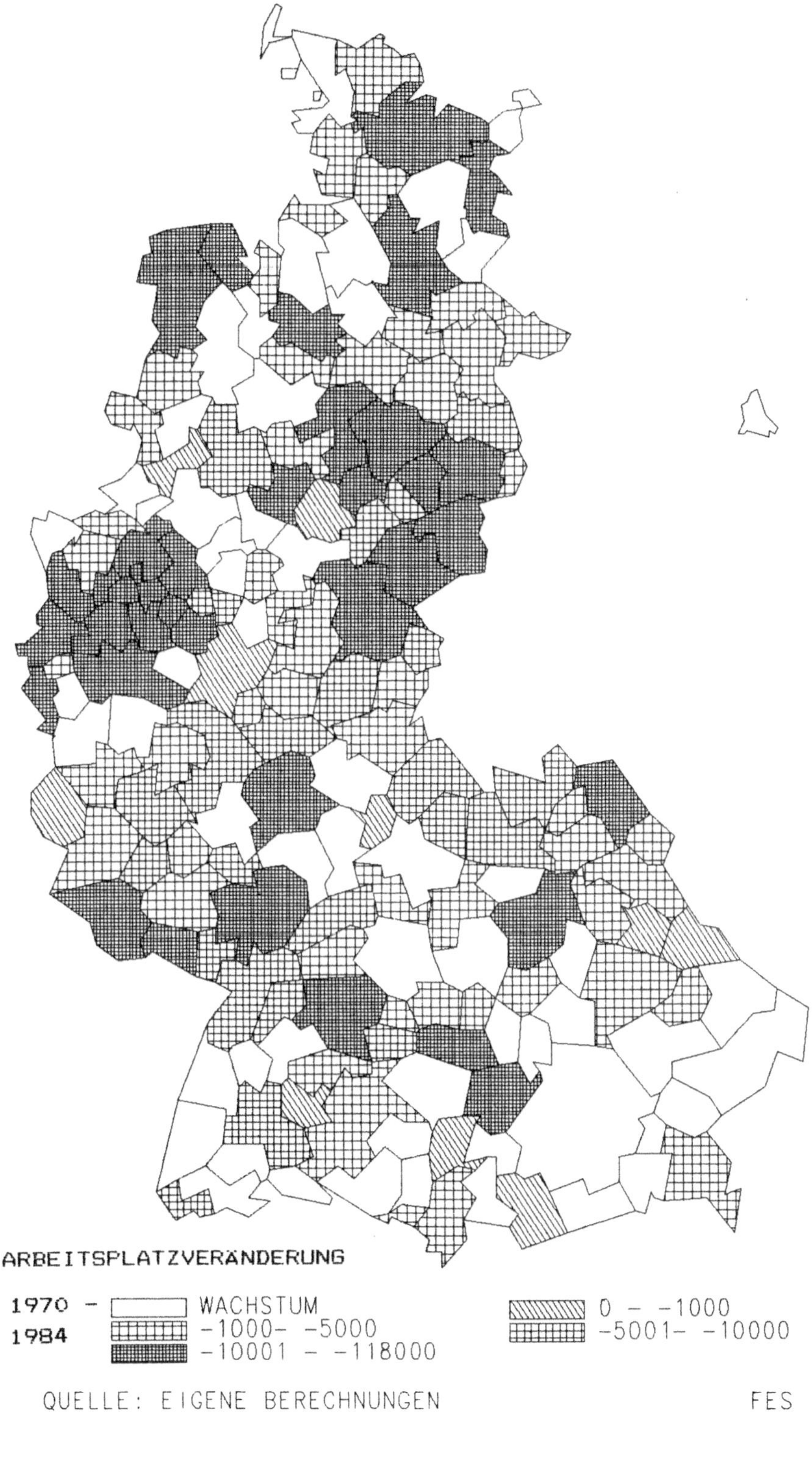

Die Prognose bis 1990 zeigt noch immer keine Trendwende an den regionalen Arbeitsmärkten; aber die sozialen Strukturen der Zukunft sind in der Gegenwart bereits meßbar. Wichtigster Indikator - der durch die Prognosen zeitlich vorweg zur Verfügung stehen sollte - ist jetzt die regionale Arbeitslosenquote, d.h. das Niveau der Arbeitslosigkeit zum Basiszeitpunkt (1983) bestimmt neben den Pendelverflechtungen die zukünftige Arbeitsmarktsituation.

Nach dieser kurzen Bestandsaufnahme gesamtwirtschaftlicher Entwicklungen und regionaler Arbeitsplatzbewegungen wird im folgenden der Versuch unternommen, theoretische Grundlagen zur Erklärung regionaler Strukturveränderungen vorzustellen, sie mit den tatsächlichen Veränderungen zu konfrontieren, um dann aufzuzeigen, wie das Umstellungsrisiko regionaler Arbeitsplatzangebots- und Nachfrageveränderungen durch regionale Wirtschaftsförderung beeinflußt wurde. Dazu soll die sektorale Struktur der Investitionshilfen dargestellt werden.

5.1.3. Wirtschaftsstruktur und Beschäftigungsstabilität in den Arbeitsmarktregionen der Bundesrepublik Deutschland in ihrer gegenseitigen Abhängigkeit

Die Bestandsaufnahme des Spezialisierungsgrads der Arbeitsmarktregionen zeigt, daß die Zielsetzung einer flexiblen regionalen Wirtschaftstruktur konfrontiert wird mit tatsächlich weitgehend spezialisierten Wirtschaftsstrukturen in der Bundesrepublik Deutschland. In der Hälfte aller Arbeitsmärkte müßte die technische Spezialisierung vermindert werden; eine Forderung, die in weltwirtschaftlichem Zusammenhang unter Wettbewerbsgesichtspunkten auf die entgegengesetzte Forderung nach der Produktion hochwertiger spezialisierter technischer Produkte stößt.

Die Überlegungen zu einer Verstetigung der wirtschaftlichen Entwicklung einer Region im Strukturwandel führen zu einer regionalen Wirtschaftspolitik, die Vielfalt, Vollständigkeit und Diversifikation der Branchenstrukturen zu erreichen sucht. "Eine Abschwächung der konjunkturellen und strukturellen Anfälligkeit von Regionen erfordert in erster Linie eine Auflockerung einseitiger Strukturen."[1] Die Argumentation ist einleuchtend. Es darf aber nicht vergessen werden, daß Diversifikation aus Modellen der Wertpapieranalyse und aus der Theorie der Spiele entlehnt ist. In Branchenstrukturen müßte genausoschnell ein- und ausgestiegen werden können, wie in Wertpapieranlagen - sollen die gleichen Voraussetzungen gelten.

Zur Bewertung der Flexibilisierungszielsetzung stehen als theoretische Grundlagen eine Reihe von Modellansätzen zur Verfügung, die sich in zwei Gruppen unterteilen lassen. Zum einen wahrscheinlichkeitstheoretische Ansätze (Portfoliotheorie, Varianzanlyse und systemtheoretischer Ansatz), zum anderen deterministische Modelle der regionalen Wirtschaftsstruktur (Komplementarität von Industrie- und Dienstleistungssektor, Input-Output-Modelle, Industriekomplexmodelle).

Die theoretische Fundierung in der ersten Gruppe der Modelle erfolgt durch Axiome der Wahrscheinlichkeitstheorie. Grundlage ist hierbei der Multiplikationssatz unabhängiger Ereignisse. Er besagt, daß die Wahrscheinlichkeit des gleichzeitigen Eintritts zweier unabhängiger Ereignisse durch Multiplikation

[1] Vierzehnter Rahmenplan, a.a.O., S.6

der einzelnen Wahrscheinlichkeiten jedes unabhängigen Ereignisses berechnet werden kann.[1]

Die Portfoliotheorie basiert auf diesem Axiom. Der Hauptsatz der Portfolio-Theorie besagt, daß eine Mischung risikobehafteter Werpapiere, d.h. deren Erträge nur mit einem Risiko vorausgesagt werden können, geringere zeitliche Ertragsschwankungen aufweist, als die durchschnittliche Ertragsschwankung der einzelnen Wertpapiere; zum Teil sinken die Schwankungen unter das Risiko des Papieres mit den sichersten Ertragserwartungen - unter der Voraussetzung, daß die Risiken der Wertpapiere voneinander unabhängig sind, was an der Summe der Kovarianzen gemessen werden kann.[2]

Auf die Frage des Beschäftigungsrisikos einer sektoral vollständigen Region übertragen, bedeutet dies, daß das Gesamtbeschäftigungsrisiko dieser Region wesentlich geringer sein kann als das Besschäftigungsrisiko einer spezialisierten Region, selbst dann, wenn das Risiko des Beschäftigungsrückgangs der Branche, auf die sich eine Region spezialisiert hat, wesentlich geringer sein sollte, als das Beschäftigungsrisiko jedes einzelnen Wirtschaftssektors in einer diversifizierten Region, unter der Voraussetzung, daß die sektoralen Entwicklungen voneinander unabhängig sind.

Wird vom geringen Gesamtrisiko der Regionen mit vollständiger Wirtschaftsstruktur gesprochen, so ist zu beachten, daß es sich hierbei um das Risiko handelt, in allen Sektoren Arbeitsplatzverluste zu erleiden. Arbeitsplatzverluste eines einzelnen Sektors sind mit der sektorspezifischen Einzelwahrscheinlichkeit zu erwarten.

Haben mehrere Sektoren in einer Region ihren Standort, deren Wachstumsraten als negativ prognostiziert worden sind, so ist ein Beschäftigungsrückgang in mindestens einem dieser Sektoren ein fast sicheres Ereignis.

Das Prognoseproblem besteht in der Ermittlung der Risikowahrscheinlichkeiten der Wirtschaftssektoren. Bei langfristigem Prognosehorizont sind diese Wahrscheinlichkeiten unbekannt. Das maximale Risiko eines sektoralen Beschäftigungsrückgangs besteht dann im Verlust sämtlicher Arbeitsplätze dieses Sektors.

---

[1]Haben z.B. zwei Ereignisse als Einzelrisiken einen Wert von 0,5 (Kopf oder Zahl beim Wurf mit einer Münze), so ist das, d.h. gleichzeitiges Eintreffen beider Ereignisse 0,25. (Beim Wurf mit zwei Münzen erscheint auf beiden Münzen "Zahl".)

[2] J. Vesper, Diversifizierung der Wirtschaftsstruktur als Ziel der Regionalpolitik, a.a.O., S. 126, passim

Mittelfristig ist das Beschäftigungsrisiko nicht als Unkenntnis der Wachstumsrate definiert, sondern diese erwartete Rate kann negativ sein, eine Annahme, die für den Bereich der Industrie z.B. unterstellt wird. Dann gilt:

- Auf je mehr Sektoren sich die Wirtschaftsaktivitäten einer Region verteilen, um so wahrscheinlicher ist das Eintreffen dieses negativen Erwartungwertes der regionalen Arbeitsplatzveränderung.
- Das Umstellungsrisiko, d.h. die Bewältigung des Stukturwandels, resultiert also nicht nur aus unbekannten und unerwarteten Beschäftigungseinbrüchen, sondern auch aus bekannten, zu erwartenden Beschäftigungsfreisetzungen.

Für den Industriebereich sind die weitergehenden Bedingungen, unter denen Erfolge der Beschäftigungsstabilisierung erreicht werden können, weniger leicht zu realisieren, als für den Dienstleistungsbereich. Denn, um wahrscheinlichkeitstheoretische Aussagen auf die Flexibilität regionaler Produktionsstrukturen übertragen zu können, müssen folgende modellexogene Voraussetzungen gelten:

- Es gibt viele Sektoren pro Region.
- Es existiert eine geringe Betriebsgrößenstruktur in jedem Sektor und
- Produktionsumstellungen sind technisch nicht unmöglich und können, bei vertretbaren Kosten der Produktionsumstellung, kurz- bis mittelfristig realisiert werden.

Zusammenhänge zwischen wirtschaftlichen Daten - Einkommensniveau und Regionsgröße z. B. - lassen sich demzufolge auch nur für den Dienstleistungsbereich ermitteln. Regionale Industriestrukturen - zumal Schwerindustrien - lassen sich nicht so schnell ändern, wie die Struktur eines Wertpapierpakets. (Vgl. die folgenden Karten, die Regionsgröße Einkommen und Dienstleistungsstruktur in ihrer regionalen Verteilung zeigen.)[1]

---

[1] Für die Frage nach der Regionsgröße, d.h. des Agglomerationsgrads und der damit im Zusammenhang stehenden Wirtschaftsstruktur, können folgende Ergebnisse wiedergegeben werden: Die Beziehungen zwischen Regionsgröße und Diversifizierungsgrad sind nicht linear. Große Regionen besitzen eine vollständige Wirtschaftsstruktur; der Umkehrschluß: Regionen mit niedrigem Arbeitsplatzangebot sind spezialisiert, ist nicht zulässig, da Regionen geringer Größe sowohl diversifizierte als auch spezialisierte Wirtschaftsstrukturen aufweisen. Ab einer Größe von 200.000 Arbeitsplätzen (das sind i.d.R. 400.000 Einwohner) treten nur noch diversifizierte Wirtschaftstrukturen auf. Diese Größenordnungen gelten für den Industrie- und Dienstleistungsbereich. Agglomerationen mit diversifizeirter Wirtschaftstruktur von vorn-

Karte 10: Einkommensniveau und regionale Spezialisierung in der Industrie

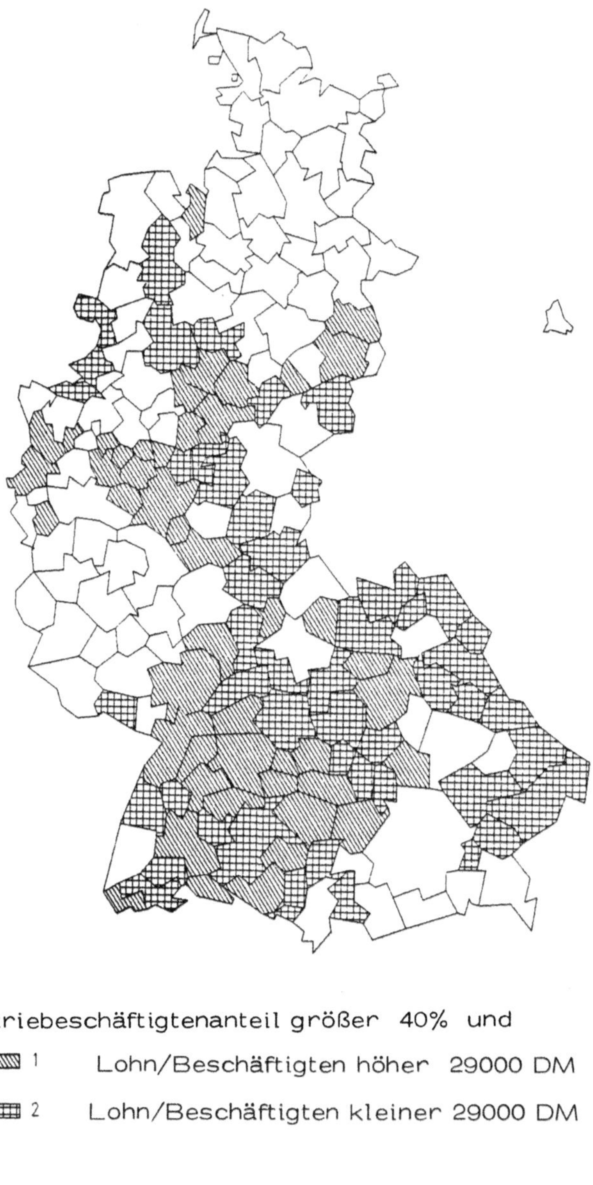

herein gleichzusetzen, ist erst ab einer Regionsgröße von 200.000 Arbeitsplätzen (400.000 Einwohner) möglich. Vor dem Hintergrund dieser empirischen Relationen ist die Strategie der Schaffung von begrenzten Agglomerationen und zentralen Orten mit Skepsis zu betrachten. Der gesamten Konzeption einer am endogenen Potential ansetzenden Regionalpolitik sind unter dem Aspekt der regioneln Stabilität für die Regionen, die weniger als 200.000 Arbeitsplätze aufweisen, Grenzen gesetzt.

Karte 11: Einkommensniveau und regionale Spezialisierung in den Dienstleistungen

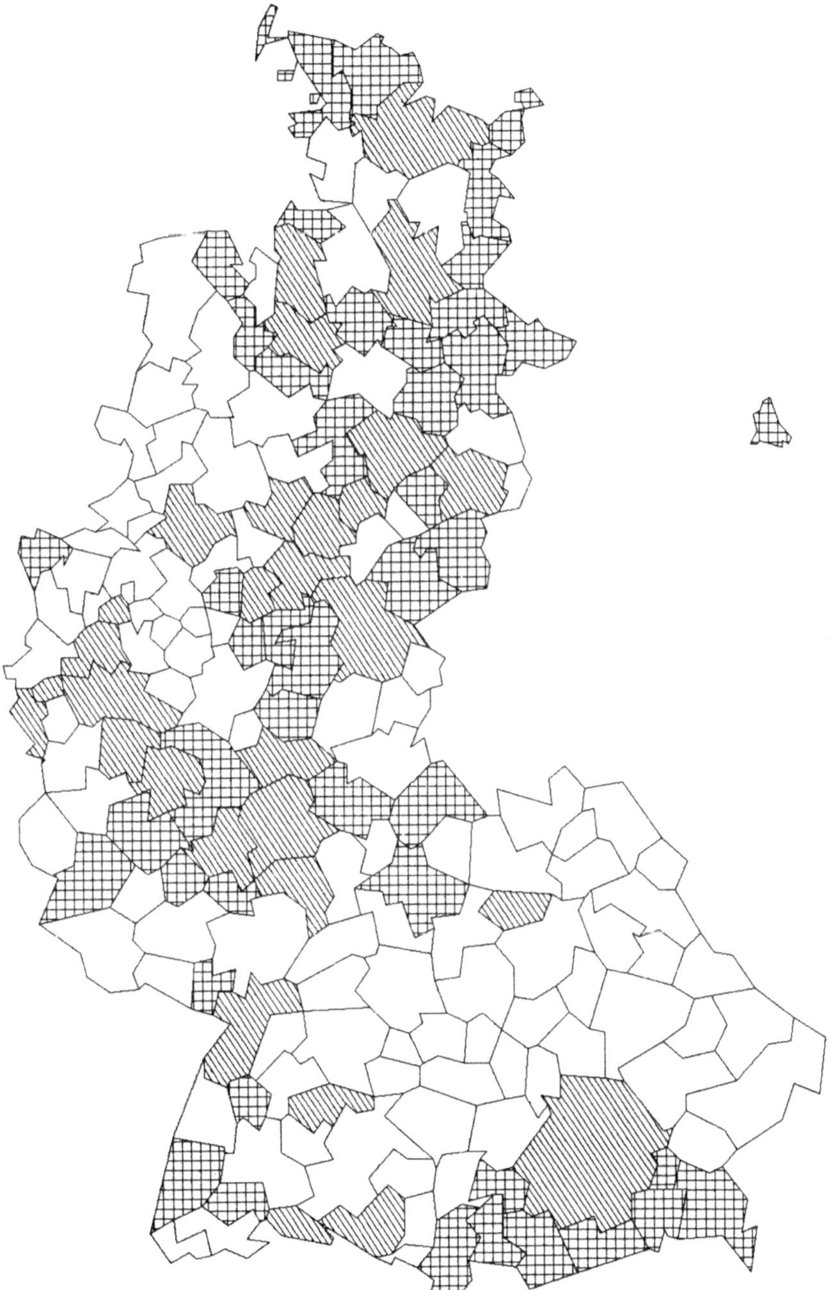

DIENSTLEISTUNGSBESCHÄFTIGTENANTEIL > 18 %

LOHN JE BESCHÄFTIGTEN > 29000 DM PRO JAHR

LOHN JE BESCHÄFTIGTEN < 29000 DM PRO JAHR

Karte 12: Regionsgröße und regionale Spezialisierung in der Industrie

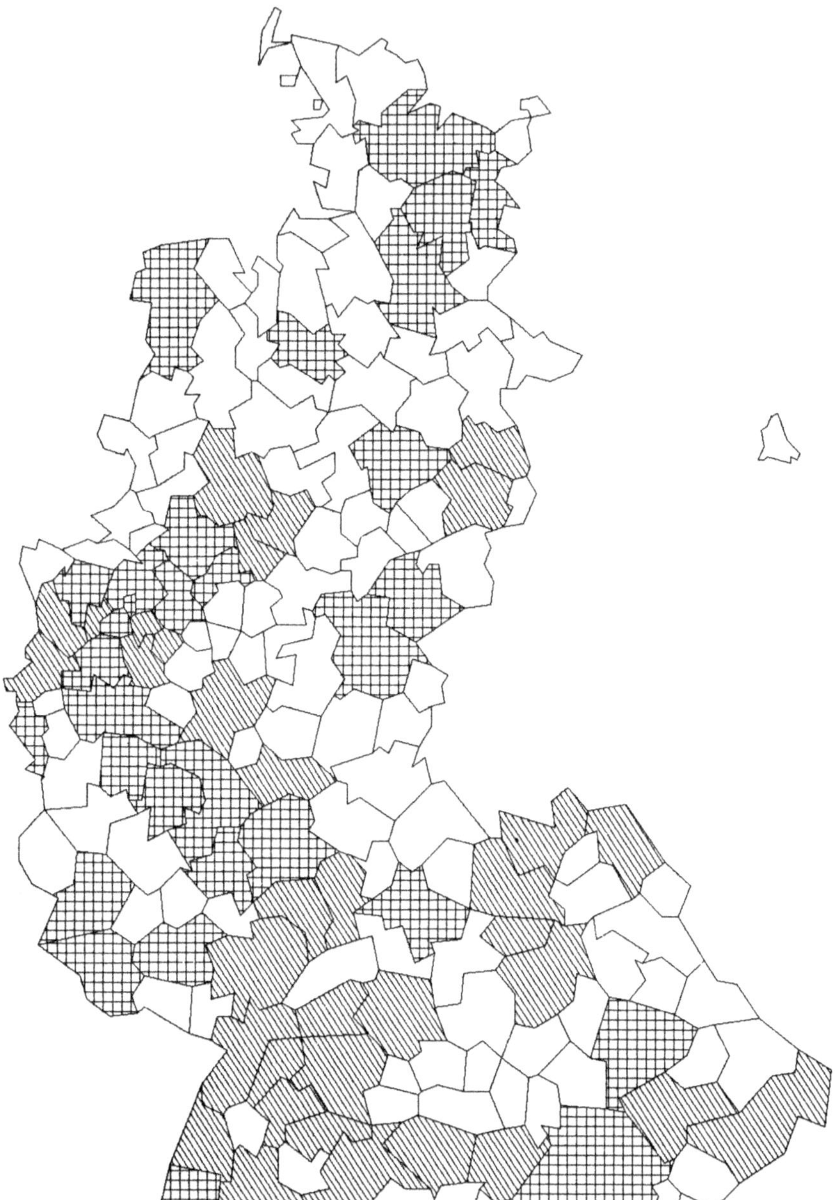

REGION > 100 000 ARBEITSPLÄTZE

SPEZIALISIERT UND HOHER INDUSTRIEANTEIL

DIVERSIFIZIERT UND NIEDRIGER INDUSTRIEANTEIL

Karte 13: Regionsgröße und regionale Spezialisierung in den Dienstleistungen

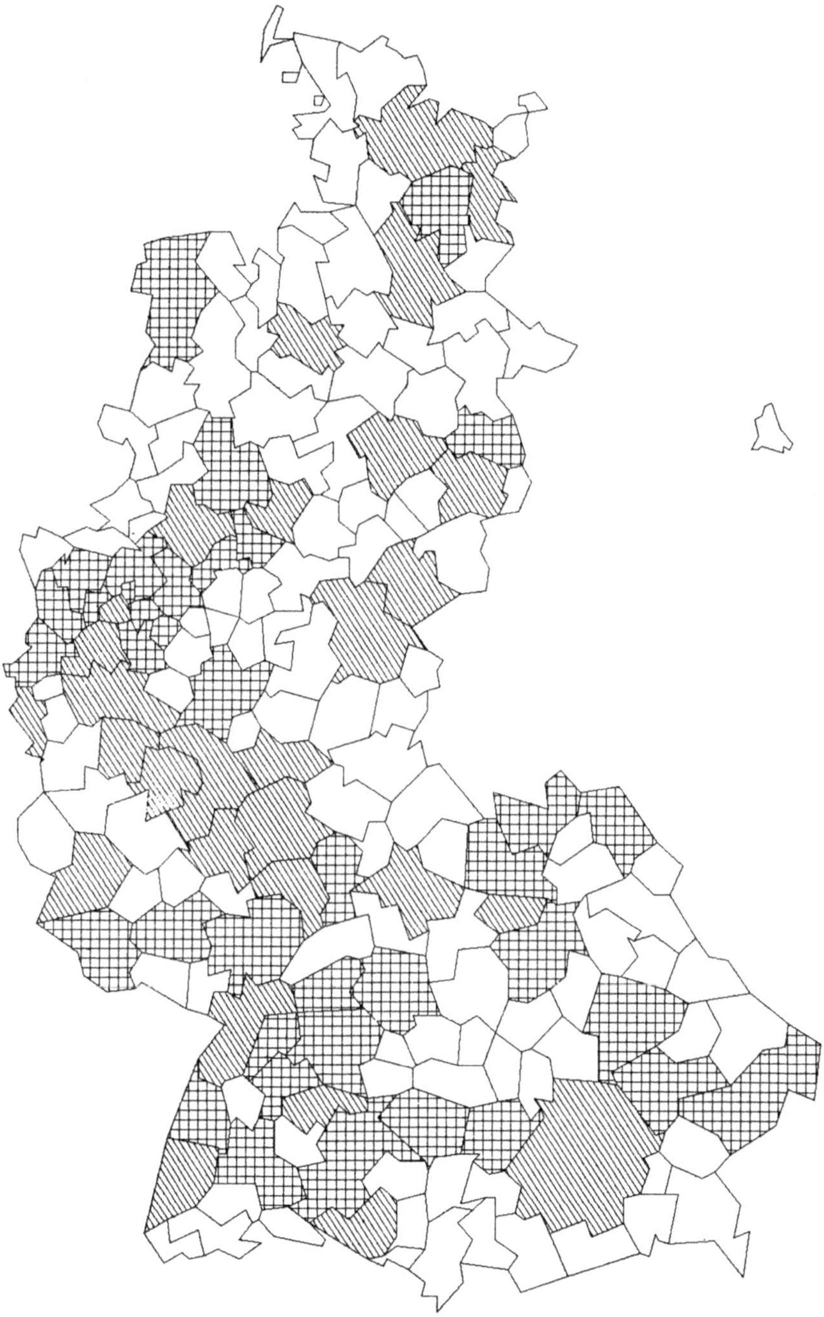

REGION > 100 000 ARBEITSPLÄTZE

DIVERSIFIZIERT UND HOHER DIENSTLEISTUNGSANTEIL

SPEZIALISIERT UND NIEDRIGER DIENSTLEISTUNGSANTEIL

Verhalten, das von Risikogesichtspunkten bestimmt wird, findet man in der Wirtschaft weit häufiger, als es die Diskussion um Verhalten, das sich am Gewinnmaximum orientiert, vermuten läßt.[1] Dennoch gibt es für die Analyse der Wirtschaftsstruktur - soweit Risikogesichtspunkte zum Tragen kommen - wesentliche Einschränkungen. Es sind dies die Hypothesen, die über die Beziehungen zwischen den Sektoren gesetzt werden. Sektoren sind voneinander nicht unabhängig, sondern über Vorleistungen und Absatzbeziehungen und Kontrollstrukturen verbunden.[2]

Modelle, die regionales Wirtschaftswachstum und das Beziehungsgefüge innerhalb der Wirtschaftssektoren in einen Zusammenhang bringen, und zwar derart, daß in ihnen nicht auf Zufallsprozesse zurückgegriffen wird, sondern in ihnen funktionale Beziehungen unterstellt und somit mehr oder weniger deterministische Regelvorgänge betont werden, sind interregionale Input-Output-Modelle. Diese enthalten als Spezialfall das Exportbasismodell, in dem die Interdependenzen der Entwicklung im industriellen und tertiären Sektor dargestellt werden.

Zur theoretischen Bewertung des Diversifizierungsziels sind zwei formale modellendogene Voraussetzungen ableitbar: entweder die Unabhängigkeit der Wirtschaftsektoren - als Analogie zur Definition unabhängiger Ereignisse - oder die Existenz von mindestens einer Rückkopplung, die Beschäftigungseinbrüche eines Wirtschaftssektors kompensiert. Um aber eine Unabhängigkeit oder Abhängigkeit zwischen den Wirtschaftssektoren behaupten zu können, muß ein Instrument verfügbar sein, das simultan zwei Möglichkeiten bietet: die Möglichkeit der

- Strukturbeschreibung und der
- Strukturbewertung im Hinblich auf Abhängigkeit oder Unabhängigkeit der Wirtschaftsektoren.

Vergleicht man die detaillierte Beschreibung der Wirtschaftstruktur anhand der multiregionalen Input-Output-Tabelle mit der Beschreibung der regionalen Wirtschaftsstuktur anhand der Verteilung der Beschäftigten auf die

---

[1] Vgl. weiter unten das Kapitel zur Unternehmensplanung und flexiblen Produktion.

[2] Gilt die Voraussetzung der technischen und ökonomischen Produktionsumstellungen, so kommt es nach den Außenhandelsmodellen zur weitgehenden Spezialisierung von Ländern oder Regionen, d.h. die Voraussetzungen für die Gültigkeit von Diversifizierungmodellen sind identisch mit den Voraussetzungen von Spezialisierungsmodellen. Modelle der Diversifizierung und Spezialisierung stehen sich unvereinbar gegenüber.

Wirtschaftssektoren der Regionen- wie sie in dieser Arbeit als Definition zugrundeliegt-, so erscheint die letztere Methode als extrem rigide. Insbesondere ist zu erwarten, daß Aussagen zur Veränderung der Beschäftigungsniveaus in den Sektoren der Regionen durch die Input-Output-Methode weit besser dargestellte werden können. Betrachtet man jedoch die Annahmen, die erfoderlich sind, um aus einer Input-Output-Tabelle ein Prognosemodell zu konstruieren, so wird deutlich, daß die Methodologie der Input-Output-Analyse und die Implikationen, die mit der Forderung nach einer flexiblen Wirtschaftsstruktur verbunden sind, auf völlig verschiedenartigen methodischen Konzepten basieren: der Annahme konstanter oder sich systematisch verändernder regionaler Produktions- und Handelsbeziehungen steht die Annahme flexibler regionaler Wirtschaftsstrukturen gegenüber.

Die theoretischen Voraussetzungen beider Betrachtungsweisen divergieren extem. Regionale Input-Output-Modelle können regional-sektorale Abhängigkeiten bei der Erzeugung des regionalen Sozialprodukts durch Formulierung entsprechender Hypothesen zur Konstanz oder berechenbaren Veränderung der Wirtschaftsstruktur, d.h. der Inputkoeffizienten aufzeigen. Die Wirkungen der diversifizierten Wirtschaftsstruktur auf wirtschaftliche Stabilität werden dagegen der Flexiblität, d.h. Nicht-Konstanz der regionalen Wirtschaftsstrukturen zugeschrieben. Die Wirkungen sektoraler Nachfrageverschiebungen setzen sich bei deterministischer Betrachtungweise entsprechend der regionalen und sektoralen Produktions- und Handelsstrukturen fort. Die theoretische Gundlage der Flexibilisierungszielsetzung bildet die Hypothese, daß mehr oder weniger zufällige regionale Nachfrageeinbrüche bzw. Nachfrageimpulse, im Sinne unabhängiger, zufälliger Ereignisse, die regionalen Produktions- und Nachfragestrukturen verändern, daß einem sektoralen Beschäftigungseinbruch ein anderer sektoraler Beschäftigungsimpuls gegenübersteht. Die Rechtfertigung dieser Betrachtrungsweise ergibt sich in Kenntnis der Tatsache, daß regionale Betriebserweiterungen , -umstellungen, -neugründungen an anderen Standorten und regionale Betriebsstillegungen - also "Impulse" - durch die Input- Output- Analyse nicht erfaßt werden können.

Hinzu kommt die Theorie der horizontalen Abhängigkeit von Produktionen, die als Schlüsselsektoren bezeichnet werden. Die Auswahl von Schlüsselsektoren zur Initiierung von Wachstumsprozessen basiert auf der Methodologie der

Input-Output-Analyse. Beschreibt die Input-Output-Analyse (in Form der Matrix-Multipikatoren) für alle Sektoren die direkten und indirekten Wirkungen von Nachfrageänderungen, so werden bei dem Versuch, Schlüsselsektoren zu ermittlen, in einem zweiten Schritt die Multiplikatoren entsprechend ihrer Größe und Wichtigkeit in eine Rangfolge gebracht. Sektoren mit den größten Multipilkatoren (d.h. den höchsten direkten-indirekten Linkage Effekten) werden als Schlüsselsektoren definiert.

Bei Schlüsselsektoren können sich die Absatz- und Bezugsverflechtungen auf sehr viele Regionen verteilen, so daß die Spezialisierung einer einzelnen Region dadurch nicht berührt wird. Um von stärkerer Spezialisierung durch die Existenz von Schlüsselsektoren in einer Region sprechen zu können, müssen die Abnehmer- und Bezugsindustrien in der gleichen Region ihren Standort haben, d.h. einen räumlichen Verbund bilden bzw. räumlich assoziert sein.

Durch Berücksichtigung eines Indutriekomplexes steigt die durchschnittliche Spezialisierung in den Arbeitsmarktregionen der Bundesrepublik Deutschland, erklärbar dadurch, daß die Sektoren Maschinenbau, Stahlerzeugung und Elektrotechnik innerhalb des einzelnen Komplexes von der Zahl der Beschäftigten her das stärkste Gewicht haben; Allerdings nur im Norden der Bundesrepublik, im Süden werden Komplexe weit häufiger durch den Sektor Maschinenbau und Elektrotechnik gebildet. (Vgl. Tabelle 6)

Das führt auch dazu, daß die durchschnittliche Spezialisierung nicht etwa nur in den Arbeitsmarktregionen der klassischen Montanregionen zunimmt, sondern auch in den neueren Maschinenbaugebieten. Eine Aufgliederung des Industriekomplexeinflusses auf die Veränderung des durchschnittlichen Diversifizierungsniveaus in den Arbeitsmarktregionen nach Bundesländern zeigt dann auch, daß in den Regionen von Baden-Württemberg und Rheinland-Pfalz im Durchschnitt die Spezialisierung recht nahe an die der Regionen des Saarlandes und Nordrhein-Westfalens heranreicht. Die Ergebnisse lassen folgende Schlußfolgerungen zu:

- Regionen mit vielfältiger Wirtschaftsstruktur verändern durch Industriekomplexbildung ihr Diversifizierungsniveau kaum,

-spezialisierte Regionen werden durch Berücksichtigung eines Industriekomplexes noch spezialisierter.

Darüber hinaus wird der Industriekomplex zum wichtigsten Sektor in den Arbeitsmarktregionen der Bundesrepublik Deutschland. Faßt man Bergbau, Stahlerzeugung, Gießereien, Maschinenbau, Elektrotechnik und EBM-Waren als räumlichen Verbund zusammen, so stellt dieser Verbund (ohne Berücksichtigung der Landwirtschftsbeschäftigten) in 3/4 der Arbeitsmarktregionen den beschäftigungsstärksten Bereich.

Trotz einer Reihe von offenen Fragen zur endgültigen Abgrenzung von Industriekomplexbildungen bleibt in dem hier interessierenden Zusammenhang von vollständiger Wirtschaftsstruktur und intersektoraler Verflechtung folgende Feststellung wohl gültig:

> Durch Berücksichtigung von wirtschaftlichen Komplexbildungen wird die technische Spezialisierung der Bundesrepublik deutlich, d.h. die gegenwärtig vorherrschende Wirtschaftstruktur in den Regionen ist durch technische Spezialisierung gekennzeichnet, überlagert z.T. noch durch einen landwirtschaftlichen Charakter.

Das Vorherrschen spezialisierter, komplexer Wirtschaftstrukturen in den Arbeitsmarktregionen der Bundesrepublik läßt die Frage nach der Strategiefähigkeit des Konzepts, Vorleistungsfunktionen als Standortfaktoren zu berücksichtigen, in den Vordergrund treten.

Dieses Konzept betrifft einen speziellen Aspekt der wirtschaftlichen Spezialisierung. Die Theorie der Spezialisierung hat nicht nur Bezug auf die Herstellung eines einzelnen Gutes zu nehmen, sondern auch auf die Produktion komplementärer Güter. Unter komplementären Gütern oder Investitionen wird die einer Produktion vorgelagerte oder nachgelagerte Produktionsstufe verstanden. Für die regionale/nationale Entwicklung nehmen Sektoren mit hohem Vorleistungsbedarf insofern eine Schlüsselrolle ein, als damit im Laufe der wirtschaftlichen Entwicklung den Investitionsentscheidungen ein Teil der Unsicherheit, mit der sie verbunden sind, dadurch genommen werden soll, daß diese Investitionen zur Deckung des Vorleistungsbedarfs einfach erforderlich sind.[1]

[1] Diese vorgeschlagene Entwicklungsstrategie ist das zentrale Theorem der Theorie des unbalanced growth. Um die wenigen Investitionen, die am Anfang der regionalen wirtschaftlichen Entwicklung geschaffen werden können, für ein weiteres, schnelleres Wachstum wirksam werden zu lassen, schlägt bereits Hirschman als gangbaren Weg die Auswahl der Investitionen nach ihrer Komplementarität vor.

Zur Lösung der Umstellungsprobleme des Ruhrgebiets ist ebenfalls die Suche nach Industrien und Sektoren mit hohem Vorleistungsbedarf vorgeschlagen worden. Dies ist insofern erstaunlich, als die Umstellungsprobleme des Ruhrgebiets gerade auf der hohen Spezialisierungs/Monostrukturierung resultierend angesehen werden. Offen bleibt nämlich die Frage nach dem ersten Schritt in dieser Reihe der wirtschaftlichen Wirkungsmechanismen: Auf welche Schlüsselsektoren soll oder kann sich ein Land, eine Region spezialisieren? Ein Blick auf die tatsächliche Bedeutung regionaler Vorleistungen für bestimmte Sektoren zeigt, daß erstens die Auswahl an Schlüsselsektoren gering ist, und zweitens, daß die Mehrzahl der Arbeitsmarktregionen in der Bundesrepublik bereits durch Schlüsselsektoren innerhalb eines Industriekomplexes dominiert wird. Die Lösung von Strukturproblemen der Bergbau- und Montanregionen kann also schwer durch einen neuen Komplex gefunden werden, als vielmehr durch Umorientierung der bisherigen Komplexsektoren. Damit treten diese Regionen aber in verschärfte Konkurrenz zu den Regionen, die bereits entsprechend spezialisiert sind. Die Lösung in Diversifikation zu suchen, bietet sich hier als einzige Alternative an. Die Investitionssume und die Zahl der Arbeitsplätze, die im Sektor "Eisen- und Stahlherstellung" im Rahmen der Regionalpolitik gefördert worden sind, ist in der folgenden Liste dargestellt, ebenso die Kombination, in der dieser Sektor mit anderen Branchen auftritt.

ERRICHTUNGEN IN DEN REGIONEN, IN DENEN DER SEKTOR
EISEN ZU DEN DREI
WICHTIGSTEN GEFOERDERTEN SEKTOREN GEHOERT
INVESTITIONSSUMME UND ZUSAETZL. DAUERARBEITSPLAETZE
1.1.1972 - 30.6.1984

LAND	KREIS	INVESTITION	ARBEITS-PLÄTZE	1.SEKTOR	2.SEKTOR	3.SEKTOR
10	SAARLOUIS	589000000	260	EISEN	MASCHINENBAU	NAHRUNG
03	ST.EMDEN	497000000	470	EISEN	CHEMIE	MASCHINENBAU
03	STADE	416000000	600	CHEMIE	EISEN	ENERGIE
09	AUGSBURG	135000000	800	EISEN		
03	WESERMARSCH	134000000	550	EISEN	KUNSTSTOFF	NAHRUNG
10	MERZIG-WADERN	107000000	1000	EISEN	GAST	GLAS
05	RECKLINGHAUSEN	93000000	150	CHEMIE	EISEN	MASCHINENBAU
07	ST.TRIER	59000000	370	KUNSTSTOFF	EISEN	GAST
05	AACHEN	45000000	130	EISEN	GLAS	ELEKTRO
06	KASSEL	28000000	330	GAST	DIENST	EISEN
09	OSTALLGAEU	22000000	150	GAST	EISEN	LEDER
08	LOERRACH	19000000	120	GAST	EISEN	ELEKTRO
01	ST.NEUMUENSTER	17000000	260	MASCHINENBAU	EISEN	HOLZ
03	ST.SALZGITTER	13000000	170	CHEMIE	EISEN	BERGBAU
05	DUEREN	11000000	150	EISEN	HOLZ	GLAS
05	OBERBERGISCH.K	10000000	80	ELEKTRO	CHEMIE	EISEN
08	MAIN-TAUBER-KR	9000000	110	GAST	KUNSTSTOFF	EISEN
06	WETTSRAUKREIS	6000000	130	KUNSTSTOFF	GAST	EISEN
08	HEIDENHEIM	6000000	10	KUNSTSTOFF	MASCHINENBAU	EISEN
08	REUTLINGEN	6000000	30	NAHRUNG	HOLZ	EISEN
09	DILLINGEN DONA	5000000	60	ELEKTRO	LEDER	EISEN
09	ST.AMBERG	5000000	30	MASCHINENBAU	EISEN	ELEKTRO
03	OSTERHOLZ	4000000	50	GLAS	EISEN	MASCHINENBAU
05	ST.OBERHAUSEN	2000000	10	EISEN	GROSSHANDEL	MASCHINENBAU

Für eine theoretische Fundierung und empirische Überprüfung der Diversifizierungszielsetzung muß der Nachweis erbracht werden, daß in Regionen mit einer ausgeglichenen Wirtschaftsstruktur Beschäftigungsfreisetzungen einzelner Branchen absorbiert werden konnten. Die Notwendigkeit, diesen Nachweis zu führen, resultiert aus der in Raumordnungsprogrammen und in der ökonomischen Literatur immer wieder vermuteten Flexibilität des regionalen Arbeitmarktes diversifizierter Regionen.[1]

Stabilitätsorientierung und Diversifizierung der Wirtschaftstruktur stellen - wie es wiederum in diesen zitierten Hypothesen zum Ausdruck kommt - eine Einheit dar.

Wir wollen dem Zusammenhang zwischen Arbeitslosigkeit, Arbeitsplatzentwicklung und Wirtschaftsstruktur nur kurz nachgehen, denn wir haben ihn bereits schon einmal untersucht.[2]

Gemäß der unterstellten Anpassungsflexibilität diversifizierter Regionen wurden folgende Zusammenhänge erwartet:

---

[1] In der Konzeption der ausgeglichenen Funktionsräume heißt es: "Stabilitätsorientierte Regionalpolitik zielt auf die Beseitigung von Monostrukturen. Dises Ziel verfolgt auch das Konzept ausgeglichener Funktionsräume. Es ist zwar als ein umfassenderes, auch wachstumsorientierte und versorgungsorientierte Ziele aufnehmendes theoretisches System für die Regionalpolitik angelegt, doch spielt die Stabilitätsorientierung in diesem Konzept eine ganz wesentliche Rolle. Dies kommt insbesondere in den Kriterien für die Funktionsfähigkeit der reigionalen Arbeitsmärkte, die das 'wirtschaftliche Kernstück oder Hauptinstrument' ausgeglichener Funktionsräume bilden, zum Ausdruck. Zu denken ist dabei an die Forderung nach Diversifizierung und Vielseitigkeit der Produktion einer Region und der Qualifizierung der Arbeitskräfte und an die Forderung nach der gleichzeitigen Existenz expandierender, stagnierender und schrumpfender Branchen in einer Region." D. Storbeck, M. Lücke, Die gesellschaftpolitische Relevanz regionalpolitischer Ziele, in: Ausgeglichene Funktionsräume, Grundlagen für eine Regionalpolitik des mittleren Weges, Forschung- und Sitzungberichte der Akademie für Raumforschung und Landesplanung, Bd. 94, Hannover 1975, S. 19-62, S. 37

[2] Dem Zusammenhang zwischen diversifizierter Wirtschaftsstruktur und Beschäftigungsstabilität wurde wie folgt nachgegangen: Die absoluten und relativen Arbeitsplatzveränderungen in den Arbeitmarktregionen der Bundesrepublik Deutschland, wie sie zwischen 1961 und 1970 sowie 1977 bzw. 1980 erfolgten, wurden den Indikatoren, die die Diversifizierung der Wirtschaftsstruktur messen, in Koordinatensystemen gegenübergestellt. Als Wirtschaftstrukturindikatoren wurden die relative Entropie, die Abweichung von der Gleichverteilung mißt, und der Spezialisierungskoeffiziernt, der die Abweichung von der BRD-Struktur mißt, verwandt. Neben den Arbeitsplatzveränderungen, wie sie tatsächlich zwischen 1960 und 1980 stattgefunden haben, wurden die Arbeitsplatzveränderungen, die für die Ermittlung regionaler Arbeitsmarktbilanzen im Rahmen der Gemeinschaftsaufgabe "Verbesserung der regionalen Wirtschaftsstruktur" prognostiziert worden sind, der regionalen Wirtschaftstruktur, gemessen anhand der eben genannten Indikatoren, gegenübergestellt. Anhand der Korrelationskoeffizienten war erkennbar, daß der Zusammenhang zwischen absoluter und relativer Beschäftigungsveränderung und der Wirtschaftstruktur durch lineare Funktionen nicht abgebildet werden kann. Die Korrelationskoeffizienten waren extrem niedrig.

- in monostrukturierten Regionen ist der gesamte Beschäftigungsrückgang (- wachstum) der Region relativ proportional zum Beschäftigungsrückgang (- wachstum) in der dominierenden Branche, und je nachdem auf welche Branche eine Region spezialisiert ist - Wachstumsbranche oder schrumpfende Branche - je nachdem fällt, unter Berücksichtigung regionaler Standortbesonderheiten, die regionale Beschäftigungsveränderung aus,

- in diversifizierten Regionen führt eine relativ extreme Beschäftigungsveränderung in einer Branche zu einem relativ unterproportionalen bzw. zu keinem regionalen Rückgang oder Wachstum der Gesamtbeschäftigung, d.h. in diversifizierten Regionen wird der Mittelwert sektoraler Wachstumserwartungen realisiert.

Die tatsächlichen, d.h. empirisch aufgetretenen Beziehungen zwischen Arbeitsplatzveränderung und regionaler Wirtschaftsstruktur kehren diese Hypothesen jedoch um.[1]

[1] Betrachtet man zunächst den Zeitraum zwischen 1961 und 1970, so sind folgende Kombinationen zwischen Beschäftigungsveränderung und regionaler Diversifizierung und Spezialisierung zu beobachten. Zwischen 1961 und 1970 kam es in einzelnen Arbeitsmarktregionen (Gebietsstand 1970) sowohl zu einem extremen Arbeitsplatzwachstum von 111.000 Arbeitsplätzen, als auch zu Arbeitsplatzverlusten mit Extremwerten von 80.000 Arbeitsplätzen. Alle Extremwerte treten nur in diversifizierten Regionen auf. Alle Regionen mit Verlusten von mehr als 20.000 Arbeitsplätzen, als auch alle Regionen mit einem Wachstum über 15.000 Arbeitsplätzen müssen ausnahmslos als deversifiziert angesehen werden.

-Es gibt keinen funktionalen Zusammenhang zwischen Arbeitsplatzveränderungen und Wirtschaftstruktur.

- In spezialisierten Regionen sind nur geringfügige Arbeitsplatzveränderungen aufgetreten.

-In diversifizierten Regionen sind extrem hohe Arbeitsplatzverluste und extrem hohes Arbeitsplatzwachstum zu verzeichnen.

- Stagnationstendenzen können in allen regionalen Wirtschaftstrukturen beobachtet werden.

Bei der Gegenüberstellung von absoluter Arbeitsplatzveränderung und regionaler Wirtschaftsstruktur gelangt man also schlußfolgernd zu dem Ergebnis einer relativ konstanten Arbeitsplatzentwicklung in spezialisierten Regionen, während diversifizierte Regionen ebenfalls eine konstante Arbeitsplatzentwicklung aufweisen können; in ihnen kommen jedoch auch extreme Wachstums- und Schrumpfungsprozesse vor.[1]

Aus regionalen Arbeitsplatzveränderungen folgt jedoch nicht notwendigerweise eine regional unausgegliche Arbeitsmarktbilanz. Arbeitsplatzveränderungen erklären die Arbeitsmarktbilanzsituation im Durchschnitt nur zu 60%.

Bei einer Gegenüberstellung von regionaler Arbeitsmarktbilanz und regionaler Wirtschaftsstruktur erhält man folgendes Ergebnis:

- In diversifizierten Regionen tritt eine strukturelle Unausgeglichenheit des Arbeitsmarktes (in absoluten und in relativen Größen) häufiger und stärker auf als in spezialisierten Regionen. Die hohe strukturelle Arbeitslosigkeit der Regionen Euskirchen-Schleiden, Gelnhausen-Schlüchtern, Kleve-Emmerich, Aachen, Essen, Trier, Saarbrücken und Celle ist durch die Wirtschaftsstruktur dieser Regionen nicht zu erklären. Anders die Regionen Recklinghausen, Coesfeld, Ahaus, Detmold-Lemgo und Nordfriesland. Hier stimmen Wirtschaftsstruktur und Entwicklung überein. Es ist ein harter Kern von Regionen, die in einem theoretisch nicht zu erwartenden Bereich von hoher struktureller Arbeitslosigkeit und hoher Diversifikation liegen. Im ganzen muß der Zusammenhang zwischen struktureller Arbeitsmarktgefährdung und

---

[1] Geht man von dem Vergleich der regionalen Wirtschaftstruktur mit den absoluten Werten der Beschäftigungsveränderungen auf die relativen Werte der Beschäftigungsveränderungen über, so erhält man eine Unabhängigkeit von relativer Beschäftigungsveränderung und und Wirtschaftsstruktur. - In einem Zeitraum von 10 Jahren tritt ein relativer Arbeitsplatzverlust von 15 Prozent in spezialisierten Regionen und in diversifizierten Regionen gleichermaßen auf. - Ein Arbeitsplatzwachstum von mehr als 10% ist in diversifizierten Regionen und in spezialisierten Regionen ebenfalls gleichermaßen zu verzeichnen.

vollständigerWirtschaftsstrukturm, wie er entsprechend den in der Literatur üblichen Hypothesen zu erwarten wäre - als in den Arbeitsmarktregionen der Bundesrepublik Deutschland nicht existent angesehen werden. Aus der Analyse soll folgende Schlußfolgerung gezogen werden: Die Tatsache, daß relative und absolute Arbeitsplatzveränderungen in diversifizierten Regionen und spezialisierten Regionen gleichermaßen auftreten - die Größen also voneinander unabhängig sind - zeigt, daß durch die Einteilung der Regionen nach spezialisierter oder diversifizierter Wirtschaftstruktur keine regionalpolitischen Entscheidungshilfen zur Bewertung der Beschäftigungsstabilität und damit zur Bewertung der Verletzung des Stabilitäts- und Gerechtigkeitsziels geboten wird.

Die gleichen Resultate erhält man, wenn die Interdependenzen der Entwicklung im industriellen und tertiären Sektor untersucht werden.

Als Ergebnis von Berechnungen[1] über den Zusammenhang im Niveau der Industrie- und Dienstleistungbeschäftigung und ihren Veränderungen sowie der Berechnung des Spezialisierungsgrads des Industrie- und Dienstleistungsbereichs ist festzustellen, daß

- die Veränderungen der regionalen Beschäftigtenzahlen im Industrie- und Tertiärbereich extrem divergieren,
- die Struktur der Industrie die Spezialisierung oder Nichtspezialisierung der regionalen Wirtschaftsstruktur insgesamt bestimmt,
- spezialisierte tertiäre Strukturen in den Regionen auftreten, in denen die innere Differenzierung in den großen Aggregaten "Handel", "Banken", "Versicherungen" usw. fehlt.

Die Schlußfolgerung, die daraus zu ziehen ist, lautet:

Da sowohl die Industrie als auch die Tertiärstruktur voneinander unabhängig sind, als auch die Veränderung der Beschäftigtenzahlen in beiden Bereichen, kann es keine oder nur schwache (kompensatorische) Rückkopplungen geben. Die Unabhängigkeit dieser Bereiche schafft die Möglichkeit und Notwendigkeit einer eigenständigen Strukturpolitik in der Industrie und in den Dienstleistungssektoren. Das heißt für Regionen mit industriellen Beschäftigunsproblemen: Wirtschaftsförderung im Dienstleistungsektor und

[1] Vgl. J. Vesper, Diversifizierung der Wirtschaftsstruktur als Ziel der Regionalpolitik, a.a.O., S.179ff.

Verbesserung der Struktur der Dienstleistungssektoren ist eine erfolgversprechende Wachstumstrategie des Dienstleistungsbereichs. Industrielle Beschäftigungsprobleme können dadurch jedoch nur geringfügig gelöst werden.[1]

Offenbar wirken eher Multiplikatoren bei einem Beschäftigungsabschwung, als Kompensationsmechanismen. Oder anders formuliert. Ein Beschäftigungseinbruch eines Sektors, der mehr als 5% der regionalen Arbeitsplätze betrifft, setzt sich als Impuls fort, gleichgültig, ob die Region spezialisiert ist, oder eine vollständige Wirtschaftsstruktur aufweist.

Notwendige Ergänzung zur Zielsetzung einer Diversifizierung der regionalen Wirtschaftstruktur sind:

— Forschungs- und Technologiepolitik und deren Übertragung auf regionale Produktionsbedingungen,
— regionale Innovationsförderung,
— Förderung von Umstellungsmaßnahmen und
— Markt- und Absatzforschung.

Neben der Zielsetzung,regionale Wirtschaftstrukturen zu diversifizieren, sollten die Informationsinstrumente zur Beschreibung regional ablaufender Prozesse, die die Markt-, Technologie- und Beschäftigungssituation von Regionen verändern, verbessert werden. Daß hier noch Forschungsarbeit zu leisten ist, zeigt die Diskussion um die Regionalisierung der Strukturberichterstattung. Wenn gefordert wird, daß im Rahmen der Regionalpolitik verstärkte Hilfe bei der Analyse der Notwendigkeit und bei der Durchführung von Umstellungen, insbesondere industrieller Markt- und Technologiebedingungen, geboten wird, so weist diese Forderung auf einen Weg, der von der regionalen Wirtschaftsförderung bereits beschritten wird. Versuche, durch regionale Technologieberatungs- und - transferstellen Unstrukturierungsprozesse von Regionen zu erleichtern, d.h. den sogenannten Technologietransfer zu beschleunigen, finden bereits statt.

Hierzu ist jedoch ein hoher Informations- und Organisationsaufwand erforderlich, um für jeden dominierenden Sektor einer Region alternative Technologieverfahren abbilden zu können, d.h. Notwendigkeit und Möglichkeit der

[1] In neueren Arbeiten wird der Schwerpunkt auf die Qualifikation der Arbeitnehmer und den Besatz mit produktionsorientierte Dienstleistungen gelegt.

Veränderung der Produktionstechnologie zu beschreiben, um daraus Empfehlungen zu optimalen oder neuen Produktionsverfahren geben zu können.

- Die Notwendigkeit derartiger Empfehlungen ergibt sich zunächst nur für Regionen, deren Monostrukturierung durch Branchen mit negativem Wachstums- und Beschäftigungsperspektiven verursacht wird.
- Stabilisierungspolitik für monostrukturierte, d.h. spezialisierte Regionen bleibt mit einem hohen Risiko verbunden; der Abbau regionaler Monostrukturen erfordert i.d.R. einen Preis durch den Verlust von Arbeitsplätzen.
- In Regionen, in denen die Monostruktur mit großtechnologischen Produktionsverfahren verbunden ist, sind Diversifizierungserfolge schwer zu erzielen.
- Der Strukturwandel der Vergangenheit zeigt aber auch, daß ein Arbeitsplatzverlust in mehreren Sektoren gleichzeitig auftreten kann. Die Regionen verlieren allerdings nicht ihre Standortgunst, sondern in der Regel ist der Produktivitätsfortschritt in allen Sektoren so hoch, daß selbst bei Wachstum des Produktionsvolumens ein Arbeitsplatzabbau erfolgte und wahrscheinlich weiter erfolgen wird. Von "maroden" oder veralteten Wirtschaftsstrukturen zu sprechen, ist verfehlt.[1]

---

[1] Wir können die Ergebnisse wie folgt zusammenfassen: Durch wahrscheinlichkeitstheoretische Überlegungen kann gezeigt werden, daß

- in Regionen mit vollständiger Wirtschaftsstruktur nur der unerwartete Verlust von Arbeitsplätzen in allen Sektoren unwahrscheinlich ist,
- in diesen Regionen der mathematische Erwartungwert der Beschäftigungsveränderung der eintrittswahrscheilichste Wert ist.
- Die Annahme interner Kompensation von Beschäftigungseinbrüchen besitzt keine Rechtfertigung, da Beschäftigungskompensationen ebenso wahrscheinlich (oder unwahrscheinlich) wie mehrer Beschäftigungseinbrüche sind.

Darüberhinaus bestimmen noch folgende Voraussetzungen den Gültigkeitsbereich des Flexibilisierungsziels:

- entweder die Unabhängigkeit der sektoralen Entwicklungen oder
- die Existenz von mindestens einer kompensatorischen Rückkopplung, um die Stabilität eines Systems, d.h. des regionalen Beschäftigungssystems, zu gewährleisten.

5.1.3. Die sektorale Struktur der regionalen Investitionshilfen

Die Verteilung der geförderten Investitionen auf Wirtschaftssektoren gibt ein getreues Abbild regionaler Spezialisierung und Diversifizierung. Es dominiert die Förderung des Fremdenverkehrssektors. Diesen Wirtschaftszweig wollen wir jedoch nicht weiter analysieren; Fremdenverkehrsregionen sind klar und eigenständig abgegrenzt, sie geben aber die technische Produktionsstruktur von Regionen nicht wieder.

Sieht man vom Fremdenverkehrssektor ab, so dominiert in der Wirtschaftsförderung der Sektor Maschinenbau. In ca. 30 Kreisen wurden Errichtungen von Betrieben im Sektor Maschinenbau mit der höchsten Investitionssumme gefördert. An zweiter Stelle stand dieser Sektor in 35 Kreisen, an dritter Stelle in 30 anderen Kreisen. Unter den ersten drei Sektoren ist er somit in 95 Kreisen zu finden. Dominant ist ebenfalls der Sektor Elektrotechnik; er erhielt die höchste Förderung in 27 Kreisen, die zweithöchste in ca. 20 Kreisen, die dritthoc̈hste in ca. 25 Kreisen. Geht es nicht um die dominierende Stelle der Förderung, so setzt sich aber bereits der Sektor Holzverarbeitung vor den der Elektrotechnik. In der Förderung der Betriebserrichtungen folgen die Sektoren Kunststoffverarbeitung, Nahrungsindustrie, Chemie, Dienstleistungen, Textil/Leder, Glasindustrie, Eisen- und Stahlherstellung und jene Sektoren, die regional nur in wenigen Fällen eine dominante Stelle einnehmen, wie z.B. der Bergbau und der Energiesektor. Diese regional selten auftretenden Fälle haben jedoch nichts mit einer geringen Höhe der Investitionssumme zu tun; Bergbau- und Chemieunternehmen haben eine extrem hohe Kapitalintensität, so daß schon ein Fall volkswirtschaftliches Interesse wecken kann. Die folgenden Abbildungen zeigen die Häufigkeiten, mit denen die Sektoren in den Kreisen an erster, zweiter oder dritter Stelle (gemessen am geförderten Investitionsvolumen) autraten.

Da die Sektoren Elektrotechnik und Maschinenbau zu den strukturbestimmenden Branchen der Regionen der Bundesrepublik:zählen, sie für die innovationsorientierte Regionalpolitik extrem wichtig sind, sind diese in der graphischen Form wiedergegeben - Aber auch die Sektoren Holzindustrie, Glasindustrie und Textil, um die räumliche Separierung der Sektoren, die gemeinhin mit dem technischen Fortschritt in Verbindung gebracht werden von denen zu zeigen, die in diesem Zusammenhang weniger genannt werden. Die Größenordnungen, in denen in der Glasindustrie, der Holzindustrie, in der Textilindustrie und Nahrungsmittelindustrie Investitionen vorgenommen worden sind - und gefördert wurden - zeigt wie unberechtigt die vorherrschende Diskussion um Technologiezentren geführt wird. Es gibt vielmehr eine Dualisierung der Wirtschaft, zum einen neue Betriebe der Elektrotechnik und Informationstechnik und Steuerungstechnologie, auf der anderen Seite ein permanenter Prozeß der Aufnahme dieser neuen Technik in fast alle Sektoren einer Volkswirtschaft, sei es in Form von Neuggründungen, Erweiterungen, Umstellungen oder Rationalisierungen.

Erweiterungen von Betrieben erfolgten vorwiegend in den Sektoren Maschinenbau und Elektrotechnik. Während in den Karten zu den Errichtungen im Sektor Elektrotechnik ein Nord- Süd- Gefälle gezeichnet wurde, ist dieses bei den Erweiterungen nicht zu erkennen. Das heißt, der Ausbau vorhandener Betriebe der Elektrotechnik und des Maschinenbaus erfolgte im Norden und Süden der Bundesrepublik gleichermaßen; um die Zuwächse neuer Betriebe ist soviel Diskussion entstanden.

Die Kombination, in der die drei wichtigsten Sektoren in den Regionen vertreten sind, definiert regional unterschiedliche Wirtschaftsstrukturen. Strukturen des Hochtechnologiebereichs Elektrotechnik und Maschinenbau werden dann kein regionales Arbeitsplatzwachstum verursachen, wenn der dritte wichtige Sektor in der Textilindustrie oder in der Stahlerzeugung oder im Bergbau zu finden ist. In diesen Sektoren sind auch bei Erweiterung von Betrieben durch hohe Produktivitätssteigerung Arbeitsplatzverluste in einer Höhe zu verzeichnen, die die Zunahme in anderen Sektoren kompensiert - sind die Investitionen als Rationalisierungsinvestition ausgewiesen, dann natürlich erst recht. Den Prozeß der Rationalisierung und Umstellung wollen wir später aufzeigen, denn die dort ausgewiesenen Arbeitsplatzzahlen geben keine neuen Arbeitsplätze an, sondern die nicht abgebauten, die "gesicherten", und das können evtl. nur fünfzig Prozent der ursprünglich in einem Sektor vorhandenen sein - bei zeitlicher Hintereinanderschaltung von Rationalisierungen noch weniger.

Will man die Ergebnisse der umfangreichen Statistiken zusammenfassen, so zeigen Zahlen zu den Errichtungen und Erweiterungen vor allem folgendes:

- die regionale Wirtschaftsförderung hat als Aufgabe der Ländergemeinschaft den Ausbau der wichtigen Industrien des Maschinenbaus und der Elektrotechnik in allen Bundesländern begleitet und subventioniert. Die Errichtungen von Betrieben und Arbeitsplätzen der Elektrotechnik sind durch die Ländergemeinschaft vorwiegend im Süden subventioniert worden. Neben der gleichmäßigen Förderung des Maschinenbaus ist auch die Konkurrenzfähigkeit der Textilindustrie, der Glasindustrie usw. erhöht worden.

Abb. 13: Häufigkeitsverteilung der Sektoren nach der Höhe der Investitionshilfen — Errichtungen

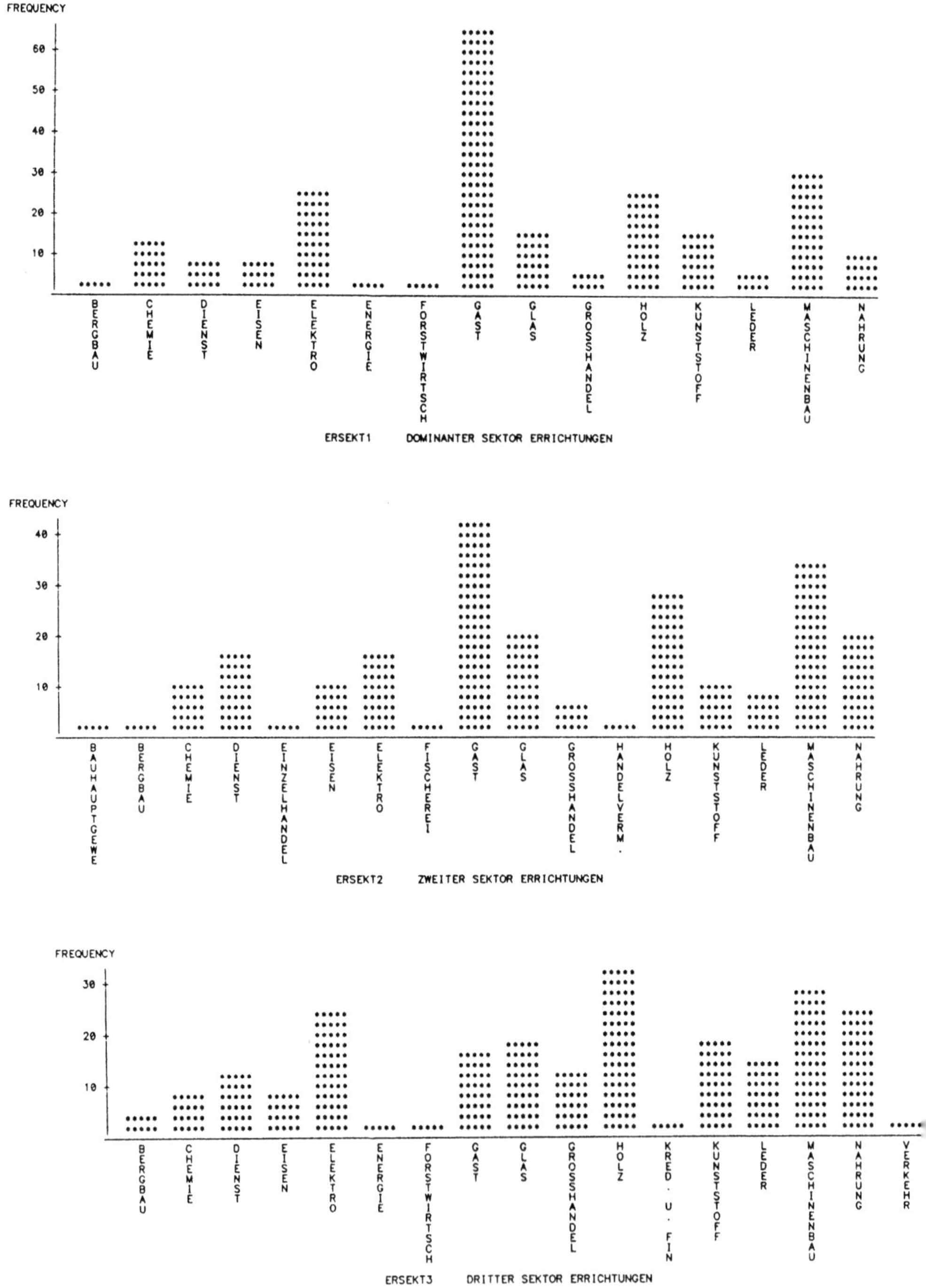

HAEUFIGKEIT, MIT DER DIE SEKTOREN DIE HOECHSTEN GEFOERDERTEN INVESTITIONSSUMMEN AUFWIESEN

FES
QUELLE: EIGENE BERECHNUNGEN

Abb. 14: Häufigkeitsverteilung der Sektoren nach der Höhe der Investitionshilfen — Erweiterungen

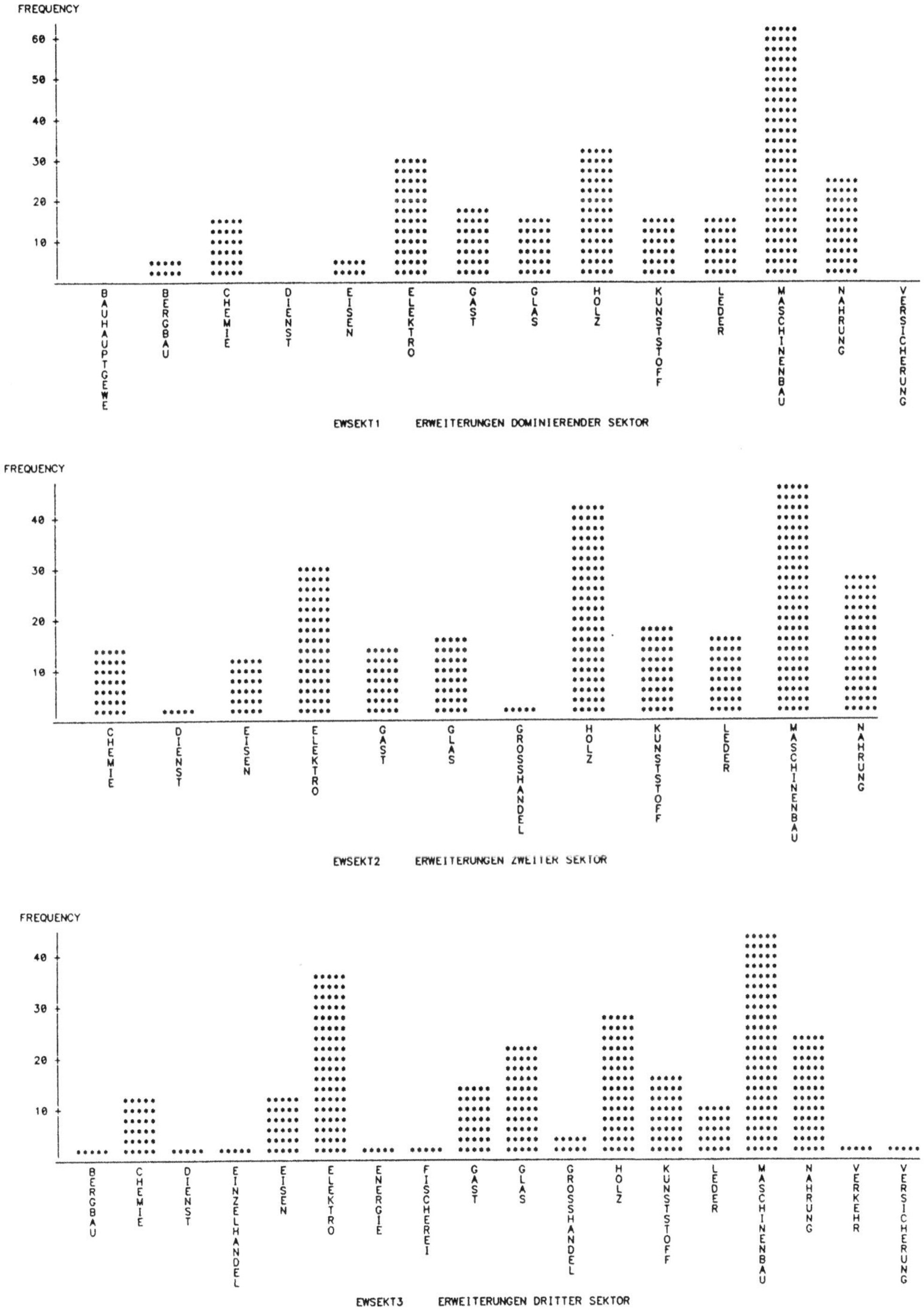

HAEUFIGKEIT, MIT DER DIE SEKTOREN DIE HOECHSTEN GEFOERDERTEN INVESTITIONSSUMMEN AUFWIESEN

FES
QUELLE: EIGENE BERECHNUNGEN

Tabelle 5: Geförderte Investitionen nach den drei wichtigsten Sektoren — Errichtungen

GEFOERDERTE ERRICHTUNGEN
SEKTORALE UMSTRUKTURIERUNGEN UND WIRTSCHAFTSFOERDERUNG
IM MASCHINENBAU
INVESTITIONSSUMME UND ZUSAETZLICHE DAUERARBEITSPLAETZE
IN DEN DREI WICHTIGSTEN SEKTOREN
1.1.1972 - 30.6.1984

NR.	LAND	KRNAME	1. SEKTOR	INVEST. SUMME	DAUERAR-BEITSPL. GESAMT	M.	2. SEKTOR	INVEST. SUMME	DAUERAR-BEITSPL. GESAMT	M.	3. SEKTOR	INVEST. SUMME	DAUERARBEITS-PLAETZE GESAMT	M.
1	1	STEINBURG	CHEMIE	1428670	1116	851	MASCHINENBAU	8764	262	244	NAHRUNG	8012	87	24
2	9	ST.REGENSBURG	MASCHINENBAU	770312	710	564	GLAS	23649	202	161	DIENST	6735	30	15
3	10	SAARLOUIS	EISEN	589222	260	256	MASCHINENBAU	208505	1269	868	NAHRUNG	28278	284	112
4	3	ST.EMDEN	EISEN	496700	470	180	CHEMIE	105550	85	79	MASCHINENBAU	64440	240	226
5	5	BORKEN	ENERGIE	438425	140	130	BERGBAU	85700	50	45	MASCHINENBAU	76782	813	724
6	1	OSTHOLSTEIN	GAST	308382	1364	294	ELEKTRO	16962	117	64	MASCHINENBAU	11322	148	120
7	9	NEUSTADT-WALDN	GLAS	203228	443	422	MASCHINENBAU	3588	251	163	GAST	3290	22	2
8	3	EMSLAND	CHEMIE	198570	747	698	MASCHINENBAU	79692	498	470	ELEKTRO	41975	248	153
9	9	ST.PASSAU	MASCHINENBAU	194756	480	480	GAST	8480	44	20	LEDER	5926	73	11
10	3	OLDENBURG-OLDB	BERGBAU	194102	153	55	GLAS	17481	97	91	MASCHINENBAU	16808	425	350
11	8	SCHWAEB.HALL	HOLZ	192423	512	430	GLAS	49320	315	245	MASCHINENBAU	25729	621	538
12	10	STADTVERB.SAAR	MASCHINENBAU	187685	2396	1929	HOLZ	112908	877	603	ELEKTRO	35182	513	258
13	5	RECKLINGHAUSEN	CHEMIE	146587	748	390	EISEN	92767	149	135	MASCHINENBAU	91815	1045	932
14	10	NEUNKIRCHEN	KUNSTSTOFF	144591	917	854	LEDER	47921	556	85	MASCHINENBAU	42503	589	504
15	3	WITTMUND	GAST	140144	368	116	HOLZ	6948	100	85	MASCHINENBAU	2992	25	25
16	9	ST.SCHWEINFURT	MASCHINENBAU	133864	626	25	ELEKTRO	10277	196	60	HOLZ	9199	20	10
17	5	ST.M.-GLADBACH	ELEKTRO	127718	330	180	MASCHINENBAU	6970	73	64	DIENST	4000	15	10
18	7	DAUN	GAST	114594	204	67	MASCHINENBAU	9697	161	130	DIENST	3975	60	.
19	9	REGEN	GAST	112028	560	189	ELEKTRO	16537	30	18	MASCHINENBAU	1907	37	37
20	5	STEINFURT	LEDER	104723	1893	1220	MASCHINENBAU	70521	373	266	KUNSTSTOFF	38562	231	204
21	7	ST.LANDAU PFAL	KUNSTSTOFF	95658	352	283	ELEKTRO	18990	114	85	MASCHINENBAU	4499	90	59
22	1	ST.NEUMUENSTER	MASCHINENBAU	92771	847	719	EISEN	16568	260	209	HOLZ	12890	45	22
23	9	BERCHTESG.LAND	GAST	82452	413	106	MASCHINENBAU	10613	93	78	DIENST	9490	25	8
24	3	ST.OLDENBURG	HOLZ	80929	462	337	MASCHINENBAU	15650	172	131	GROSSHANDEL	7733	59	21
25	1	STORMARN	ENERGIE	80692	80	80	MASCHINENBAU	78345	774	595	CHEMIE	19493	140	57
26	5	ST.DORTMUND	DIENST	78786	357	256	MASCHINENBAU	7088	69	62	HOLZ	2559	14	10
27	1	SEGEBERG	NAHRUNG	78117	336	203	DIENST	76733	437	281	MASCHINENBAU	61008	431	389
28	1	ST.LUEBECK	GAST	77853	313	185	MASCHINENBAU	27979	681	491	HOLZ	24635	95	41
29	7	BITBURG-PRUEM	GAST	77795	229	32	NAHRUNG	34450	45	41	MASCHINENBAU	19324	321	289
30	7	MAYEN-KOBLENZ	GAST	70402	73	31	MASCHINENBAU	19391	328	237	HOLZ	10636	90	59
31	8	HEILBRONN	MASCHINENBAU	65020	603	98	DIENST	29030	141	43	KUNSTSTOFF	11344	100	31
32	3	GOSLAR	MASCHINENBAU	58764	491	457	GLAS	42563	281	171	NAHRUNG	29452	266	161
33	5	ST.HERNE	CHEMIE	55354	67	62	ELEKTRO	25032	163	152	MASCHINENBAU	22171	496	254
34	9	ST.KAUFBEUREN	ELEKTRO	55336	457	165	MASCHINENBAU	7781	98	71	KUNSTSTOFF	3277	32	15
35	3	ROTENBG.WUEMME	GLAS	55091	345	297	HOLZ	14434	163	105	MASCHINENBAU	8690	130	116
36	9	DONAU-RIES	HOLZ	54009	434	317	MASCHINENBAU	6513	90	87	NAHRUNG	5392	56	47
37	7	TRIER-SAARBURG	MASCHINENBAU	53285	869	685	GAST	47983	82	18	GLAS	6110	61	41
38	5	HOEXTER	HOLZ	52846	465	403	MASCHINENBAU	28678	854	784	GLAS	18293	165	163
39	8	SIGMARINGEN	MASCHINENBAU	51810	445	312	KUNSTSTOFF	16653	174	103	HOLZ	13489	179	145

FES
WERTE IN TDM

Fortsetzung Tabelle 5:

GEFOERDERTE ERRICHTUNGEN
SEKTORALE UMSTRUKTURIERUNGEN UND WIRTSCHAFTSFOERDERUNG
IM MASCHINENBAU
INVESTITIONSSUMME UND ZUSAETZLICHE DAUERARBEITSPLAETZE
IN DEN DREI WICHTIGSTEN SEKTOREN
1.1.1972 - 30.6.1984

NR.	LAND	KRNAME	1. SEKTOR				2.SEKTOR				3. SEKTOR			
				INVEST. SUMME	DAUERARBEITSPL.			INVEST. SUMME	DAUERARBEITSPL.			INVEST. SUMME	DAUERARBEITSPLAETZE	
					GESAMT	M.			GESAMT	M.			GESAMT	M.
40	9	ST.WUERZBURG	GAST	48721	155	74	NAHRUNG	38690	143	88	MASCHINENBAU	37901	310	310
41	9	NEUSTADT AISCH	MASCHINENBAU	47368	240	211	GAST	43294	135	38	ELEKTRO	42154	753	429
42	3	HILDESHEIM	MASCHINENBAU	46910	724	375	HOLZ	36348	512	346	GROSSHANDEL	15460	258	67
43	4	ST.BREMERHAVEN	MASCHINENBAU	43936	470	390	HOLZ	24000	78	70	NAHRUNG	17082	151	51
44	5	LIPPE	MASCHINENBAU	42739	613	488	GAST	42202	124	32	HOLZ	39608	605	506
45	6	VOGELSBERGKREI	GAST	40585	214	66	MASCHINENBAU	22297	658	494	HOLZ	14675	186	114
46	7	RH-HUNSRUECK-K	GAST	38308	126	50	BAUHAUPTGEWE	33487	457	107	MASCHINENBAU	18937	386	325
47	3	VECHTA	KUNSTSTOFF	35728	556	179	MASCHINENBAU	16270	289	196	GAST	9792	62	23
48	9	BAD TOELZ-WOLF	HOLZ	31355	689	600	GAST	8199	27	4	MASCHINENBAU	1500	16	15
49	7	SUEDL.WEINSTR.	GAST	31280	82	19	NAHRUNG	8077	68	25	MASCHINENBAU	3510	35	32
50	7	PIRMASENS	GAST	29596	129	49	MASCHINENBAU	4469	45	37	LEDER	4167	355	46
51	3	NORTHEIM	MASCHINENBAU	28349	427	391	GAST	26150	223	131	ELEKTRO	23743	516	287
52	5	COESFELD	MASCHINENBAU	28115	458	382	GLAS	13643	109	101	HOLZ	12833	115	108
53	1	RENDSBG-ECKERN	KUNSTSTOFF	28080	325	223	MASCHINENBAU	26295	567	495	GAST	24177	124	44
54	5	KLEVE	MASCHINENBAU	26886	592	491	CHEMIE	26117	16	16	HOLZ	13600	90	63
55	1	ST.FLENSBURG	HOLZ	26466	99	78	MASCHINENBAU	10844	206	138	GROSSHANDEL	8085	90	58
56	6	ST.KASSEL	HOLZ	25190	139	109	MASCHINENBAU	17212	331	214	VERKEHR	13538	22	16
57	8	NECKAR-OW-KREI	GAST	24238	125	30	MASCHINENBAU	14715	184	155	HOLZ	14403	411	351
58	5	SOEST	MASCHINENBAU	24151	228	203	HOLZ	20752	161	138	GAST	9986	58	28
59	8	RHEIN-NECKAR-K	GLAS	23321	154	145	MASCHINENBAU	14158	209	195	HOLZ	14051	340	307
60	9	SCHWANDORF	ELEKTRO	21655	217	173	KUNSTSTOFF	14124	156	116	MASCHINENBAU	13944	501	422
61	8	HEIDENHEIM	KUNSTSTOFF	21316	273	44	MASCHINENBAU	7570	41	37	EISEN	5824	9	7
62	3	HOLZMINDEN	HOLZ	20910	102	68	GAST	11423	59	19	MASCHINENBAU	1456	83	72
63	7	WESTERWALDKREI	GAST	20368	82	25	MASCHINENBAU	15819	272	208	KUNSTSTOFF	11768	190	82
64	9	KULMBACH	MASCHINENBAU	20098	118	96	NAHRUNG	11395	83	53	HOLZ	10336	151	97
65	8	HOHENLOHEKREIS	MASCHINENBAU	19966	617	120	GLAS	12500	70	68	LEDER	11368	247	33
66	9	WUERZBURG	MASCHINENBAU	17535	196	153	NAHRUNG	16144	45	16	HOLZ	10356	39	37
67	3	ST.OSNABRUECK	MASCHINENBAU	16944	178	74	HOLZ	14969	52	44	VERKEHR	12000	52	.
68	9	AICHACH-FRIEDB	GLAS	16800	250	240	MASCHINENBAU	4331	34	31	KUNSTSTOFF	2843	38	21
69	3	CELLE	MASCHINENBAU	16378	304	242	GAST	10916	53	17	KUNSTSTOFF	5702	48	34
70	7	KUSEL	MASCHINENBAU	15000	65	45	GAST	6898	27	4	LEDER	2350	280	40
71	9	ST.HOF	ELEKTRO	14732	265	210	MASCHINENBAU	14000	63	58	KRED. U. FIN	.	42	30
72	3	VERDEN	CHEMIE	12800	57	52	GROSSHANDEL	11880	20	17	MASCHINENBAU	10176	174	126
73	9	ST.AMBERG	MASCHINENBAU	12384	105	95	EISEN	5460	34	15	ELEKTRO	2595	57	48
74	9	DINGOLFING-LAN	MASCHINENBAU	11766	895	820	GAST	7827	15	2	ELEKTRO	5436	186	18
75	9	ST.STRAUBING	MASCHINENBAU	11672	68	63	DIENST	8771	29	12	GROSSHANDEL	2296	13	10
76	9	EICHSTAETT	GAST	11558	67	18	MASCHINENBAU	4771	35	34	NAHRUNG	3995	15	15
77	7	ST.PIRMASENS	NAHRUNG	10783	65	50	MASCHINENBAU	4196	66	50	KUNSTSTOFF	3885	33	21
78	8	ALB-DONAU-KREI	ELEKTRO	9518	40	16	MASCHINENBAU	6502	260	244	KUNSTSTOFF	5707	134	80

FES
WERTE IN TDM

Fortsetzung Tabelle 5:

GEFOERDERTE ERRICHTUNGEN
SEKTORALE UMSTRUKTURIERUNGEN UND WIRTSCHAFTSFOERDERUNG
IM MASCHINENBAU
INVESTITIONSSUMME UND ZUSAETZLICHE DAUERARBEITSPLAETZE
IN DEN DREI WICHTIGSTEN SEKTOREN
1.1.1972 – 30.6.1984

NR.	LAND	KRNAME	1. SEKTOR	INVEST. SUMME	DAUERAR-BEITSPL. GESAMT	DAUERAR-BEITSPL. M.	2.SEKTOR	INVEST. SUMME	DAUERAR-BEITSPL. GESAMT	DAUERAR-BEITSPL. M.	3. SEKTOR	INVEST. SUMME	DAUERARBEITS-PLAETZE GESAMT	DAUERARBEITS-PLAETZE M.*
79	8	FREUDENSTADT	HOLZ	9167	267	244	MASCHINENBAU	5100	65	60	ELEKTRO	2856	47	34
80	5	HEINSBERG	MASCHINENBAU	8949	144	137	HOLZ	4998	40	35	ELEKTRO	3736	23	8
81	6	MARBURG-BIEDEN	ELEKTRO	8407	110	.	LEDER	2900	16	6	MASCHINENBAU	1738	46	45
82	8	BIBERACH	MASCHINENBAU	7298	330	189	ELEKTRO	5223	70	28	KUNSTSTOFF	4757	40	30
83	8	SCHW.W-BAAR-KR	ELEKTRO	7062	20	3	MASCHINENBAU	5755	54	49	GAST	4837	14	6
84	3	OSTERHOLZ	GLAS	5800	24	24	EISEN	4188	52	38	MASCHINENBAU	2549	55	50
85	3	SCHAUMBURG	MASCHINENBAU	5791	88	72	ELEKTRO	2980	5	4	KUNSTSTOFF	2007	9	9
86	7	ST.WORMS	KUNSTSTOFF	4255	35	31	MASCHINENBAU	2457	20	17	GROSSHANDEL	655	3	2
87	9	SCHWEINFURT	GLAS	3550	25	24	HOLZ	2146	21	19	MASCHINENBAU	2000	7	7
88	5	ST.OBERHAUSEN	EISEN	2494	10	9	GROSSHANDEL	1800	5	3	MASCHINENBAU	1718	15	15
89	7	ST.NEUSTADT WS	MASCHINENBAU	2190	100	100		.	.	.		.	.	.
90	9	ROTH	FORSTWIRTSCH	951	8	7	KUNSTSTOFF	222	5	.	MASCHINENBAU	91	6	6
91	9	ST.COBURG	HOLZ	871	49	32	GAST	554	1	.	MASCHINENBAU	233	14	6

FES
WERTE IN TDM

Tabelle 6: Geförderte Investitionen nach den drei wichtigsten Sektoren — Erweiterungen

ERWEITERUNGEN
VORWIEGEND IM SEKTOR MASCHINENBAU
INVESTITIONSSUMME UND ZUSAETZL. DAUERARBEITSPLAETZE
1.1.1972 - 30.6.1984

OBS	KREIS		1. SEKTOR	INVEST. SUMME	DAUERARBEITS-PLAETZE GESAMT	MAENNER	2. SEKTOR	INVEST. SUMME	DAUERARBEITSPLAETZE GES.	M.	3. SEKTOR	INVEST. SUMME	DAUERARBEITSPLAETZE GES.	M.
1	09279	DINGOLFING-LAN	MASCHINENBAU	2148015	10993	9086	ELEKTRO	18280	298	129	HOLZ	13923	159	115
2	07312	ST.KAISERSLAUT	MASCHINENBAU	2084337	7057	6633	CHEMIE	68335	148	134	HOLZ	18740	385	315
3	03102	ST.SALZGITTER	MASCHINENBAU	1587709	15082	13763	EISEN	200917	171	160	ELEKTRO	86465	1444	397
4	06611	ST.KASSEL	MASCHINENBAU	1302503	5229	4926	CHEMIE	96360	360	320	ELEKTRO	79433	1008	521
5	03402	ST.EMDEN	MASCHINENBAU	951633	5561	5260	HOLZ	26905	74	56	NAHRUNG	17819	124	49
6	06633	KASSEL	MASCHINENBAU	545368	5194	4611	KUNSTSTOFF	30367	483	178	ELEKTRO	26980	267	206
7	09662	ST.SCHWEINFURT	MASCHINENBAU	456346	4153	3370	ELEKTRO	15261	283	169	DIENST	13597	76	10
8	01002	ST.KIEL	MASCHINENBAU	448017	2450	2310	ELEKTRO	223519	1272	801	CHEMIE	51062	232	60
9	03101	ST.BRAUNSCHWEI	MASCHINENBAU	384973	4572	3936	HOLZ	144428	541	307	ELEKTRO	132938	1710	842
10	09161	ST.INGOLSTADT	MASCHINENBAU	290904	1450	1145	CHEMIE	135080	75	72	LEDER	10643	180	14
11	10045	SAAR-PFALZ-KR.	MASCHINENBAU	237547	1971	1680	EISEN	153381	1132	1038	KUNSTSTOFF	143993	395	308
12	09777	OSTALLGAEU	MASCHINENBAU	231433	1429	1116	GAST	86904	319	84	EISEN	63414	409	228
13	07140	RH-HUNSRUECK-K	MASCHINENBAU	189452	1107	905	HOLZ	68074	499	414	GAST	36873	120	42
14	08126	HOHENLOHEKREIS	MASCHINENBAU	182825	1591	1288	ELEKTRO	102417	1067	584	GROSSHANDEL	34470	565	404
15	04012	ST.BREMERHAVEN	MASCHINENBAU	178012	1569	1480	NAHRUNG	38825	674	235	HOLZ	8239	76	75
16	03455	FRIESLAND	MASCHINENBAU	177500	666	493	HOLZ	42230	182	177	GLAS	11632	127	49
17	01060	SEGEBERG	MASCHINENBAU	176946	1817	1248	NAHRUNG	74510	347	181	GLAS	66094	580	561
18	09677	MAIN-SPESSART	MASCHINENBAU	166425	1319	1026	ELEKTRO	101540	1251	577	HOLZ	29772	472	327
19	03461	WESERMARSCH	MASCHINENBAU	162836	1504	1122	NAHRUNG	45846	154	95	VERKEHR	34585	62	57
20	07333	DONNERSBERGKR.	MASCHINENBAU	157129	796	659	EISEN	30320	162	157	CHEMIE	29002	115	100
21	08225	NECKAR-OW-KREI	MASCHINENBAU	154159	1402	1126	ELEKTRO	95737	1099	657	HOLZ	54365	653	518
22	03151	GIFHORN	MASCHINENBAU	135931	631	407	HOLZ	76712	435	341	KUNSTSTOFF	55899	787	461
23	05911	ST.BOCHUM	MASCHINENBAU	129305	277	253	ELEKTRO	55403	360	141	LEDER	8723	100	80
24	09262	ST.PASSAU	MASCHINENBAU	125349	595	587	GAST	11929	38	4	ELEKTRO	8632	306	93
25	05566	STEINFURT	MASCHINENBAU	125240	2565	986	LEDER	94438	1124	442	NAHRUNG	54275	332	180
26	03405	ST.WILHELMSHAV	MASCHINENBAU	116559	1060	964	LEDER	53291	505	245	HOLZ	16482	178	108
27	05916	ST.HERNE	MASCHINENBAU	112307	1070	836	CHEMIE	71250	135	107	ELEKTRO	47670	589	280
28	03155	NORTHEIM	MASCHINENBAU	108004	1625	1219	HOLZ	65071	763	573	LEDER	39037	756	342
29	09663	ST.WUERZBURG	MASCHINENBAU	107306	763	698	HOLZ	83850	636	381	ELEKTRO	76644	608	323
30	01058	RENDSBG-ECKERN	MASCHINENBAU	107152	791	654	NAHRUNG	31975	166	115	ELEKTRO	29644	465	147
31	09674	HASSBERGE	MASCHINENBAU	97927	968	847	HOLZ	83446	1139	732	NAHRUNG	36462	184	101
32	07320	ST.ZWEIBRUECKE	MASCHINENBAU	97717	707	685	LEDER	17353	141	53	EISEN	13616	75	74
33	08425	ALB-DONAU-KREI	MASCHINENBAU	97588	796	703	CHEMIE	33725	47	45	HOLZ	26317	185	165
34	01053	LAUENBURG	MASCHINENBAU	90347	732	643	HOLZ	44957	494	307	GLAS	42931	259	237
35	09661	ST.ASCHAFFENBG	MASCHINENBAU	86473	351	321	DIENST	3970	45	43	ELEKTRO	3356	30	30
36	09472	BAYREUTH	MASCHINENBAU	84691	1125	748	ELEKTRO	37885	336	223	GLAS	26175	393	281
37	05170	WESEL	MASCHINENBAU	84376	211	200	LEDER	33474	133	84	GLAS	29018	35	34
38	03404	ST.OSNABRUECK	MASCHINENBAU	82766	376	250	HOLZ	48920	77	63	EISEN	27164	268	263
39	09261	ST.LANDSHUT	MASCHINENBAU	75352	198	142	NAHRUNG	25728	240	59	GROSSHANDEL	5223	138	48
40	07235	TRIER-SAARBURG	MASCHINENBAU	74221	679	580	GAST	43740	78	20	LEDER	28899	378	203
41	09779	DONAU-RIES	MASCHINENBAU	67869	638	477	HOLZ	57667	583	422	ELEKTRO	57357	396	250

FES
QUELLE: EIGENE BERECHNUNGEN WERTE IN TDM

Fortsetzung Tabelle 6:

ERWEITERUNGEN
VORWIEGEND IM SEKTOR MASCHINENBAU
INVESTITIONSSUMME UND ZUSAETZL. DAUERARBEITSPLAETZE
1.1.1972 – 30.6.1984

OBS	KREIS		1. SEKTOR	INVEST. SUMME	DAUERARBEITS-PLAETZE GESAMT	DAUERARBEITS-PLAETZE MAENNER	2. SEKTOR	INVEST. SUMME	DAUERARBEITS PLAETZE GES.	DAUERARBEITS PLAETZE M.	3. SEKTOR	INVEST. SUMME	DAUERARBEITS PLAETZE GES.	DAUERARBEITS PLAETZE M.
42	03257	SCHAUMBURG	MASCHINENBAU	66764	416	270	NAHRUNG	55160	125	66	EISEN	15216	100	40
43	09773	DILLINGEN DONA	MASCHINENBAU	65512	398	324	ELEKTRO	30443	145	96	HOLZ	20395	142	109
44	06535	VOGELSBERGKREI	MASCHINENBAU	62527	754	595	ELEKTRO	58082	601	414	HOLZ	57816	659	419
45	08426	BIBERACH	MASCHINENBAU	61476	464	332	ELEKTRO	30089	213	128	GAST	14607	56	18
46	09375	REGENSBURG	MASCHINENBAU	55198	784	616	HOLZ	52804	422	302	FISCHEREI	13234	41	11
47	09778	UNTERALLGAEU	MASCHINENBAU	54720	290	265	ELEKTRO	37210	284	138	HOLZ	8577	34	9
48	07143	WESTERWALDKREI	MASCHINENBAU	54397	897	828	GLAS	22679	200	196	HOLZ	22527	277	238
49	05970	SIEGEN	MASCHINENBAU	51575	489	385	GAST	44637	179	13	KUNSTSTOFF	41819	382	238
50	09671	ASCHAFFENBURG	MASCHINENBAU	49215	404	304	HOLZ	35357	332	204	GLAS	20263	64	60
51	08335	KONSTANZ	MASCHINENBAU	46902	308	301	ELEKTRO	21671	203	122	EISEN	11302	126	121
52	03354	LUECHOW-DANNEB	MASCHINENBAU	46882	242	187	GAST	6773	51	5	NAHRUNG	5021	63	21
53	09181	LANDSBERG-LECH	MASCHINENBAU	33568	187	131	EISEN	26047	128	81	GLAS	24501	277	207
54	09186	PAFFENHOFEN	MASCHINENBAU	32493	903	746	CHEMIE	10778	72	18	HOLZ	8419	104	45
55	03103	ST.WOLFSBURG	MASCHINENBAU	28218	401	.	GLAS	9732	129	122	LEDER	6158	136	8
56	08237	FREUDENSTADT	MASCHINENBAU	25165	525	335	HOLZ	8393	48	39	CHEMIE	2292	9	2
57	08125	HEILBRONN	MASCHINENBAU	23043	289	240	GROSSHANDEL	14157	109	84	DIENST	13955	64	16
58	08316	EMMENDINGEN	MASCHINENBAU	20869	259	220	KUNSTSTOFF	13656	181	93	HOLZ	10359	99	77
59	05774	PADERBORN	MASCHINENBAU	12617	259	251	HOLZ	12379	246	171	KUNSTSTOFF	6761	74	52
60	09776	LINDAU BODENSE	MASCHINENBAU	7134	50	35		.	.	.		.	.	.
61	09175	EBERSBERG	MASCHINENBAU	1915	7	7		.	.	.		.	.	.
62	09174	DACHAU	MASCHINENBAU	363	55	48	GLAS	290	5	5	ELEKTRO	157	19	8

FES
QUELLE: EIGENE BERECHNUNGEN WERTE IN TDM

Fortsetzung Tabelle 6:

ERWEITERUNGEN
INVESTITIONSSUMME UND ZUSAETZL. DAUERARBEITSPLAETZE

1.1.1972 – 30.6.1984

OBS	KRNAME	EWSEKT1	WM1INV	WM1DAUER	WM1DAUM	EWSEKT2	WM2INV	WM2DAUER	WM2DAUM	EWSEKT3	WM3INV	WM3DAUER	WM3DAUM
1	09571 ANSBACH	ELEKTRO	199484	1600	757	KUNSTSTOFF	82497	818	474	HOLZ	54168	674	374
2	08136 OSTALBKREIS	ELEKTRO	181162	1053	758	MASCHINENBAU	107587	567	481	EISEN	41153	336	266
3	09461 ST.BAMBERG	ELEKTRO	175018	1372	782	LEDER	47925	390	162	NAHRUNG	27162	156	109
4	03254 HILDESHEIM	ELEKTRO	173629	1254	582	HOLZ	151589	697	477	MASCHINENBAU	41801	452	337
5	03152 GOETTINGEN	ELEKTRO	172766	2388	1485	KUNSTSTOFF	84822	779	503	HOLZ	74975	664	461
6	05313 ST.AACHEN	ELEKTRO	168027	946	735	KUNSTSTOFF	126585	535	296	VERSICHERUNG	103507	264	119
7	03156 OSTERRODE HARZ	ELEKTRO	138264	2030	801	MASCHINENBAU	114234	1278	1027	HOLZ	79297	668	498
8	03351 CELLE	ELEKTRO	126953	898	706	CHEMIE	58825	326	268	BERGBAU	19687	135	125
9	09772 AUGSBURG	ELEKTRO	122790	335	301	HOLZ	2864	52	38	MASCHINENBAU	1935	60	53
10	09189 TRAUNSTEIN	ELEKTRO	120050	968	602	CHEMIE	79437	116	103	MASCHINENBAU	50113	494	417
11	01001 ST.FLENSBURG	ELEKTRO	98565	1727	789	HOLZ	43071	261	122	CHEMIE	27568	116	91
12	09673 RHOEN-GRABFELD	ELEKTRO	97401	1509	774	HOLZ	29248	409	327	MASCHINENBAU	22307	288	281
13	07134 BIRKENFELD	ELEKTRO	73642	1016	636	MASCHINENBAU	21483	354	197	NAHRUNG	16202	49	40
14	08135 HEIDENHEIM	ELEKTRO	68477	366	189	CHEMIE	56982	76	33	MASCHINENBAU	47294	382	355
15	09362 ST.REGENSBURG	ELEKTRO	67104	569	431	MASCHINENBAU	42250	459	396	NAHRUNG	34600	262	155
16	08336 LOERRACH	ELEKTRO	58569	293	147	LEDER	37333	549	108	GAST	20644	65	10
17	09575 NEUSTADT AISCH	ELEKTRO	53751	838	451	NAHRUNG	29248	326	148	LEDER	23457	923	366
18	10046 SANKT WENDEL	ELEKTRO	51249	609	352	MASCHINENBAU	41100	751	693	HOLZ	38992	440	316
19	09474 FORCHHEIM	ELEKTRO	49683	398	257	GAST	4531	21	.	MASCHINENBAU	3357	18	18
20	09274 LANDSHUT	ELEKTRO	47950	846	307	HOLZ	42287	326	247	GLAS	39616	130	130
21	09371 AMBERG-SULZBAC	ELEKTRO	47422	658	169	EISEN	18796	129	127	GROSSHANDEL	18652	93	20
22	05974 SOEST	ELEKTRO	40722	369	186	KUNSTSTOFF	35735	145	93	MASCHINENBAU	31541	309	285
23	09676 MILTENBERG	ELEKTRO	29360	327	177	GLAS	26790	258	117	MASCHINENBAU	12019	96	81
24	08326 SCHW.W-BAAR-KR	ELEKTRO	28366	354	208	NAHRUNG	21219	85	47	MASCHINENBAU	16378	240	117
25	07141 RHEIN-LAHN-KR.	ELEKTRO	26823	509	210	HOLZ	22431	248	208	MASCHINENBAU	22023	315	199
26	03251 DIEPHOLZ	ELEKTRO	23727	371	289	MASCHINENBAU	23719	444	360	NAHRUNG	56026	435	238
27	09263 ST.STRAUBING	ELEKTRO	21295	332	132	HOLZ	19255	396	283	MASCHINENBAU	12293	368	276
28	01057 PLOEN	ELEKTRO	20985	481	320	NAHRUNG	20221	246	146	GAST	14967	106	24
29	08215 KARLSRUHE	ELEKTRO	3951	147	85	MASCHINENBAU	280	8	8		.	.	.
30	08327 TUTTLINGEN	ELEKTRO	2000	23	19	EISEN	401	12	8	GLAS	200	4	4
31	07138 NEUWIED	ELEKTRO	170	24	.		.	.	.		.	.	.

FES
QUELLE: EIGENE BERECHNUNGEN WERTE IN TDM

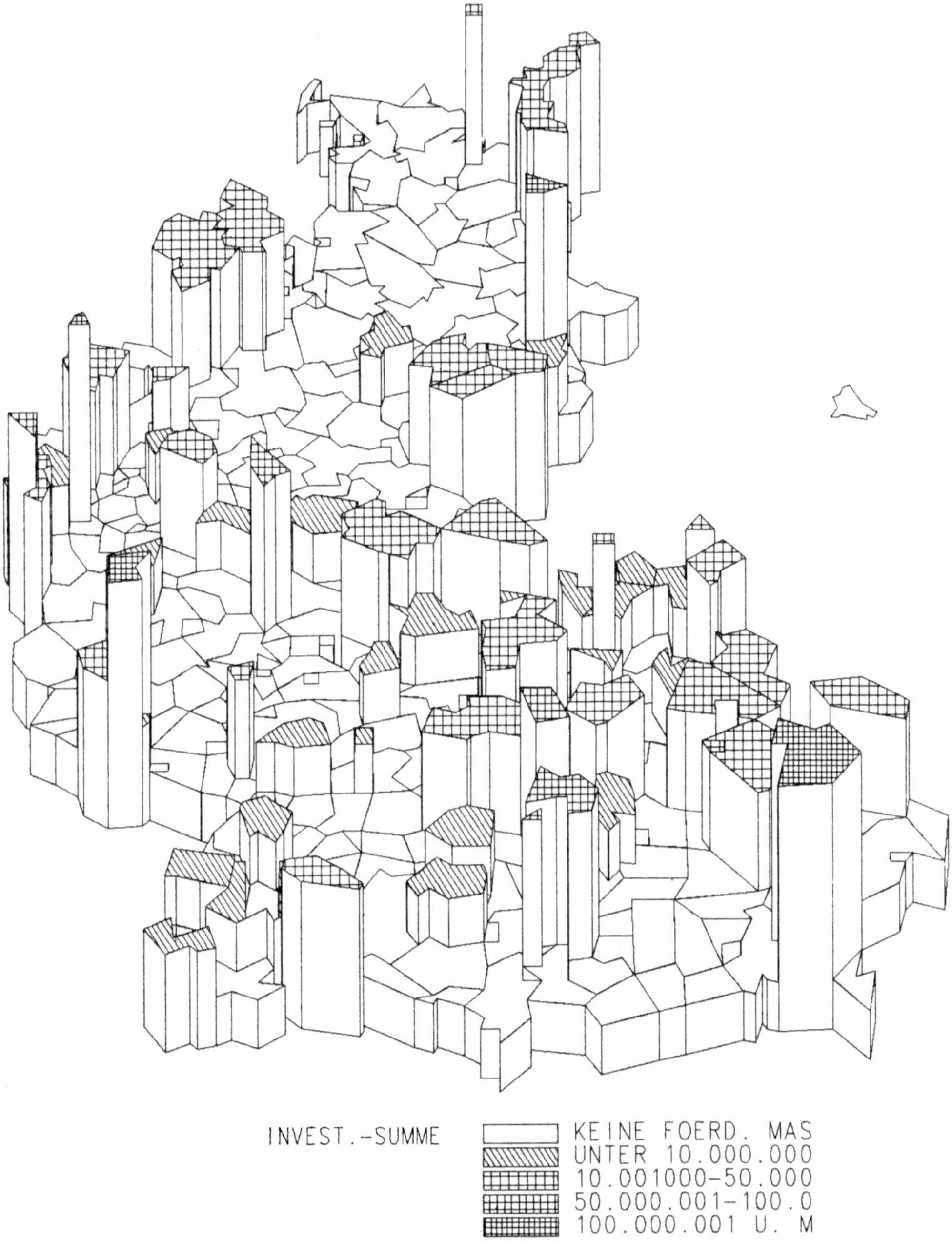

MIT GA-MITTELN UND/ODER INV.ZULAGE GEFOERD.VORHABEN
QUELLE: EIGENE BERECHNUNGEN FES

Karte 15: Elektrotechnik: Geförderte Arbeitsplätze - Errichtungen

MIT GA-MITTELN UND/ODER INV.ZULAGE GEFOERD.VORHABEN
QUELLE: EIGENE BERECHNUNGEN FES

Karte 16: Elektrotechnik: Geförderte Investitionen - Erweiterungen

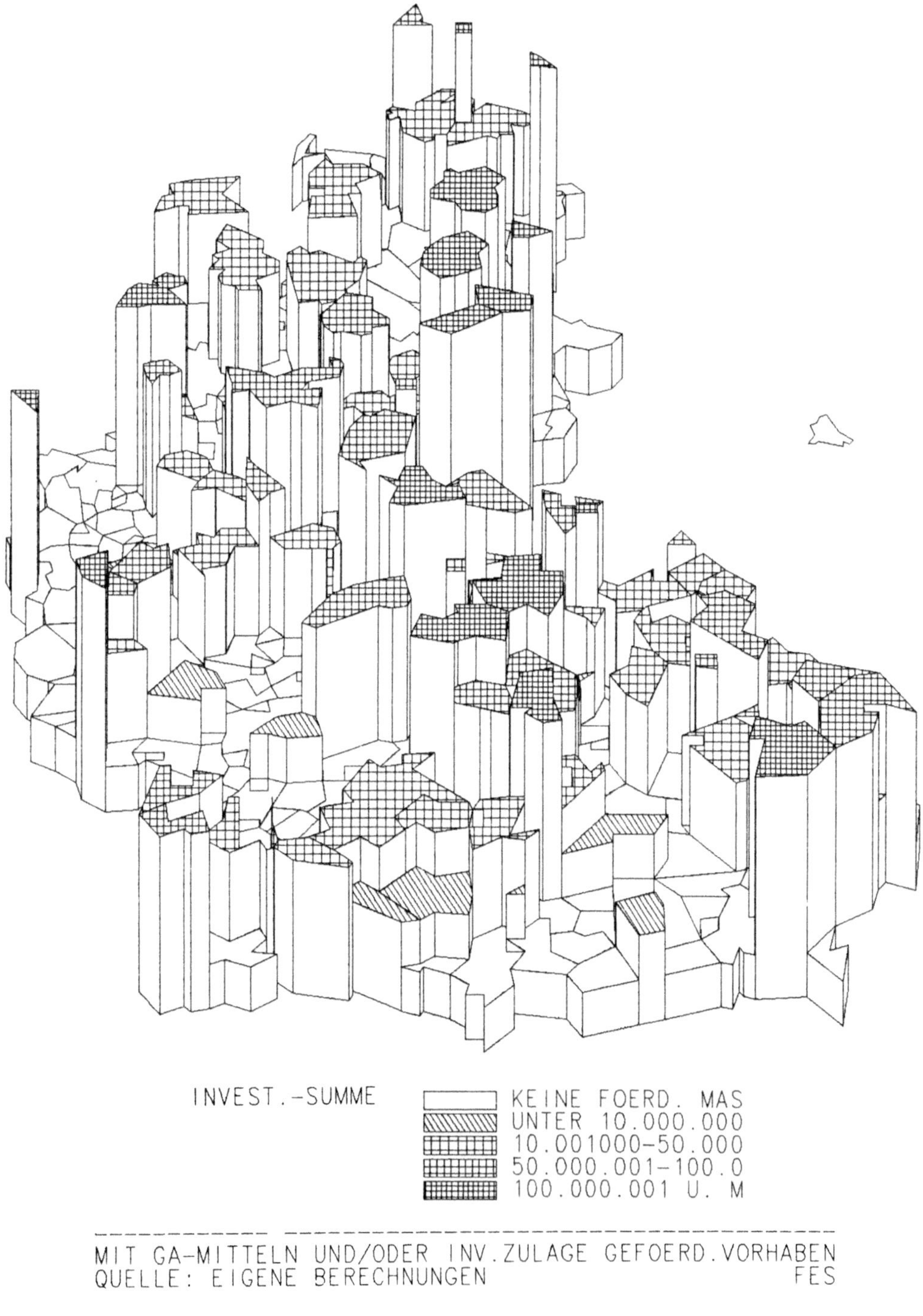

Karte 17: Elektrotechnik: Geförderte Arbeitsplätze – Erweiterungen

GESICHERTE ARBEITSPLAETZE
1.1.1972 - 30.6.1984
REGIONALE LANDKREISE

DD

KEINE FOERD.	UNTER 100
101-500	501-1000
1001 U. MEHR	

MIT GA-MITTELN UND/ODER INV.ZULAGE GEFOERD.VORHABEN
QUELLE: EIGENE BERECHNUNGEN FES

Karte 18: Maschinenbau: Geförderte Investitionen - Errichtungen

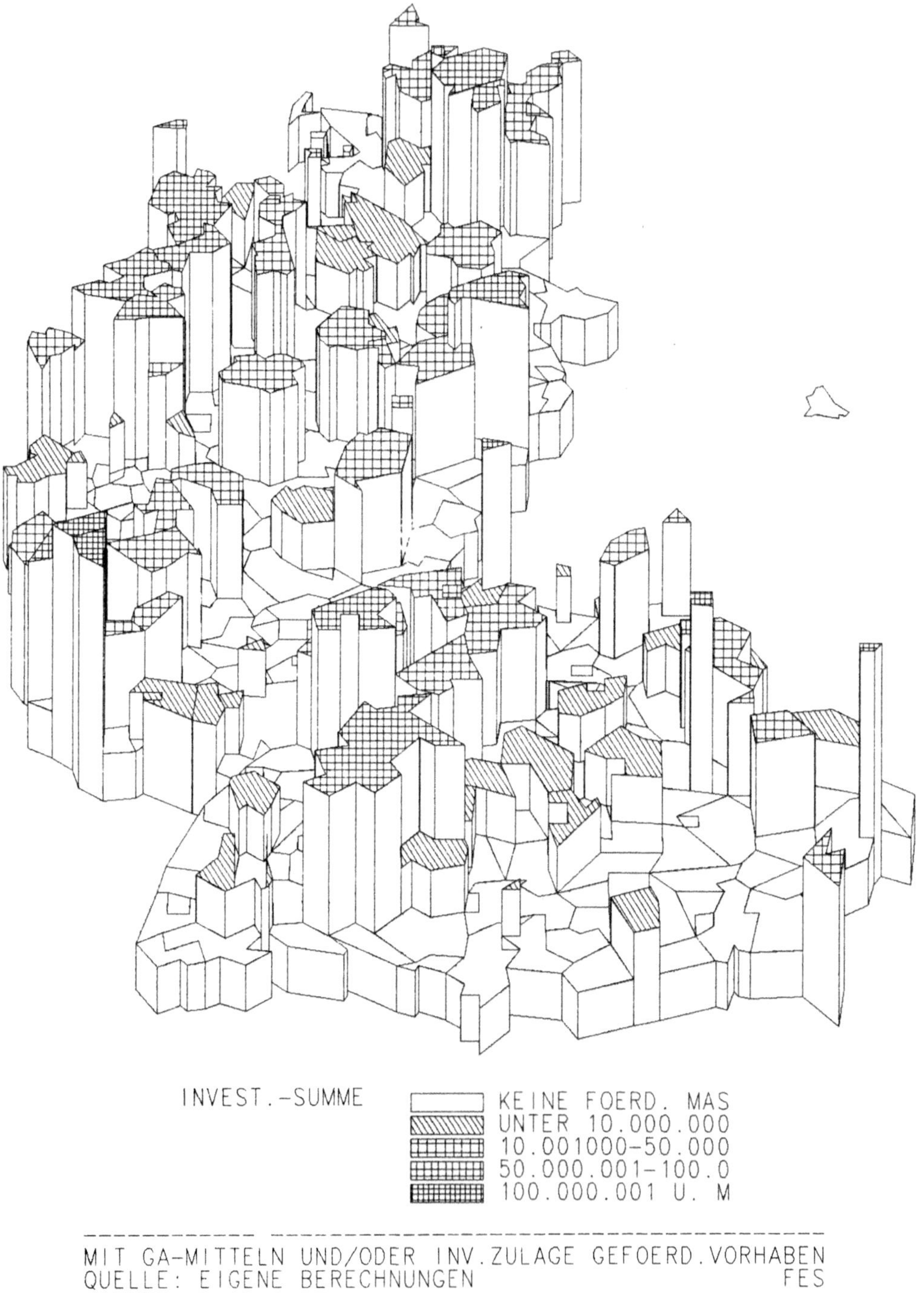

Karte 19: Maschinenbau: Geförderte Arbeitsplätze - Errichtungen

MIT GA-MITTELN UND/ODER INV.ZULAGE GEFOERD.VORHABEN
QUELLE: EIGENE BERECHNUNGEN FES

Karte 20: Maschinenbau: Geförderte Investitionen - Erweiterungen

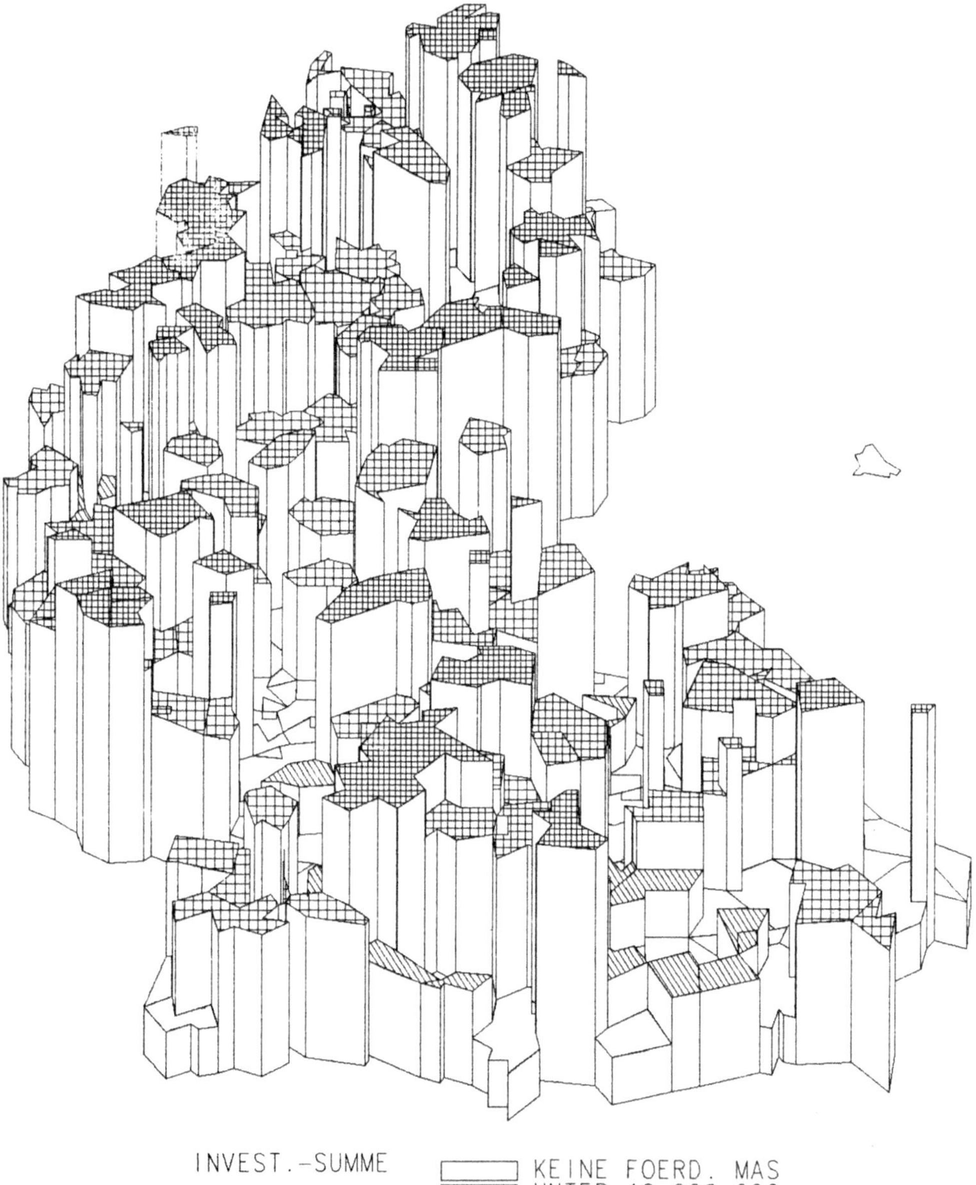

INVEST.-SUMME

- KEINE FOERD. MAS
- UNTER 10.000.000
- 10.001000-50.000
- 50.000.001-100.0
- 100.000.001 U. M

MIT GA-MITTELN UND/ODER INV.ZULAGE GEFOERD.VORHABEN
QUELLE: EIGENE BERECHNUNGEN FES

Karte 21: Maschinenbau: Geförderte Arbeitsplätze - Erweiterungen

1.1.1972 - 30.6.1984
REGIONALE LANDKREISE

ARBEITSPL.
- KEINE FOERD. MAS
- UNTER 100
- 101-500
- 501-1000
- 1001 U. MEHR

MIT GA-MITTELN UND/ODER INV.ZULAGE GEFOERD.VORHABEN
QUELLE: EIGENE BERECHNUNGEN FES

Karte 22: Holzindustrie: Geförderte Investitionen - Errichtungen

Karte 23: Holzindustrie: Geförderte Arbeitsplätze - Errichtungen

MIT GA-MITTELN UND/ODER INV.ZULAGE GEFOERD.VORHABEN
QUELLE: EIGENE BERECHNUNGEN FES

5.2. Arbeitsmarktflexibilität der Arbeitnehmer und Wirtschaftsstruktur

Es versteht sich von selbst, daß der Ökonom die Suche nach den Grundlagen der Arbeitsmarktprozesse unbegrenzt weitertreiben kann. Die nimmer endende Diskussion ist begründet durch die Bedeutung der Fragen, die an jedes Marktsystem gestellt werden können: erstens der Frage, ob zwischen den Marktteilnehmern wirklich Tauschbeziehungen bestehen, zweitens der Frage, ob das Tauschobjekt Wareneigenschaften besitze, und drittens der Frage, welche Rolle der Staat bei der Organisation der Tauschprozesse spiele. Diskussionen über neue Wege der Wirtschaftspolitik, Angebotspolitik, Arbeitszeitverkürzung, Deregulierung oder Wirtschaftsförderung, lassen sich von den Annahmen über ausreichende oder mangelnde Flexibilität der Arbeitsmärkte begründen.

Die Diskussion über Flexibilität regionaler Arbeitsmärkte ist eine Kontroverse zu fundamentalen Arbeitsmarkttheorien und zu schwerwiegenden Interessen der Arbeitsmarktparteien. Die Regelung der Arbeitsmärkte über Tarifverträge ist ein System von Vereinbarungen und die Vereinbarungen sind (jederzeit) revidierbar, im allgemeinen hart erkämpft.

Einer der Hauptsätze der Produktionstheorie lautet: Durch Variation im Einsatz eines Produktionsfaktors ändert sich die Einsatzintensität aller anderen Produktionsfaktoren. Intensitätsänderung ist ein Synonym für Flexibilitätsanforderungen, denn Flexibilität ist rechnerisch nur der Reziprokwert der Elastizität.

Wenn die regionale Wirtschaftsförderung den Indikator "Arbeitslosenquote" stark gewichtet als Abgrenzungskriterium von Regionen nimmt, aber gleichzeitig fast nur Investitionen fördert - und hier immer stärker Rationalisierungsinvestitionen - dann müssen sich regional neue Faktorintensitäten ergeben, d.h. müssen neue Flexibilitätsanforderungen entstehen oder müssen in der Vergangenheit hohe Flexibilitätsraten in dem Maße erreicht worden sein, wie Kapitalförderung erfolgreich war.

Unter Flexibilität wird auch die Beseitigung von Kündigungsschutzvorschriften verstanden, so daß Investitionsförderung und regionale Arbeitslosigkeit in einen Zusammenhang gebracht werden könnten, käme es nur auf dieses Merkmal an.

Vorschläge zur Arbeitsmarktflexibilisierung werden allgemein für folgende Elemente[a] vorgetragen:

Arbeitszeit,

Arbeitslohn,

Arbeitnehmerschutz,

regionale und berufliche Mobilität und

Arbeitsmarktsegmentation.

"Seit etwa drei Jahren gewinnt in der arbeitsmarkt- und beschäftigungspolitischen Diskussion die Auffassung an Boden, daß ein Abbau der Arbeitslosigkeit in der Bundesrepublik durch Inflexibilitäten des Beschäftigungssystems bzw. der Arbeitsmärkte verhindert wird."[1] "Um eine Mindestlohnarbeitslosigkeit zu vermeiden, müsse das 'Kartell auf dem Arbeitsmarkt' aufgehoben, mindestens aber aufgelockert werden. Die regionalen, branchenmäßigen und qualifikationsbedingten Lohnunterschiede seien durch eine der Solidarität der Arbeitnehmer verpflichtete lohnstrukturnivellierende Politik der Gewerkschaften zu gering geworden, daß sie zum einen keine ausreichenden Mobilitätsanreize darstellen und daher den Abbau von Arbeitsmarktungleichgewichten verhindern."[2]

Neben den Löhnen sei es der Arbeitnehmerschutz, der die Kosten für bestimmte Arbeitnehmergruppen (Frauen, Jugendliche, Alte) in die Höhe treibe. "Der gut gemeinte Schutz werde damit zu einer faktischen Benachteiligung dieser Gruppen auf den Arbeitsmärkten, die Position der Arbeitsplatzinhaber werde auf Kosten der Arbeitssuchenden gestärkt."[3]

Soziale Rechtfertigung bei Entlassungen, Sozialplanverpflichtungen und Arbeitsrechtsprechung führten zu einer Arbeitsmarktsegmentierung, von der vor allem unqualifizierte Arbeitnehmer betroffen seien. Unternehmen müssten somit von ihren Sozialplanverpflichtungen befreit, Bestimmungen des Kündigungsschutzes und der tarifvertragliche Kündigungsschutz müsse aufgelockert werden, um dadurch Funktionsdefizite des Arbeitsmarktes als reinen Markt zu beseitigen.

---

[a] Vgl. Heinz Lampert, Möglichkeiten und Grenzen einer Flexibilisierung der Beschäftigungsverhältnisse, in Wirtschaftsdienst 1986/IV, S. 179- 186, S.179.

[1] Ebenda, S. 179

[2] Ebenda

[3] Ebenda, S.180.

Die Argumentation benutzt ein System von Sätzen aus der Theorie der vollkommenen Konkurrenz und ist deshalb in sich unangreifbar und somit empirisch nicht widerlegbar.

Preisniveaustabilität, Dauer von mehreren Jahren des Konjunkturaufschwungs, langsamer Beschäftigungsanstieg und konstant hohe Arbeitslosenzahlen sind das Kennzeichen des gegenwärtigen Konjunkturzyklus. Es wäre fast ein normaler Konjunkturzyklus, wäre nicht das hohe Niveau der Arbeitslosigkeit. Zwar entspricht dieses Niveau fast exakt der Zunahme des Erwerbspersonenpotentials in den letzten zehn Jahren, aber unter diesem Gesichtspunkt wird das Phänomen kaum erörtert.

Eine wirtschaftspolitische Diskussion behandelt dieses Phänomen unter den Themen mobilitätsbedingter Arbeitsmarktverkrustungen und lohninduzierter Arbeitslosigkeit. Die Forderung nach Beschäftigungsprogrammen in Höhe der Zunahme des Erwerbspersonenpotentials wird damit abgelehnt, daß eine derartige Forderung den Zeitbedarf zur Änderung institutioneller Arbeitsmarkthemmnisse und Verhaltensweisen unterschätze.[1]

Auch die Kaufkrafttheorie der Löhne, die produktivitätsinduzierende Wirkung der Löhne und die Warnungen vor Lohneinbußen in der Krise, werden mit folgenden Argumenten abgelehnt:

- Erstens seien nach wie vor "externe Schocks" durch die Unternehmen zu bewältigen (Rohstoffverteuerung, Verhärtung der internationalen Wettbewerbssituation), dadurch seien Produktinnovationen und qualitative Änderungen des Kapitalstocks notwendig, die auch Änderungen der Qualitätsanforderungen an den Faktor Arbeit bedingten.
- zweitens seien Löhne mikroökonomisch zu beurteilen, d.h. als Kosten. Unternehmen "empfinden"[2] deutlich, ob Lohnkosten mit dem Wertschöpfungsbeitrag übereinstimmten. Deshalb verlören geringer qualifizierte Arbeitnehmer zuerst ihren Arbeitsplatz, wenn die Arbeitskosten-Wertschöpfungs- Relation zu spät angepaßt würde. Bei längerer Anpassungsverzögerung würden auch die qualifizierten Arbeitsplätze gefährdet, da Betriebe in Liquiditätsschwierigkeiten gerieten, da die Ge-

[1] Vgl. Siegfried Franke, Reallohn, Mobilität und Beschäftigung, in: Wirtschaftsdienst 1986/V, S.245- 250, S.250.

[2] Ebenda

samtnachfrage zurückfiele, was weitere Rationalisierungsinvestitionen induzierte. "Die Gefahr weiterer Arbeitslosigkeit greift damit qualifikationsunabhängig auf andere Arbeitspläze über."[1]

Schlußfolgerung daraus ist eine Forderung nach verstärkter Lohndifferenzierung, um die Lohn- Wertschöpfungsrelationen der unteren Lohngruppen richtig wiederzugeben, d.h. den Empfindungen der Unternehmer anzupassen. Für Arbeitslose hieße das konkret, es sollten die Tariflöhne bei einem Neubeginn der Beschäftigung nicht mehr bindend sein, da sie zu viel verlernt hätten.[2] Als Lohnkosten sind jedoch nicht nur die Ecklöhne angesprochen, sondern vorwiegend die Lohnnebenkosten.

Wichtig ist der angeführte Zusammenhang zwischen produktivem Wissen der Arbeitnehmer und interne Organisationsstrukturen. Hier wird der Zusammenhang umgedreht, auf den Sengenberger hinweist, den dieser aber positiv als Produktionsfaktor gewertet wissen will. Zunächst die bekanntere Argumentation: "Es würde daher die Wettbewerbsposition der Arbeitslosen am Arbeitsmarkt verbessern, wenn bei einer vorgesehenen Einstellung ihre wegen des Neulernens anfänglich verringerte Produktivität berücksichtigt werden könnte, wie dies z.B. der Vorschlag des Arbeitgeberverbandes Metallindustrie (Gesamtmetall) zur Bildung einer neuer Einstiegslohngruppe vorsah."[3] Die Ablehnung solcher Vorschläge wird als faktisch unsolidarisches Handeln mit den Arbeitslosen interpretiert, da diesen eine "objektiv schlechtere Wettbewerbsposition zugemutet" wird. "Dies zeigt, wie nötig es ist, die Interessen der Arbeitslosen insgesamt, die sich auf ein höheres Maß an Lohnflexibilität und mehr Mobilität richten, auch in den tariflichen Auseinandersetzungen institutionell zu verankern."[4]

Ist - im Interesse der Arbeitslosen - die Mobilität der Arbeitnehmer gegeben, dann kann der Markt Lenkungs- und Ausgleichsfunktionen nur herbeiführen, wenn die relativen Löhne die Knappheitsrelationen auf den regionalen, sektoralen und beruflichen Arbeitsmarktsegmenten richtig wiedergeben. Zwar war

---

[1] Ebenda, S.246

[2] Ebenda, S.246

[3] Ebenda, S.246f. Wie schnell Arbeitnehmer angelernt werden können - insbesondere in den unteren Lohngruppen - wird hierbei vergessen, d.h. bei Begehungseinweisungen von zwei Wochen z.B. ist eine neue Einstiegslohngruppe kaum notwendig

[4] Ebenda, S.247.

schon die Rede davon, daß Unternehmen die richtigen Relationen nur "spüren" nicht messen, aber Meßprobleme, die ganzen theoretischen Axiome des Modells der vollkommenen Konkurrenz, werden außer Acht gelassen, wenn argumentiert wird, daß es wieder nur die institutionellen, administrativen Hemmnisse, sowie die gewerkschaftlichen marktinkonformen Lohnnivellierungsbestrebungen seien, die die Mobilität einschränkten.[1] Wird dadurch immer mehr Arbeit durch Kapital substituiert, so steigt selbst bei sinkendem Sozialprodukt die Arbeitsproduktivität. "Wird der so zu verstehende Zuwachs an Arbeitsproduktivität irrtümlicherweise mit einem Zuwachs an verteilbarem Gesamtprodukt gleichgesetzt und zur Grundlage weiteren Lohnbegehrens gemacht, so verstärkt sich die Arbeitslosigkeit."[2]

Selbst wenn man anhand des Variationskoeffizienten feststellt, daß die Löhne um ihren Mittelwert in letzter Zeit stärker streuen, d.h. sich die Lohndifferenzierung verstärkt hat, so kann diese Lohndifferenzierung doch eine Nivellierung sein, wenn die Markterfordernisse eine noch stärkere Differenzierung verlangten.[3] Die feststellbare Differenzierung ist dann ein Indiz dafür, daß sich Markterfordernisse auf die Dauer nicht unterdrücken ließen.[4]

Die Differenz zwischen tatsächlicher Differenzierung und "Markterfordernissen" ist die "marktwidrige" Lohnstruktur. Sie wirke sich erst in einem langen, schleichenden Prozeß auf die Arbeitslosigkeit aus. Der hohe Sockel der Arbeitslosigkeit ließe sich selbst innerhalb eines Konjunkturzyklus nicht durch Korrekturen der Lohnstruktur und des Lohnniveaus, sowie durch verstärkte Mobilitätsbereitschaft abbauen, selbst "...selbst wenn – theoretisch gesprochen – die sektorale, regionale und qualifikatorische Anpassungsgeschwindigkeit der Arbeitnehmer plötzlich unendlich hoch wird und ihre Bereitschaft, Lohneinbußen hinzunehmen, bis an die Grenze der bei Arbeitslosigkeit zu erwartenden Leistungen heranreicht."[5]

Die Interpretation hat hier die empirischen Meßmöglichkeiten verlassen, da Markterfordernisse immer größer sein können, als die empirisch gemessene Höhe der Mobilität und Flexibilität. Auch bei einer derartigen Argumentation wer-

---

[1] Ebenda
[2] Ebenda
[3] Ebenda, S.247
[4] Ebenda
[5] Ebenda, S.247

den die sozialen und kulturellen Gründe nicht vergessen, die die - theoretisch - unendlich hohe Mobilität einschränken. "Dies schließt selbstverständlich nicht aus, daß es gute soziale wie kulturelle und damit letztlich wieder wirtschaftliche Gründe gibt, die Anforderungen an die Mobilität der Arbeitnehmer insbesondere in regionaler Hinsicht nicht zu überfordern."[1]

Trotz kultureller Gründe wird die Diskussion der hemmenden Wirkungen des Arbeitsrechts und der Sozialgesetzgebung weitergeführt. "Im menschlich begreiflichen Bestreben, individuelle Nachteile für einzelne Arbeitnehmer bei betriebsnotwendigen Veränderungen zu begrenzen, wird die fatale gesamtwirtschaftliche Wirkung übersehen. Das Attribut 'sozial' ist in zunehmender Weise seiner gesamtwirtschaftlichen Bedeutung entkleidet worden. Das Wirtschaftswachstum früherer Jahre hat zusammen mit der sozialpolitischen Entwicklung ein hohes Anspruchsniveau begründet und dynamisiert, während die Anpassungsbereitschaft kontinuierlich gesunken ist. Hinzu tritt eine immer deutlicher werdende Neigung insbesondere größerer Unternehmen zur Immobilität. Daraus resultieren die Zählebigkeit von Subventionen und der aufkommende 'Neue Protektionismus', der sich sowohl aus den Forderungen der Arbeitnehmervertreter wie vieler Unternehmen speist."[2]

Anspruchsdenken der Arbeitnehmer und Subventionsgewährung an Unternehmen erklärten die geringe Verbesserung der Arbeitsmarktsituation durch die angebotsorientierte Politik. Ordnungspolitische Veränderungen und Deregulierung könnten nicht durchgeführt werden. Hieraus erkläre sich die Zählebigkeit der Forderungen nach Beschäftigungsprogrammen.[3]

Wirksamkeit, potentielle Wirksamkeit, könne Beschäftigungsprogrammen nur bei keynesianischer Unterbeschäftigung theoretisch zugemessen werden. In offenen Volkswirtschaften mit vielfältigen Produktionsstrukturen, mit hoher Staatsquote und differenziertem Steuersystem und dezentralen Entscheidungsstrukturen vor allem auf der Ebene der Gebietskörperschaften können die Multiplikatoreffekte nur "verschwindend" gering sein.[4] Andererseits könnten die Staatsausgaben nicht gefahrlos zurückgeschnitten werden, da Planungsziele der

---

[1] Ebenda, S.248 Verkannt wird, daß diese Argumentation die Ebene der Modellbildung verläßt und sich bereits auf der Ebene der Zieldiskussion, d.h. der Modelle gesamtwirtschaftlicher Wohlfahrtsfunktionen bewegt.

[2] Ebenda, S. 248

[3] Ebenda, S.248

[4] Ebenda, S.248

Unternehmen und Haushalte laufend nach unten korrigiert werden könnten, so daß pessimistische Absatzerwartungen entstünden.[1]

Konjunkturprogramme seien nur regional und sektoral abgestimmt sinnvoll, und zwar nur zur "Vertrauenbildung in der Wirtschaft". "In begrenztem Umfange sind Konjunkturstützprogramme für wohldefinierte Bereiche zweckmäßig, um zur Vertrauensbildung in der Wirtschaft beizutragen."[2]

Regionalpolitik ist seit jeher durch unterschiedlich wirkende Konjunkturen begründet. Wir können die Diskussion um Beschäftigungsprogramme beliebig weiterführen, denn die Argumentation zur Lohnhöhe ist in sich schlüssig, wenn sie die Modelle der vollkommenen Konkurrenz nicht verläßt: Abbau von Arbeitsschutz führt zu Entlassungen der Arbeitnehmer, die nur noch aufgrund dieses Schutzes weiter beschäftigt wurden; die Löhne müssen für diese Gruppen gesenkt werden können, bei Beibehaltung der hohen Löhne für qualifizierte Arbeitnehmer, dies ergibt eine hohe Lohndifferenzierung; wenn die Löhne für unqualifizierte das Niveau der Arbeitslosenversicherung erreicht haben, dann muß die Versicherungsleistung gesenkt werden; wenn – nach einem Jahr – die Arbeitslosenhilfe oder die Sozialhilfe höher als das untere Lohnniveau wird, so muß das Niveau der Sozialhilfe diskutiert werden. Alle Bereiche sind in den letzten Jahren ausgiebig diskutiert worden. Das System gestattete auch qualifizierte Jugendliche, die jetzt lediglich infolge des demographischen Drucks nicht in den Arbeitsmarkt integriert werden, zu beschäftigen. Somit kann es sozialpolitisch sogar legitimiert werden.

Schwierig wird die Argumentation, wenn Modell- und Zieldiskussion vermischt werden. Regionalpolitik hat schon immer die Zielkonflikte zwischen Wachstums- und Gerechtigkeitsziel aufgezeigt, d.h. gezeigt, auf wieviel Sozialproduktwachstum verzichtet wurde, wenn das Gerechtigkeitsziel stärker gewichtet wurde. Schwierig wird es in der Zukunft, wenn eine sehr hohe Gewichtung der Arbeitsmarktindikatoren, d.h. Stärkung der Ausgleichszielsetzung zu gesamtwirtschaftlichen Wachstumsverlusten führen kann. Dann muß auf die Zielsetzung verstärkt hingewiesen werden. Wenn Arbeitslosigkeitsbeseitigung aber nur ein verbales Ziel ist, dann besteht Konsens mit Angebotstheoretikern nur in jenem schmalen Bereich jener geringen, sektoral und regional abgestimm-

[1]Ebenda, S. 249

[2]Ebenda

ten Beschäftigungsprogramme. Dann ist man in der Grössenordnung lokaler Selbsthilfeeinrichtungen, die nur die größte Not lindern können und mit Ökonomie nur wenig zu tun haben.

Der obigen Argumentation wollen wir zum einen das hohe Niveau der in der Vergangenheit erfolgten Umstellungen und Rationalisierungen in den Regionen der Bundesrepublik gegenüberstellen. Mobilität der Arbeitnehmer war hierzu Voraussetzung, denn diese Prozesse erfolgten meist über einen regionalen Arbeitsplatzabbau. Zum anderen wollen wir uns die Forderung nach hoher Mobilität und Flexibilität anschauen und fragen, was Ökonomen für Vorstellungen von sogenannten Intergenerationenprozessen haben. Berufliche Erstausbildung ist ein derartiger Prozess, d.h. Informationen über Berufe werden über Generationen vermittelt. Berufliche Umschulung verlangt Informationen der bereits Ausgebildeten über zukunftsfeste Berufe und da derartige Programme meist in öffentlichen Einrichtungen oder zumindest gesellschaftlich finanziert werden, auch Vorstellungen von Ämtern und Institutionen, wohin denn die Mobilität gerichtet sein soll.

Mobilitätsvorgänge – Flexibilität zwischen Gruppen der Arbeitsmarktparteien – sind in den letzten Jahrzehnten durch eine extreme Bildungsexpansion gekennzeichnet. Flexibilitäts- und Mobilitätsbewegungen werden von jüngeren Jahrgängen getragen, d.h. beruflicher Wandel vollzieht sich sukzessiv über Generationen – erst bei zunehmenden Disparitäten zwischen individuellem und wirtschaftlichem Bildungsbedarf werden Umschulung und Umsetzungen als Elemente des Arbeitsmarktes zunehmend wichtiger.

Abb. 15: Struktur der Arbeitslosigkeit nach dem Berufsstatus

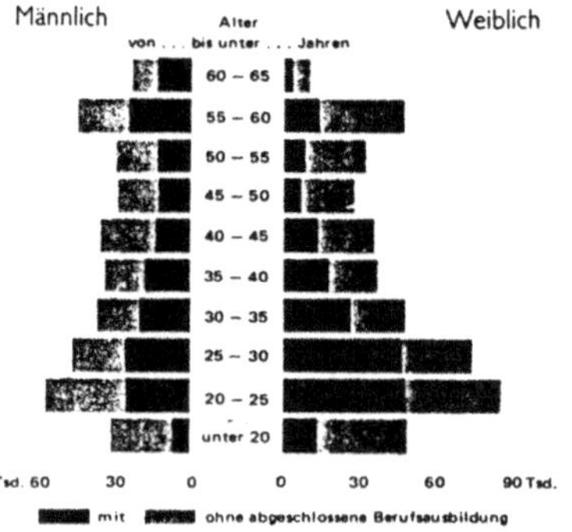

Arbeitslose 1980[1] mit und ohne Berufsausbildung nach Altersgruppen

1) September.

Statistisches Bundesamt 81 0244

Können bestimmte Berufsqualifikationen nicht reproduziert und besetzt werden, so entstehen Mobilitätsvorgänge – bei fehlenden Qualifikationen führt ein berufliches Vakuum zur Mobilität, bei Überqualifikation entsteht ein demographischer "Verwendungsstau". Dieser dürfte kennzeichnend für die Gegenwart sein.

Mobilität und Fexibilität von Märkten kann anhand von Mobilitätsmatrizen dargestellt werden. Entweder sind in den Spalten Qualifikationen zur Zeit $t(-1)$ dargestellt, in den Zeilen dann zur Zeit (t), d.h. bei gleichen Merkmalsträgern erfolgt ein Zeitvergleich, oder der Vergleich erfolgt über Generationen: Status des Vaters/der Mutter im Vergleich zu dem des Sohnes/der Tochter.

Erhebliche Diskrepanzen weisen auf Mobilität hin. Diese kann vorwärts oder rückwärts gerichtet sein.

Vorwärts: vom Facharbeiter zum Meister.

Rückwärts: Vom Facharbeiter in die Arbeitslosigkeit.

Sind die Matrizen deckungsgleich, wird von "Immobilität" gesprochen oder

Inflexibilität. Verkannt wird, daß sich jedes System über Generationen reproduzieren muß, d.h. ein bestimmtes Niveau der Qualifikationen aufrecht zu erhalten, bedarf ökonomischer, gesellschaftlicher und bildungsmäßiger Leistungen.

Manfrad Kaiser hat für die Bundesrepublik Deutschland folgende Mobilitätsmatrix ermittelt.[1]

Tabelle 7: Zugangsmobilität der Erwerbsbevölkerung 1979 - 1981

Lfd. Nr.	Berufliche Stellung des Vaters		Berufliche Stellung des Befragten: Beschäftigte in der Landwirtschaft	Selbständige außerhalb der Landwirtschaft	An- und Ungelernte	Facharbeiter	Meister	Freiberufliche/traditionelle akademische Berufe	Angestellte und Beamte in mittleren und einfachen Positionen	Sonstige	Gesamt
			1	2	3	4	5	6	7	8	9
1	Beschäft. i. d.	B	60,2	8,8	13,2	8,2	9,7	5,4	6,5	16,0	11,6
	Landwirtsch.	U	63,9	38,7	41,5	26,4	26,4	16,2	20,3	63,2	35,7
2	Selbst. außerh.	B	12,7	35,2	5,0	6,4	12,8	14,8	9,9	7,8	11,0
	d. Landwirtsch.	U	3,0	16,2	5,1	5,6	8,7	8,1	5,3	5,3	5,5
3	An- und	B	2,9	5,2	34,0	18,8	11,7	5,5	10,9	21,8	15,4
	Ungelernte	U	18,8	18,0	28,2	28,3	21,3	15,5	19,9	15,8	23,3
4	Fachar-	B	9,0	18,6	27,9	41,5	30,0	15,9	27,5	25,9	27,0
	beiter	U	8,1	17,1	14,5	26,0	23,8	19,2	27,6	10,5	18,9
5	Meister	B	3,3	5,5	11,4	5,3	11,9	5,3	5,6	4,7	5,0
		U	0,2	0,5	0,3	1,1	0,4	0,8	1,0	–	0,6
6	Freiber./trad.	B	1,9	7,7	1,9	2,3	4,7	21,6	8,8	3,5	7,2
	akadem. Berufe	U	1,4	2,7	2,6	4,0	6,9	21,4	10,0	–	6,0
7	Ang. u. Beamte i.	B	4,1	10,1	6,9	9,5	11,2	23,0	23,1	9,3	14,8
	mitt. u. einf. Pos.	U	0,8	2,3	2,2	4,5	8,7	14,6	10,5	5,3	5,3
8	Sonstige	B	5,9	8,9	8,1	8,1	8,0	8,6	7,8	11,0	8,0
		U	3,8	4,5	5,6	4,2	4,0	4,2	5,5	–	4,7
	Gesamt	B	100	100	100	100	100	100	100		
		U	100	100	100	100	100	100	100	100	100
		B	6,0	7,1	19,2	18,4	2,8	13,1	31,2	2,2	100
		U	19,0	2,3	25,9	22,4	2,9	10,0	17,3	0,2	100

B = Bundesrepublik Deutschland (N = 28747)
U = Ungarn (N = 9640)

Befragte "Meister" geben als berufliche Stellung des Vaters zu 30% den Status "Facharbeiter" an, rekrutieren sich zu 11,9% aus Meister- Familien, bereits zu 11,2% aus Freiberuflern und anderen akademischen Familien.

Bei einer derartigen Darstellung der empirischen Ergebnisse führen allgemeine Matrizenoperationen zu folgenden Ergebnissen: Bildet man die Zeilen- und Spaltenprodukte – minimale strukturelle Mobilität – und substrahiert diese theoretischen Werte von den tatsächlichen Werten, so erhält man Maßzahlen der Mobilität und Flexibilität. Sind die Summen unterschiedlich, so sind "Flexibilitätsredundanz" oder "Mobilitätsumwege" errechenbar.

[1] Manfred Kaiser, Tamas Kolosi, Peter Robert, Bildungsexpansion, Beschäftigung und Mobilität, Ein empirischer Vergleich zwischen der Bundesrepublik Deutschland und Ungarn. In: MittAB, Heft 3/84, S.388-406, S.394

Die Diagonale der Matrix gibt die "Selbstrekrutierungsquote" an. Sie liegt in der Landwirtschaft bei 60% , bei den traditionellen akademischen Berufen bei 22% , in der Gruppe der Beamten bei 23% .

Mobilitätschancen sind somit aus den Randverteilungen und der Analyse der erwarteten Häufigkeiten im Vergleich zur tatsächlichen Besetzung der Matrixfelder ableitbar. Koeffizienten zur Analyse sind jene, die aus der Beschreibung von Wirtschaftsstrukturen bekannt sind: Entropie, Dichteziffern usw.

"Die geringste Chance Freiberufler/traditioneller Akademiker zu werden, haben in der Bundesrepublik die Söhne von An- und Ungelernten, in Ungarn die Söhne von Beschäftigten in der Landwirtschaft. Die größten Chancen, Freiberuflicher/ traditioneller Akademiker zu werden, haben - wie bereits erwähnt - in beiden Ländern neben den Söhnen von Freiberuflern/ traditionellen Akademikern vor allem die Söhne von Angestellten/ Beamten. Aufstiegschancen sind somit in beiden Ländern ungleich verteilt. Wessen Vater schon eine relativ hochwertige Position in der beruflichen Hierarchie erreicht hat, hat eine bessere Chance dessen Position zu halten oder sogar in eine höherwertigere aufzusteigen als jemand, dessen Vater eine relativ niederwertige berufliche Position ausübte."[1]

Wenn hier von den geringsten und größten Chancen die Rede ist, so wird verkannt, daß es keine ganz undurchlässigen Kanäle gibt. Aus den Familien der Un- und Angelernten rekrutieren sich 5,5% der Freiberufler/traditionellen Akademiker und 10,9% der mittleren und einfachen Angestellten- und Beamtenpositionen und so weiter. Am verbreitetsten ist der Prozess des Aufstiegs vom Facharbeiter zum Meister, zum Akademiker.

Etwa Gut die Hälfte der deutschen Erwerbspersonen war mobil, "Vererbungen" des Status kamen nur in ca. 38% der Fälle vor.

Bei derartigen Analysen bleiben die Fragen offen, die klären sollten, wieviel Mobilität und Austausch eine Gesellschaft in einem gegebenen Zeitraum verträgt. "Intergenerative Mobilität beinhaltet immer auch soziale Distanz zwischen Vater- und Kindstatus. Zu klären gilt es, welche Faktoren diese Distanz bestimmen? Oder: Welche Bedeutung diese Distanz für Karriere und Persönlichkeitsentwicklung hat, ist bisher kaum erforscht und wichtiger Bestandteil für eine 'persönlichkeitsorientierte' Mobilitätsforschung."[2]

---

[1] Ebenda

[2] Ebenda

Offen bleiben aber vor allem Fragen nach beruflichen und sektoralen Mobilitätsprozessen. Die Wahrscheinlichkeit in Zwiesel Glasfacharbeiter zu werden ist bedeutend höher als in Heinsberg, Stahlfacharbeiter in Duisburg oder Oberhausen oder Dillingen höher als in Düsseldorf oder München. Man muß sich nur einmal die Kommunikationsprozesse vorstellen, die ablaufen müssen, um in Berufe überzuwechseln, die in Regionen nicht vertreten sind, und auch keine überregionale Ausbildungsinstitutionen aufweisen. Die funktionalen Berufsverteilungen der Regionen legen zunächst einmal das Maß an Information in einer Region fest.

Die Sektorstrukturen des Jahres 1970 und 1980 können ebenfalls einer Matrixanalyse unterzogen werden. Strukturwandel vollzieht sich hierbei zwar langsam aber stetig. Der Sektor Maschinenbau ist der zeitlich konstante dominierende Faktor.

Wer von mangelnder Flexibilität spricht, der muß – um an der Analysemethode festzuhalten – eine theoretische, eine gewünschte Verteilung vorgeben, um dann die Mobilitätserfordernisse ableiten zu können; Wanderungsprozesse von der gegenwärtigen Berufs- und Sektorverteilung zur gewünschten Verteilung nach Sektoren und Berufen. Die Klassifikation nach Hochtechnologie, Zukunftsfestigkeit usw. entzieht sich den Matrixanalysen.

Auf regionaler Ebene kommt noch hinzu, daß die theoretische, gewünschte Verteilung ebenfalls mit vorgegeben werden muß. Von regionaler Inflexibilität zu reden widerspricht allen empirisch nachweisbaren Wanderungsströmen täglicher und wöchentlicher Pedelverflechtungen.

Prozesse der Mobilität sind ausführlich für die aus der Landwirtschaft freigesetzten Arbeitskräfte untersucht worden. Die Frage ist, ob auch in der Zukunft derartig extreme Umstrukturierungen zu erwarten sein werden? Es sind ländlich gepägte Regionen, in denen die höchste Zunahme des Erwerbspersonenpotentials — noch bis 1990 und darüber hinaus — zu erwarten ist. Mobilitätsprozesse werden deshalb, so wie in der Vergangenheit, in Agrarregionen weiterhin zu erwarten sein.

Neben den Wanderungen aus Agrargebieten – mit "Landflucht" früher beschrieben – ist es jedoch ein zweiter Sachverhalt, der weitgehend unbeachtet geblieben ist und von dem anzunehmen ist daß er in Zukunft eine stärkere Bedeutung erlangen wird: die berufliche Eingliederung der Nachkommen von Landwirten.

Abwanderungen aus der Landwirtschaft - verbunden mit der Aufgabe von Betrieben - wurde bis zu Beginn der 70er Jahre - und zum Teil auch heute wieder - als Voraussetzung für die Steigerung der Pro- Kopf- Einkommen in Agrarregionen angesehen. "Als Folge steigender Arbeitslosigkeit und wachsender Überschüsse an Agrarprodukten wird die Förderung des Strukturwandels heute zwar wieder zunehmend kritisiert und im Zusammenhang mit der Diskussion über 'Grenzen des Wachstums' gelegentlich sogar mit einer Rückwanderung von Arbeitskräften in die Landwirtschaft der westlichen Industrienationen gerechnet; unter den Vertretern der wissenschaftlichen Agrarpolitik herrscht jedoch die Meinung vor, daß sich der Strukturwandel in der Landwirtschaft auch künftig fortsetzen und mit einer weiteren Freisetzung von Arbeitskräften verbunden sein wird."[1]

Kontrovers ist somit, ob die Freisetzung von Arbeitskräften aus der Landwirtschaft sich in dem Ausmaß, wie es in der Vergangenheit zu beobachten gewesen war, weiter fortsetzen wird, oder ob es zu einem Stillstand oder zu einer Rückwanderung von Arbeitskräften in die Landwirtschaft kommt.

Diese letzte Annahme bedeutete, daß die Zahl der betrieblich beschäftigten Familienangehörigen weiter zunähme. Landwirtschaftlicher, betrieblicher Einsatz von Familienarbeitskräften - Inhaber und Familienangehörige - wird durch folgende Erwerbsstrukturen gekennzeichnet, Tätigkeit im Haushalt des Inhabers und/oder außerbetriebliche Beschäftigung, zum Teil als Nebenerwerb, d.h. gleichzeitig zur landwirtschaftlichen Tätigkeit oder durchlaufen einer Ausbildungsphase im landwirtschaftlichen oder außerlandwirtschaftlichen Bereich.

Der zweite Vorgang — Übergang zur außerlandwirtschaftlichen Erwerbstätigkeit — ist vermutlich vollständig zum Stillstand gekommen. "Trotz ungünstiger Einkommensentwicklung in der Landwirtschaft hat dieser zweite Vorgang für die Verminderung der Zahl und des Arbeitseinsatzes der Familienarbeitskräfte in der Landwirtschaft u. a. aufgrund der hohen Arbeitslosigkeit in der Bundesrepublik Deutschland an Bedeutung verloren."[2]

Es sind also mehrere Erwerbstätigkeiten, die in Agrarregionen zu verzeichnen sind — und diese werden in verschiedenen Statistiken geführt. Eine nichtland-

---

[1] Ferdinand Fasterding, Ausbildung und berufliche Erstplazierung der Nachkommen selbständiger Landwirte, in: Landbauforschung Völkenrode, 35. Jahrgang(1985), Heft 4, S. 174-184, S. 174

[2] Ferdinand Fasterding, Ausbildung und berufliche Erstplazierung der Nachkommen selbständiger Landwirte, a.a.O., S. 174

wirtschaftliche Berufsausbildung führt in der Regel nicht zu einer Aufgabe des Hofes, "... denn eine solche Ausbildung kann möglicherweise auch im Hinblick auf eine spätere 'Vollbeschäftigung' im landwirtschaftlichen Betrieb oder wegen einer angestrebten Kombination landwirtschaftlicher mit nichtlandwirtschaftlicher Tätigkeiten aufgenommen worden sein."[1] In diesem Zusammenhang hat M. Kaiser eine Typisierung von Ausbildungs- und Berufsverläufen entwickelt, die für landwirtschaftliche Berufsverläufe noch zutreffend sein wird, zum Beispiel der Rückkehr in den Familienbetrieb nach erlerntem ersten Beruf. Der für die Nachkommen selbständiger Landwirte typische Fall — mehrer Erwerbstätigkeiten nebeneinander — ist in dieser Typisierung noch gar nicht erfaßt.

Fall 1: - Ausbildung - Beruf (entspricht/ entspricht nicht der Ausbildung)
Fall 2: - Ausbildung - 1. Beruf - 2. Beruf - 3. Beruf
Fall 3: - Ausbildung - 1. Beruf - 2. Ausbildung - 2. Beruf
Fall 4: - Ausbildung - 1. Beruf - 2. Beruf - 3. Beruf
Fall 5: - Ausbildung - 1. Beruf - Familienpause - 2. Beruf
Fall 6: - Ausbildung - 1. Beruf - Krankheit - Rehabilation —- 2. Beruf
Fall 7: - Ausbildung - 1. Beruf - Gefangenschaft - 2.Beruf
Fall 8: - Ausbildung - Arbeitslosigkeit - 1. Beruf - 2. Beruf

Die Erwerbsstruktur in Agrarregionen dürfte dadurch gekennzeichnet sein, daß die erste Ausbildungsphase der Nachkommen der Landwirte abgeschlossen ist - wir beziehen uns auf die überdurchschnittlichen Erwerbspersonenzunahmen der Vergangenheit - und nun vor der "zweiten Schwelle" einer Erwerbstätigkeit die Entscheidung fällt, ob eine Rückkehr in die Landwirtschaft notwendig wird, oder ob eine berufliche Erstplazierung gelingt. Diese berufliche Plazierung wird von den regionalen Arbeitsmarktstrukturen abhängig sein.

[1]Ebenda, S. 174.

5.3. Unternehmensplanung und flexible Produktion

Die Erfahrungen des letzten Konjunkturzyklus haben in Verbindung mit der Diskussion um den Energieschock des Jahres 1975 nicht nur zur Frage geänderter Rahmenbedingungen, sondern zu einer sehr breiten Behandlung konjunktureller Erscheinungen und ihres Zusammenhangs mit gesellschaftlichen Faktoren geführt.

"Nachdem die öffentliche Diskussion - begünstigt durch die wirtschaftlichen Erfolge der Nachkriegsperiode - lange Zeit vom 'Wachstumsdenken' beherrscht zu sein schien, kehrt nunmehr - hervorgerufen durch die zum Teil schmerzhaften Erfahrungen der unmittelbaren Vergangenheit - die Einsicht zurück, daß zu den Erscheinungsformen der wirtschaftlichen Entwicklung, neben Wachstumsphasen auch Perioden der Stagnation und der Kontraktion gehören."[1]

Strukturwandel und sektoral langfristige Perioden der Kontraktion haben die Theorie der Regionalpolitik seit eh und je beherscht. Die regionale Wirtschaftsförderung ist gerade angetreten den Strukturwandel zu begleiten und seine negativen Erscheinungen zu beseitigen.

Die Ungewißheit struktureller und konjunktureller Entwicklungen wird in der Unternehmensplanung durch den Einbezug von Stabilisatoren zur Verstetigung der Nachfrage und der Ausgaben zu berücksichtigen versucht. Aus den unterschiedlichen Branchenkonjunkturen, die bis 1982 durch den Konjunkturabschwung verstärkt worden waren, resultieren Strategien zur Erhöhung der Krisenfestigkeit, abgebildet durch Modelle der flexiblen Planung. Flexible Spezialisierung ist ein Thema, das durch den letzten Konjunkturzyklus sowohl auf volkswirtschaftlicher Ebene, als auch auf betriebswirtschaftlicher Ebene wieder in den Vordergrund getreten ist.[2]

Regionaler Strukturwandel entsteht durch unterschiedliche sektorale Konjunkturen und der Veränderung reginaler Standortfaktoren. Regionalpolitik wirkt auf beide Faktoren ein. Durch Infrastrukturmaßnahmen auf das Gefüge der Standortfaktoren, durch Verbilligung der Kapitalkosten, die räumlich selektiv gewährt werden, auf die Erleichterung von Umstellungsprozessen im sektoralen Konjunkturzyklus und Trend.

Regionale Wirtschaftsförderung muß in Verbindung mit der trendorien-

[1] Henner Schierenbeck, Unternehmungsfinanzen und Konjunktur, Stuttgart 1980, S.1

[2] Auf betriebswirtschaftlicher Ebene wird versucht konjunkturelle Einbrüche durch Elemente kompensatorischer Finanzpolitik zu absorbieren. Ebenda, S.310

tierten Kapazitätspolitik der Unternehmen gesehen werden; sie greift in die Kapazitätspolitik der Unternehmen ein, gleichgültig, ob diese auf Erweiterungen oder Abbau von Produktionsfaktoren durch Rationalisierung gerichtet ist. Regionalpolitik greift deshalb in langfristige Planungskonzepte der Unternehmen ein. Es ist nicht zu verstehen, wie Investitionszulagen deshalb noch nachträglich gewährt werden können, wo es hierbei um grundlegende Einflüsse auf langfristig geplante Investitionen geht.

Sachanlageinvestitionen der Unternehmen stellen nicht nur in bezug auf die internationale Wettbewerbsfähigkeit und technologischen Herausforderungen eine Schlüsselgröße dar, sondern auch in finanzwirtschaftlicher Hinsicht: Sie binden erhebliches Kapitalvolumen, induzieren auch im Umlaufvermögen zusätzliche Ausgaben und sind mit erheblichen Risiken verbunden.[1]

Zur Regionalförderung zählt nicht zufällig die Förderung des Aufkaufs von Unternehmen, denn bei Mehrheitsbeteiligungen verwischen sich die Differenzen von "Off- Balance- Sheet"- Investition[2] und Sachanlageinvestition; die Beteiligung geht bilanziell in die Vermögens- und Kapitalrechnung der Beteiligungsgesellschaft ein.[3] Ohne daß sich die Produktionskapazitäten einer Volkswirtschaft erhöhen, kann die regionale Wirtschaftsförderung dazu beitragen, öffentliche Gelder in die Wirtschaft zu transferieren, und zwar immer dann, wenn sich die Geschwindigkeit erhöht, mit der Unternehmensverflechtungen erfolgen.

Regionalpolitik wirkt als ein Faktor auf das Zielsystem der Kapazitätspolitik ein. Dieses System kann seine Kapazitätspolitik so ausrichten, daß sie von konjunkturellen Schwankungen weitgehend unabhängig wird, und zwar durch Variation der Kapazitätsauslastung, Umstrukturierung des Produktionsprogramms, Verwendung von Absatzlägern als Konjunkturpuffer, aktive Lieferzeitpolitik und konjunkturbezogene Preispolitik.[4]

Um auf wechselnde Markterfordernisse durch Umstrukturierung des Produktionsprogramms reagieren zu können, müssen folgende Voraussetzungen gelten: "Zum einen muß ein entsprechendes, auch wirtschaftlich vertretbares Maß an fertigungstechnischer Elastizität, realisierbar z.B. durch den Einsatz universeller oder leicht umrüstbarer Transportsysteme und Produktionsaggregate, bestehen und zum anderen müssen im Programm der Unternehmung Produkte

---

[1] Ebenda, S.313

[2] Finanzinvestitionen, die aus finanziellen Überschüssen vorgenommen werden.

[3] Ebenda, S.314

[4] Ebenda, S.317

mit unterschiedlicher Konjunkturreagibilität oder besser noch gegenläufigem Konjunkturrhythmus enthalten sein, so daß eine Umschichtung von nachfrageschwachen zu nachfragestarken Produkten überhaupt erfolgen kann."[1]

Anpassungsprozesse von Unternehmen werden in der Betriebswirtschaftslehre durch die Theorie der Entscheidungen unter Ungewißheit beschrieben. Stabilisatoren sind darauf gerichtet, Anpassungen vornehmen zu können, d.h. zum einen eine Ergebnisverstetigung zu erzielen, zum anderen einen für die Zukunft verbleibenden Spielraum der Anpassung zu erhalten. Flexibilität und finanzielle Mobilität werden hierbei identisch.[2] Neben finanziellen Bedingungen interessieren hier die Bedingungen der Kapazitätsplanung. Danach werden Investitionen nicht nur nach erwarteten Erträgen, sondern nach Fixkostenanteilen beurteilt, wird versucht langfristige Liefer- und Abnahmeverträge zu garantieren, eine dominierende Marktposition zu sichern.[3] "Fixe Kosten zerstören auf die Dauer die freie Wirtschaft."[4] Sie wirken in zunehmenden Maße destabilisierend, und zwar durch zunehmende Verwaltungskosten, automatisierte Großanlagen und vertragliche Abmachungen zum Beschäftigungsabbau.[5] Stabilitätsorientierte Investitionspolitik kann nach drei Konzepten geplant werden: Produktprofilplanung nach dem Life- Cycle, nach Maßen der Ausgewogenen Aktivitätsstreuung und nach der vertikalen Integration.

Abb 16: Life Cycle Produkt- Statusanalyse[6]

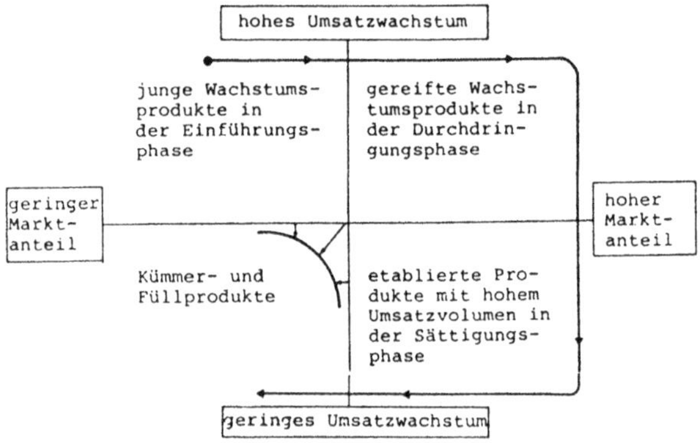

Die Änderungen der Nachfrage und der Reife von Produkten im Zeitver-

[1] Ebenda, S.317
[2] Ebenda, S.335f., H. Koch, Grundlagen der Wirtschaftlichkeitsrechnung, Wiesbaden 1970
[3] Ebenda, S. 337
[4] Ebenda, S. 337f., nach Schmalenbach
[5] Ebenda, S. 338
[6] Quelle: H. Schierenbeck, Unternehmungsfinanzen und Konjunktur, Stuttgart 1980, S. 341

lauf steht im Mittelpunkt des ersten Konzeptes, des Lebenszyklus von Gütern. Dieses Konzept gilt in den Theorien der Volkswirtschaftslehre und der Betriebswirtschaftslehre gleichermaßen.

Verbindungen zur innovationsorientierten Regionalpolitik zeigt das erste Feld der Abbildung auf. "Durch entsprechende (F+E) Investitionen ist zunächst dafür Sorge zu tragen, daß hier stets genügend Produkte mit überdurchschnittlichen Marktchancen vertreten sind."[1] Gelingt die Strategie der Marktanteilerweiterung nicht, so sind die F.u.E.- Produkte frühzeitig aus dem Markt zu nehmen. Unternehmensziel ist zunächst das Aufspüren von "Marktchancen", erst im zweiten Schritt erlangt die Forschungs- und Entwicklungskapazität Bedeutung.

Unternehmenserfolge hängen nicht an der unbedingten Einführung neuer Technologien. Das Konzept der ausgewogenen Aktivitätsstreuung basiert auf dem Grundgedanken der Risikomischung: "Indem nicht alles 'auf eine Karte' gesetzt wird, werden die Risiken begrenzt (allerdings damit im allgemeinen auch zugleich die Chancen) und die Wahrscheinlichkeit für eine stetige Entwicklung der Unternehmungsgewinne nimmt zu."[2]

Abb. 17: Markterweiterungs- und Diversifikationsstrategien[3]

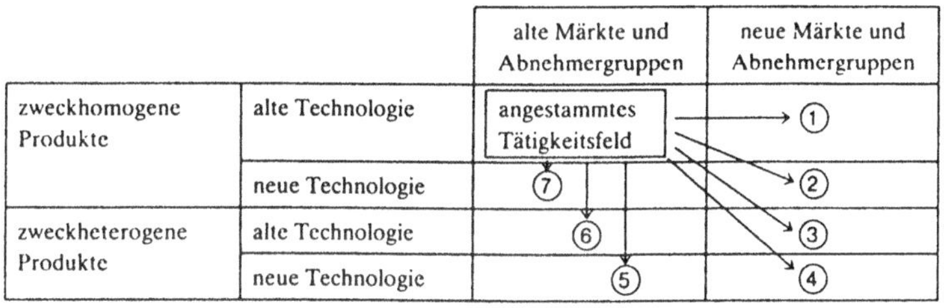

Diese Diversifikationskonzepte lassen sich durch unternehmensinterne Investitionen verfolgen, oder durch externe Investitionen, d.h. Beteiligungen. Beteiligungsinvestitionen nehmen unter bestimmten Bedingungen einen hohen Stellenwert ein. Sie weisen für die Unternehmen folgende Vorteile[4] auf:

- Zeitersparnis im Vergleich zur Entwicklung eigener Produkte,
- Kapazitätsangebot wird nicht erhöht,

[1] Ebenda, S.340
[2] Ebenda, S. 342
[3] Quelle: H. Schierenbeck, Unternehmungsfinanzen und Konjunktur, Stuttgart 1980, S. 343
[4] Ebenda, S. 343

- Widerstände der Markteindringung werden leichter überwunden, seien es finanzielle, technische oder rechtliche Widerstände,
- Programmerweiterung um eingeführte und gereifte Produkte,
- Erwerb zum Teil unter dem Ertrags- oder Substanzwert,
- technologische "Befruchtung",
- Finanzierungserleichterungen.

"So klar dieses Konzept einer effizienten Wertpapiermischung ist, so schwierig ist seine Anwendung in der Praxis. Denn dieser fehlen natürlich meist wesentliche Teile der Informationen, die erforderlich sind, um eine diesbezüglich optimale Strategie zu berechnen. Diese Probleme gelten selbst hinsichtlich der vergleichsweise dazu trivial anmutenden Forderung nach teilweiser Verlagerung der wirtschaftlichen Tätigkeit auf mehr konjunkturunempfindliche Sektoren und insofern Abbau der 'schicksalhaften Abhängigkeit' einer nicht diversifizierten Unternehmung von ihrem angestammten Markt. Denn nicht zuletzt aus Gründen unvollkommener Information werden mit solchen Strategien, deren Ziel eigentlich eine Erhöhung der Krisenfestigkeit der Unternehmung ist, stets auch zusätzliche Risiken 'eingehandelt', die die Krisenanfälligkeit der Unternehmung (zumindest für eine Übergangszeit) sogar noch u.U. erhöhen."[1]

Diese Einschränkungen gelten sowohl für die Strategien der "organischen" Diversifikation, d.h. wenn Produkterweiterungen um das zentrale Know How der Unternehmung vorgenommen werden, als auch für die vertikale Diversifikation, d.h. bei Angliederung produktionstechnischer Vor- oder Nachstufen.[2]

Anpassungsfähigkeit von Regionen durch diese Konzepte zu erreichen scheint unmöglich. Vertikale Diversifikation führt eher zu einer weiteren Spezialisierung von Regionen. Während allerdings Unternehmen durch neue geographische Märkte ihre Gewinnrisiken streuen können, bleibt die schicksalhafte Abhängigkeit der Arbeitnehmer vom ursprünglichen Produktionsprogramm erhalten.

Berechnet man die Kontrollstruktur von Regionen, d.h. die finanziellen Verflechtungen und Abhängigkeiten der Betriebe einer Region von den Muttergesellschaften, so erhält man folgende Rangfolge der Regionen.

---

[1] Ebenda, S. 344

[2] Ebenda, S. 345.

Abb 18: Die Kontrollstruktur der Regionen[1]

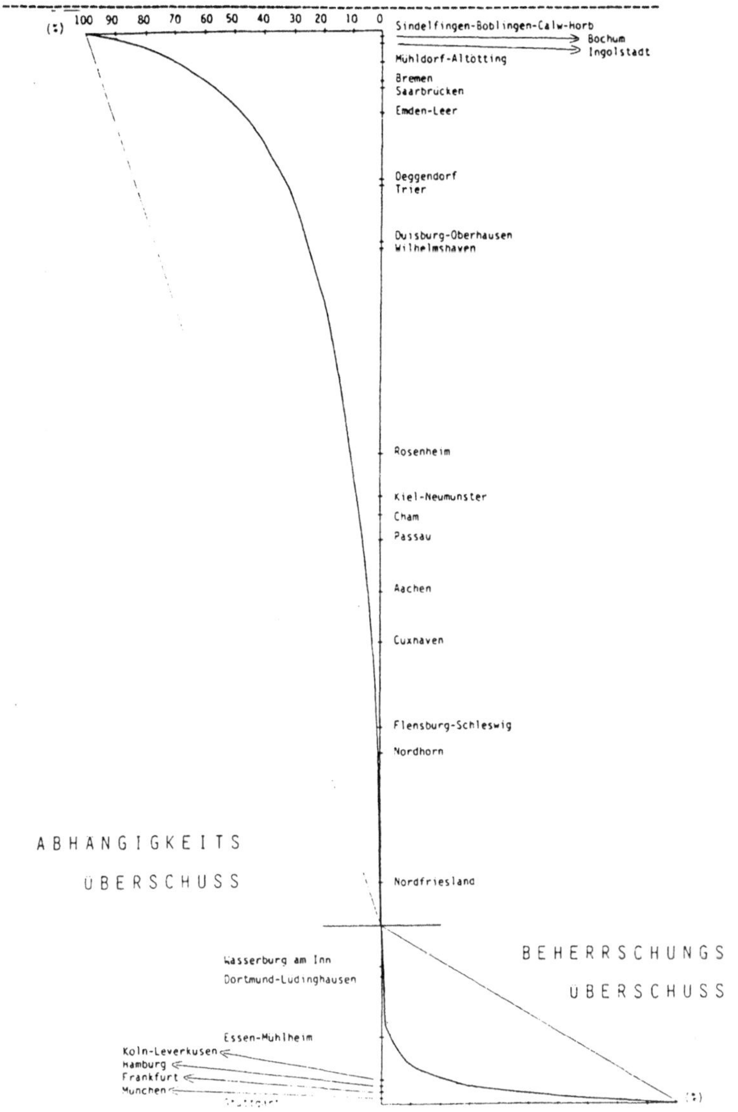

Die Konzentration von Abhängigkeit und Beherrschung am Beispiel der Kontrollbilanz für die Investitionssumme von 1978 bis 1982 anhand einer Lorenz-Kurve

[1]Quelle: Heinrich Gräber, Mathias Holst, Karl- Peter Schackmann- Fallis, Harald Spehl, Regionale Wirtschaftsstrukturen im Verarbeitenden Gewerbe unter besonderer Berücksichtigung der Kontrollstruktur, Endbericht (Kurzfassung), Trier 1986, S. 0-10

Die Analyse der Kontrollstruktur von Regionen, der finanziellen Verflechtungen und Abhängigkeiten der Betriebe einer Region, zeigt folgende Zusammenhänge: Kontrollverflechtungen haben ein hohes Ausmaß erreicht; Mehrbetriebsunternehmen stellten im Verarbeitenden Gewerbe im Jahre 1979 30 % der 45.000 Betriebe, aber 60% der Beschäftigten und 70% der Investitionen.[1] Relativ gleichmäßig ist die externe Abhängigkeit dabei im Raum verteilt, ausgenommen ist die Abhängigkeit aller Regionstypen von den hochverdichteten Regionen, d.h. die Kontrollstruktur der Regionen ist ein getreues Abbild der Zentrenhierarchie.[2] Mit dem Kontrollstatus der Betriebe variiert die Funktionsstruktur der Betriebe, d.h. der Anteil der höherwertigen Funktionen, qualifizierten Berufe usw. steigt bei rechtlich selbständigen Betrieben, sowie bei Betrieben über zweihundert Beschäftigte.[3]

Vor dem Hintergrund dieser Ergebnisse ist die Förderung qualifizierter Arbeitsplätze neu zu bewerten. Zwar muß die negative Bedeutung externe Betriebsabhängigkeit relativiert werden, aber[4] ebenso die positive Bewertung rechtlich selbständiger Betriebe.[5]

Der Versuch, die Kontrollstruktur von Regionen in die Entscheidungen der Wirtschaftsförderung einzubeziehen, unterliegt schwerwiegenden statistischen Restriktionen, erkennbar aus den Definitionen der amtlichen Statistik über Abhängigkeits- und Beherrschungsbeziehungen.[6]

---

[1] Heinrich Gräber, Mathias Holst, Karl- Peter Schackmann- Fallis, Harald Spehl, Regionale Wirtschaftsstrukturen im Verarbeitenden Gewerbe unter besonderer Berücksichtigung der Kontrollstruktur, Endbericht (Kurzfassung), Trier 1986, S. 0-7

[2] Ebenda, S. 0-9

[3] Ebenda, S. 0-14

[4] Ebenda, S.0-17

[5] Ebenda, S. 0-19

[6] Das Statistische Bundesamt wertet gegenwärtig Unternehmens- und Konzernabschlüsse nach einzelnen Merkmalen aus. Gesetzliche Grundlage hierzu ist das Publizitätsgesetz, d.h. das Gesetz über die Rechnungslegung von bestimmten Unternehmen und Konzernen vom 15. August 1969 (Bundesgesetzblatt I S. 10189) und das Aktiengesetz vom 6. September 1965 (Bundesgesetzblatt I S. 10089). Bestimmte Unternehmen nach dem Publizitätsgesetz sind solche, in denen a) die Umsatzsumme größer als 250 Millionen DM ist, b) die Bilanzsumme größer als 125 Millionen DM, c) die Zahl der Beschäftigten größer als 5000; mindestens zwei der Merkmale müssen erfüllt sein, um Unternehmensabschlüsse - oder Gesellschaftsberichte - veröffentlichen zu müssen. Von den jährlich ca. 1500 ausgewerteten Abschlüssen der Aktiengesellschaften (Bestandsstatistik und Bilanzstatistik)werden die dem Umlaufvermögen zugerechneten Forderungen getrennt ausgewiesen nach verbundenen Unternehmen und anderen (1981 z. B. 52 Milliarden an verbundenen Unternehmensforderungen und 30 Milliarden andere Unternehmen (Statistisches Jahrbuch 1984 S. 128). Verbundene Aktiengesellschaften sind definiert durch einen Gewinnabführungsvertrag, einen Beherrschungsvertrag oder eine Kapitalmehrheit. Im Bundesanzeiger veröffentlicht werden muß die Übernahme

Unüberwindbar scheinen auch die Informationsbarrieren für die Regionalpolitik, sollen betriebswirtschaftliche Modelle der flexiblen Planung, flexiblen Produktionstechnik und der Kleinserienfertigung übernommen werden.

Ausgangspunkt ist die Feststellung, daß die Handlungsmöglichkeiten in einem Zeitpunkt von den Handlungen früherer Zeitpunkte abhängig sind, daß Erwartungen mehrer Werte annehmen können und daß die Entscheidungen der Gegenwart den Handlungsraum späterer Zeit beeinflussen. So ist flexible Planung der Versuch, diese Unsicherheiten so gering wie möglich zu halten. Simuliert werden hierzu Eventualereignisse und Eventualentscheidungen.

---

bestimmter Anteile einer AG durch eine andere, insbesondere wenn dadurch eine Mehrheit des anteilübernehmenden Unternehmens entsteht oder ein Viertel des Grundkapitals übernommen wird. (Zur Definition Abhängigkeit vgl. auch das Kriterium einheitliche Leitung, obwohl das verbundene Unternehmen rechtlich selbständig bleibt, d.h. sein Vermögen behält.) Eine Vermögensstatistik anhand der gesagt werden konnte: Das Grundkapital einer Aktiengesellschaft befindet sich zu x% im Besitz von Banken, Privaten, anderen Aktiengesellschaften, der öffentlichen Hand usw.. ist seit 1968 eingestellt. Auf Stichprobenbasis wird schließlich im Wege der Einkommens- und Verbrauchsstichproben die Vermögensstruktur der Haushalte der Bundesrepublik erfaßt (Sparguthaben, Bausparvertäge, Lebensversicherungen, Haus- und Grundbesitz, nicht Eigentumsansprüche an Unternehmen). Daten zur Einkommens- und Vermögensverteilung sind in der Bundesrepublik Deutschland durch das Steuergeheimnis weitgehend geschützt. Dieser Schutz beeinflußt jedoch nicht die Ermittlung der Vermögensbestände der Bundesrepublik, sondern die Möglichkeit, Konzentrationsgrade und - indikatoren zu bestimmen. Im Vergleich zu der Zeit, in der Krengel, F. Franzmeyer und Krelle das erstemal versuchten, Vermögensbestände, insbesondere der Industrie und des Verarbeitenden Gewerbes, d.h. das industrielle Anlagevermögen, zu berechnen und sich hier mit erheblichen methodischen Problemen auseinandersetzen mußten, ist heute für das Statistische Bundesamt die perpetual inventory -Schätzmethode gängiges Verfahren zur Bestimmung des industriellen Anlagevermögens; diese Methode setzt sich international auch immer stärker durch. Das bedeutet, Anlagevermögen wird in der Bundesrepublik aus Investitionszeitreihen und Abschreibungszeitreihen geschätzt. Das Gesamtvermögen der Bundesrepublik wird für das Jahr 1980 bzw. 1978 wie folgt geschätzt: 3804 Mrd. DM Sachvermögen 1978, 2377 Mrd. DM Geldvermögen 1980. Quelle: Einkommens- und Vermögensverteilung, Der Bundesminister für Arbeit und Sozialordnung, Bonn 1981, S. 51). Das gesamtwirtschaftliche Vermögen besteht nur aus dem bewerteten Sachvermögen, d.h. den zu Wiederbeschaffungspreisen bewerteten Anlagegütern der Unternehmen und der öffentlichen Haushalte einschließlich der Ein-Familienhäuser und Eigentumswohnungen der privaten Haushalte, abzüglich der Abschreibungen und in einer Reihe von Statistiken ohne den öffentlichen Tiefbau. Auf der Aktivseite eines Unternehmens oder Haushaltes erfaßte Forderung en sind entsprechende Verbindlichkeiten eines anderen Unternehmens oder Haushaltes - gesamtwirtschftlich addieren sie sich, so daß diese Konsolidierung der Bilanz dazu führt, daß weder auf die Höhe der Vermögensbildung der Sektoren (Sektoren gleich private Haushalte einschließlich private Organisationen ohne Erwerbscharakter, Unternehmen und öffentliche Haushalte) noch auf die einzelner Wirtschaftssubjekte geschlossen werden kann. Hier sind wir also wieder beim Problem der Vermögenskonzentrationsmessung bzw. der Beteiligungsoffenlegung und Schachtelung von Konzernen. Die nicht-konsolidierte Bilanz muß also Grundlage sein, um Vermögensverteilungen zu messen; damit wird die Konsistenz des Gesamtsystems allerdings verlassen. Vermögensverteilungen zu berechnen ist nur möglich, wenn über Aktienbesitz und Forderungswerte die Verteilung des Vermögens auf Haushalte und auf Unternehmen, die Forderungen gegenüber anderen Unternehmen halten, ermittelt werden können. Aus der

"Das Fällen von Eventualentscheidungen bzw. die Aufstellung sogenannter 'Schubladenpläne' bedeutet dabei, daß die Möglichkeiten und Bedingungen einer späteren Anpassung bereits zum jeweils gegenwärtigen Zeitpunkt gesehen werden und in die Gestaltung der Programme und Pläne einfließen."[1] Techniken der Entscheidungsfindung sind hierbei die Konstruktion von Zustands- oder Entscheidungsbäumen bzw. Modelle der dynamischen Programmierung.

Die These, Verhaltensmaxime der Unternehmen sei Gewinnmaximierung, ist in einem anderen Licht zu betrachten, wenn man sie im Zusammenhang mit der Risikosicherung sieht. Die Zielsetzung der Risikominimierung steht gleichgewichtig neben der Gewinnmaximierung, wenn nicht sogar an erster Stelle. Das Ergebnis ist allerdings dasselbe. Aus Sicherheitsgesichtspunkten erfolgt ein Aufkauf von anderen Unternehmen, die Bildung von Konglomeraten, d.h. die Entstehung von Marktmacht. Planungen von Unternehmen beziehen sich eher auf die Sicherung von Mindesterlösen, als auf Gewinnmaximierung, d.h. eher auf die Vermeidung außerplanmäßiger Ereignisse. Damit versuchen Unterneh-

---

Bilanzstatistik der Aktiengesellschaften geht somit die Verteilung der Vermögen auf Haushalte und Bevölkerung nicht hervor. "Nach Berechnung des Statistischen Bundesamtes war 1965 rund ein Viertel des Kapitals der Deutschen Aktiengesellschaften durch Schachtelbesitz in Konzernen verkettet." Urs Jaeggi, Kapital und Arbeit in der Bundesrepublik 14. Auflage 1974, S. 76. Es gibt gewisse Grundstrukturen der Vermögensverteilung, die bereits ermittelt worden sind, und die aus den Konzernabschlüssen und den Einkommenssteuerstatistiken jeweils aktualisiert werden. Verflechtungen: Es gibt z.B. für die Industrie eine Aufgliederung in 6 Industriegruppen: "Die IG- Farben kontrolliert die chemische Industrie und die Rheinischen Stahlwerke und ist eng mit Banken, wie der Deutschen Bank verflochten; - Die Gruppe Thyssen übt erneut die Kontrolle über namhafte Gesellschaften der Eisen- und Kohleindustrie sowie über eine bedeutende Schiffswerft aus; - Die Gruppe Mannesmann die einen Großteil der Stahlrohrproduktion kontrolliert, ist im Besitz eines Eisen- Kohle-Komplexes und ist eng mit der Deutschen Bank und der Deutschen Erdöl-AG usw. liiert; - Die Gruppe Krupp (Rheinhausen, Krupp-Werke, Schiffswerft-AG, drei Kohlegruben) ist verflochten mit der schwedischen Wenna-Gren, dem Bochumer Verein, der WASAG-Chemie usw.; -Die Gruppe Flick: Maximilianshütte, Daimler Benz, Autounion, Feldmühle Papier und Zellstoff sowie bedeutsame ausländische Beteiligungen." Urs Jaeggi, Kapital und Arbeit in der Bundesrepublik, Ebenda, S. 77.

[1] H. Schierenbeck, Unternehmungsfinanzen und Konjunktur, a.a.O., S. 354

men eher Preise und Nachfrage zu beeinflussen, um Marktanteile zu erreichen oder zu halten. Schutz vor Preisverfall ist wichtiger als ein optimaler Preis. Verstetigung der Gesamtnachfrage und Staatsfinanzierung kostspieliger Technologie gehören ebenfalls zur Risikoabsicherung. Steigerung der Marktanteile bedeutet meistens Wachstum der Beschäftigung, d.h. Expansion und dient damit als Erfolgsausweis der Unternehmensführung. Sie dient gleichzeitig als Schutz vor späterem Schrumpfen der Unternehmen. Während kleine Firmen in Existenznöte geraten, werden in großen Unternehmen nur Teile abgestossen oder rationalisiert. "Am schwarzen Brett wird eine Nachricht angeschlagen, und die Männer gehen."[1] "Die Leute, die diese Nachrichten anschlagen, werden persönlich davon nicht berührt."[2] Diese Verhaltensweisen minifestieren sich in den Regionen, sie sind dort meßbar, allerdings nicht in der Beschäftigungsstabilität, sondern in der Konntrollstruktur der Region.

Alternative Zukunftslagen bereits bei der Planung zu berücksichtigen, ist eine Forderung, die vereinzelt von der Rechtsprechung bereits gefordert wird, und zwar im Bereich des Umweltschutzes. Diese Forderung - Denken in Alternativen - kann auch an den Bereich regionaler Arbeitsmarktpolitik und Wirtschaftsförderung herangetragen werden. Gefragt werden braucht lediglich danach, was sich ereignet, wenn die demographische Entlastung am Arbeitsmarkt nicht bereits mit Beginn der 1990er Jahre einsetzt, wenn Rationalisierungsinvestitionen weiterhin zunehmen, wenn die Kapitalintensität weiter steigt. Das derartige Fragen wenig gestellt werden, ist nach Auffassung der Rechtsprechung, d.h. im Sinne der von der Gesellschaft in das Recht hineingetragenen Wertungen, Politikversagen.

Ein derartiges Versagen kann für die Regionalpolitik nicht behauptet werden. Denn die Regionalpolitik hat inzwischen zu reagieren versucht, z.B. durch die Hereinnahme des Handwerks in die regionale Wirtschaftsförderung. Daß damit das Gegengewicht gegen Großbetriebe und Mehrbetriebsunternehmen, die 70% der Investitionen auf sich vereinen, gering ist, ist offensichtlich; aber

[1] J.K.Galbraith, Die moderne Industriegesellschaft, München/Zürich 1968, S.195

[2] Ebenda

es ist ein Anfang, der zur Beschäftigungsintensivierung führen kann. Globale Fehlentwicklungen können nicht als Versagen der regionalen Strukturpolitik interpretiert werden.[1]

Viele Argumente über Subventionsmißbrauch - vor allem über Sozialmißbrauch - (moral hasard) kamen aus den USA. Sie werden übernommen, ohne daß auf die gesellschaftlichen Besonderheiten, die einer derartigen Übertragung gegenüberstehen, eingegangen wird. Die Vermutung hoher Mitnahmeeffekte der regionalen Wirtschaftsförderung konnten anhand einer ökonometrischen Analyse widerlegt werden.[2]

Im folgenden wird die Diskussion der amerikanischen Standpunkte vorgestellt, und zwar, so meinen wir, nach einer nicht eingefahrenen Argumentation. Die Diskussion zeigt Argumente, für die in der BRD mit Einführung der Gemeinschaftsaufgaben bereits Antworten gefunden worden sind.[3]

---

[1] Christoph Asmacher, Hans- Joachim Schalk, Rainer Thoss, Wirkungsanalysen der regionalen Strukturpolitik, in: Informationen zur Raumentwicklung, Heft 9/10, 1986, S.721-733, S.732

[2] Ebenda, S. 730. Mit Hilfe eines ökonometrischen Verfahrens erhielten die Autoren das Ergebnis, "... daß die Regionalförderung in der heute praktizierten Form ein sehr wirksames Instrument der regionalen Strukturpolitik darstellt." Ebenda, S.732. Die Analyse, die sich auf den Zeitraum zwischen 1978 und 1982 bezieht, zeigt, daß zwischen den Wirkungen, die von den "tatsächlichen Effekten der Regionalförderung" und denen, die von den "veränderten gesamtwirtschaftlichen Bedingungen" ausgehen, strikt zu trennen sei. Bei einer derartigen Trennung zeigt sich, daß ein Effizienzverlust der regionalpolitischen Instrumente nicht festzustellen ist. Zum Beispiel hat ein Zinsniveau, das um 1% über dem normalen Niveau liegt, zur Folge, daß 50% der durch die regionale Wirtschaftsförderung induzierten Investitionen, Arbeitspläte und Produktionswerte zunichte gemacht werden. Ebenda, S.731

[3] Wir gehen davon aus, daß Organisationsunterschiede des statistischen Systems, viel von den Arbeitsplatzzunahmen in den USA erklären. Wird anhand einer Befragung festgestellt wer arbeitet - so in den USA -, dann ist das Arbeitsplatzwachstum eine Funktion des Bevölkerungswachstums; werden dagegen die "geringfügigen Beschäftigungsfälle"gar nicht gezählt - so in der BRD -, dann ist Bevölkerungswachstum und Arbeitsplatzentwicklung entkoppelt. Da die Selbsthilfeprojekte z.B. gar nicht erfaßt werden.

5.4 Zur Dynamik des amerikanischen Beschäftigungssystems

Soll der technische Wandel erklärt werden, soll der Unterschied in der Zahl neugeschaffener Arbeitsplätze zwischen Regionen und Ländern innerhalb eines Zeitraums erklärt werden, oder sollen Bestimmungsgründe für eine staatliche Politik, die diesen Prozeß der Arbeitsplatzentstehung fördert, sei es Arbeitsmarktpolitik oder Technologiepolitik oder Bildungspolitik, gefunden werden, so erscheint im Hintergrund sofort die Tatsache, daß in den USA in den letzten 10 Jahren ca. 18 Millionen Arbeitsplätze neu entstanden sind, während in der Bundesrepublik - regional extrem ungleichmäßig - Arbeitsplätze in einer Größenordnung von ca. 1 Million abgebaut worden sind.

Ein der dauernden technischen Veränderung angemessenes Beschäftigungssystem muß auf die Mobilitätsfähigkeit und Flexiblität der Arbeitskräfte ausgerichtet sein. Die Diskussion von Mobilitätsprozessen - zum politischen Schlagwort inzwischen verkürzt - nimmt wiederum die Entwicklung des Arbeitsmarktes in den USA zum Vorbild. Diese Dynamik amerikanischer Arbeitsmärkte soll im folgenden diskutiert werden.

Diese Unterschiede in der Größenordnung neugeschaffener Arbeitsplätze sind für sich allein genommen sinnlos, denn interpretiert werden sie immer vor dem Hintergrund ökonomischer Theorien; und die in der öffentlichen Diskussion aufgetretenen Interpretationsmuster lassen eine Vielzahl von Arbeitsmarkttheorien und Werturteilen erkennen. Mit diesen Zahlen müssen somit sofort Hintergrundinformationen gegeben werden; für die USA sind dies der Verlauf der letzten Konjunkturzyklen, insbesondere die letzte große vorangegangene Depression vor den 70er Jahren, und ebenso wichtig die geringe Produktivitätsentwicklung in den letzten Jahren im Vergleich mit anderen Industrieländern.

Das Stichwort Produktivitätsentwicklung macht die Zahl neugeschaffener Arbeitsplätze abhängig von Investitionen, die als Erweiterungsinvestitionen vorgenommen worden sind, aber ebenso abhängig vom Prozeß der Rationalisierungsinvestitionen und dem technischer Umstellung.

Die Diskussion scheint sich zur Zeit auf die technischen Veränderungen im Dienstleistungssektor zu verlagern, obwohl erkennbar ist, daß alle bisher gewonnenen Definitionen auch hier Gültigkeit haben werden. Der Begriff der Automation wird nur durch Begriffe wie Computerisierung , Telematik und dergleichen abgelöst. "Zum Schlagwort verkürzt schwingen im Automationsbegriff optimistische und pessimistische Perspektiven gleichermaßen mit: Die Chance auf eine vom Zwang zur Arbeit befreite Gesellschaft, die Gefahr totalitärer Technokratie, die Angst um das 'Wesen' des Menschen in einer technisierten Welt. Zum politischen Begriff erweitert symbolisiert 'Automation' die gesellschaftlichen Auseinandersetzungen um die sozialen Konsequenzen des technischen Wandels. Zunächst als Rezeption der Diskussion in den USA, dann aber unter der zunehmenden Einsicht, daß diese Probleme für unsere Gesellschaft ebenfalls höchst relevant sind, wurde der Automationsbegriff auch in Deutschland in dieser politischen Färbung aufgegriffen und verbreitet."[1]

Zwischen dem Arbeitsplatzwunder in den USA und seinen hochflexiblen Arbeitsmärkten wird unbesehen ein Kausalzusammenhang hergestellt, so daß für die Bundesrepublik der Umkehrschluß gelten muß, wonach mangelnde Flexibilität und verkrustete Arbeitsmarkstrukturen für das Ausbleiben neuer Arbeitsplätze verantwortlich sind. Mangelnde Flexibiltät wird in der Regel bei den Arbeitnehmern, bei den Gewerkschaften und beim Staat lokalisiert, selten auf der Unternehmerseite. An den amerikanischen Arbeitnehmern wird demgegenüber die Eigenschaft gelobt, daß sie von heute auf morgen ihren Beruf und ihren Job wechseln, während hierzulande starre Löhne, überhöhte Reallöhne, Kündigungsvorschriften und soziale Regulierungsmechanismen ein derartiges Verhalten unmöglich machen. Das neueste Beschäftigungsförderungsgesetz in der BRD liegt in diesem Trend.

Die Gültigkeit dieser unterstellten Kausalzusammenhänge würde bedeuten: Der hochflexible Arbeitsmarkt der USA hat dazu geführt, daß der Strukturwandel, d.h. der Austausch der alten durch die neuen Arbeitsplätze reibungslos vonstatten gegangen sei, aus schrumpfenden Industriezweigen wären die freigesetzten Arbeitskräfte im expandierten Dienstleistungsbereich untergekommen. In der Tat scheint ein erster Blick auf die Wirtsschaftsstruktur der USA diese Hypothese zu bestätigen. Zwischen 1970 und 1981 blieb die Beschäftigtenzahl in verarbeitenden Gewebe nahezu konstant, während sich die Arbeitsplätze im Handel von 15 Millionen auf 20,6 Millionen erhöhten, bei den Banken und Ver-

---

[1] Horst Kern, Michael Schumann: Industriearbeit aud Arbeiterbewußtsein, Teil I, Frankfurt a.M. 1970 S. 221

sicherungen von 3,6 Millionen auf 5,3 Millionen, bei den sozialen und privaten sowie den kommunalen Dienstleistungen von 11,5 auf 18,6 Millionen sowie im öffentlichen Bereich von 12,6 auf 16,0 Millionen. Damit erhöhte der Dienstleistungssektor seinen Anteil an der Beschäftigung von 62,6% auf 68%, während sich die Beschäftigung im Sekundärsektor von 33,2% auf 28,4% reduzierte. Zum Vergleich: In der BRD wuchs im gleichen Zeitraum der Tertiarsektor von 45,2% auf 51,8% bei Abnahme der Arbeitsplätze im produzierende Gewerbe von 47,5% auf 42,7%. Zu erinnern ist jedoch daran, daß diese Entwicklung nicht mehr uneingeschränkt positiv nach dem Motto: Auf dem Weg zur Dienstleistungsgesellschaft interpretiert wird, sondern daß zur Zeit von einer neuen Industriepolitik die Rede ist.

Trotz der extremen Erhöhung der Arbeitsplatzzahlen hat auch in den USA die Arbeitslosenquote auf ca. 10% zugenommen. Wäre die These eines hochflexiblen Arbeitsmarktes durch Umsetzung von Arbeitnehmern aus alten Industriebereichen in neue Dienstleistungsbereiche gültig, so müßte die Arbeitslosenquote in diesen alten Industiebereichen vergleichsweise gering sein. Untersuchungen zur Branchenstruktur und der Arbeitslosenquoten nach Branchen zeigen jedoch hier einen Widerspruich, der noch dadurch erhärtet wird, daß vorwiegend Frauen von den neuen Arbeitsplätzen profitiert haben.

Es zeigt sich, daß die strukturellen Ungleichgewichte im US-Arbeitssmarkt zugenommen haben. Hierzu wird die sogenannte Beveridge-Kurve konstruiert. Für einzelne Jahre stellt diese Kurve eine Beziehung zwischen der Arbeitslosenquote und der Quote der offenen Stellen her. Verlagert sich diese Kurve in einem Diagramm stark nach rechts, so nimmt bei gegebenem Arbeitsskräfteüberschuß die Zahl der offenen Stellen gleichzeitig zu. Als Erklärung für diese Verschiebung dieser Funktion in den USA wird folgendes angenommen: Die zunehmende Zahl unqualifizierter Arbeitnehmer, die neu in den Arbeitsmarkt eintreten, treffen auf eine verschlechterte Qualitätät der neugeschaffenen Arbeitsplätze, so daß arbeitsplatzbezogene Qualifikationen nicht möglich sind und sich die Personalfluktuation bei gegebener Arbeitslosenquote erhöht. Hier sind wir jedoch bei der Unterscheidung nach guten und schlechten Arbeitsplätzen.

Die absolut höchsten Wachstumsraten weisen Hochtechnologie- Arbeitsplätze oder sogenannte intelligente Arbeitsplätze auf:

Computerservicetechniker: absolut: +53.000, relativ: 97% , Anwaltsassistent 43.000 gleich 94% , Computersystemanalytiker 217.000 gleich 85% , Computerprogrammierer 205.00 gleich 77% , Computeroperator 159.000 gleich 76% , usw.

Demgegenüber wiesen folgende Berufe das schnellste absolute Wachstum auf:

Hausmeister: 779.000, relativ: 28% Kassierer 744.000 gleich 47% , Sekretärinnen 719.000 gleich 30% usw.[1]

In den sogenannten "High Tech-Branchen" sind gegenwärtig nur Bruchteile der Erwerbsbevölkerung tätig und nach neueren Prognosen wird sich dieser Bruchteil auch nur geringfügig erhöhen. Es gibt drei Gruppen von High - Tech - Branchen, die wie folgt definiert sind: Gruppe 1 enthält Sektoren, die einen Anteil wissenschaftlich und technisch ausgebildeter Arbeitnehmer aufweisen, der den Durchschnitt aller Branchen um mehr als die Hälfte überschreitet (48 Branchen) - Gruppe 2. Das sind jene mit einem Anteil von Ausgaben für Forschung und Entwicklung an den Netto - Umsätzen von mehr als das Doppelte des Durchschnitts (6 Branchen), - Gruppe 3 enthält Sektoren des Verarbeitenden Gewerbes mit einem wissenschaftlich und technisch ausgebildeten Arbeitnehmer, der gleich oder größer dem Durchschnitt aller Branchen ist, sowie in denen der Anteil der Aufgaben für Forschung und Entwicklung an den Nettoumsätzen nahe oder über dem Durchschnitt aller Sektoren liegt.

Gruppe 1 zählte 15,3% der hier diskutierten neugeschaffenen Jobs, Gruppe 2 zählte 4,7% und Gruppe 3 zählte 7,9 % der jeweiligen abhängigen Beschäftigten. Die Wachstumsraten zwischen 1972 und 1982 sind in diesen Gruppen natürlich wieder sehr hoch.

Aus dem Hochtechnologiebereich kann also eine Lösung des Arbeitsmarktproblems durch Zunahme des Erwerbspersonenpotentials nicht erwartet werden. Es bleibt der Blick auf den Dienstleistungsektor. Daß hier die Expansion so stark absolut und zum Teil eben auch relativ erfolgt ist, wird auf folgende Ursachen zurückgeführt:

- Hohe Lohnzurückhaltung,
- Schwach ausgeprägtes Sozialversicherungssystem,
- Geringer gewerkschaftlicher Organisationsstand,
- Hohe Lohnflexibilität,

---

[1] Quelle: IAB

- Arbeitsplatzausweitung in kleinen und mittleren Unternehmen,
- Arbeitskräftemobilität,
- Dereglementierung des Dienstleistungsektors,
- Nachfrageerhöhung nach medizinischen Dienstleistungen und Bildungsdienstleistungen,
- Gestiegene Nachfrage nach Wach- und Sicherheitsdienstleitungen,
- Verändernde Eßgewohnheiten und
- Nachfrage nach Immobiliendienstleistungen.

Diese genannten Gründe stellen offensichtlich Teilelemente jenes flexiblen US- Arbeitsmarktsystems dar. Sie finden sich fast alle wieder, wenn es darum geht, das Beschäftigungswunder in den USA auf die BRD zu übertragen. In einer Gegenüberstellung der Gründe, warum der US- Arbeitsmarkt ein Vorbild für die BRD sei bzw. warum er kein Vorbild für die BRD sei, finden sich dann auch folgende Argumentationsmuster.

Vorbildfunktion des US-Arbeitsmarktes:

Atemberaubende Job-Entwicklung ab 1975, Eindrucksvolle Langfrist-Dynamik, Expansion des privaten Bereichs der Wirtschaft, Arbeitsplatzwachstum im Verarbeitenden Gewerbe der USA, Schneller Abbau strukturell veralteter Arbeitsplätze, in der "Reinigungskrise" zwischen 1974 und 1978. Eine Welle von Unternehmensneugründungen führte zu einer Vergrößerung des Arbeitsplatzangebots, Diskussion von Arbeitszeitverkürzung, Reallohnentwicklung blieb hinter dem kostenneutral verteilbaren Prduktivitätsfortschritt zurück, freie personalpolitische Entscheidungen bei Arbeitsplatzumstrukturierungen, d.h. weniger Rationalisierungsschutzabkommen, Sozialplanregelungen usw., demzufolge: kürzere Dauer der Arbeitslosigkeit und Absinken der Arbeitslosenquoten im internationalen Vergleich.

Kein Vorbild ist der US-Arbeitsmarkt aus folgenden Gründen:

Bevor hier auch wieder zwei Dutzend Gründe gennnt werden, wollen wir die Argumentation unter dem Stichwort "Soziale Produktivität" zusammenfassen: "Produktivität ist nicht nur eine Frage individuellen Wissens und Könnens von Arbeitnehmern und Managern, sondern sie ist Ausdruck der Eigenschaften von Arbeitsteams und den in ihnen herausgebildeten Innovations- und Problemlösungsfähigkeiten. Produktivität beruht schließlich auf einer funktionsfähigen Austauschbeziehung von Kapital und Arbeit, bei der es einerseits ein akzeptables Quid -Pro-Quo von Leistung-, Anpassung- und Innovationsbereitschaft und -vermögen auf der einen Seite und Verdienst , Arbeitsplatzsicherheit und Arbeitsbedingungen auf der anderen Seite geben muß; ferner wirksame Instanzen und Formen kooperativer kollektiver Konfliktbewältigung. Dies erfordert wiederum gut organisierte Interessenvertretung auf betrieblicher und überbetrieblicher Ebene."[1] Dieser Aspekt kann als generelle Würdigung gelten.

Diese soziale Produktivität ist es, die in den USA als vorbildlich an den europäischen Arbeitsmarktbeziehungen und in der Industriepolitik bezeichnet wird. Der Versuch einer schnellen Übernahme der amerikanischen Strukturen verkennt (wieder einmal) die großen andersartigen Zusammenhänge, in denen in den USA über Industriepolitik diskutiert wird.

Die Diskussion zur Industriepolitik in den USA – noch keine fünf Jahre alt – beeinflußte die Argumentation zum Strukturwandel in Europa unter dem Thema "Neue Industriepolitik". Europa, bisher als überindustriealisiert und auf dem Weg zur Dienstleistungsgesellschaft als nachhinkend geltend, übernahm dabei eine Debatte, in der es um Grundsatzfragen von Intervention oder Nicht- Intervention auf anderer als makroökonomischer Ebene ging.

Die Ergebnisse der Industriepolitik der USA schlagen zur Zeit auf Europa durch, und zwar in Form des "Neuen Protektionismus", abzulesen an den "freiwilligen"Beschränkungen der europäischen Werkzeugmaschinenindustrie, hochtechnologischer Produkte, aber ebenso an den Vereinbarungen über Exportquoten landwirtschaftlicher Produkte.

Während also noch über staatliche Enthaltung im Wirtschaftsprozeß diskutiert wird, ist bereits der freie Welthandel gefährdet; dennoch haben Schutz und Förderung von Industriezweigen den internationalen Handel schon immer beeinflußt. Man denke nur an die abgezählten Socken und Bettlaken, die zwischen den Ländern gehandelt werden dürfen. "The success of American agriculture on world markets is to no small degree a function of a particular type of industrial policy."[2] Die neue Industriepolitik der USA unterschied sich von diesen bewährten Instrumenten durch den Versuch einen systematischen Ansatz zu

[1] Sengenberger

[2] B. Guy Peters, The Politics of Industrial and Regional Policy in the United States, Paper prepared for conference on Regional Structural Change in International Perspective, Essen October 8-10, 1986 by the FES, S.1

entwickeln, um den ersten Platz der US- Industrie in der Weltwirtschaft zu sichern.

Die USA sahen sich dazu herausgefordert; die erfolgreiche Industriepolitik der anderen Länder habe zum Abbau amerikanischer Arbeitsplätze geführt – stealing American jobs –, an den Aktionen des japanischen Ministry of International Trade and Industry (MITI) belegbar. "Although apparently less omniscent than MITI, the governments of many European countries have been criticized for using both trade restrictions, finance and dumping to promote their own industries at the expense of American industry."[1] Viele traditionelle Instrumente amerikanischer Wirtschaftspolitik – Anti Trust Gesetzgebung, extensive Regulation usw. – scheinen sich im internationalen Handel wettbewerbsmindernd auszuwirken, auch des Finanzsystem scheint wenig geeignet, die Industriebasis zu erweitern.[2] Deindustrialisierung ist die kontrovers diskutierteBefürchtungder amerikanischen Wirtschaftspolitik.[3] An dem Phänomen dieses Industrieabbaus gab es jedoch wenig Zweifel,[4] so daß es zur Agenda der Politik wurde.

Die amerikanische Wirtschaft war den gleichen Zwängen ausgesetzt wie die europäische Wirtschaft, Ölkrise bei einer 75% igen Abhängigkeit der Industrie vom internationalen Handel. "High union wages, costs of government regulations" sind die gleichen Meinungen der Wirtschaftsführer; "taking profits rather reinvesting in new plants" argumentieren die Gewerkschaftsführer. Gemeinsam argumentieren sie gegen den harten und unlauteren internationalen Wettbewerb. Entsprechend sind die Forderungen: Barrieren gegen den Handel erscheinen als wichtigstes Werkzeug der Industriepolitik, uneingedenk. daß es sich um das ungeeigneteste Werkzeug handelt.

Am Anfang steht die Frage nach sektorspezifischer Politik oder generellen Maßnahmen. Letztere sind in Form von Apellen des "buy American" vertraut, umfassen aber vor allem die Werkzeuge der angebotsorientierten Wirtschaftspolitik: Reduzierung Einkommenssteuern, Mittelstandförderung, Bankgarantien und Forschungs- und Entwicklungsförderung durch Steuervergünstigungen. "The economic logic of such general programs is that government is not capable

[1] Ebenda, S.3

[2] J. Zysman, Governments, Markets and Growth, Financial Systems and the Politics of Industrial Change, Ithaca 1983

[3] R.Z. Lawrence, Can America Compete, Washington, DC, 1984, L. R. Klein, Identifying the Effects of Structural Change, in: Industrial Change and Public Policy, Kansas City 1983

[4] R.W. Kingdon, Agendas, Alternatives and Public Policies, Boston, 1984

of determining which industries are worthy and neddful of specific supports and therefore is likely to make costly (in terms of real and opportunity costs) if it intervenes more directly. Therefore, providing a positive business climate and helping all industries equally is the best strategy."[1] Differenzierte Programme sind nach dieser Logik weniger akzeptiert als allgemeine Programme.

Aber es gab und gibt noch einen starken und steigenden Druck in Richtung spezifischer Industrieprogramme, besonders im Rust- Belt, mit der Forderung nach Garantien und Rettung der niedergehenden Schwerindustrie. "This is 'lemon- socialism' at its best, or worst. This bail-out strategy is justified in terms of maintaining employment for large numbers of workers, many of whom, because of age and lack of formal education, may not be capable of adjusting to structural change and finding new employment in jobs paying anything close to their wage levels in the steel or automobile industries."[2] Sicherung der Schwerindustrie wird auch in den USA mit nationaler Sicherheit begründet, sowie mit den Linkage- effekten dieser Industrien, d.h. jenen Koppelungseffekten, die eine Art Infrastruktur für die weiterverarbeitende Industrie darstellen.

Die generelle Rechtfertigung derartiger Industriepolitik ist aber die Funktion als eine Form der Wohlfahrts- und Arbeitsmarktpolitik zur Vermeidung der Arbeitslosigkeit. Diese Wertung gilt auch für Formen der Steuer- und Preispolitik für ausgewählte Industriezweige, um diese vor der internationalen Konkurrenz zu schützen. Argument ist regelmäßig, daß die anderen Länder Dumpingpreise ihrer Industrien subventionierten, um diesen Marktanteile zu sichern. Der Vorwurf der Dumpingpreise rechtfertigt dann jedesmal Eingriffe in den internationalen Handel, ungeprüft, ob der Vorwurf berechtigt sei, oder ob nur bessere Produktionsverfahren niedrige Weltmarktpreise rechtfertigen.

Von Bedeutung ist die Argumentation, daß Preisstützung einzelner Sektoren einen Lohntransfer zwischen Industriearbeitern darstellt. Konsumenten - gleich mit welchem Einkommen - werden nicht gefragt, ob sie einen Beitrag zum hohen Lohn der Stahl- und Automobilarbeiter leisten wollten. Direkte Lohnsubventionen wären sichtbarer und ehrlicher.

Alternative der Industriepolitik ist Zukunftsorientierung der Programme. Picking winners anstatt bail-out losers. Venture capital- Programme gehören in

---

[1] B. Guy Peters, The Politics of Industrial and Regional Policy in the United States, a.a.O., S. 5f.

[2] Ebenda, S.6

diese Kategorie der Politik, in der Finanzengpässe nur beseitigt werden müssen, um die neuen Industrien zu fördern.

Der Erfolg einer derartigen Politik basiert auf der Annahme einer Fähigkeit zur Weitsicht der Planungsinstanzen, die über ein normales Maß hinausgeht. Die empirischen Fakten stützen diese Annahme nicht, wiewohl B. Guy Peters den Japanern und Europäern mehr Weitsicht attestiert als den US- Planern.

Alte Industriezweige haben eine etablierte politische Basis und Lobby, neue Industrien haben noch keinen festen Ort im politischen Gefüge. Dies ist ein Grund, weshalb einige Advokaten des freien Marktes fürchteten, daß neue Industriepolitik in den USA eher den Strukturwandel behinderten als zu neuen sunrise Industrien führten.[1] Aber die Strategie der Technologieförderung hat keinen Erfolg für alte Industriezweige und -regionen gebracht. "One additional problem with the strategy of picking winners is that it does little or nothing for the workers and regions wich have been impacted by structural change. If indeed one of the pressing needs for an industrial policy is to find something meaningful to do for laid- off steel workers, auto workers and the like, then a strategy of picking high- technology industries of the future may do little to return those workers to a productive economic life. Attempts to use similar strategies in the Research Triangle in North Carolina as a means of helping the extremely poor agricultural workers or unemployed in that region appear to have had little success; yuppies have moved into the one region of North Carolina but the rest of the state has been affected only slightly. Displaced workers may get jobs in service industries which support the high- tech industries but almost certainly at wages far below their previous wages."[2] Wenn man berücksichtigt, daß Löhne in etwa das Grenzprodukt der Arbeit wiedergeben, dann ist diese Bewegung von Arbeiten mit hohen Löhnen zu niedrigen Löhnen ein Indiz für die Zerstörung des produktiven Wissen der Stahlarbeiter und Automobilarbeiter in den USA. Ausgenommen sind jene 2,8 Millionen Arbeitsplätze, die von der Rüstungsindustrie durch feste Kontrakte abhängen.

Als Ausweg bleibt nur das Mittel, einen Fond oder Pool von Finanzmitteln zu schaffen, aus dem Grundlagenforschung betrieben wird, um so die Industrien

---

[1] J.L. Badaracco, D.B. Yoffie, Industrial Policy, It Can't Happen Here, Harvard Business Review, Nov./Dec. 1983, S.97-105

[2] B. Guy Peters, The Politics of Industrial and Regional Policy in the United States, a.a.O., S. 9f.

der Zukunft zu finden. (Der hohe Anteil der Grundlagenforschung des BMFT entspricht dieser Strategie.)

Die zweite Grundsatzentscheidung der Industriepolitik betrifft den regionalen Bezug von Programmen. Da die Schwerindustrie auch in den USA regional konzentriert auftritt, ist Sektorpolitik und Regionalpolitik weitgehend identisch. Die Lage ist eher durch ein Zuviel an Regionalpolitik gekennzeichnet, da jedes Bundesland, jede Stadt ihre incentives und Subventionen gewährt.[1] Prinzipiell ist gegen eine Wirtschaftspolitik auf lokaler Ebene nichts einzuwenden – unter der Annahme, daß lokale Instanzen ihre Bedürfnisse und Fähigkeiten besser kennten als zentraleq Behörden. Von allen als eigne Politik der Wirtschaftsförderung betrieben, nivellieren sich die Anreizeffekte, verwischen sich die Wettbewerbsvorteile: Industriepolitik wird zur Politik des beggar thy neighbor, ohne daß relative Standortvorteile verändert werden. Regionalpolitik wird dann zur generellen Politik der Wirtschaftsförderung. "The problem with using tax preferences to attract industry is that much of the empirical evidence available indicates that these are not necessarily what industries look for in a new location. In fact one of the things which firms say they most want in a new location – the necessary public works infrastructure to conduct business – is threatened by the willingness of state and local government to undermine their tax base."[2] Bildungseinrichtungen, Verkehrsinfrastruktur und Servicesektor bilden die entscheidenden Standortfaktoren. Steuervergünstigungen – in großem Maßstab gewährt – verringern die Fähigkeit öffentliches Kapital zur Verfügung zu stellen und damit Wirtschaftswachstum zu fördern: "we run the risk of becoming a 'nation in ruins' faster than we we run the risk of becoming a 'nation of hamburger stands"'

Industrie- und Regionalpolitik muß nicht unbedingt unter Wettbewerbsgesichtspunkten durchgeführt werden. Hilfprogramme für Städte sollten dazu führen, die Arbeitslosigkeit abzubauen und keine Wachstumspolitik darstellen. "A fundamental question which must be asked about regional programs of this sort is whether they are intended to be social programs merely providing benefits for those living in the areas, or if they are intended to be economic de-

[1] J. Jacobs, Bidding for Business, Corporate Auctions and the Fifty Disunited States, Washington, DC, 1980

[2] B. Guy Peters, The Politics of Industrial and Regional Policy in the United States, a.a.O., S. 13, J.C. Gray, D.A. Spina, State and Local Industrial Location Incentives, A Well- Stocked Candy Store, Journal of Corporation Law, 5, 1980, S. 517-687, B.G. Peters, The Politics of Bureaucracy, new York 1984

velopment programs which will enable a depressed area to return to (or achieve for the first time) a high level of economic activity. While some of each form of aid may be desirable, too much emphasis on social benefits may reduce pressures for structural adjustment. This then comes back to the need for labor market programs which will ease the transition of workers from one type of employment to another. The American experience with manpower training programs has not been especially positive, but some positive incentives may be as necessary as the sanctions being imposed by the market place if change is to occur."[1] Nach B. Guy Peters ist die fundamentale Frage, ob eine Regional- oder Industriepolitik im politischen Gefüge der USA überhaupt möglich sei. Im Vergleich von Organisationsstrukturen ist die BRD direkt Vorbild. Die Organisation von Interesse, die Mechanismen des Ausgleichs sind - seiner Ansicht nach - vorbildlich: Sozialpartnerschaft als internationaler Standortfaktor. Wenn unter den Wertvorstellungen und Ideologien in den USA zur Zeit Anti-Interventionspositionen dominieren – diese sogar die Landwirtschaft und den Mittelstand befreffen – so verkennen diese, daß jede Industrie- und Regionalpolitik redistributiv ist. Das gilt für Wachstumsförderung genauso wie für Strukturerhaltung.[2]

[1] Ebenda, S.14

[2] Welche Umverteilungen erzielt werden können, zeigt die regionale Verteilung der geförderten Errichtungen in der Elektrotechnik in der BRD.

5.5. Die japanische Herausforderung

Mit dem starken Vordringen der japanischen Industrie auf spezifischen europäischen Wirtschaftssektoren wird die wirtschaftliche Entwicklung Japans als Herausforderung für Europa gesehen. Es ist die starke sektorale Konzentration, mit der japanische Waren in einzelne Märkte vordringen, die zu dieser Betrachtungweise geführt haben, denn die Wachstumsraten der japanischen Wirtschaft sind bereits seit den 60er Jahren stark beachtet worden. Diese hohen Wachstumsraten haben Staunen und Bewunderung hervorgerufen, so daß ebenfalls die japanische Industrie zeitweise als Leitbild für die BRD oder für Europa angesehen worden ist. Wiederum sind es Hinweise auf geringe Lohnkosten und Sozialkosten, Hinweise auf die hohe Arbeitsmotivation der japanischen Arbeiter, auf deren geringe Konfliktbereitschaft und auf die geringen Arbeitsausfallzeiten und den geringen Krankenstand sowie auf den nicht in Anspruch genommenen Urlaub sowie auf die geringe gesamtwirtschaftliche Steuerquote, die hier das Vorbildliche dieser Ökonomie demonstrieren sollen.

Die wirtschaftlichen Leistungen Japans lassen sich anhand der jährlichen Zuwachsraten des realen Bruttoinlandsproduktes in verschiedenen Zeiträumen im internationalen Vergleich nachweisen. Diese Zuwachsraten weisen die doppelte und dreifache Größe anderer Industriestaaten auf. Als der Indikator japanischer Wirtschafskraft ist die Exportentwicklung interpretiert worden. Der Kampf um den zweiten oder dritten Platz in der Rangskala der größten Weltexportländer stellt einen eindrucksvollen Erfolgsausweis dar.

Bei den Gründen nach diesen wirtschaftlichen Erfolgen müssen die Erkenntnisse der gesamten Wachstumtheorie herangezogen werden. Bei konstanter Kapitalproduktivität ist das Produktionspotential wachstumsabhängig von der gesamtwirtschaftlichen Investitionsquote. Hier zeigt sich, daß Japan einen extrem dynamischen Investitionsprozeß aufzuweisen hat. Die Analyse der Sozialproduktverwendung, d.h. die Analyse des Anteils der Investitionen am Sozialprodukt zeigt für die japanische Wirtschaft eine duale Wirtschaftstruktur, d.h. hochtechnologische Wirtschaftssektoren und Sektoren mit technologischem Rückstand treten fast gleichgewichtig auf. Der moderne Sektor umfaßt vorwiegend Großunternehmen sowohl im Sekundärbereich als auch im Tertiärbereich. Trotzdem sind die vielen kleinen nichtmodernen Zulieferbetriebe in der BRD positiv interpretiert worden — als flexibles Zuliefersystem.

Die Bedeutung der großen Unternehmen steht im Zusammenhang mit der staatlichen Förderung bei der Einführung von Großtechnologien und Massenproduktionsverfahren, denn Japan weist eine aktive Strukturpolitik bzw. indikative Strukturplanung auf. Obwohl die Marktkräfte für die Steuerung der ökonomischen Prozesse immer wieder in den Vordergrund gestellt werden, kommt der staatlichen Lenkung als Determinante in der Gestaltung des Wirtschaftsprozesses eine dominierende Rolle zu, insbesondere im Hinblick auf den Schutz der einheimischen Industrien vor internationalem Wettbewerb, was zu Kontroversen mit den USA geführt hat, aber auch in bezug auf die Forcierung des Aufbaus wichtiger Schlüsselsektoren der Wirtschaft. Diese indikative Strukturplanung bezieht sich sowohl auf eine langfristige Strukturplanung, die die Bereiche der Stahlindustrie, der Chemischen Industrie, Automobil-, Schiff- und Maschinenbau- sowie zur Zeit eben die Elektrotechnik betrifft. Luft- und Raumfahrtindustrie und Computerherstellung sind ebenfalls das Feld für aktive Strukturpolitik. Für diese Bereiche werden in enger Zusammenarbeit zwischen staatlicher Administration und privatem Mangement Entwicklungspläne aufgestellt. Der Einfluß der Bürokratie auf das Wirtschaftsystem wird in Japan, da es lange Tradition hat, von der Kapitalseite her akzeptiert. Als Synonym für diese aktive Strukturpolitik steht der Name des Ministry of International Trade and Industry (MITI). Dieses Ministerium kann sowohl Vorgaben für den Kapazitätsausbau (Stahlindustrie) als auch für den Kapazitätsabbau (Schiffbau) geben. Wichtigstes Merkmal dieser Strukturpolitik ist die Verknüpfung mit den Finazierungbedingungen und der Kapitalrentabilität in den forcierten Wirtschaftssektoren.

Mit der Dualität der Wirtschaft steht in engem Zusammenhang eine Ungleichverteilung der sozialen Kosten auf die Bevölkerung. Hier sind gesellschaftliche Traditionen, die weit über das ökonomische hinausgehen, zu beschreiben.

Wenn Sigrid Skarpelis-Sperk für die Bundesrepublik Fingerspitzengefühl für aufziehende Probleme, aber vor allem für die Gestaltungsmöglichkeiten der Arbeitsgesellschaft fordert, als Chance, obsolete Strukturen zu überwinden und Innovation, Phantasie und Energie in konstruktive Lösungen zu stecken, so geschieht das vor dem Hintergrund einer europäischen gesellschaftlichen Tradition, für die es nur wenige Vertreter zur Zeit zu geben scheint.[1] Will sagen,

[1] Sigrid Skarpelis-Sperk, Statement vor dem Arbeitskreis STRUKTURPOLITIK des Rationalisierungskuratoriums der Deutschen Wirtschaft e.V. am 9. Mai 1985 in Eschborn

S. Skarpelis-Sperk ist bereits eine Ausnahme unter denjenigen, die eigentlich Träger des sozialen Fortschritts sein müßten; man muß lange suchen, um jemanden zu finden, der durch sein Verhalten Bewegungen erzeugt, Motive in Funktion setzt, die ihren Sinn und ihre Richtung nicht von seinen perönlichen Interessen oder Absichten und Zielsetzungen gewinnen, sondern zu einer sozialen Realität werden. Den europäischen Gesellschaftsprozeß durch Blick auf die japanische Gesellschaft zu gestalten, erscheint unmöglich. Unverbindbares wird hier verbunden: preußischer Gehorsam mit japanischem Fleiß usw.

"Von Anfang an betrachteten die Japaner die Modernisierung gerne als einen Prozeß, der aus einer Kombination aus japanischem Geist und westlichem Wissen (*wakoyosai*) beruhte(oder beruhen sollte) und durch diese Verbindung bewirkt wurde. Die Modernisierung sollte jedoch weniger idealistisch gesehen und statt dessen von der politischen und sozialen Struktur her betrachtet werden: Die Modernisierung erfolgte nicht durch eine Änderung der überlieferten Struktur, sondern indem man sich ihrer bediente. Konkret besteht diese Struktur aus dem hochzentralisierten Verwaltungssystem, der vertikalen Organisation von Gruppen usw."[1]

Der Blick auf die japanischen Exporterfolge müßte verbunden sein mit einem gleichzeitigen Blick auf die Qualität der zentralen Verwaltung und der Rolle, die der einzelne in einem Unternehmen – seiner Gruppe – spielt. Japanische Unternehmen bieten ihren Mitgliedern mit ihrem hohen Grad an Isolierung nach außen und ihrer starren internen Hierarchie lebenslang Sicherheit.[2] Zu dem Preis allerdings, daß in Großunternhemen nur ca. die Hälfte der Beschäftigten zur Stammbelegschaft gehört.

Die Zweidrittelgesellschaft funktioniert also nach anderen Prinzipien des gesellschaftlichen Aufbaus.

[1] Chie Nakane, Die Struktur der japanischen Gesellschaft, Frankfurt am Main 1985, S. 157.
[2] Ebenda, S. 158.

6. Beschäftigungsorientierung der Regionalpolitik

Die regionale Wirtschaftsförderung - wollte sie stärker beschäftigungsorientiert sein - müßte in einer Phase in Arbeitsmarktprozesse eingreifen, in der außergewöhnliche ökonomische, politische und demographische Veränderungen ablaufen.[1]

Die Entwicklung auf dem Arbeitsmarkt der Bundesrepublik Deutschland - und auch auf regionalen Arbeitsmärkten - ist mit relativer Sicherheit vorherschätzbar : die Gleichwertigkeit der Lebensverhältnisse ist als Zielsystem in Frage gestellt, denn Arbeit ist regional extrem ungleich verteilt, erkennbar sowohl an den Zahlen zur registrierten Arbeitslosigkeit, als auch an Formen der Unterbeschäftigung in ländlichen Regionen, sowie an den Ergebnissen der Prognosen regionaler Arbeitsmarktbilanzen.

Schwer zu prognostizieren sind in der gegenwärtigen ökonomischen Situation Arbeitsmarktreaktionen, d.h. die Art in der Arbeitsmarktdruck weitergegeben wird: Abwanderung, Sinken der Erwerbsneigung, Verbleib in der Landwirtschaft und so weiter. Diese Reaktionen beeinflussen vor allem den Zusammenhang zwischen aktueller Arbeitslosenquote und geschätzter Unterbeschäftigung.

Die Fragen, in welchem Ausmaß die Instrumente verschiedener Politikbereiche erweiterbar sind ohne marktwirtschaftliche Anpassung zu verhindern, spiegelt vor allen Dingen die Spaltung der ökonomischen Wissenschaften wider. Der Streit angebotsorientierter Wirtschaftstheoretiker und nachfrageorientierter Wirtschaftstheoretiker lähmt die Handlungsmöglichkeiten der Politik - unter Hinweis auf die wissenschaftliche Fundierung kann jedes Instrument

[1] "Ohne an dieser Stelle auf nähere vergleichende Analysen und Erklärungen eingehen zu können, scheint mir eine Diagnose relitätsadäquater, die die unterschiedlichen Tendenzen und komplexen Formen und Strukturen der Veränderungen analysiert unter der Perspektive krisenhafter Entwicklungen im vorherrschenden gesellschaftlichen Regulierungsmodus mit seiner Dominanz ökonomischer Machtlogik gegenüber der Logik des Politischen. Nach dieser Interpretation kennzeichnet die gegenwärtige politisch- ökonomische Entwicklung eine Phase 'gesellschaftlichen Strukturumbruches'. Er besteht in der besonderen Wechselwirkung ökonomischer und politischer Restrukturierung und krisenhafter gesellschaftlicher Umbrüche im Sinne der Herausbildung neuer Formen und Strukturen gesellschaftlicher Praktiken und Beziehungen. Dieser vielschichtige und widersprüchliche Prozeß hat bislang noch nicht seinen neuen Modus gesellschaftlicher Regulierung hervorgebracht. Er birgt latent in sich noch unterschiedliche Entwicklungspfade 'destruktiver' wie 'kreativer' Art." Gerlinde Dörr, Zum Zusammenhang von gesellschaftlicher Arbeit und politischer Regulierung bei technisch- organisatorischen Innovationsprozessen auf Basis der Mikroelektronik. In: Barbara Stiegler (Hg.), Blaumann über der Schürze, Über die Chancen für Frauen in technischen Berufen. Bonn 1985

befürwortet oder abgelehnt werden. Aber nur Politik - und keine Theorie - kann bestimmen, ein wie starkes Arbeitsmarktungleichgewicht eine Gesellschaft noch tolerieren will.

Es gibt viele Politikbereiche, für die zu befürchten ist, daß es nur einen flüchtigen Konsens über eine gegebene Stufe der sozialen Entwicklung gegeben hat – Die frühere stabile ökonomische Entwicklung, als Grundlage sozialen Fortschritts interpretiert, läßt bei instabiler ökonomischer Entwicklung ein Zerbrechen des sozialen Konsens befürchten.

Regionale Wirtschaftspolitik scheint ein Ausnahmefall zu werden. Aber auch hier wird die Entwicklung davon abhängen, ob die regionalpolitischen Akteure passiv oder aktiv dem ökonomischen und sozialen Veränderungsdruck begegnen. Auf jeden Fall steht beschäftigungsorientierte Regionalpolitik im Spannungsfeld der gesellschaftlichen Bewertungen über die systematische Verursachung der gegenwärtigen Arbeitsmarktsituation.[1]

In der Dikussion um die Höhe der gegenwärtigen Arbeitslosigkeit und um den noch zu erwartenden Anstieg dieses hohen Niveaus scheinen sich bereits zwei Haltungen zu verfestigen; zum einen die, daß die Betroffenheit noch nicht so stark ist, daß unkonventionelle Wege zur Beseitigung der Arbeitslosigkeit beschritten werden müßten, zum anderen die Haltung, daß es sich bei der gegenwärtigen und zukünftigen Arbeitslosigkeit um unvermeidbare Effekte handelt, so daß Resignation zur Tagesordnung übergehen lassen kann.

"Auch heute, bei noch vor 5 Jahren außerhalb des Dunstkreises der Arbeitsmarktforscher unglaublichen 2 Millionen Arbeitslosen ist Vollbeschäftigung weithin nur ein Postulat vollmundiger Politikresumees, aber nicht tatsächlich vorrangiges Ziel der Wirtschaftspolitik. Die Betroffenheit der Gesellschaft der Bundesrepublik ist offensichtlich noch nicht hinreichend artikuliert worden, um Vollbeschäftigung wirklich zum ersten Ziel der Wirtschaftspolitik der nächsten Jahre zu erheben."[2]

[1] "Solidarisches Handeln hat zwei Bedingungen: die Lage, in der Menschen sich finden, muß als systematisch verursacht gelten und empfunden werden können, und es muß ein Funke der Hoffnung da sein, daß sie sich durch gemeinsames Handeln ändern läßt. Im Extremfall heißt das, daß eine revolutionäre Situation da sein muß, in der kollektive Solidaritäten praktischen Ausdruck finden, und die Chance des Erfolges, die das Pulverfaß zur Explosion bringt. Bei den Arbeitslosen, ja der underclass überhaupt, fehlt nicht nur diese Chance, also die Hoffnung, durch kollektives Handeln irgendetwas zu erreichen, sondern schon das Bewußtsein der systematischen Verursachung der Situation." Ralf Dahrendorf, Die neue Unterklasse, Warum hohe Arbeitslosigkeit keine Revolution bewirkt, in: Die Zeit, Nr. 5 - 27. Januar 1984, S. 32.

[2] Friedrich Buttler: Spielräume einer regionalisierten Arbeitsmarktpolitik bei stagnierendem Wirtschaftswachstum, in: Wirtschaftsdienst, 1983/I, S. 51-56, S. 56.

An anderer Stelle heißt es: "Wenn die negative Arbeitsmarktentwicklung bis zum Ende der achtziger Jahre unabänderlich ist, dann ist eben auch die Wirtschafts- und Arbeitsmarktpolitik aus der Pflicht entlassen. Statt sich über immer neue Vorschläge für eine aktive Beschäftigungspolitik weiter zu zerstreiten, kann man sich dann einvernehmlich auf die Probleme einer Konsolidierung der Finanzen des Staates, der Arbeitslosenversicherung und der Rentenversicherung während der kommenden schwierigen Jahre konzentrieren. Die derweilen weiter anwachsende Massenarbeitslosigkeit hat man dagegen als ein ohnehin unlösbares Problem inzwischen fast aus dem Bereich des politisch zu Verantwortenden hinausdefiniert."[1]

Die öffentliche, politische Meinung über Arbeitslosigkeit und ihre Ursachen wendet sich vorwiegend den Argumenten zu, die behaupten, daß Arbeitslose zu jenen gehörten, die soziale Regelungen mißbrauchten,[2] da sie nicht wirklich arbeitslos seien, sondern Schwarzarbeit leisteten, oder zu jenen zählten, die im Prozeß der Leistungsauswahl zu den nicht Leistungswilligen oder Leistungsfähigen zu zählen seien, einer Gruppe, von der ein Teil ins "Lumpenproletariat" fallen wird:

"Der Gesellschaftsvertrag selbst gerät ins Wanken, aber die an ihm vor allem Interessierten halten die Reihen fest geschlossen. Über der Legitimität ihrer Herrschaft hängen Fragezeichen; nur gibt es noch niemanden, der ihnen ihre Stellung ersthaft und mit Erfolgschancen streitig macht. Irgendwann wird in diesem Klima des Zweifels und der Ratlosigkeit etwas Neues entstehen, eine Produktivkraft gar. Auch wenn das geschieht, wird indes das Lumpenproletariat, die underclass allenfalls kontingent gewesen sein, anwesend bei der Geburt, doch weder Vater noch Pate, ein lästiger, doch unabweisbarer Gast im Gang der Dinge."[3]

Die Legitimationsprobleme einer beschäftigungsorientierten Regionalpolitik stehen im Zusammenhang mit dem historischen Verständnis von

---

[1] F.W. Scharpf: Institutionelle Bedingungen der Arbeitsmarkt- und Beschäftigungspolitik, in: Aus Politik und Zeitgeschichte, B 6/83, 12.2.1983, S. 3-15,S. 3.

[2] Vgl. Wilhelm Hankel: Die Wirtschaft in der Wirtschaft, Die "Schwarzen Märkte" werden zu einem neuen Zentrum der Wertschöpfung, in: Die Zeit - Nr.16 - 15, April 1983, S. 44.

[3] Ralf Dahrendorf: Die neue Unterklasse, Warum hohe Arbeitslosigkeit keine Revolution bewirkt, a.a.O., S. 32.

Arbeitsmarktinstrumenten als Ergänzung zur Konjunkturpolitik und hier der Beschäftigungspolitik.[1]

Derart verstandene Arbeitsmarktinstrumente sind relativ unabhängig von modernen Theorieschulen, da sie in allen vorkommen - diese Unabhängigkeit gilt jedoch nur in einer Situation gesamtwirtschaftlicher Vollbeschäftigung bei partieller, regionaler bzw. sektoraler Überbeschäftigung. Steht mittelfristig eine genügend hohe Anzahl an Arbeitsplätzen zur Verfügung, um das gesamtwirtschaftliche Arbeitskräfteangebot aufzunehmen, so ist Regionalpolitik Wachstumspolitik, indem sie strukturelle Arbeitslosigkeit beseitigt durch Erhöhung der Mobilitätsfähigkeit, die notwendig wird durch branchenstrukturelle, regionale und technologisch bedingte Freisetzung von Arbeitskräften, verbunden mit Qualifikationsveränderungen.[2] Die Argumentation über Flexibilisierung der Arbeitsmärkte ist somit nicht historisch überholt, aber sie entspricht eher der Erklärung von Arbeitsmarktprozessen in Vollbeschäftigungszeiten. Sie liefert keine Erklärung in konjunkturell schwierigen Zeiten und bei Zunahme des Erwerbspersonenpotentials und erst recht nicht, wenn beide Phänomene gleichzeitig auftreten.

Der demographische Druck wird aus der Analyse nicht ausgeklammert, denn die Modellkonstruktion gestattet einen Lohn zu definieren, zu dem jeder Arbeit findet, d.h. zu dem auch ein um zwei Millionen erhöhtes Erwerbspersonenpotential in den Arbeitsmarkt integriert werden kann. Ob bei einem derartigen Lohnniveau nicht gesellschaftliche Konstruktionen in ihren Fundamenten erschüttert würden, ist nicht Gegenstand der Analyse.

Der Blick auf die amerikanische Literatur[3] zeigt zum einen Definitionen

---

[1]Vgl. Richard Müller, Werner Röck: Konjunktur und und Stabilisierungspolitik, Stuttgart 1976, insbes. S. 181 - 184, sowie: Hans Karl Schneider, Artikel "Beschäftigungs- und Konjunkturpolitik", in: HdWW, Lfg. 8, IV. 1977, S. 478 - 499, S. 478. "Soweit es um die Aufgabe geht, die durch Schwankungen in den Gesamtausgaben bewirkten Arbeitsmarktungleichgewichte zu verringern, sind Konjunkturpolitik und Beschäftigungspolitik identisch. Darüber hinaus umfaßt die Beschäftigungspolitik auch die kausaltherapeutischen Maßnahmen der Arbeitsmarktpolitik, die strukturell bzw. durch unzureichende Mobilität verursachte Ungleichgewichte auf diesem Markt beseitigen sollen, und die mehr symptomorientierten Maßnahmen zur Verringerung der Arbeitslosigkeit, die auf der Arbeitsnachfrageseite (z.B. Notstandsmaßnahmen der zwanziger und dreißiger Jahre) oder auf der Arbeitsangebotsseite (z.B. Rückführung ausländischer Arbeitnehmer) ansetzen."

[2]Vgl. Michael Bolle, Vollbeschäftigung: Theorie und Politik, in: Michael Bolle (Hg), Arbeitsmarkttheorie und Arbeitsmarktplitik, Opladen 1976, S. 28.

[3]Vgl. Markus Scheuer, Zur Leistungsfähigkeit neoklassischer Arbeitsmarkttheorien. Bonn 1987

der (regionalen) Arbeitsmärkte als reine Märkte mit gängigen Preis- Mengen-Reaktionen und der Forderung, die Preise (Löhne) flexibler zu halten, d.h. diese Richtung sozialwissenschaftlicher Forschung betont die marktmäßigen Austauschbeziehungen zwischen Arbeitsangebot und Arbeitsnachfrage; arbeitsvertragliche Besonderheiten können hiernach vernachlässigt werden, der Arbeitsvertrag stellt eine Marktbeziehung dar, vergleichbar der zwischen Gemüsehändler und seinen Kunden.[1]

Derartige Beschreibungen finden sich bereits bei F. Naumann.[2]

Da eine derartige Betrachtungsweise wieder modern ist folgt: Der Arbeitsmarkt ist demzufolge nichts anderes als der Ort, an dem Arbeitsangebot und Arbeitsnachfrage aufeinandertreffen, und an dem der Preis der Arbeitskraft, der Lohn, sämtliche Allokationsfunktionen und Koordinationsfunktionen unter Minimierung der Kosten, insbesondere der Informationskosten, übernimmt. Der für die klassische und neo-klassische Theorie bestimmende Grundsatz, daß der Lohn zentrales Regulativ von Arbeisangebot und -nachfrage sei, insbesondere bei mangelndem Arbeitsplatzangebot die Löhne nach unten flexibel sein müssen, ist gegenwärtig sehr modern, denn es folgt daraus: Es gibt einen Lohn, zu dem jeder Arbeit findet.[3]

Ein anderer Schwerpunkt der Definition regionaler Arbeitsmärkte liegt

---

[1] Vgl. A.A. Alchian und H. Demsetz, Production, Information Costs, and Economic Organisation, in: The American Economic Review, Vol. 62 (1972), S. 777 - 795.

[2] "... und blickt man nun mit einem volkswirtschaftlich geschulten Auge auf den Arbeitsmarkt, so erscheint er wie ein riesenhaftes Schaufenster, hinter dem nicht Waren ausgestellt sind, sondern Personen. Jede Person ist mit einem Blatt versehen, auf dem ihr Wochenpreis vermerkt ist. Es gibt da arme Frauen, denen ein Blatt angeheftet ist: Ich nähe Strümpfe für 4 Mark in der Woche! Es gibt besser gestellte Mädchen mit einem Zettel: Ich fertige Handschuhe für 8 Mark in der Woche! Es stehen dort Männer mit dem Vermerk: Ich kehre Straßen für 9 Mark wöchentlich! Es gibt auch solche, bei denen geschrieben ist: Ich mache Maurerarbeiten für 28 Mark in der Woche!" Friedrich Naumann, Neudeutsche Wirtschaftspolitik, Berlin- Schöneberg 1911, S. 282. "Die Arbeitsleistung des einzelnen Menschen kann nur dann einen besonderen Preis haben und unter besonderen Bedingungen verkauft werden, wenn sie etwas Besonderes und Persönliches ist. Alle Arbeit, die sich über den Durchschnitt erhebt, die etwas Künstlerisches an sich hat, die nicht von jedermann gemacht werden kann, ist in der Lage, auf Grund des freien Arbeitsvertrages sich ihre Bedingungen zu erkämpfen. ... Diese glücklichen Verkäufer von arbeitskraft sind es, auf die der ältere Liberalismus hinzuweisen pflegte, indem er sagte: Es steht euch frei eure Arbeit ebenso hoch zu steigern, wie diese es taten! Der Irrtum, der dabei unterläuft, ist das Vergessen der Tatsache, daß die Mehrzahl der Menschen stets Durchschnittsarbeit leisten wird, und daß selbst bei einer allgemeinen Steigerung der Leistungsfähigkeiten immer wieder die Mehrheit zum Durchschnitt gehört. Diese Mehrheit kann auf keinem Gebiete einen besonderen Preis für sich herstellen, denn bei ihr kann immer eine Person durch die andere ersetzt werden." Ebenda, S. 284

[3] Vgl. Jahresgutachten 1975/76 des Sachverständigenrates zur Begutachtung der gesamtwirtschaftlichen Entwicklung. Ziffer 44. Bonn 1975.

auf den nicht-marktmäßigen Steuerungsprinzipien von Arbeitsangebot und Arbeitsnachfrage.[1]

Einschränkungen zur Funktionsweise des Marktes für Arbeit sind durch den Charakter der gehandelten Ware "Arbeit" gesetzt und diskutiert worden. Zunächst folgt auf die Fragestellung, ob Arbeitsleistung oder Arbeitskraft Gegenstand des Marktprozesses sei, eine Abwendung vom Gedanken, daß ein Arbeitsverhältnis ein reines Tauschverhältnis sei und führt hin zur Aussage, daß es sich bei Arbeitsverhältnissen um Machtrelationen mit hierarchischen Über- und Unterordnungen handelt. "Für Nicht-Ökonomen hat dieser Streit vermutlich einige surrealistische Züge, denn es gibt etwa unter Juristen keinen Dissens darüber, daß das Arbeitsverhältnis ein Abhängigkeitsverhältnis, daß Lohnarbeit fremdbestimmte Arbeit ist."[2]

Die Sicherung der Marktvorgänge auf den Arbeitsmärkten ist verbunden mit Erwartungen der Arbeitsnachfrageseite in bezug auf kostengünstige Verfügbarkeit des Produktionsfaktors Arbeit, begründet durch die Orientierung an betriebswirtschaftlichen Rentabilitätskriterien; dem steht gegenüber das Interesse der Arbeitsanbieter, eine über die - Leistungsrelationen widerspiegelnde - Entlohnung hinausgehende Existenzsicherung zu erhalten.

Von der Regionalpolitik wird verlangt, daß sie Vermittlungsrollen sowohl in Hinsicht einer Förderung des quantitativen und qualitativen Marktausgleichsprozesses, als auch in Hinsicht eines Ausgleichs der unterschiedlichen Markt- und Eigeninteressen der Marktteilnehmer übernimmt. Regionalpolitik, soweit sie beschäftigungsorientiert sein will, kann demzufolge anhand von drei

---

[1] Je nach Schwerpunktsetzung ist die Theoriebildung in verschiedene Richtungen fortgeschritten. Um ein Klassifikation und Bewertung dieser verschiedenen Theorierichtungen vornehmen zu können bietet es sich an, den regionalen Arbeitsmarkt nach drei wesentlichen Einflußfaktoren zu gruppieren. In der Literatur ist folgende Dreiteilung üblich: erstens die Frage, ob zwischen Arbeitsangebot und Arbeitsnachfrage marktmäßige Tauschbeziehungen dominieren, zweitens die Art des Tauschobjektes, d.h. die Betrachtung der Eigenschaften der Ware Arbeit und drittens der Einflußvon nicht-marktmäßigen Organisations- und Steuerungsprinzipien, hier insbesondere die Rolle, die dem Staat zukommt und die über Qualifikationspolitik auf den Faktor Arbeit zurückwirkt. Vgl. Hermann Biehler, Wolfgang Brandes, Friedrich Buttler, Knut Gerlach und Peter Liepmann: Arbeitsmarktsrukturen und -prozesse, Zur Funktionsweise ausgewählter Arbeitsmärkte, Tübingen 1981 insbes. S. 31 ff, sowie Bernd Mettelsiefen, Hartmut Seifert, Arbeitsmarktpolitik in der Beschäftigungskrise - Ein Rückblick, in: WSI-Mitteilungen 6981, S. 380 - 392.

[2] H.Biehler, W. Brandes, F. Buttler, K. Gerlach und P. Liepmann: Arbeitsmarktstrukturen und -prozesse, Zur Funktionsweise ausgewählter Arbeitsmärkte, a.a.O., S.36; vgl. die dort angegebene Literatur zum Arbeitsvertrag.

Kriterien[1] bewertet werden:

Zum einen im Rahmen einer rein ökonomischen Bewertungsrichtung, in der die Allokationsfunktionen der Regionalpolitik beurteilt werden, d.h. die quantitativen und qualitativen Beeinflussungen der Arbeitsnachfrage. Diese Funktionen standen bisher im Vordergrund der Argumentation (Grenzproduktivitätskriterium).

Zweitens kann eine Bewertung der administrativen Leistungfähigkeit staatlicher Regionalpolitik erfolgen, indem untersucht wird, ob und in welchem Grade das Zielsystem der Regionalpolitik mit den Wachstumsproblemen früherer Zeiten und zur Zeit mit den Arbeitsmarktproblemen übereinstimmt. Effizienzgesichtspunkte können hierbei unter fiskalischen und unter legitimatorischen Aspekten betrachtet werden.

Die dritte Richtung, die soziale oder sozioökonomische Leistungsfähigkeit von Politikbereichen, die in den Arbeitsmarkt eingreifen, betrifft die Regulationsmechanismen des Arbeitsmarktes. Hier wäre Regionalpolitik Existenzsicherung in dem Maße, in dem sie die Anpassungsfähigkeit und Flexibilität der Arbeitsanbieter, sei es, daß sie bereits arbeitslos sind, sei es, daß sie von Arbeitslosigkeit bedroht sind, sichert. Zu einem Interessenausgleich durch Regionalpolitik - aber eher der Arbeitsmarktpolitik - gehört auch die Art, in der sogenannte Problemgruppen dem sozialen Bereich überantwortet werden, d.h. die Art, in der soziale Integration erfolgt. Regionalpolitik hat hier nur geringe Einflußmöglichkeiten. Durch Koordination mit der Arbeitsmarktpolitik könnte ihr Einfluß gesteigert werden. Zwar gibt es eine faktische Koordination - indem Arbeitsbeschafffungsmaßnahmen regional gezielt in Gebieten überdurchschnittlicher Arbeitslosigkeit durchgeführt werden was einem Indikator der Reginalpolitik entspricht - aber eine Koordination weiterer Instrumente schein verwaltungsrechtlich unmöglich.

Es wird zwar behauptet, die Bewertung der ökonomischen Leistungsfähigkeit der Regionalpolitik sei anhand der Zeitreihen der Indikatoren "Gesicherte Arbeitsplätze" und den Investitionen in die Infrastrukturbereiche, die mit Maßnahmen zur beruflichen Fortbildung und Umschulung im Zusammenhang stehen, möglich; die Karten, die die Regionen abbilden, die die stärkste Förderung erhielten, lassen Skepsis gegenüber dieser Aussage aufkommen.

[1] Vgl. Bernd Mettelsiefen, Hartmut Seifert, Arbeitsmarktpolitik in der Beschäftigungskrise, a.a.O., S. 380 - 392, S. 383 f, passim.

Die gegenwärtige Größenordnung des Arbeitsmarktproblems ließ extreme Schwierigkeiten bei der regionalen Spezifizierung regionaler Fördergebiete erwarten. Die Abgrenzung regionaler Fördergebiete anhand des stark gewichteten Merkmals der Arbeitslosigkeit war ein problemgerechtes Vorgehen.

Damit entsteht jedoch ein Konflikt mit einem weiteren Ziel und Abgrenzungsindikator der Regionalpolitik, der Forderung nach Vermeidung unterwertiger Beschäftigung. Indikator hierzu ist das regionale Lohnniveau.

Nach länger andauernder Arbeitslosigkeit kann meist der frühere berufliche Status der Arbeitnehmer nicht gewährleistet werden. Inzwischen stehen Arbeitslosigkeit und Mobilität in einem derartigen Verhältnis, daß in den Fällen, in denen nach längerer Zeit keine dem beruflichen Status entsprechenden Arbeitsangebote Arbeitslosen unterbreitet werden, berufliche und einkommensmäßige Abstufungen über mehrere Stufen vorgenommen werden. Je länger Betroffene den Status der Arbeitslosigkeit aufweisen, um so geringer wird die Chance, sie, entsprechend eines einmal erreichten beruflichen Status, wieder einzugliedern; somit werden Arbeitsplätze in die Vermittlungsvorschläge des Arbeitsamtes einbezogen und für zumutbar zur Annahme erklärt, die entsprechend den beruflichen Merkmalen und des erzielbaren Einkommens dem Zielindikator "regionales Einkommensniveau" der Regionalpolitik widersprechen.

Die Ausweitung der regionalen Radien, innerhalb derer Arbeitsplätze in die Vermittlungsvorschläge einbezogen werden, sowie die Gewährung von Umzugskostenbeihilfen als Ausdruck verstärkter regionaler Mobilität gehören somit zu dem Bereich in dem Regionalpolitik und Arbeitsmarktpolitik sich widersprechen.

Hinzu kommt das Problem, einen in einer Reihe von Städten etablierten zweiten Arbeitsmarkt zur Kenntnis zu nehmen und eventuell in die regionale Wirtschaftsförderung einzubeziehen.[1]

[1] Defizite der Steuerung der öffentlichen Arbeitsmarktpolitik sind durch das Wirken der oben dargestellten Mechanismen nicht mehr ohne weiteres erkennbar, der erkennbare Teil wird vielfach nur noch als Implementationsproblem aktiver Arbeitsmarktpolitik interpretiert - aus diesem Problem der Arbeitsmarktpolitik leiten eine Reihe von Autoren die Regionalisierung der Arbeitsmarktpolitik oder die beschäftigungsorientierung der Regionalpolitik ab. Vgl. Dietrich Garlichs, Friederike Maier, Klaus Semlinger (Hrsg.), Regionalisierte Arbeitsmarkt- und Beschäftigungspolitik, Frankfurt/Main, New York, 1983, sowie: Bernd Mettelsiefen, Hartmut Seifert, Arbeitsmarktpoltik in der Beschäftigungskrise, a.a.O., S. 390. "Das primäre Steuerungsproblem öffentlicher Arbeitsmarktpolitik besteht demnach darin, auf die Arbeitsmarktprobleme so zu reagieren, daß die verschiedenen Aktivitäten gleichzeitig sowohl marktorien-

Diese Regelung sozialer Konfliktpotentiale steht in drei Spannungsfeldern . Es ist dies die Frage der Orientierung der Politik auf angebotsorientierte oder auf nachfragorientierte Maßnahmen entsprechend den vorherrschenden Doktrinen der Wirtschaftspolitik. Staatliche Arbeitsmarktpoltik und Regionalpolitik wird jedoch - gleichgültig welcher Doktrin man zuneigt - bedingt durch den Arbeitsangebotsdruck bis bald zum Jahr 2000 keinen Einfluß auf die nach betriebswirtschaftlichen Kalkülen betriebenen Rationalisierungsstrategien haben können, so exzellent die Theorien zur Beschreibung betrieblicher Selektionsstrategien und geteilter betrieblicher Arbeitsmärkte und damit verbundener Personalrekrutierungsprozesse auch sein mögen. "Gesicherte Arbeitsplätze" versus "Neue Arbeitsplätze" sind die beiden Indikatoren, die hier zu untersuchen und zu vergleichen sind. Regionalpoltik kann zwar, auch auf regionaler Ebene, in Teilbereichen, vor allem durch Informationsverbesserung über regional entfernte Märkte, die Allokationsprozesse von Arbeitsmärkten beeinflussen, aber sie kann an der Verfügungsmacht der Arbeitsnachfrager, Arbeitsplatzanbieter nichts ändern, jener Verfügungsmacht, die Claus Offe als "negatives Eigentumsrecht" der Arbeitsplatzanbieter bezeichnet. Nicht Arbeitsmarktpolitik, sondern Investitionspolitik und Technologieförderung steht im Mittelpunkt des Interssses der Besitzer von Arbeitsplatzrechten. Um so schwerer wird die Verantwortung, die Regionalpolitik übernimmt, wenn sie verstärkt neue Technologien fördert, ohne hinzusehen, ob damit Rationalisierungsinvestitionen gefördert werden und wenn sie im Interessengefälle zwischen Arbeitsangebotsseite und Arbeitsnachfrageseite auf Ausgliederungsforderungen und auf verstärkten sozialen Druck stößt.

Der Hintergrund zur Diskussion des Indikators der strukturellen Arbeitslosigkeit ist Beleg hierfür.

---

tierte Allokationserfordernisse abdecken, dem Gebot effizienter und effektiver Verwendung der Steuerungsressourcen entsprechen sowie gesamtgesellschaftliche Interessen so organisieren, daß soziale Konfliktpotentiale, die sich an einer ungleichgewichtigen Arbeitsmarktsituation entzünden können, nicht unkontrolliert aufbrechen."

6.1. Zur Messung und politischen Vermittelbarkeit struktureller Arbeitslosigkeit

Durch die Individualisierung der Ursachen der Arbeitslosigkeit, d.h. der Suggestion, daß jeder seines Glückes Schmied sei, wird verdeckt, daß Arbeit und die Zuweisung eines bestimmten Status durch Arbeit nur im gesellschaftlichen Rahmen möglich ist. Somit ist zuvor eine systematische öffentliche Meinungsbildung bis hin zur Meinungsmache notwendig, um Randgruppen zu finden und zu kennzeichnen. Hierzu gehören Diskussionen über den Mißbrauch sozialer Regelungen durch bestimmte Gruppen ebenso, wie Klagen über verlorene Arbeitsmoral und Drückebergertum der Deutschen, sowie Hinweise auf verstärkt abweichendes Verhalten der Jugendlichen, auch Behauptungen über die gesellschaftliche Schädlichkeit von Doppelverdienern und gleichfalls eine plötzliche Wiederentdeckung einer Rolle der Frau, bezeichnet als "Neue Mütterlichkeit".

Alle in der öffentlichen Meinung gefundenen - und durch die tatsächlichen überdurchschnittlichen Werte zur Arbeitslosigkeit auch empirisch bestätigten - Randgruppen geraten unter einen verstärkten Druck, der eine Ausgliederung aus dem Arbeitsmarkt bewirken soll. Dieser Druck richtet sich auf eine Ausgliederung in das soziale Fürsorgesystem oder auf eine Ausgliederung zu externen Arbeitsmärkten, sogenannte alternative Arbeitsmärkte, denen man dann über eine neue Diskussion alternativer Lebensformen auch noch einen positiven Wert geben kann. Die neue Diskussion über den Arbeitsbegriff ist Indiz hierfür.[1]

Wir wollen vorab zum Begriff der strukturellen Arbeitslosigkeit folgende in der Literatur verbreitete[2] Definition vorstellen:

Strukturelle Arbeitslosigkeit liegt insoweit vor, als angebotene Arbeitsplätze nicht besetzt werden können, und zwar aufgrund von Profildiskrepanzen zwischen dem Angebot an Arbeit bestimmter Art (in einer Region, nach dem Geschlecht, dem Beruf, der Qualifikation) und der Nachfrage nach eben diesen Arbeitsqualitäten und diese Profildifferenzen trotz üblicher Anpassungshilfen nachhaltig nicht überwunden werden können.

---

[1] Permanente Änderungen der Arbeitslosenversicherungsleistungen und Verschärfung der Zumutbarkeitsregeln sind möglich, wenn der soziale Druck auf die Arbeitslosen steigt. Kann man bestimmte Gruppen des Arbeitsmarktes als Problemgruppen definieren, so braucht man nur Worte über sie zu verlieren, aber keine Maßnahmen und Programme für sie zu initiieren

[2] Vgl. Autorengemeinschaft: Zum Problem der strukturellen Arbeitslosigkeit, in: Mitteilungen aus der Arbeitsmarkt- und Berufsforschung, (1976) 1, S. 70-83. Dieses Konzept erreichte Popularität, da der Sachverständigenrat ihm folgte (Im Jahresgurachten 1976/77).

Der Überschuß der Zahl der offenen Stellen über die Zahl der Arbeitslosen (unter Abzug einer als konstant angenommenen Zahl fluktuations- und friktionsbedingter offener Stellen) dient als Meßkonzept. "Strukturell arbeitslos ist also, wer nicht die Qualifikation für einen angebotenen Arbeitsplatz (eine offene Stelle) besitzt oder nicht genügend mobil ist, diesen einzunehmen."[1]

Wir haben diese Definition an den Anfang gestellt, weil hier Begriffe auftauchen, die immer wieder in der aktuellen Diskussion zu hören sind: Qualifikationsprofil, was in der Regel gleichgesetzt wird mit beruflicher Anpassungsflexibilität und beruflicher Weiterbildung, sowie der Begriff Mobilität, der regional genauso von Bedeutung ist, wie beruflich und sektoral.

Diese stereotypen Forderungen nach Flexibilität und Mobilität der Arbeitnehmer halten sich in jeder Diskussion um regionale oder sektorale Arbeitslosigkeit, obwohl doch der empirische Hintergrund — die Relation von Arbeitslosenzahlen zu offenen Stellen — zur Zeit zur vorsichtigen Verwendung dieser Begriffe mahnt:

"Daß dieses Konzept, das in der Literatur auch als strukturelle Arbeitslosigkeit im engeren Sinne bezeichnet wird, unter den derzeitigen Arbeitsmarktbedingungen kaum problemadäquat ist, ist unmittelbar einsichtig: Im November 1983 gab es z.B. im Ruhrgebiet ganze 4.054 registrierte offene Stellen (bei 258.364 Arbeitslosen)."[2]

Unter den aktuellen Konstellationen auf Teilarbeitsmärkten kommt diesem Meßkonzept bei einem Regionalvergleich aber immer noch Bedeutung zu, da es Regionen gibt, in denen diese strukturelle Arbeitslosigkeit im engeren Sinne noch eine herrausragende Rolle spielt, was bei einem Volumen von ca. sechs

---

[1] Hannelore Neumann, Strukturelle regionale Arbeitslosigkeit und Probleme ihrer Messung, a.a.O., S. 11f.

[2] Hannelore Neumann, Strukturelle regionale Arbeitslosigkeit und Probleme ihrer Messung, a.a.O., S. 12. "Diese Definition würde bedeuten, daß Regionen mit der günstigsten Relation von offenen Stellen zu Arbeitslosen über das größte Ausmaß an struktureller Arbeitslosigkeit verfügen bzw. die strukturelle Arbeitslosigkeit gesamtwirtschaftlich mit der Höhe der Arbeitslosigkeit abnimmt.", Ebenda. Vgl. auch zum Zusammenhang von struktureller Arbeitslosigkeit und dem negativen Zusammerhang mit der Entwicklung der Gesamtarbeitslosigkeit: Helmut Maneval, Probleme der Erfassung struktureller Arbeitslosigkeit, a.a.O., S. 120, sowie die auf dem Angebots-/Nachfrageansatz beruhende Untersuchung von Hubert Krieger und Rüdiger Pintar, Regionale Arbeitsmarktstrukturen und ihre Implikationen auf objektive Arbeitsmarktchancen von Arbeitslosen, Köln 1977. Dort wird für Gelsenkirchen die niedrigste, für Düsseldorf die höchste strukturelle Komponente errechnet. Vgl. auch die Auseinandersetzung mit diesem Konzept bei Hans-Dieter Hardes, Arbeitsmarktstrukturen und Beschäftigungsprobleme im internationalen Vergleich, a.a.O., S. 150 ff, sowie Günther Schmid: Strukturelle Arbeitslosigkeit in der BRD, a.a.O., S. 7 ff.

Millionen neu besetzten Arbeitsplätzen pro Jahr nicht erstaunlich ist. Arbeitsmarktbewegungen spielen also eine dominierende Rolle für regionale Vergleichsrechnungen. Die Unterscheidung zwischen "bewegungsarmen" und "bewegungsintensiven" Arbeitsmärkten trägt diesem Sachverhalt Rechnung. Wenn es um die Beschäftigungsorientierung der Regionalpolitik geht, dann erscheint auf den ersten Blick der Indikator "Höhe der regionalen Arbeitslosenquote"als selbstverständlich und unumstritten. Wenn aber festgestellt wird, daß Wachstumspolitik die beste Arbeitsplatzpolitik sei, dann geht es sofort wieder um die Messung der regionalen Wachstumskraft oder Innovationskraft von Regionen. Indikatoren, die die Wirtschaftskraft einer Region messen, wären auch Indiktoren, die Aktionsräume der regionalen Arbeitsplatzförderung abbildeten. Wir gehen von der Hypothese aus, daß regionale Arbeitslosenquoten den Handlungsbedarf der Regionalpolitik auf regionaler Ebene beschreiben. Selbst eine Differenzierung regionaler Arbeitslosenquoten nach dem Merkmal "Dauer der Arbeitslosigkeit" , gemessen anhand des Anteils der Arbeitslosen, die länger als ein Jahr arbeitslos sind, erscheint nicht notwendig, da die regionale Verteilung der zur Gesamtarbeitslosigkeit ähnelt. Alle weitergehenden Differenzierungen würden dazu führen, eine Wertung vornehmen zu müssen, ob Jugendarbeitslosigkeit schwerer wiegt als Arbeitslosigkeit älterer Arbeitnehmer oder Arbeitslosigkeit von Frauen.[1]

Abgrenzungen nach dem Volumen der Arbeitsmarktbewegungen sind selten. Hierzu ist die Aufbereitung des regionalen statistischen Materials zu aufwendig. Somit ist verständlich, daß in der Literatur zwei Meßkonzepte die gebräuchlichsten und am wenigsten umstrittenen Meßverfahren sind.

— Berechnung der strukturellen Arbeitslosigkeit anhand der Abweichung der Arbeitslosenquote von der Gesamtquote der Arbeitslosigkeit auf Teilmärkten, sowie

[1]In Arbeitslosen-Zentren konzentrieren sich die sozialen Probleme der Industriegesellschaft und Dienstleistunggesellschaft. Vgl. Carl Wilhelm Macke, Ein Tropfen auf einem heißen Stein, Zum Beispiel das Arbeitslosenzentrum Hannover, in: Michael Bolle, Peter Grottian (Hg.), Arbeit schaffen jetzt, a.a.O., Einschränkungen der Arbeitsfähigkeit, die in früheren Zeiten der Hochkonjunktur vom Arbeitsmarkt akzeptiert wurden, führen gegenwärtig zur Abdrängung auf externe Arbeitsmärkte, zur Randgruppenlage auf dem Arbeitsmarkt. Die traditionellen Träger der Regionalpolitik wären jedoch überfordert, wenn sie derartige Merkmale in ihren Instrumenten berücksichtigen und neue Formen der Arbeit finanziell absichern sollten. Regionalpolitik wird mit neuen gesellschaftlichen Gruppen zusammenarbeiten müssen - nicht nur mit dem neuerdings geförderten Handwerk.

— Berechnung struktureller Arbeitslosigkeit anhand der Dauer der Arbeitslosigkeit, d.h. über den Anteil der Langfristarbeitslosen.

Versuche zur empirischen Messung der strukturellen Komponenten der Arbeitslosigkeit haben Seltenheitswert, obwohl dieser Begriff auf der politischen Ebene eine herausragende Rolle spielt.[1]

Es gibt nur wenige empirische Arbeiten.[2] Diese setzen weitgehend unabhängig von den zugrundeliegenden kontroversen theoretischen Schulen in der Regel an der Struktur der Arbeitslosigkeit an, und zwar so, wie sie sich aus der offiziellen Arbeitsmarktstatistik ergibt.

"Als Elemente dienen - bei gesamt- und bei teilräumlichen Meßversuchen - die Verteilung der Arbeitslosigkeit auf Regionen, auf Sektoren, auf Berufe bzw. personenbezogene Arbeitslosenquoten. Ein weiteres häufig verwendetes Abgrenzungskriterium stellt die (individuelle) Dauer der Arbeitslosigkeit dar.

Mitunter wird dabei schon dann von zunehmender struktureller Arbeitslosigkeit gesprochen, wenn sich die Struktur der Arbeitslosen, d.h. das Gewicht oder die Anteile einzelner Personengruppen an der Gesamtheit der Arbeitslosen verschoben haben (auch 'Strukturalisierung' des Arbeitslosenbestandes genannt)."[3]

Es ist ein Versuch, aus sozialen Merkmalen der Arbeitslosen eine Aussage über die Verusachung der Beschäftigungsprobleme zu machen.

Eine exakte Zuordnung von konjunktureller und struktureller Arbeitslosigkeit[4] wird kaum erreichbar sein, aber es fehlt nicht an zahlreichen empirischen Hinweisen über den Zusammenhang zwischen dem Ursachenkomplex des regionalen Strukturwandels und Merkmalen der regionalen Arbeitslosenstruktur.[5]

Unqualifizierte, Frauen, ältere Arbeitnehmer, Arbeitnehmer mit spezifischer Berufsqualifikation werden in der Regel als potentielle Problemgruppen des

---

[1] Vgl. hierzu: Hannelore Neumann, Strukturelle regionale Arbeitslosigkeit und Probleme ihrer Messung, a.a.O., S. 9ff.

[2] Vgl. Helmut Maneval: Probleme der Erfassung struktureller Arbeitslosigkeit und Probleme der wirtschaftlichen Beeinflussung struktureller Arbeitslosigkeit, in: Soziale Probleme der modernen Industriegesellschaft, Schriften des Vereins für Sozialpolitik, N.F. 92/I, Berlin 1977, S. 111-129, und bei Ulrich Cramer: Zur Messung struktureller Arbeitslosigkeit, in: Wirtschaftsdienst 1979 (III), S. 130-134.

[3] Hannelore Neumann, Strukturelle regionale Arbeitslosigkeit und Probleme ihrer Messung, a.a.O., S. 9

[4] Vgl. z.B. Rüdiger Soltwedel: Konjunkturelle oder strukturelle Arbeitslosigkeit - ungelöstes Zuordnungsproblem, in: WSI-Mitteilungen (1977) 5, S. 306

[5] Vgl. Heinz-Dieter Hardes: Arbeitsmarktstrukturen und Beschäftigungsprobleme im internationalen Vergleich, a.a.O., S. 147

Arbeitsmarktes genannt. Sie sind potentielle Problemgruppen des Strukturwandels, d.h. der sektorale Strukturwandel wirkt primär zu Lasten dieser Risikogruppen — die Dauer der Arbeitslosigkeit ist die Summe der einzelnen Risikomerkmale.

Denkbar und ebenfalls plausibel ist jedoch die gegenteilige Hypothese: Strukturwandel führt in Zeiten der Hochkonjunktur zu einer Integration von Risikogruppen, d.h. zu einer Absorption der durch Umstrukturierung freigesetzten Arbeitskräfte. Erst in Zeiten der konkunkurellen Stagnation führt Strukturwandel zum Aufbau von Problemgruppenpotentialen. Dieser Hypothese wollen wir weiter folgen.

Untersuchungen, die die Höhe und Veränderung regionaler Arbeitslosigkeit und die zugrundeliegenden Ursachen mit Hilfe weiterer sozio-ökonomischer Daten, wie z.B. dem Anteil von schrumpfenden/wachsenden Branchen, Anteil der Bauwirtschaft, zu erklären versuchen,[1] haben ihren Schwerpunkt verlagert: Gefragt wird nach dem Anteil von Beschäftigten in Hochtechnologiebereichen um einen Zusammenhang zur regionale Arbeitsplatzentwicklung herstellen zu können.

Untersuchungen, die sich mit den Möglichkeiten einer Abgrenzung strukturell gefährdeter Industriegebiete auseinandersetzen, haben bekanntlich in der Regionalforschung Tradition.[2]

Im empirischen Teil der hier vorgelegten Untersuchung war relativ ausführlich auf die Aussagekraft eines weiteren Indikators hinsichtlich des Ausmaßes struktureller Arbeitslosigkeit in den Regionen eingegangen werden, auf den Indikator zur Entwicklung des regionalen Arbeitsplatzangebots. Im Zusammenhang mit Prognosen des Erwerbspersonenpotentials ist dieser ebenfalls zur Abgrenzung förderbedürftiger Gebiete mit strukturellen Anpassungsproblemen geeignet. Wir haben versucht, die Beziehungen zwischen den verschiedenen Indikatoren struktureller Arbeitslosigkeit anhand von Korrelationsrechnungen zu überprüfen. Die Hoffnung, einen Ansatz zu finden, strukturell gefährdete Gebiete noch besser einzugrenzen, d.h. eine regionale Klassifikation zu erreichen

---

[1] Vgl. z.B. Peter Hurler, Rudolf Kohler, Sonja Krusch: Regionale Arbeitslosigkeit. Arbeitsbericht im Rahmen des DFG-Schwerpunktes Regionalforschung und Regionalpolitik, o.O., 1979.

[2] Vgl. z.B. Peter Thelen, Georg Lührs: Abgrenzung von Fördergebieten. Die Messung der Wirtschaftskraft und der strukturellen Gefährdung von Regionen, Schriftereihe des Forschungsinstituts der Friedrich-Ebert-Stiftung, Bonn-Bad Godesberg 1971.

und Bestimmungsfaktoren und Konsequenzen struktureller Unterbeschäftigung zu präzisieren, hat sich anhand der bisher untersuchten Kennziffern nicht erfüllt.

In ihrer Untersuchung zu Problemen der Messung struktureller Arbeitslosigkeit gibt H. Neumann folgende Zusammenfassung[1] der Analysen zur Zusammensetzung des Bestandes an Dauerarbeitslosen:

- "Das höchste Risiko, für längere Zeit arbeitslos zu bleiben, haben Ältere und Personen, deren Berufausübung durch gesundheitliche Schäden beeinträchtigt wird. Die beiden Merkmale stehen dabei in einer sich verstärkenden Wechselwirkung zueinander.
- Arbeitslose mit fehlender Ausbildung können nicht von vorneherein als Problemgruppe mit großen Vermittlungsschwierigkeiten abgestempelt werden. Sie haben nur dann mit einer langen Verweilzeit in Arbeitslosigkeit zu rechnen, wenn ihre Vermittelbarkeit durch weitere Merkmale eingeschränkt wird.
- Dauerarbeitslose unterscheiden sich von nicht Dauerarbeitslosen vor allem durch die weitaus größere Häufung einzelner für die Reintegration ungünstiger Faktoren.
- Die bisherige Dauer der Arbeitslosigkeit stellt selbst ein Handicap beim Bemühen um eine berufliche Wiedereingliederung dar. Sei es, weil sie von einem Zerfall berufsspezifischer Qualifikationen begleitet wird, sei es, weil eine lange Arbeitslosigkeitsperiode von den Unternehmern als negatives Auslesekriterium angesehen wird. Mit zunehmender bisheriger Dauer der Arbeitslosigkeit vergrößert sich folglich bereits aus diesem Grunde die noch zu erwartende künftige Dauer der Arbeitslosigkeit.
- Auch bei Vorliegen sogenannter "Problemmerkmale" hängt die Chance einer Rückkehr in den Arbeitsprozeß in entscheidendem Maße von den jeweiligen regionalen Arbeitsmarktbedingungen ab."

Schwierigkeiten der Reintegration in den Arbeitsmarkt haben vor allem Dauerarbeitslose.

"Überrepräsentiert sind vor allem Ältere und Personen mit gesundheitlichen Einschränkungen, wobei sich beide Merkmale häufig überlappen. Arbeitslose

[1] Vgl. hierzu: Hannelore Neumann, Strukturelle regionale Arbeitslosigkeit und Probleme ihrer Messung, a.a.O., S. 126ff.

ohne Ausbildung tragen hingegen, soweit sie nicht durch andere Merkmale eingeschränkt sind, nicht in überproportionalem Maße zur Verfestigung des Arbeitslosenbestandes bei. Es wäre jedoch falsch, aus dieser im Vergleich zur Kontrastgruppe der Nicht-Dauerarbeitslosen bestehenden Überrepräsentation den Schluß zu ziehen, Dauerarbeitslosigkeit sei ein Problem der älteren und gesundheitlich Beeinträchtigten: Im September 1982 waren 48,3% aller Dauerarbeitslosen unter 40 Jahren, 62,6% wiesen keine gesundheitlichen Einschränkungen auf. Würde Dauerarbeitlosigkeit mit Bodensatzarbeitslosigkeit gleichgesetzt, so wie dies in manchen Äußerungen in Politik und Wissenschaft bisweilen anklingt, so hieße dies, mehr als ein Fünftel aller Arbeitslosen (September 1982 = 21,3%), in manchen Regionen noch weitaus mehr, als unvermeidbaren Sockel 'abzuschreiben' ".[1] H. Neumann untersucht ebenfalls die Stuktur der Dauerarbeitslosen im Verlauf der Rezession "Der vor allem für die Frühphase einer konjunkturellen Abschwächung zu beobachtende 'Ausleseprozeß' (Verdrängung der 'Schwachen' vom Arbeitsmarkt) geht - relativ gesehen - zurück."[2] Notwendig ist bei derartigen Untersuchungen immer eine Auseinandersetzung zur Vermittlungsbereitschaft von Arbeitslosen: "Selbst wenn Zweifel an der Vermittlungsbereitschaft aufgrund eines ausreichenden finanziellen Rückhalts oder an der Vermittlungsfähigkeit aufgrund sogenannter 'chancenmindernder' persönlicher Merkmale einzelner Gruppen im Dauerarbeitslosenbestand (wie auch im gesamten Arbeitslosenbestand) im Einzelfall berechtigt sein mögen, darf nicht vergessen werden, daß diese Arbeitslosen in aller Regel aus einem bestehenden Beschäftigungverhälnis heraus aus dem Arbeitsleben verdrängt wurden, und ihre Entlassung häufig mit einer Vernichtung des regionalen Arbeitsplatzangebots bzw. einem sogenannten 'Gesundschrumpfungsprozeß' des entsprechenden Wirtschaftssektors einhergeht. Die Struktur des Arbeitslosenbestandes bzw. die reduzierten Wiedereingliederungschancen einzelner Gruppen sind das Spiegelbild dieses regionalen Auszehrungsprozesses - ohne daß es möglich wäre, aus der Zahl der Dauerarbeitslosen bzw. Arbeitslosen unmittelbar auf die Zahl der zu schaffenden Arbeitsplätze in einer Region zu schließen."[3] "Ein hoher

---

[1] Ebenda, S. 27

[2] Ebenda, S. 27f.

[3] Ebenda, sowie den Hinweis auf versteckte Arbeitslosigkeit (Vorruhestandsregelungen) usw. bei Hella Schomacker u.a.: Arbeitslosigkeit in der Bundesrepublik Deutschland. Beiträge zu Umfang, Struktur, Auswirkungen und Prognostik der Arbeitslosigkeit, Bremen 1978. Einige der dabei in die Berechnungen eingehenden Größen (wie z.B. Arbeitnehmer in Maßnahmen

Anteil Langzeitarbeitsloser (bei gleichzeitig überdurchschnittlich hoher regionaler Arbeitslosenquote) ist also in aller Regel eine typische Erscheinungsform regionaler Strukturkrisen. Daß ältere Arbeitnehmer bei strukturellen Anpassungsschwierigkeiten eines Unternehmens zumeist als erste entlassen werden, ist ein weiteres Charakteristikum sektoralen Strukturwandels."[1]

Skeptisch muß die folgende Aussage zur Integration jüngerer Arbeitnehmer aufgrund der Daten zur Alterstruktur der Arbeitslosen beurteilt werden:

"Natürlich werden auch jüngere Arbeitnehmer aus 'strukturellen' Gründen freigesetzt, diese sind jedoch aufgrund ihrer größeren 'Konkurrenzfähigkeit' eher in der Lage, wieder eine Arbeitsplatz zu finden. Ein hoher Anteil älterer Arbeitsloser am regionalen Arbeitslosenbestand kann z.B. auch daraus resultieren, daß der jüngere und qualifiziertere Teil der Wirtschaftbevölkerung die Region aufgrund einer als langfristig 'perspektivlos' eingeschätzten Arbeitsmarktsituation bereits verlassen hat, und sich die strukturgefährdete Region bereits in Richtung 'eines Raums der Alten und Chancenlosen' entwickelt. Dabei wird häufig von der Vermutung ausgegangen, daß die 'Rette- sich- wer- kann' - Bewegung der besonders 'markttüchtigen' Arbeitnehmer bereits vor dem eigentlichen 'Struktureinbruch' einsetzt. Daß die Wiedereingliederungschancen von Arbeitslosen, auch wenn sogenannte 'Problemeigenschaften' vorliegen, ganz entscheidend von der jeweiligen regionalen Arbeitsmarktsituation abhängen, liegt auf der Hand und wird durch entsprechende empirische Untersuchungen bestätigt. Aufschlußreich wäre in diesem Zusammenhang sicherlich eine empirische Untersuchung über die Korrelation zwischen regionaler Langzeitarbeitslosigkeit und Entwicklung und Struktur des regionalen Arbeitsplatzanbebots."[2]

H. Neumann beantwortet noch die Fragen, ob das Risiko einer langanhaltenden Arbeitslosigkeit in einer fehlenden Ausbildung, im fortgeschrittenen Alter oder im schlechten Gesundheitszustand der Arbeitslosen begründet sei, und inwieweit die Dauer der Arbeitslosigkeit ein sich selbst verstärkendes Merkmal darstellte:

Krankheitsbedingte Einschränkungen und ein relativ hohes Lebensalter ver-

---

zur Arbeitsbeschaffung, Teilnehmer von Maßnahmen zur beruflichen Förderung, kurz vor der Pensionierung stehehnde Arbeitslose, Arbeitslose mit Sperrzeiten wegen Ablehnung einer unzumutbaren Arbeit, offene Stellen) könnten auch regional differenziert erhoben werden und daher die Aussagekraft der regionalen Arbeitslosenquote in obiger Hinsicht wesentlich erhöhen.

[1] Ebenda, S. 28

[2] Ebenda, S. 28f. 2. Fußnote

ringern die Wiedereingliederungschancen – anders als eine fehlende Ausbildung – bereits dann, wenn sie als Einzelmerkmal auftreten.[1]

In erster Linie sind es die Merkmale "hohes Alter" und "gesundheitliche Einschränkungen", die die Vermittelbarkeit der Arbeitslosen negativ beeinflussen.[2] Arbeitslose ohne Ausbildung, soweit sie nicht durch andere Merkmale eingeschränkt sind, weisen sogar ein weit über dem Durchschnitt liegendes Abgangsverhalten auf. Voraussetzung ist, daß man sich nicht an den Bestands- sondern an den Abgangsdaten orientiert.

Zu Ergebnissen wie die Modelle von Roger und Keyfiz und H. Birg gelangt eine Untersuchung von H. Hofbauer:[3] Die Chancen einer Reintegration der sogenannten "Problemgruppen" hängt in erheblichem Maße von der regionalen Arbeitsmarktsituation ab.

Die Vermittelbarkeit älterer Arbeitsloser in den einzelnen Arbeitsmarktbezirken unterscheidet Gebiete des Nordens und Südens der Bundesrepublik: Die durchschnittliche Dauer beträgt in einigen, vorwiegend im Süden der Bundesrepublik gelegenen Bezirken weniger als 30 Wochen, in einigen Bezirken an Ruhr und Saar dagegen 70 Wochen und mehr.[4]

Im folgenden stellen wir eigene Berechnungen zur regionalen Arbeitslosigkeit

---

[1] Vgl. z.B. Werner Karr: Zur Strukturalisierung der Arbeitslosigkeit. Umfang der Zielgruppen am Arbeitsmarkt unter Berücksichtugng von Mehrfachbeeinträchtigungen und Doppelzählungen, in: Mitteilungen aus der Arbeitsmarkt- und Berufsforschung, 1979 (2), S. 152 -165; Christian Brinkmann: Strukturen und Determinanten der beruflichen Wiedereingliederung von Langfristarbeitslosen, a.a.O., Franz Egle, Werner Karr, Rudolf Leupoldt: Strukturmerkmale der Arbeitslosen für Ströme und Bestände wowie Analyse der Vermittlungstätigkeit, in: Mitteilungen aus der Arbeitsmarkt- und Berufsforschung, 1980 (1), S. 105 - 113; Franz Egle, Rudolf Leupoldt: Mehrfacharbeitslosigkeit, Dauer der Arbeitslosigkeit und Wiedereingliederung von Arbeitslosen. eine Empirische Untersuchung aus einer Abgangsstichprobe, in: Mitteilungen aus der Arbeitsmarkt- und Berufsforschung, 1977 (4), S. 463-468; Werner Karr, Gertrud Apfelthaler: Zur Dauer der Arbeitslosigkeit, in: Mitteilungen aus der Arbeitsmarkt- und Berufsforschung, 1981 (4), S. 383 - 390; Ronald Schettkat, Klaus Semlinger: Der eigenständige Effekt gesundheitlicher Einschränkungen als Vermittlungshemmnis, in: Mitteilungen aus der Arbeitsmarkt- und Berufsforschung, 1982 (4), S. 434-442.

[2] Eine Untersuchung für September 1980 zeigt, daß der Grad der Vermittelbarkeit nicht erst beim 55., sondern bereits beim 48. Lebensjahr deutlich absinkt. Außerdem zeigt sich, daß bereits bei Arbeitslosen im Alter von 45 bis 50 Jahren bei mehr als der Hälfte die Vermittelbarkeit zusätzlich aus gesundheitlichen Gründen eingeschränkt ist. Vgl. Hans Hofbauer: Materialien zur Situation älterer Erwerbspersonen in der Bundesrepublik Deutschland, in: Mitteilungen aus der Arbeitsmarkt- und Berufsforschung, (1982) 2, S. 99-110, zitiert nach H.Neumann, S. 125

[3] Vgl. Hans Hofbauer, Materialien zur Situation älterer Erwerbspersonen, a.a.O.

[4] Vgl. die Übersicht bei H. Neumann, Strukturelle Arbeitslosigkeit und Probleme ihrer Messung, a.a.O., S. 126

vor. Es handelt sich hierbei um regionale Arbeitslosenquoten, nach dem Alter der Männer und Frauen unterschieden. Die Zahl der Arbeitslosen einer jeden Gruppe wurde durch das Erwerbspersonenpotential dividiert; der Nenner ist also größer als der in offiziell berechneten Arbeitslosenquoten. In diesen wird als Nenner einer Quote jeweils die Zahl der abhängigen Erwerbspersonen gesetzt. Diese Zahl ist definitorisch kleiner als das Erwerbspersonenpotential, da in ihr die Selbständigen und mithelfenden Familienangehörigen nicht enthalten sind. Damit liegen die hier vorgestellten Quoten alle unter dem Wert, der bei einer Berechnung anhand der "abhängigen Erwerbspersonen"ausgewiesen würde.[1] Es kommt uns jedoch darauf an, die Gleichartigkeit der Verteilung nach Regionen zu zeigen, um zu demonstrieren, daß Meßprobleme regional nicht relevant sind. In allen Altersgruppen - sowohl der Männer, als auch der Frauen - zeigt sich die gleiche Verteilung: Ein großräumiges Nord- Süd- Gefälle, das durch die Regionen im Südosten unterbrochen wird. Vergleicht man den Mittelwert der Altersgruppen, so erhält man eine Bestätigung der oben angeführtenErgebnisse: Die Arbeitslosenquote ist im regionalen Durchschnitt bei den Erwerbspersonen im mittleren Alter — auch bei den Frauen — geringer als bei den jüngeren und älteren Erwerbspersonen. Arbeitsmarktzutritt ist ein Generationenproblem. Regionale Verteilungen sind identisch.

Werden zur Bestimmung struktureller Arbeitslosigkeit Anteile einzelner Merkmale an der Zahl der Arbeitslosen regional berechnet, z.B. Anteil der Dauerarbeitslosen, so kommt es vor, daß z.B. auch die Region München einen hohen Wert erhält. Wird dieser Wert wieder mit der Arbeitslosenquote insgesamt gewichtet (multipliziert), so verschwinden derartige Regionskontraste; es entstehen wieder die abgebildeten regionalen Verteilungen.

Wenn von Arbeitnehmern eine verstärkte regionale Mobilität zur Behebung der Arbeitslosigkeit verlangt wird, so müßte eine Nord- Süd- Wanderung einsetzen, die nur mit den Wanderungen früherer Jahre verglichen werden könnte - mit jenen Wanderungen aus schlesischen Gebieten ins Ruhrgebiet.

---

[1] Anders jedoch bei: Hannelore Neumann, Achim Weimer (EDV), Frank Weimer(EDV), Regionale Arbeitslosenquoten 1976 bis (1. Halbjahr) 1983 - Ergebnistabellen - Gutachten (Teil I) im Auftrag des Planungsausschusses der Gemeinschaftsaufgabe "Verbesserung der regionalen Wirtschaftsstruktur", Bonn, 1983.

Die Interpretation derArbeitslosenquoten anhand der Extremwerte der Verteilung, legt die Schlußfolgerung des Nord- Süd- Kontrastes nahe. Extrem über dem Bundesdurchschnitt liegen nur Regionen im Norden, sowie das Saarland,

Karte 24: Überdurchschnittliche Arbeitslosenquoten 1983/84
a) Männer: 15 – 20 Jahre

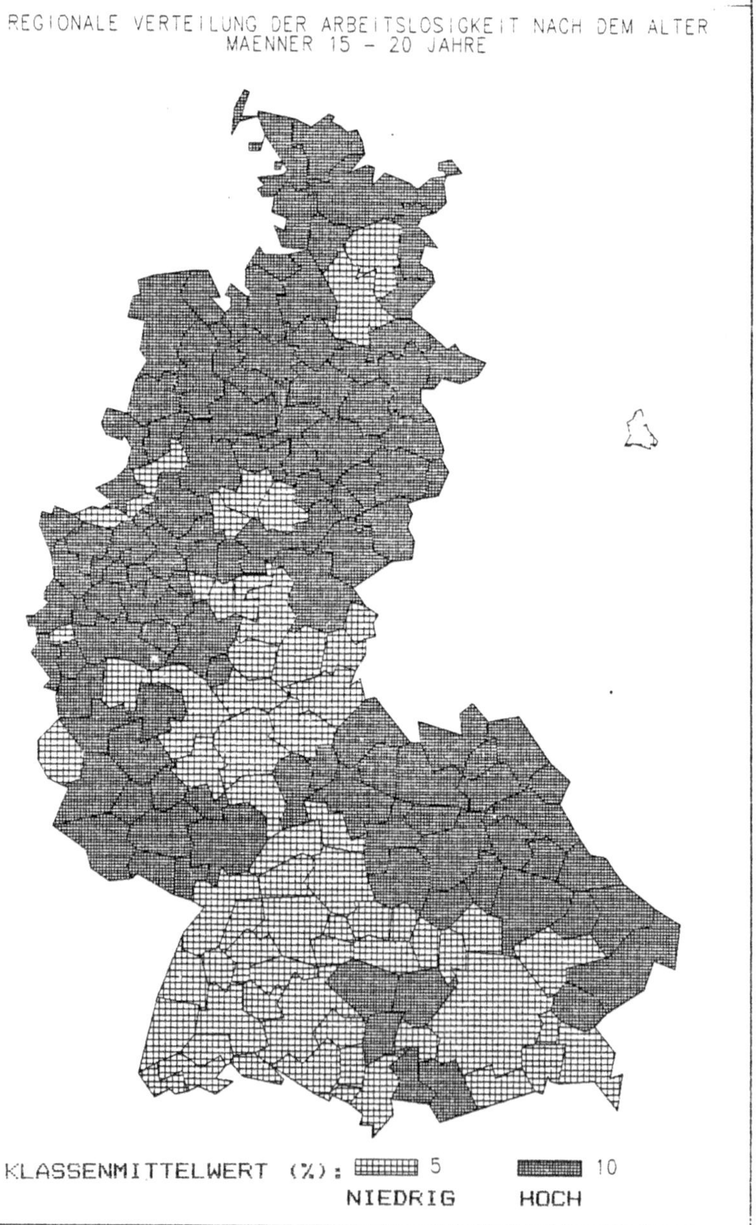

extrem unter dem Durchschnitt nur Regionen im Südwesten. Werden nur die Regionen, die über dem Bundesdurchschnitt liegen, gezeichnet oder hervorgehoben, so kann in der Tat ein Nord- Süd- Gefälle behauptet werden. Dabei

Karte 24: Überdurchschnittliche Arbeitslosenquoten 1983/84
b) Männer: 20 – 25 Jahre

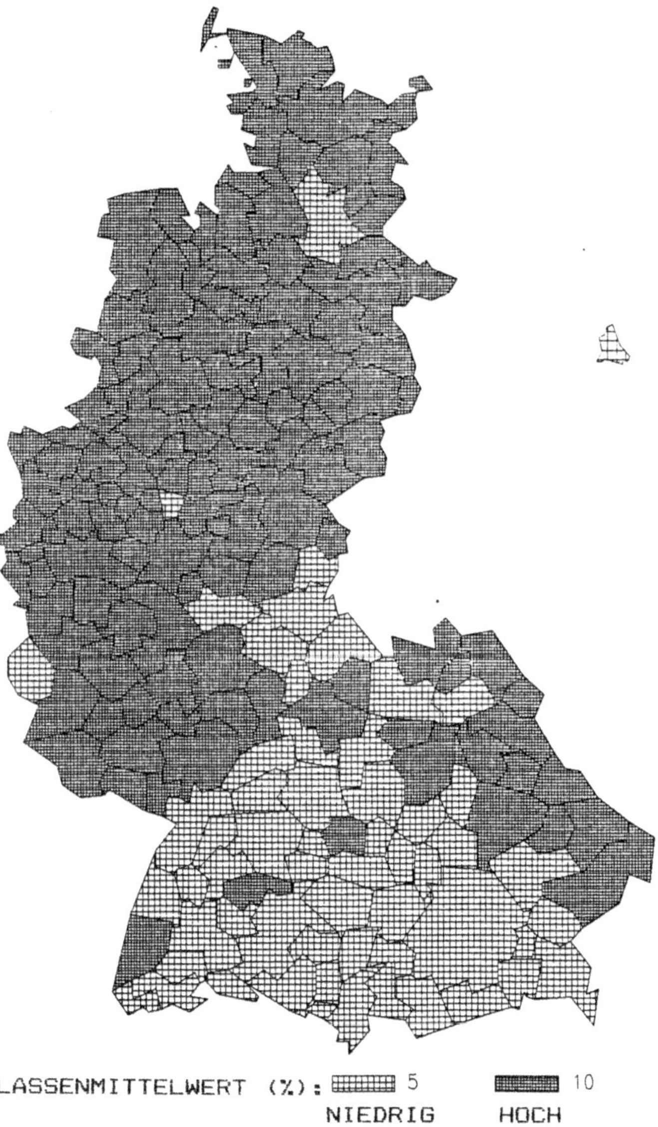

wird vergessen, daß auch im Süden in einer Vielzahl von Regionen in einzelnen Altersgruppen Arbeitslosenquoten von mehr als 9% auftreten. Als Erfolg

Karte 24: Überdurchschnittliche Arbeitslosenquoten 1983/84
c) Männer: 25 - 30 Jahre

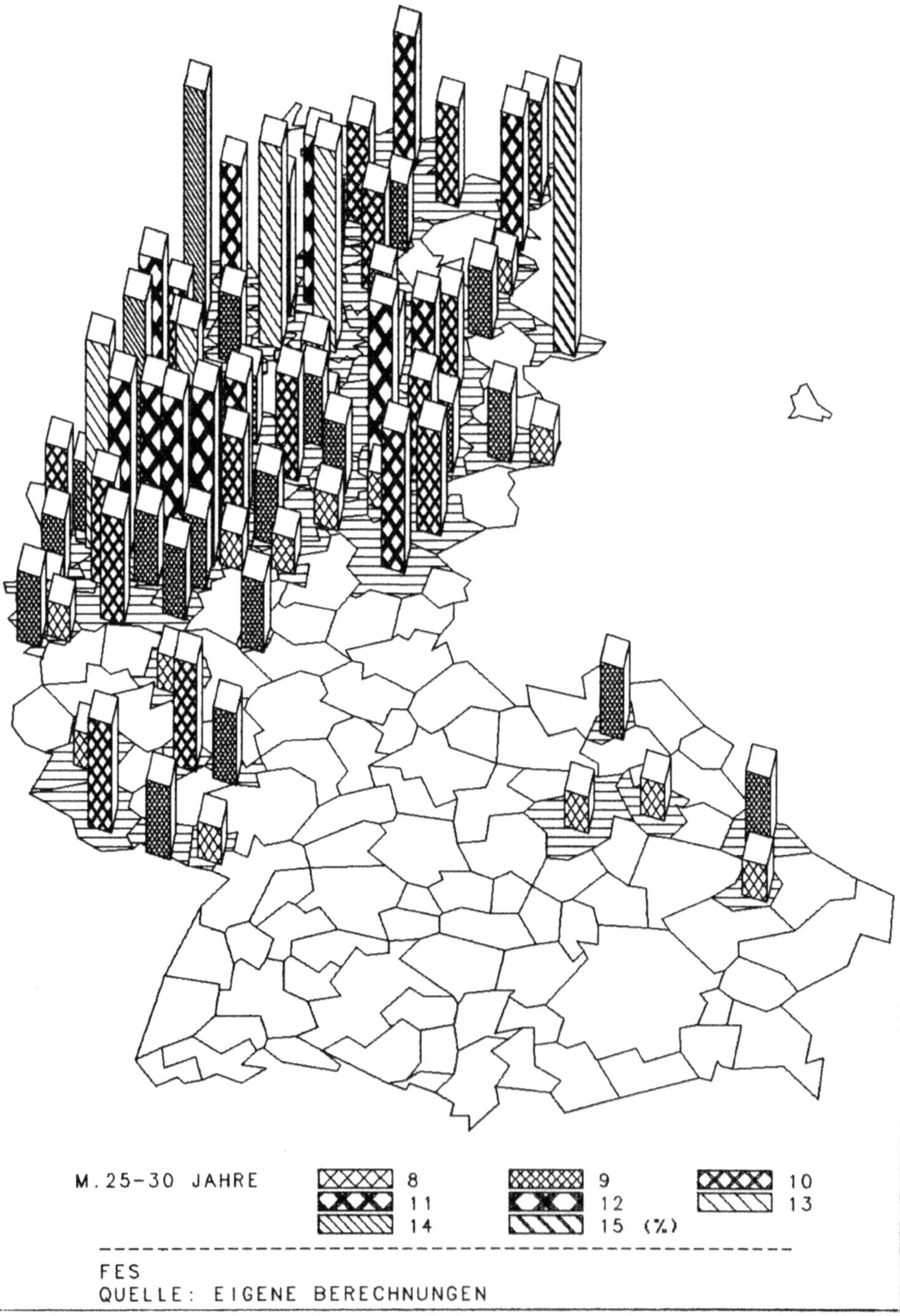

der Wirtschaftspolitik können diese Werte nicht interpretiert werden; sie liegen "nur" unter dem Durchschnitt. Es ist verfehlt, von der Verteilung der Ex-

Karte 24: Überdurchschnittliche Arbeitslosenquoten 1983/84

d) Männer: 30 - 35 Jahre

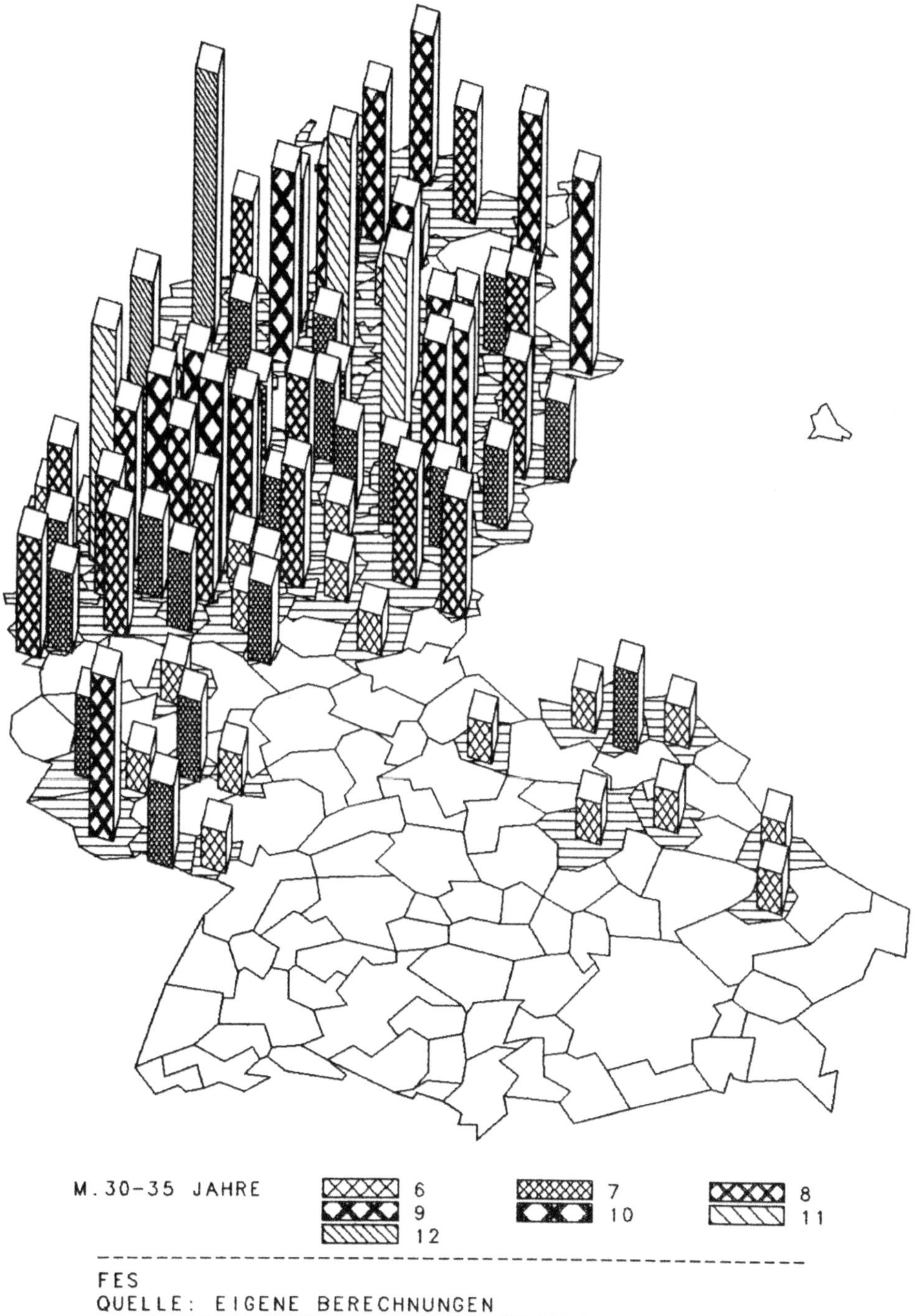

tremwerte der Arbeitslosigkeit, auf unterschiedliche Wirtschaftskraft schließen zu wollen. Trotzdem treten mit der Nord- Süd- Verteilung der Arbeitslosigkeit kulturelle Besonderheiten der Bundesländer wieder hervor. Preußisch- nordisch

Karte 24: Überdurchschnittliche Arbeitslosenquoten 1983/84
e) Männer: 35 – 40 Jahre

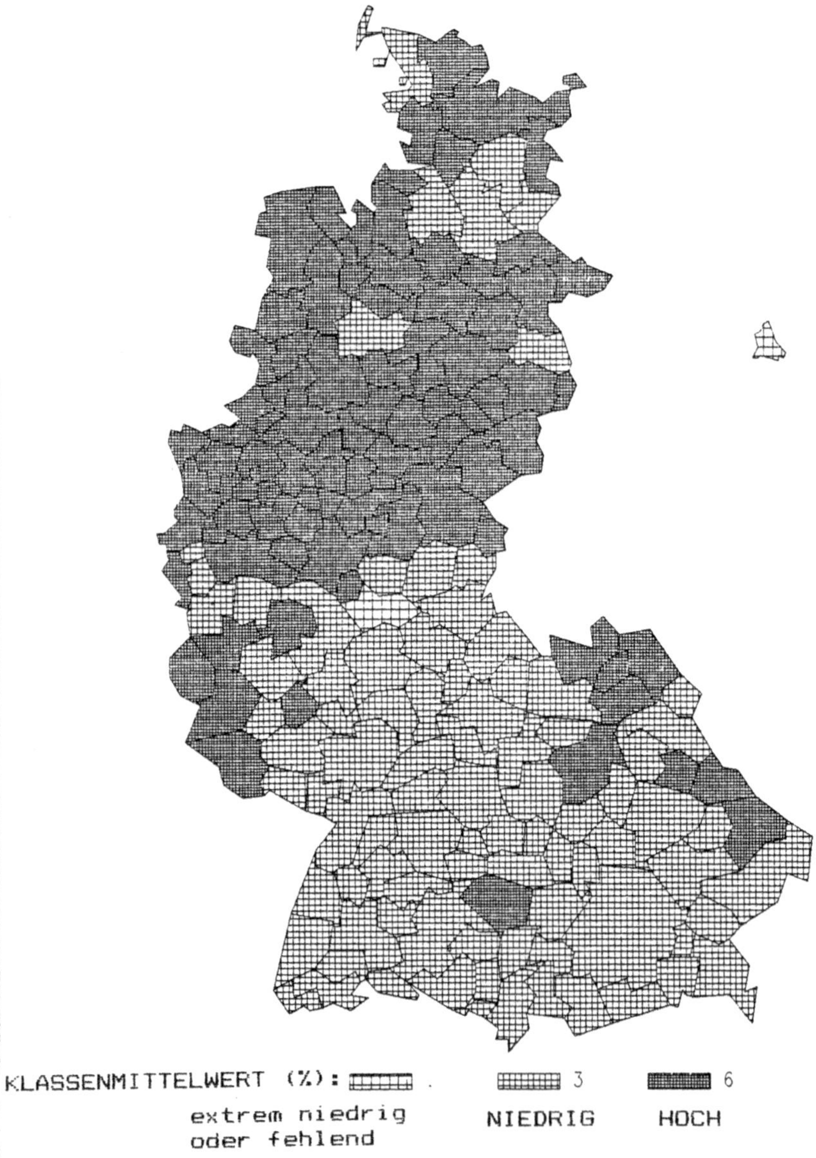

versus fremdländisch- katholisch als Begriffe des Kulturkampfes. Sosehr diese Klischees in der Vergangenheit eine wesentliche Rolle gespielt haben, sosehr wirken sie heute konstruiert.

Karte 24: Überdurchschnittliche Arbeitslosenquoten 1983/84
f) Männer: 40 - 45 Jahre

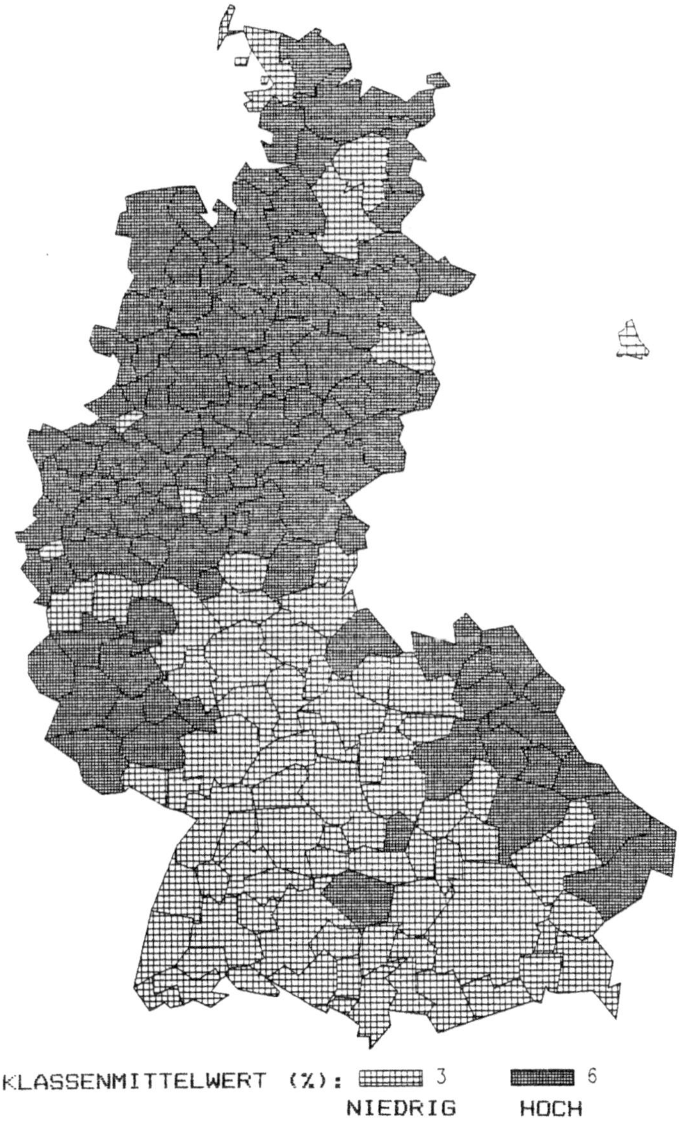

Im auffallenden Kontrast zur überdurchschnittlichen Arbeitslosigkeit im Norden, steht die überdurchschnittliche Förderung des Sektors "Elektrotechnik"im Süden und Südosten der Bundesrepublik (Vgl. Karte 14). Setzt man diese

Karte 24: Überdurchschnittliche Arbeitslosenquoten 1983/84
g) Männer: 45 – 50 Jahre

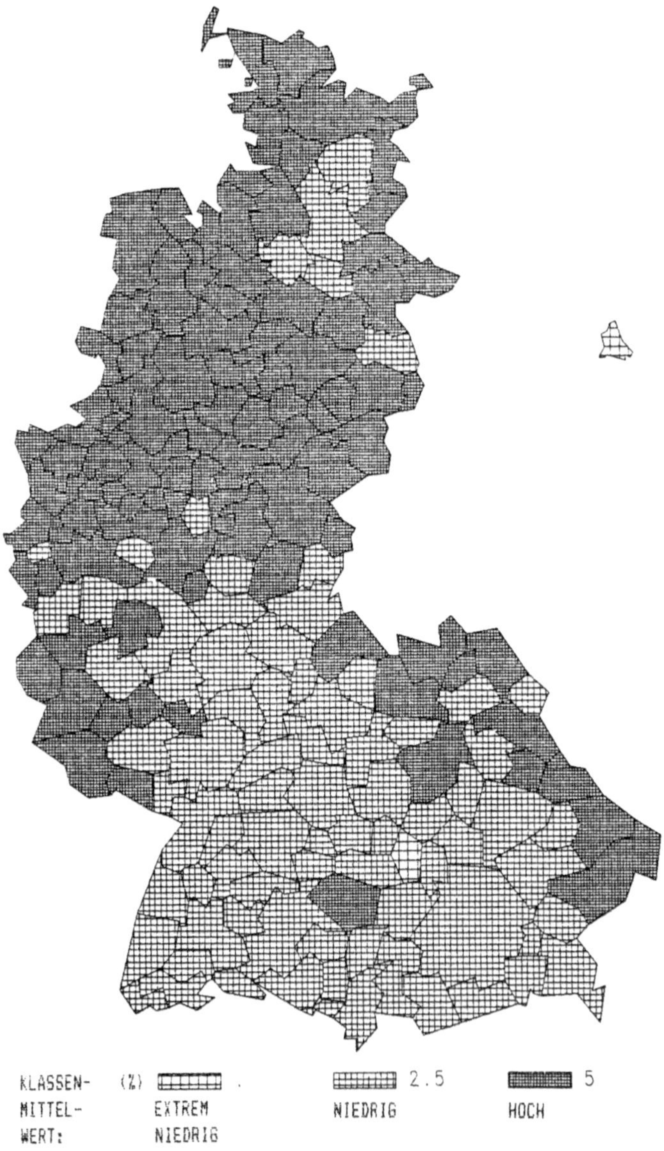

Karten mit denen der Arbeitslosenquoten in Beziehung, so können folgende Schlußfolgerungen gezogen werden. Geringe Arbeitslosigkeit ist fast immer dort

Karte 24: Überdurchschnittliche Arbeitslosenquoten 1983/84
h) Männer: 50 – 55 Jahre

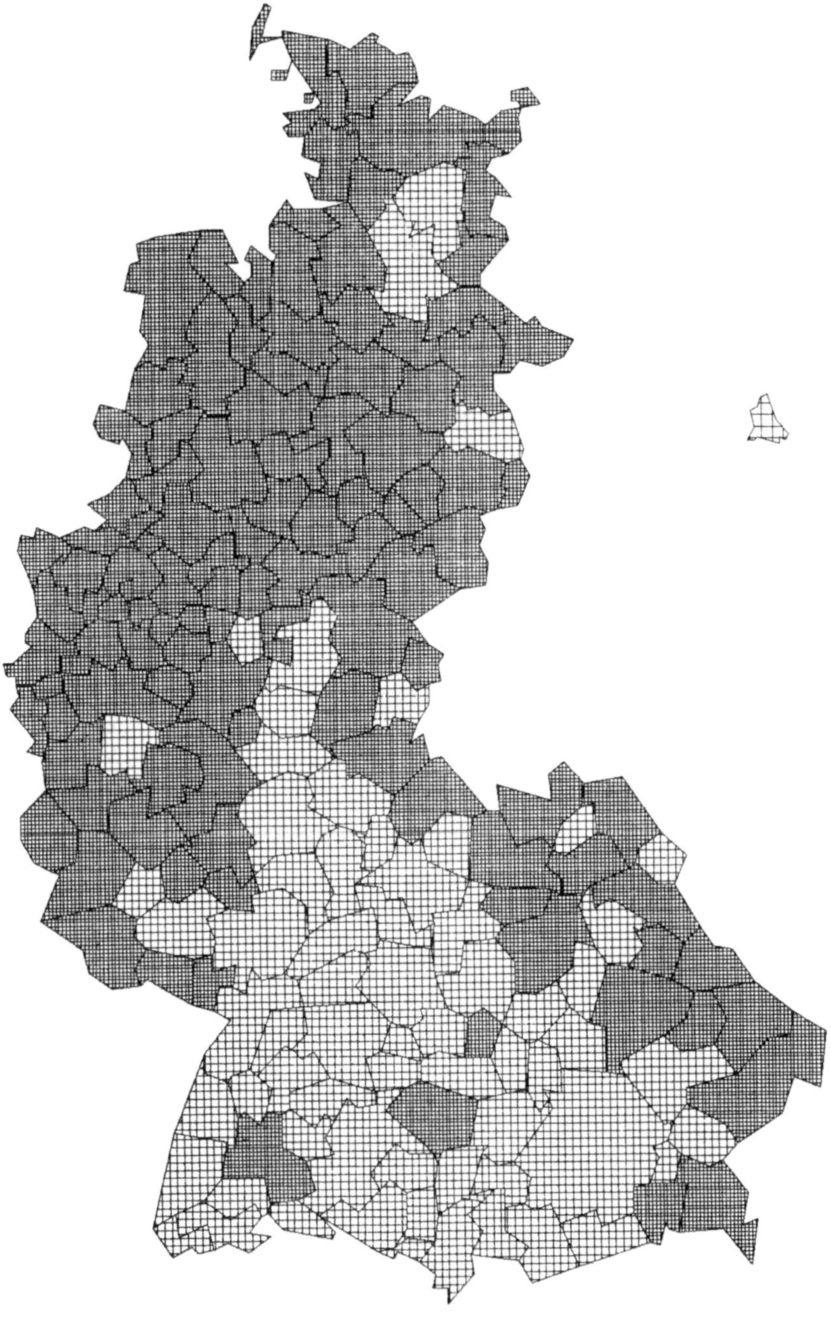

zu verzeichnen, wo die Förderung der Elektrotechnik erfolgreich vorgenommen werden konnte, d.h. auch, die Förderung qualifizierten Personals. (Vgl. weiter

Karte 24: Überdurchschnittliche Arbeitslosenquoten 1983/84
i) Männer: 55 - 60 Jahre

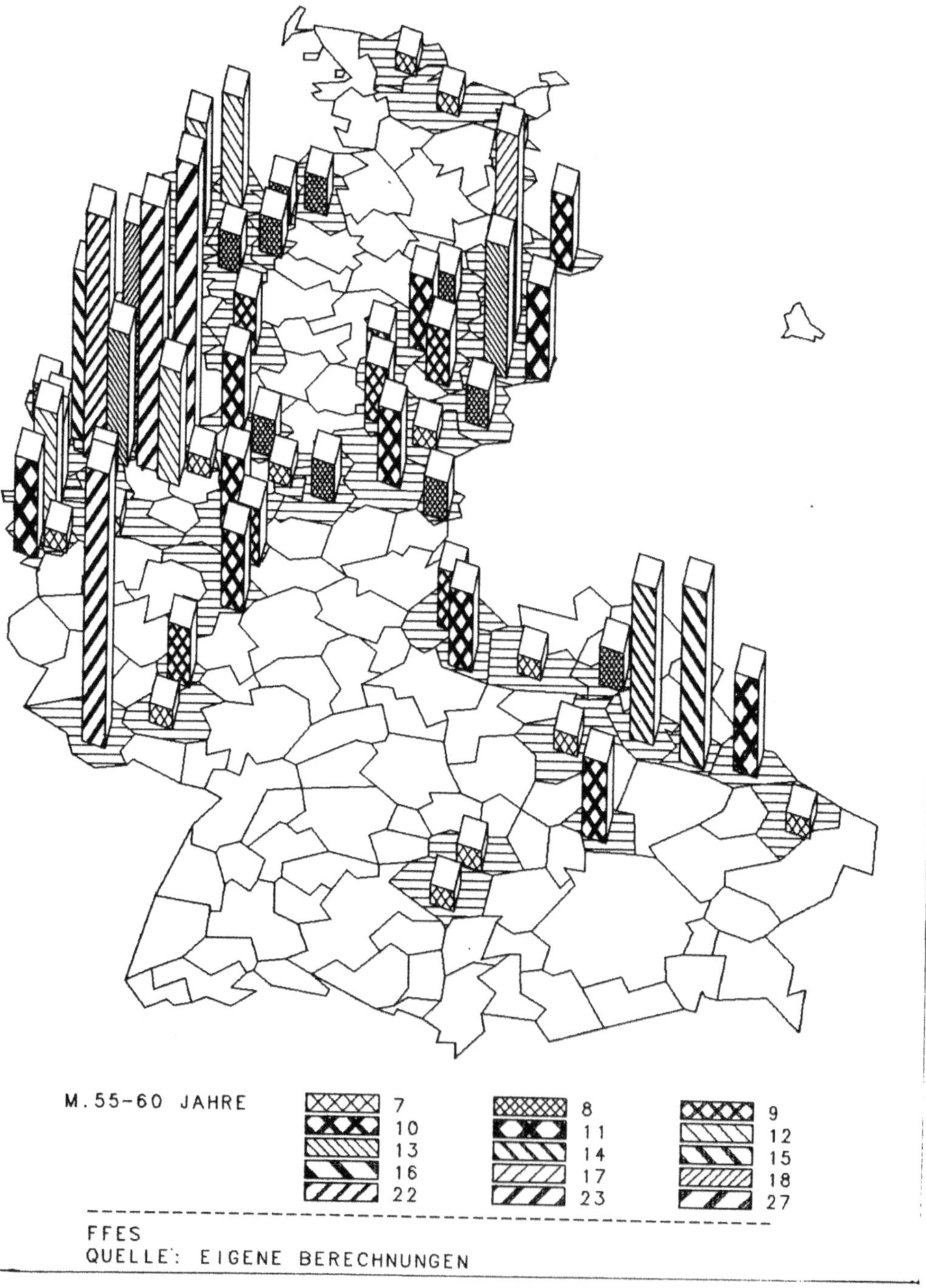

oben.) Die zweite Schlußfolgerung betont andere Zusammenhänge: die Höhe der Erwerbsquote der Frauen in Süden und Südwesten der Bundesrepublik (Vgl. Kapitel 8.3).

Karte 24: Überdurchschnittliche Arbeitslosenquoten 1983/84

j) Männer: 60 - 65 Jahre

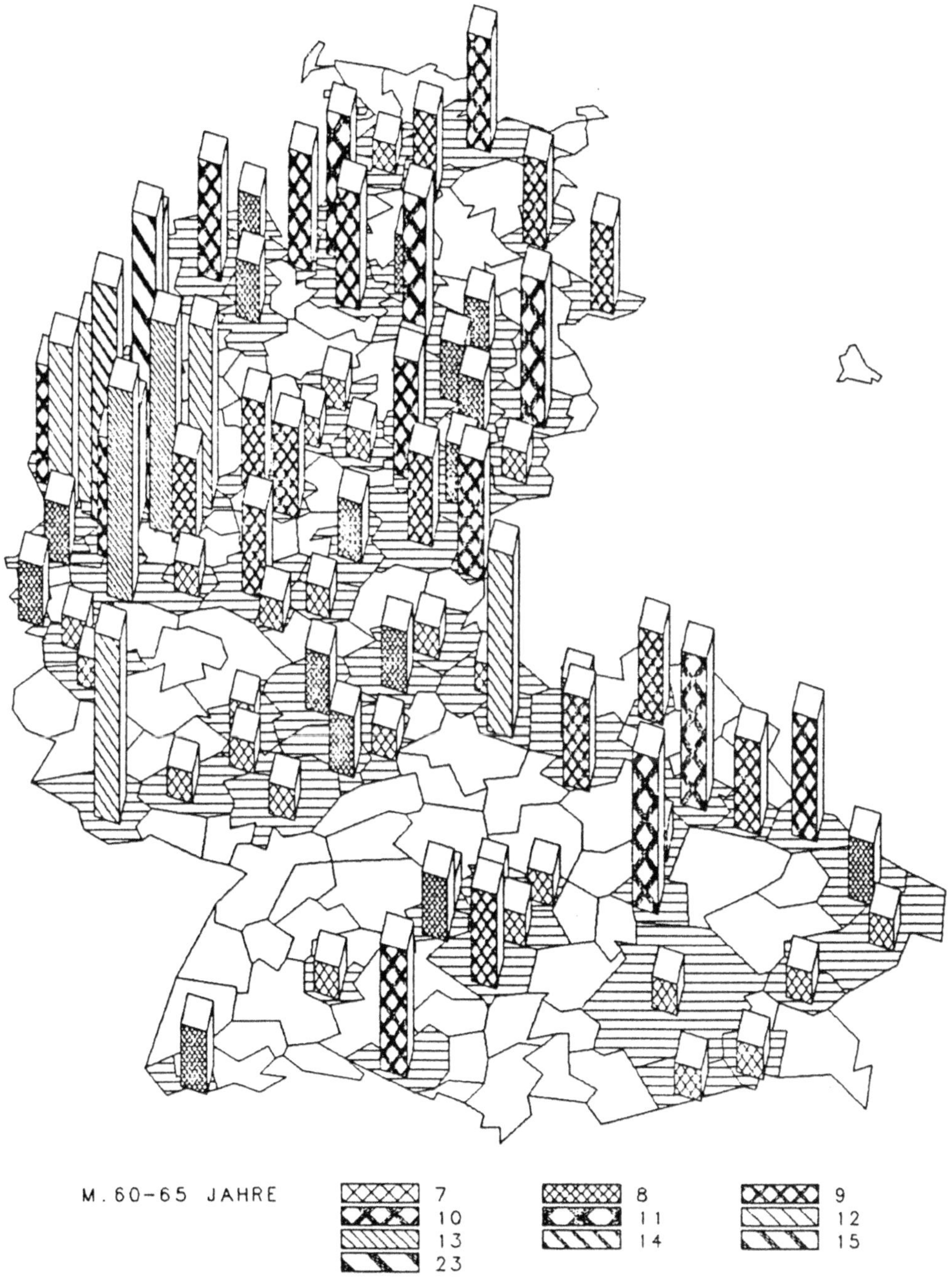

Karte 25: Überdurchschnittliche Arbeitslosenquoten 1983/84

a) Frauen: 15 - 20 Jahre

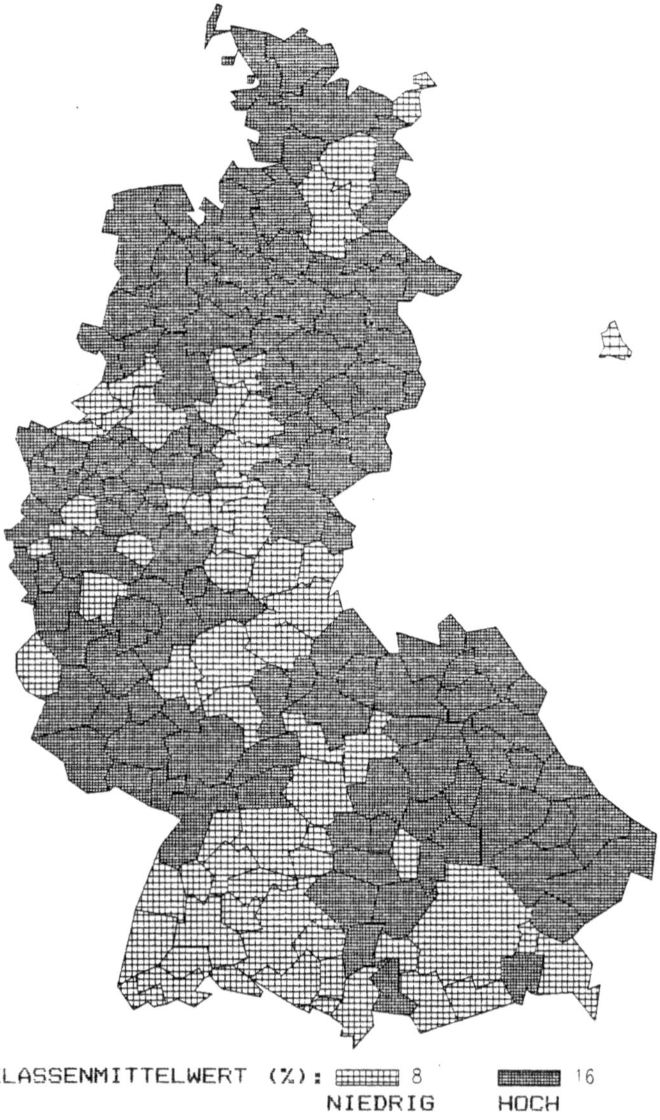

Karte 25: Überdurchschnittliche Arbeitslosenquoten 1983/84

b) Frauen: 20 – 25 Jahre

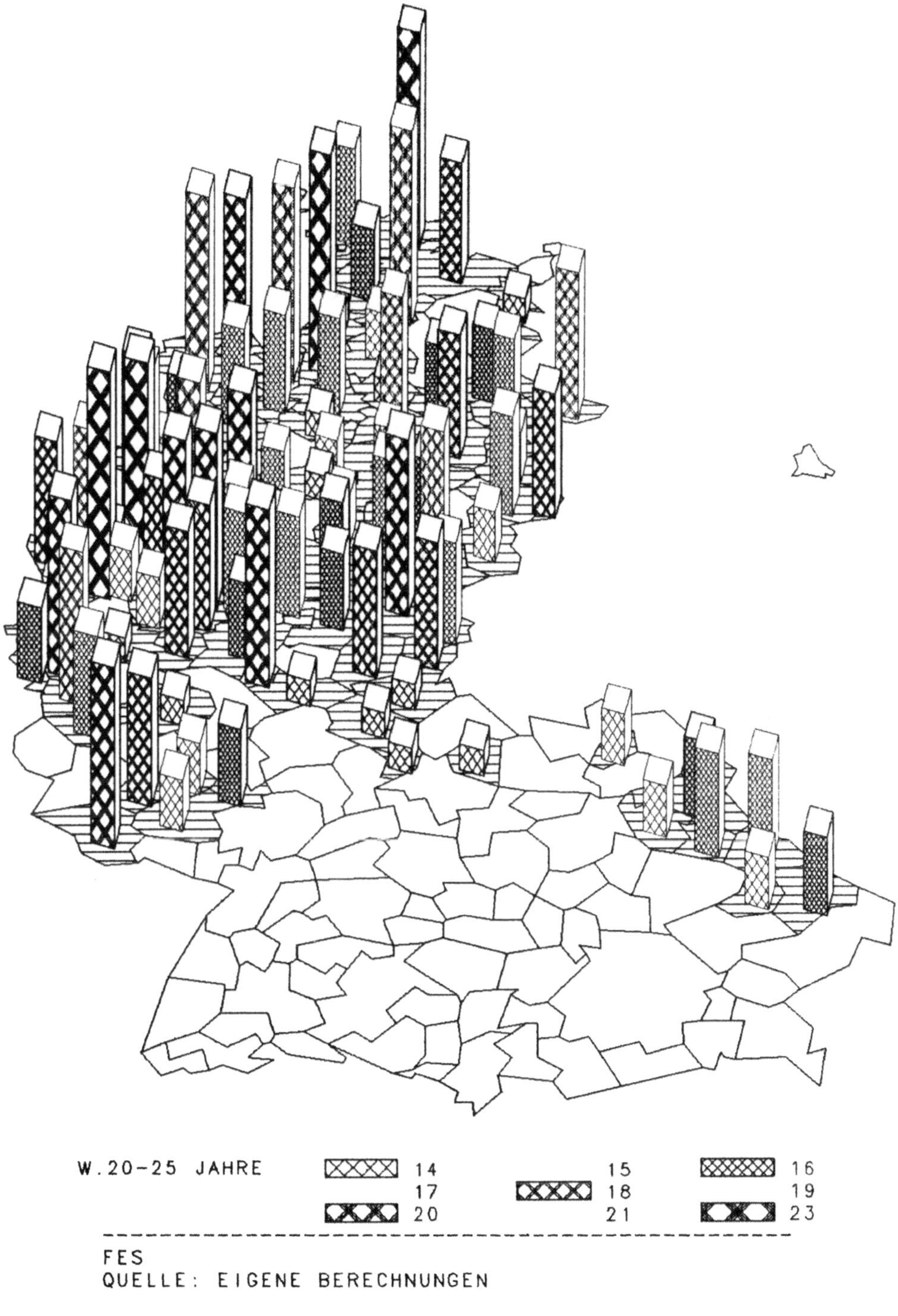

Karte 25: Überdurchschnittliche Arbeitslosenquoten 1983/84

c) Frauen: 25 - 30 Jahre

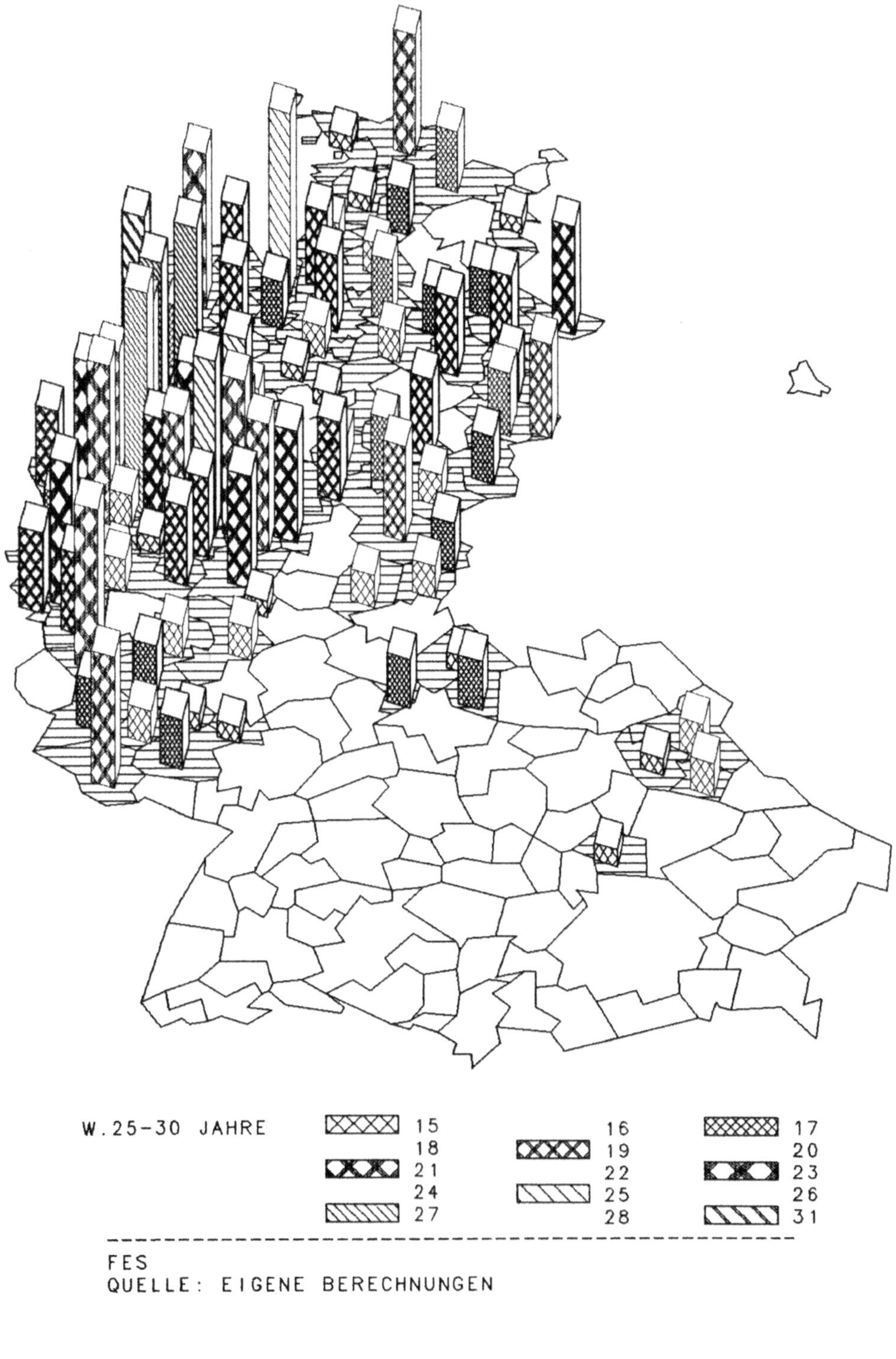

Karte 25: Überdurchschnittliche Arbeitslosenquoten 1983/84
d) Frauen: 30 - 35 Jahre

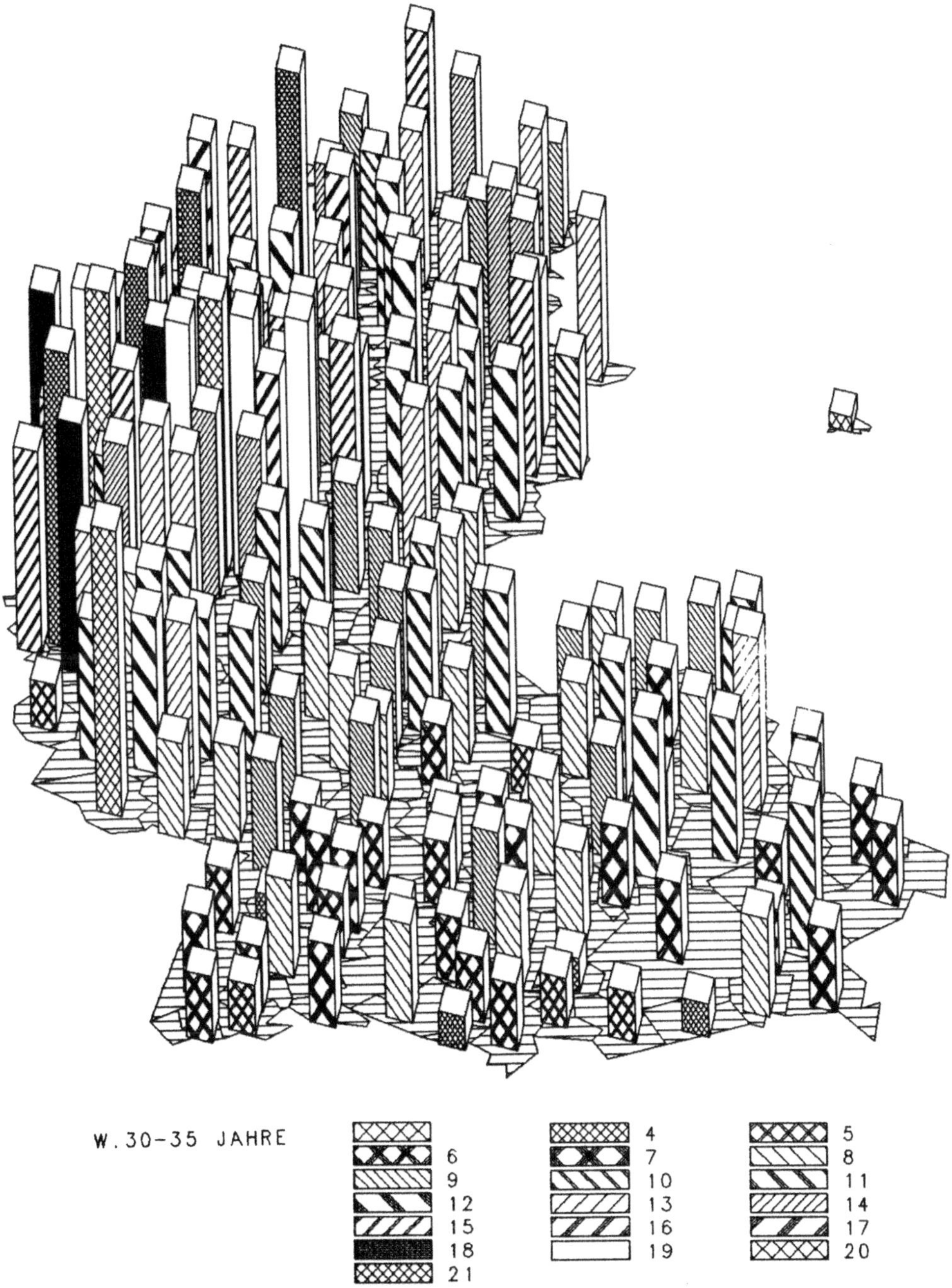

FES
QUELLE: EIGENE BERECHNUNGEN

Karte 25: Überdurchschnittliche Arbeitslosenquoten 1983/84
e) Frauen: 35 - 40 Jahre

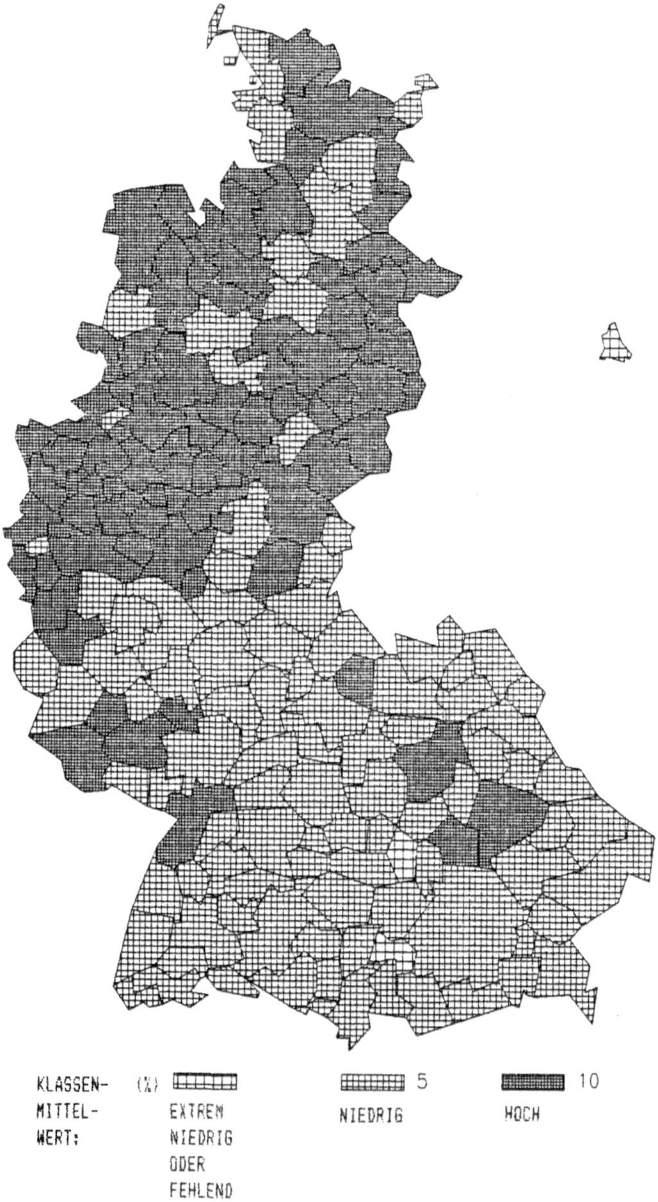

Karte 25: Überdurchschnittliche Arbeitslosenquoten 1983/84

f) Frauen: 40 - 45 Jahre

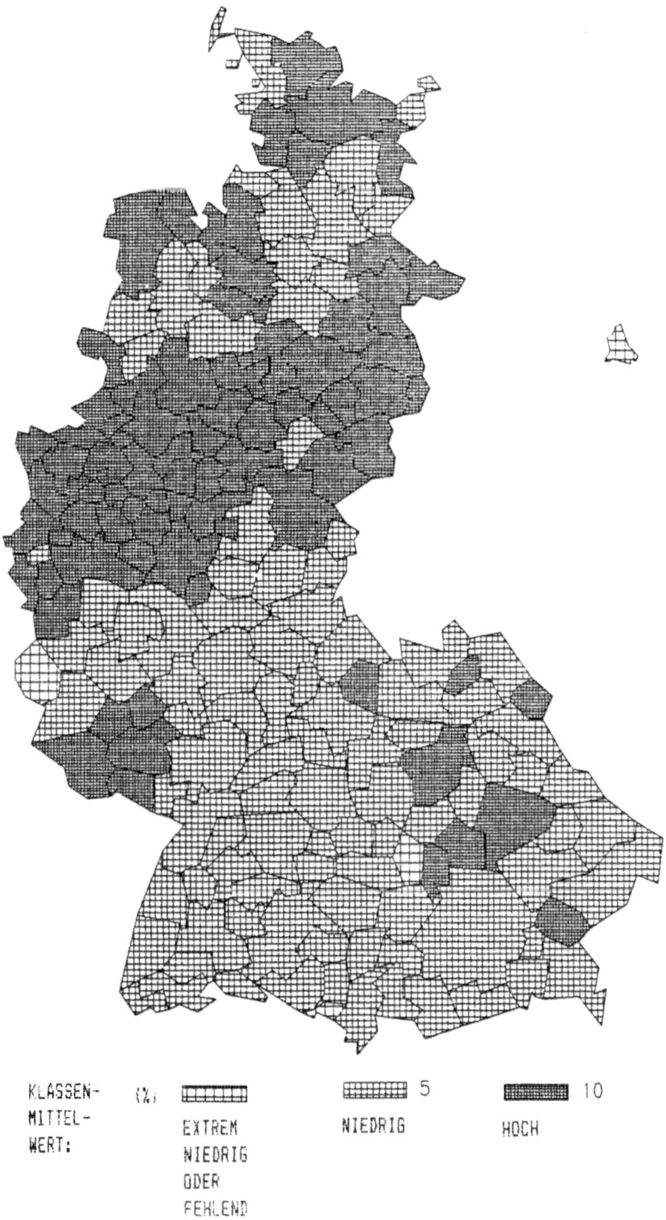

Karte 25: Überdurchschnittliche Arbeitslosenquoten 1983/84
g) Frauen: 45 – 50 Jahre

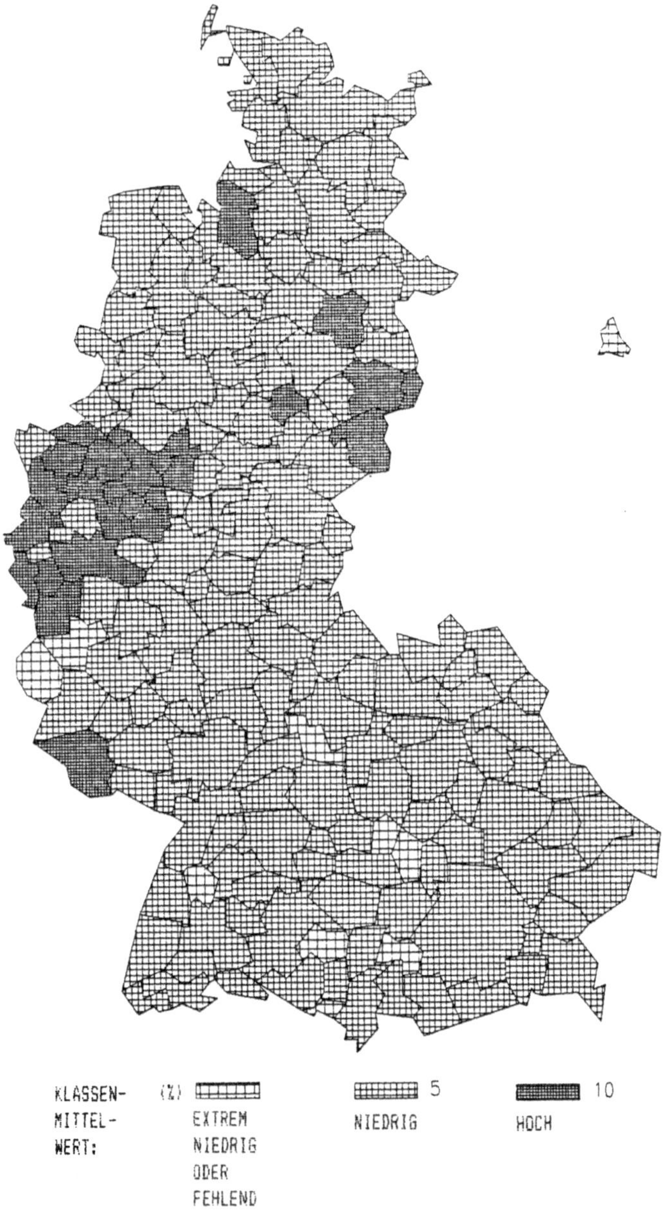

Karte 25: Überdurchschnittliche Arbeitslosenquoten 1983/84
h) Frauen: 50 - 55 Jahre

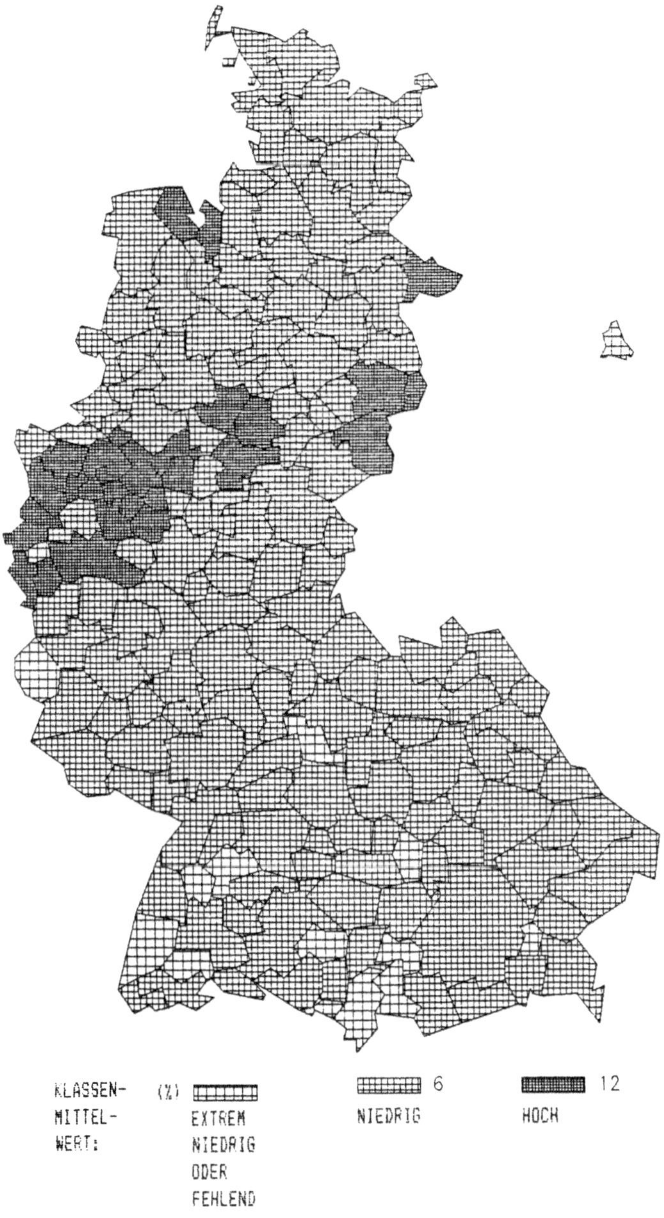

Karte 25: Überdurchschnittliche Arbeitslosenquoten 1983/84

i) Frauen: 55 - 60 Jahre

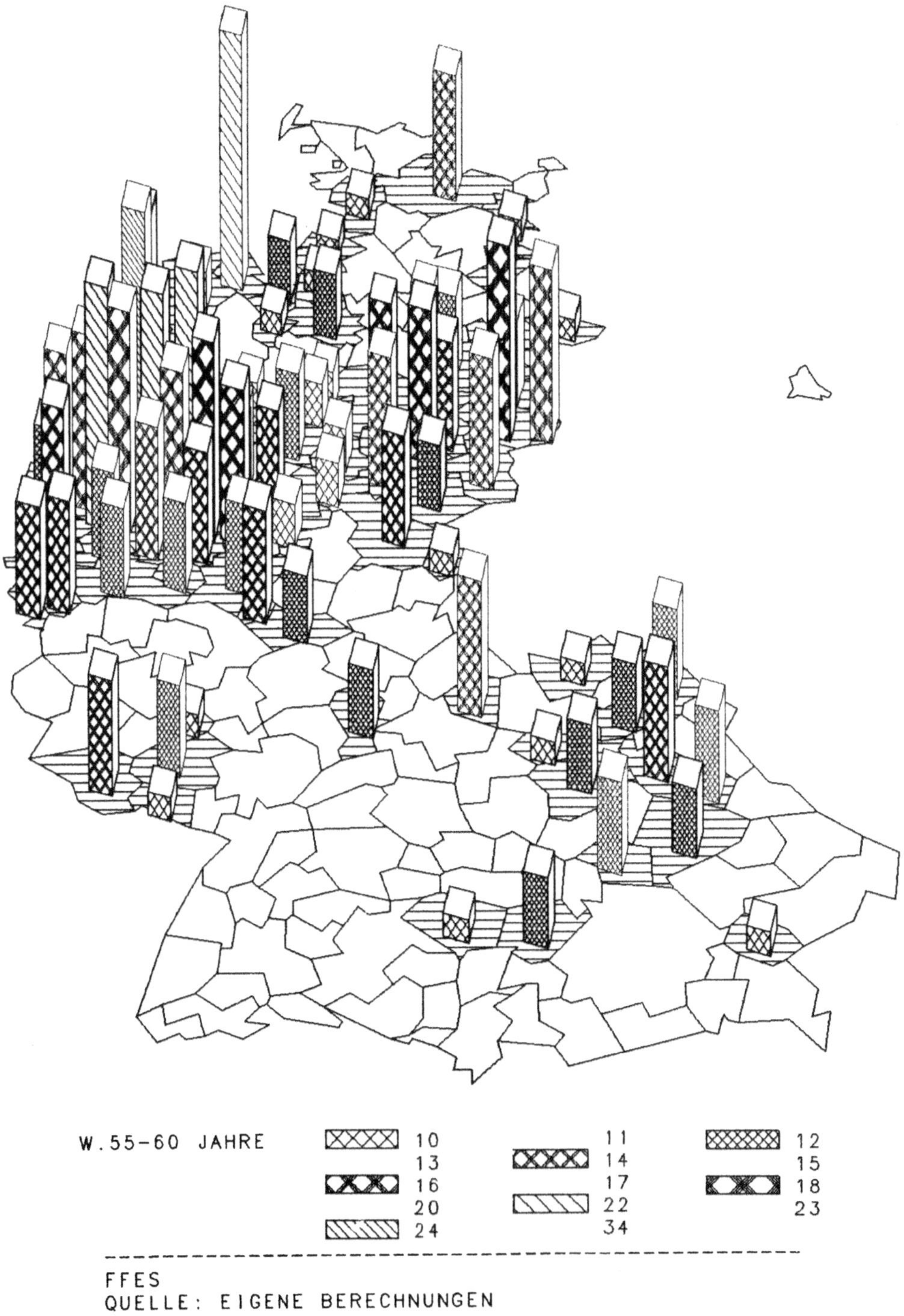

Karte 25: Überdurchschnittliche Arbeitslosenquoten 1983/84

j) Frauen: 60 - 65 Jahre

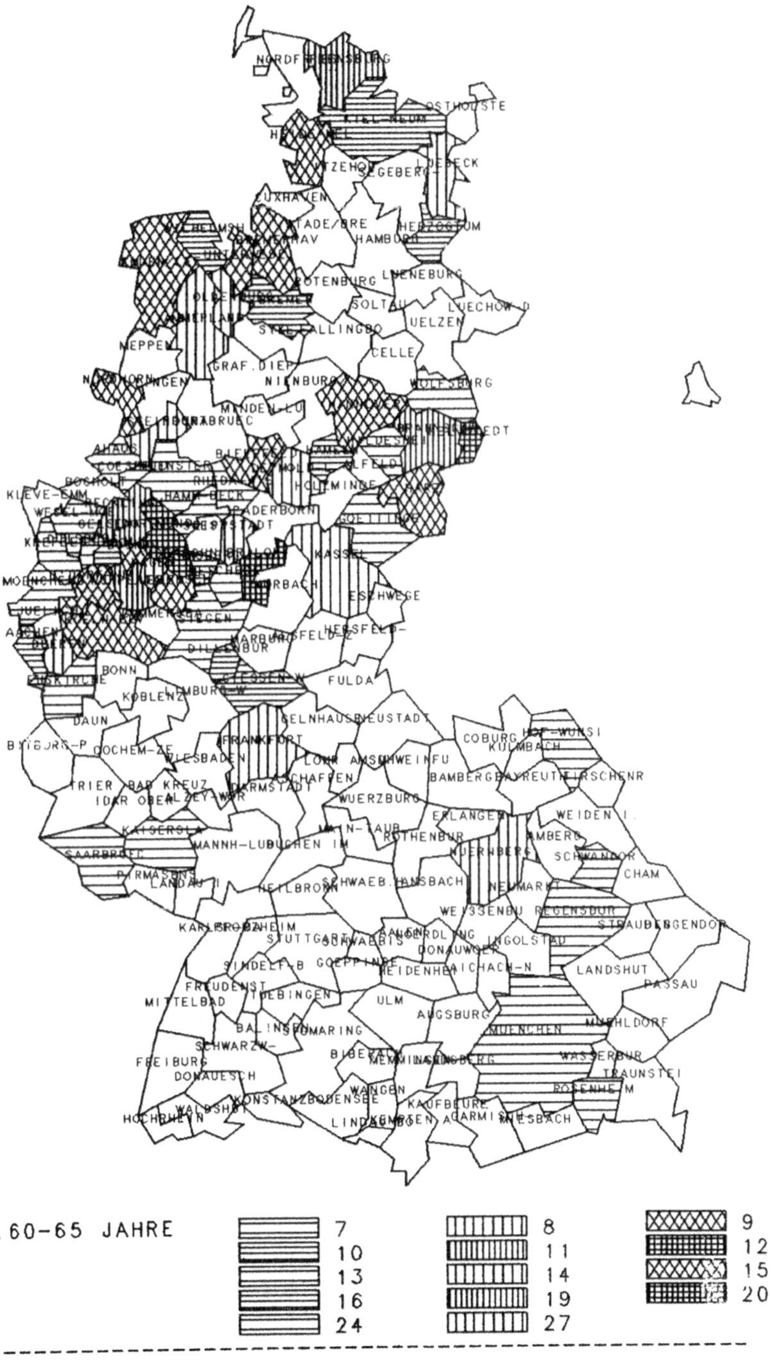

FFES

QUELLE: EIGENE BERECHNUNGEN

Vor dem Hintergrund dieser Karten sind auch die Argumente zu folgenden Theoriebereichen neu zu betrachten: Regionale Selbsthilfe, Handwerkshilfe und Finanzausgleich. Förderung durch die Regionalpolitik könnte zu einer Polarisierung führen: Handwerk im Norden und Südosten – Großindustrie im Süden, Selbsthilfe im Norden und Südosten – Erwerbsarbeit im restlichen Süden. Ist diese Darstellung auch zu pointiert, so darf nicht vergessen werden, welchen breiten Raum die Argumentation um die Selbsthilfe von Regionen, um die Stärkung des endogenen Potentials von Regionen und um neue Formen der Arbeitsorganisation in der öffentlichen Diskussion einnimmt. Sind einzelne Formen der Selbsthilfe umstritten, so können sie politisch schnell mißbraucht werden, indem auf den scharfen Süd- Nord- Kontrast verwiesen wird. Leistungsprinzip und Berufsethos, Arbeit als ethische Pflicht bestimmen als traditionelle Arbeitsorientierung nicht nur den Bereich der Arbeit selbst, sondern alle Lebensbereiche.[1] Das Ausmaß der Betroffenheit im persönlichen Schicksal durch den Verlust der Arbeit folgt zwangsläufig aus dem Wert der Arbeit, der dieser zur Identitätsbildung beigemessen wird. Ein zweiter Faktor ist jedoch ebenso wichtig wie die hohe Wertung der beruflichen Arbeit: Die Stigmatisierung der Arbeitslosigkeit, die Leichtfertigkeit, mit der von Randgruppen gesprochen wird.

Es ist unwahrscheinlich, daß nur im Norden und Südosten offene Diskriminierung am Arbeitsmarkt,[2] unterschiedliche berufliche Qualifikationsvoraussetzungen und unterschiedliches berufliches Weiterbildungsverhalten, mehr oder weniger abhängig vom tradierten gesellschaftlichen Rollenverhalten, wirken, und zwar bei jenen Arbeitsmarktgruppen, die sehr schnell als Problemgruppen des Arbeitsmarktes klassifiziert werden: Frauen, Jugendliche, Alte und gesundheitlich Beeinträchtige.[3]

---

[1] Mechthild Oechsler, Mir hat keiner was gegeben, und von mir kriegt auch keiner was - Interpretationsbericht zum Interview B 201, in:Rainer Zoll (Hg.), Hauptsache, ich habe meine Arbeit, a.a.O., S. 189-228, S. 110.

[2] Vgl. Jochem Langkau, Lohn- und Gehaltsdiskriminierung von Arbeitnehmerinnen in der Bundesrepublik Deutschland, Bonn 1979.

[3] Schnell gewinnen Vorurteile eine regionale Dimension: mangelnde Arbeitsmoral der Arbeitslosen und der jüngeren Generation. "Die heftige Kritik an all jenen, die die geforderte Arbeitsbereitschaft nicht aufbringen, weist auf die psychische Funktion dieser Arbeitsorientierung hin. Der Zwang zur Arbeit, dem die Lohnarbeiter unterworfen sind, wurde von diesen Arbeitern verinnerlicht und ist zu einem Kernstück ihrer Identität geworden. Deshalb ist es für sie bedrohlich, wenn in der Konfrontation mit einer weniger rigiden Arbeitsorientierung eine wesentilche Grundlage der eigenen Identität in Frage gestellt wird." Mechthild Oechsler, Mir hat keiner was gegeben, und von mir kriegt auch keiner was - Interpretationsbericht zum

Von einer bestimmten Größenordnung an, in der der regionaler Arbeitsmarktdruck auftritt, ist die Existenz bestimmter personenbezogener Hilfsprojekte in Regionen offensichtlich erforderlich; die Frage ist nur, ob finanzstarke Städte und Regionen noch finanzielle Hilfen im Rahmen von Sonderprogrammen erhalten sollten. Auch Maßnahmen der Umschulung und Weiterbildung leisten in den verschiedenen Regionskategorien unterschiedliches, wenn es um die Vermittlung von Berufsperspektiven geht. Regional können absolute Zahlen selten verglichen werden, sie müssen auf den Anteil der Arbeitslosen, wenn es problemgerecht ist, bezogen werden. Die gleiche Bewertung gilt für Arbeitsbeschaffungsmaßnahmen.

Die Karten zeigen den Problembereich des Süd- Nord- Gefälles der regionalen Arbeitsmärkte: Erwerbsmöglichkeiten sind im Norden und Südosten weit weniger vorhanden als im Süden der Bundesrepublik. Regelungen für den Problembereich der Arbeitslosigkeit zu ändern, stößt mit Sicherheit auf unterschiedliches Interesse der Bundesländer im Süden oder im Norden.

Versicherungsleistungen der Arbeitslosenversicherung bieten unabhängig von den regionalen Verteilungen der Beitragszahler und der Leistungsempfänger Schutz vor den finanziellen Folgen der Arbeitslosigkeit. Die regionalen Finanzströme werden durch die regionale Konzentration der Arbeitslosigkeit stark beeinflußt.[1]

Der Gedanke einer Solidargemeinschaft steht im Zusammenhang mit Überlegungen zur Neuregelung des Länderfinanzausgleichs und damit zur Neuregelung der Finanzierung kommunaler Aufgaben, die beschäftigungsintensiv sind, insbesondere wenn die regionalen Erscheinungen der Arbeitslosigkeit in diesen Zusammenhang eingefügt wird. Von der Finanzkraft der Länder hängt es weitgehend ab, welche kommunalen Beschäftigungsinitiativen unterstützt werden können. Damit hängt es von der Länderfinanzkraft ab, ob Hoffnungen, die sich an solidarische Lebens- und Arbeitsformen knüpfen, erfüllt werden. Das Bundesverfassungsgericht hat in seinem Urteil zum Länderfinanzausgleich eine gegensätzliche Stellung bezogen. "Die zulässige Berücksichtigung stadtstaatli-

---

Interview B 201, in:Rainer Zoll (Hg.), Hauptsache, ich habe meine Arbeit, a.a.O., S. 189-228, S. 113.

[1] Die Saisonkomponente der Arbeitslosigkeit führt dazu, daß das gesamte ostbayerische Grenzgebiet als Arbeitsmarktproblemregion bezeichnet werden muß. Überdurchschnittliche Arbeitslosigkeit in dem Bundesland Bayern ist in weiten Teilen saisonale Arbeitslosigkeit. Vgl. Hannelore Neumann, Struktutrelle regionale Arbeitslosigkeit und Probleme ihrer Messung, a.a.O., S. 88 ff.

cher Besonderheiten kann nicht die Bedeutung einer finanziellen Status- oder Besitzstandsgarantie haben; sie ist auch weder eine Absicherung gegenüber allgemeinen wirtschaftlichen Strukturveränderungen, die nicht zuletzt durch technologische und weltwirtschaftliche Entwicklungen bedingt sind und die Hansestädte härter treffen mögen, noch gegenüber Verschiebungen des Wohlstandsniveaus zwischen den Bundesländern. Gegenüber solchen Veränderungen und Wandlungen kann der Länderfinanzausgleich keine Abhilfe bieten." Urteil zum Länderfinanzausgleich, verkündet am 24. Juni 1986, S. 92f.Die Notwendigkeit, das gesamte System der Länderfinanzausgleichs neu zu regeln, sei durch die Strukturprobleme regionaler Arbeitsmärkte nicht berührt. Die Stärke der regionalen Kontraste läßt eine gegenteilige Meinung notwendig erscheinen; zumindest ist eine neue Gemeinschaftsaufgabe "Beseitigung regionaler Arbeitslosigkeit" oder "Integration der geburtenstarken Jahrgänge in das Erwerbsleben" denkbar.[1]

[1] Vgl. zum Pionier- und Gründergeist nicht nur des Unternehmertums, sondern der Theoretiker und Gründer des Sozialversicherungssystems: Hans Aichinger, Sozialpolitik als Gesellschaftspolitik, Hamburg 1958, Günter Schmölders, Das Irrationale in der öffentlichen Finanzwirtschaft, Hamburg 1960.

6.2. Beschäftigung und Rationalisierungsinvestitionen

Zwischen regionalisierter Arbeitsmarktpolitik und arbeitsmarktorientierter Regionalpolitik treten – wie die obige Analyse gezeigt hat – einige Definitionsprobleme auf. Angesichts der gegenwärtigen Arbeitsmarktlage "... wird der Arbeitsmarktpolitik die Aufgabe zugewiesen, regionsspezifische Beschäftigungsrisiken abzubauen. Von der Regionalpolitik wird erwartet, daß sie mehr als bisher arbeitswirtschaftliche Kriterien wie die Qualität der Arbeitsplätze, das Potential und die Qualifikation der Arbeitskräfte berücksichtigen möge. Regionalpolitische sowie arbeitsmarkt- und beschäftigungspolitische Ziele und Instrumente sollen stärker ineinander geschoben werden. Man spricht je nach Schwerpunktsetzung von regionalisierter Arbeitsmarktpolitik oder arbeitsmarktorientierter Regionalpolitik."[1]

Bestimmungsfaktoren der wirtschaftlichen Entwicklung, wie z.B. Sättigungen in einzelnen Marktbereichen der privaten Nachfrage, Verschärfung des internationalen Wettbewerbsdrucks und Notwendigkeit zur Einführung neuer Fertigungs- und Verfahrentechnologien gelten in allen Konjunkturzeiten. Als veränderte gesamtwirtschaftliche Rahmenbedingungen werden in der Regel die Zunahme des Erwerbspersonenpotentials, die Verbesserung der Arbeitsproduktivität und Stagnationstendenzen in den Veränderungsraten des Sozialprodukts genannt. Für die Entwicklung der regionalen Arbeitsmärkte quantitativ wichtig und relativ genau meßbar ist der Einfluß der demographischen Faktoren für die nächsten 15 Jahre; hieraus ebenfalls ableitbar ist der Anpassungsdruck, unter dem regionale Wirtschaftsförderung und Technologieförderung stehen werden.

Zwar sind die Wachstumsraten des Sozialprodukts seit Jahren wieder positiv, aber gemessen gegenüber der Erwerbspotentialzunahme ist das Wachstum weiterhin unzureichend. Es entsteht für die regionale Wirtschaftspolitik der Zwang, ihre Maßnahmen nicht nur unter dem Gesichtspunkt des Abbaus interegionaler Niveauunterschiede der Beschäftigung, sondern auch unter dem Gesichtspunkt der gesamtwirtschaftlichen Beschäftigungsverbesserung rechtfertigen und messen zu lassen. Regionale Wirtschaftspolitik steht vor der Herausforderung, Strukturprobleme sowohl der Regionen als auch der Bundesre-

---

[1] F.Buttler, Spielräume einer regionalisierten Arbeitsmarktpolitik bei stagnierendem Wirtschaftswachstum, in: Wirtschaftsdienst 1983/I, S. 51 - 56, S. 52.

publik Deutschland insgesamt lösen zu müssen.[1] Die Regionalpolitik hat in Bezug auf Fragen der Beschäftigungsorientierung eine lange Tradition in dem Maße, wie der Versuch unternommen wurde, Qualitätsindikatoren in die Konzeption einzubeziehen; ein Versuch, der letztlich dazu führte, die Förderung forschungsintensiver Arbeitsplätze in die Rahmenplanung zu übernehmen.

Wachstums- und Strukturprobleme bedingen sich in der gegenwärtigen Konjunkturphase gegenseitig. Es scheint, daß die Wachstumskomponenten (Probleme) überwiegen: Erstens die geringe Zahl offener Stellen in allen Regionen, zweitens die seit ca. 1975 gleichgebliebene Rangordnung zwischen Regionen mit der höchsten und der niedrigsten Arbeitslosenquote, bis zum Jahr 1983 etwa. Die relative Position der Regionen zueinander - gemessen an der Höhe der Arbeitslosenquote - ist bis 1983 gleichgeblieben, verändert hat sich das Niveau der Arbeitslosigkeit.

Die Möglichkeiten, eine regional ausgewogenen Verteilung der ökonomischen Aktivitäten zu erreichen, stehen in dem Spannungsfeld zwischen Wachstumspolitik und Nord-Süd-Kontrast. Wird von der Hypothese ausgegangen, daß Wachstumsschübe in Agglomerationen zu realisieren seien, entsprechend der Annahme einer Verlagerung des Schwerpunktes der Produktionsfaktoren auf Humankapital und Technologie, so zeigt die Entwicklung der Agglomerationen bereits ihrerseits eine verstärkte disperate Entwicklung. In der gegenwärtigen konjunkturellen Phase ist die Verlagerung auf Humankapital und innovatorische Arbeitsplätze nur in Ausnahmefällen zu erkennen, interpretiert anhand der gleichbleibenden relativen Positonen der Regionen hinsichtlich der Höhe der Arbeitslosigkeit und entsprechend des überall geringen Angebots an offenen Stellen. Wachstumsimpulse aus Agglomerationen sind vorerst nur aus wenigen, räumlich konzentrierten Regionen, zu erwarten, Arbeitsmarktentlastungen aus motorischen Regionen ebenfalls.

Wenn Technologieförderung in der nahen Zukunft im Vordergrund steht, dann treten Fragen nach der gleichzeitigen Förderung von Bildungs- und Qualifizierungsmaßnahmen der Arbeitnehmer ebenfalls in den Vordergrund. In der Kausalkette zwischen verstärkter sektoraler Anpassungsproblematik und damit notwendiger Umstellung im Produktionsprogramm, verbunden mit verstärkter Rationalisierung, ist das Ende dieses Wirkungsmechanismus in veränderten Bedingungen des Bildungs- und Qualifizierungssystems zu sehen.

---

[1] Vgl. 14. Rahmenplan

Eine Koordinierung mit den Maßnahmen der Arbeitsmarktpolitik, speziell des Arbeitsförderungskonsolidierungsgesetzes, erweist sich als notwendig. Mit der Erkenntnis veränderter Bedingungen des Bildungssystems kontrastiert auffallend die Unwissenheit über sogenannte zukunftsfeste Berufe.

Ehemalige Regionalprogramme der Arbeitsmarktpolitik und das Sonderprogramms für Regionen mit besonderen Beschäftigungsproblemen zeigen, daß es Möglichkeiten gemeinsamer Betätigungsfelder der Regionalpolitik und der Arbeitsförderungspolitik gibt.

Für die Regionalpolitik gilt, daß eine Zuordnung von Arbeitsplätzen und Arbeitsplatznachfrage erforderlich ist, um z.B. berufliche Bildungmaßnahmen nicht als verlorene Investitionen betrachten zu müssen. Das zentrale Problem besteht in der Notwendigkeit: "möglichst zeitlich simultan Maßnahmen auf der Arbeitskräfte - und auf der Arbeitsplatzangebotsseite ergreifen zu müssen, denn das qualitative Defizit ist sowohl angebots- als auch nachfragebedingt. Bildungs- und Ausbildungsinvestitionen werden dann zu 'verlorenen' Investitionen und beschleunigen den Prozeß der Auszehrung und sozialen Erosion in den benachteiligten Gebieten, wenn nicht gleichzeitig Verwertungsmöglichkeiten in Form adäquater Arbeitsplätze geschaffen werden."[1]

Regionale Wirtschaftsförderung gelangt in dem Augenblick an Grenzen, in dem Investitionen nicht mehr gefördert werden können, da das Investitionsklima gegen eine Ausweitung der Neuinvestitionen steht. Es sind in dem Augenblick, in dem Regionalpolitik Arbeitskräfte fördern müßte, die Regeln der marktmäßigen Nachfrage nach Arbeitskräften außer Kraft gesetzt.[2]

---

[1] Hannelore Neumann, Berücksichtigung der Qualität von Arbeitsplätzen bei der regionalen Wirtschaftsförderung, a.a.O., S. 37.

[2] Deshalb versucht die Mehrzahl der modernen Arbeitsmarkttheorien die Axiome der Gleichgewichtstheorie zu retten. "Was will man auch von einem Arbeitgeber anderes verlangen, als daß er sich an seinem Nutzen, also an seinem Gewinn, orientiert? Wenn er Arbeitskräfte beschäftigt und entlohn, muß er sich dabei nach Maßgabe dieses Interesses verhalten. Forderungen an ihn, er solle dabei in seinen *mikrookonomischen* Überlegungen *makrookonomische* Ziele wie einen 'hohen Beschäftigungsgrad' berücksichtigen, gehen fehl. Das ist in einer Marktwirtschaft nicht seine Aufgabe – ja, sie darf es auch rein theoretisch nicht sein! Mikroökonomisch gesehen, befindet sich der einzelne Arbeitnehmer genauso im 'Gleichgewicht', wenn er beschäftigt ist, wie der Arbeitgeber, wenn er jene Belegschaft hat, die er braucht – unabhängig davon, wie hoch die gesamtwirtschaftliche Arbeitslosigkeit ist. Damit 'versagt' weder der Arbeitsmarkt als solcher, wenn er nicht geräumt wird, noch das auf ihm agierende Wirtschaftssubjekt. Zu dem Urteil, es läge ein 'Versagen ' vor, kommt man nur dann, wenn man an den Arbeitsmarkt mit dem theoretischen Vorurteil des Gleichgewichtsprinzips herantritt und begründen könnte, daß hier gegen die *ihm eigenen* Gesetze verstoßen würde." Markus Scheuer, Zur Leistungsfähigkeit neoklassischer Arbeitsmarkttheo-

Dieser Sachverhalt gilt bereits seit langer Zeit, denn in allen Bereichen der sozialen Dienste und der Infrastrukturversorgung wird Arbeitsnachfrage durch staatliche Tätigkeit wirksam. Im Augenblick geht es nicht darum, für einen aktuellen und dringenden sozialen Bedarf Arbeitskräfte einzusetzen, sondern aufgrund der Notwendigkeit, die Folgen der Arbeitslosigkeit zu mildern, entsteht die Forderung, Arbeit zu schaffen.

Für die Regionalpolitik gilt, da sie gesetzlich auf Investitionen festgelegt ist – allerdings wird die Festlegung auf Investitionen nur einmal, fast zufällig im Gesetz erwähnt –, daß sie mit der Arbeitsmarktpolitik koordiniert durchgeführt werden müßte. Diese Zielsetzung ist in dem Bereich nicht möglich, wo Arbeitsmarktpolitik Beziehungen zur Sozialpolitik aufweist, denn soziales Engagement ist nicht direktes Ziel der Regionalpolitik. Die Regionalpolitik hat sich aber bereits flexibel gezeigt, d.h. hat "...- entgegen dem negativen Bild, das in der Literatur häufig gezeichnet wird - durchaus Anregungen von außen aufgegriffen und das fragmentarische Wissen der empirischen Erfolgskontrollen bei der Ausgestaltung der Förderinstrumente genutzt...".[1] Die Erweiterungen seit dem 9. Rahmenplan bis zum 14. Rahmenplan der GRW (Investitionszulage für Forschungs- und Entwicklungsinvestitionen kann mit anderen Fördermitteln der GRW in begrenztem Maße kumuliert werden, die Regelung, mit einem festen Betrag pro Beschäftigten hochwertige Arbeitsplätze im Forschungs-, Entwicklungs- und Führungsbereich von Unternehmen zu fördern, wurde vereinfacht, Förderung der Errichtung von Modellprojekten, im Bereich der Telematik, Errichtung von Technologiezentren usw.) dienen einer arbeitskräfteorientierten Wachtumszielsetzung dann nicht, wenn sie unverbunden zu regionalen Qualifikationsprofilen stehen. Regionalpolitik überantwortet die freigesetzten Arbeitnehmer den Instrumenten der Arbeitsmarktpolitik. Bei einem normalen Niveau regionaler Arbeitsmarktumstrukturierungen kann auch davon ausgegangen werden, daß jeder Einzelne entsprechend seiner Leistung zur Arbeitslosenversicherung in den Arbeitsmarkt wieder integriert werden kann.[2]

---

rien, a.a.O., S. 155

[1] Hannelore Neumann, Berücksichtigung der Qualität von Arbeitsplätzen bei der regionalen Wirtschaftsförderung, a.a.O., S. 31.

[2] Arbeitsförderungspolitik ist in der Bundesrepublik von dem Bemühen um die Verhinderung der individuellen Arbeitslosigkeit gekennzeichnet. Die nach dem Arbeitsförderungskonsolidierungsgesetz zur aktiven Steuerung von Arbeitsmarktprozessen vorgesehenen Instrumente zur Sicherung der Vollbeschäftigung, zur Verbesserung der Beschäftigtenstruktur und zur Integration von Problemgruppen in den Arbeitsmarkt wurden bisher nur in Ausnahmen regio-

Der Rechtsanspruch auf die Gewährung von Arbeitslosengeld - für ein Jahr - ist ein Rechtsanspruch des einzelnen Arbeitnehmers, eine Regionalisierung dieses Rechtsgutes steht nicht zur Disposition.[1]

---

nalspezifisch, d.h. unter Setzung regionaler Arbeitsmarktziele und regional unterschiedlicher Intensität des Maßnahmeneinsatzes gehandhabt. Die Leistungen nach dem AFKG werden unabhängig vom Wohnsitz des Geförderten und dem Ort seines Arbeitsplatzes immer dann gewährt, wenn die gestzlich geforderten Kriterien erfüllt sind. Vgl. dazu die Fülle von Programmen zur Beseitigung der Jugendarbeitslosigkeit in den Bundesländern. Eine regionale Selektion war hier nur in Ausnahmen erfolgt und war in der Regel auch nicht begründbar.

[1] "Die BRD verfügt über die bestausgebaute Arbeitslosenversicherung." Tim Guldimann, Die Grenzen des Wohlfahrtsstaates, München 1976. Unter versicherungsmathematischen Aspekten ist eine Versicherung für ein Jahr in einem Bereich, der die Zeitspanne des gesamten Erwerbslebens und die daraus abgeleiteten Rentenansprüche abdecken soll, unsinnig, d.h. eine Versicherung gegen Arbeitslosigkeit für ein Jahr ist eben keine Versicherung gegen Arbeitslosigkeit für die gesamte Dauer des Erwerbslebens. Eine derartige Versicherung gegen Arbeitslosigkeit für die gesamte Dauer des Erwerbslebens ist auch kaum möglich, da die Größenordnung von zu deckender Versicherungssumme und möglichem Beitrag für den Durchschnittsverdiener finanziell nicht tragbar wäre. Alternative Modelle der Finanzierung aufgrund eines Umlageverfahrens werden unter dem Stichwort "Garantiertes Mindesteinkommen" diskutiert. Vgl. Thomas Schmid (Hrsg.), Befreiung von falscher Arbeit, Thesen zum garantierten Mindesteinkommen, Berlin 1984

Karte 26: Arbeitsbeschaffungsmaßnahmen 1982/1985

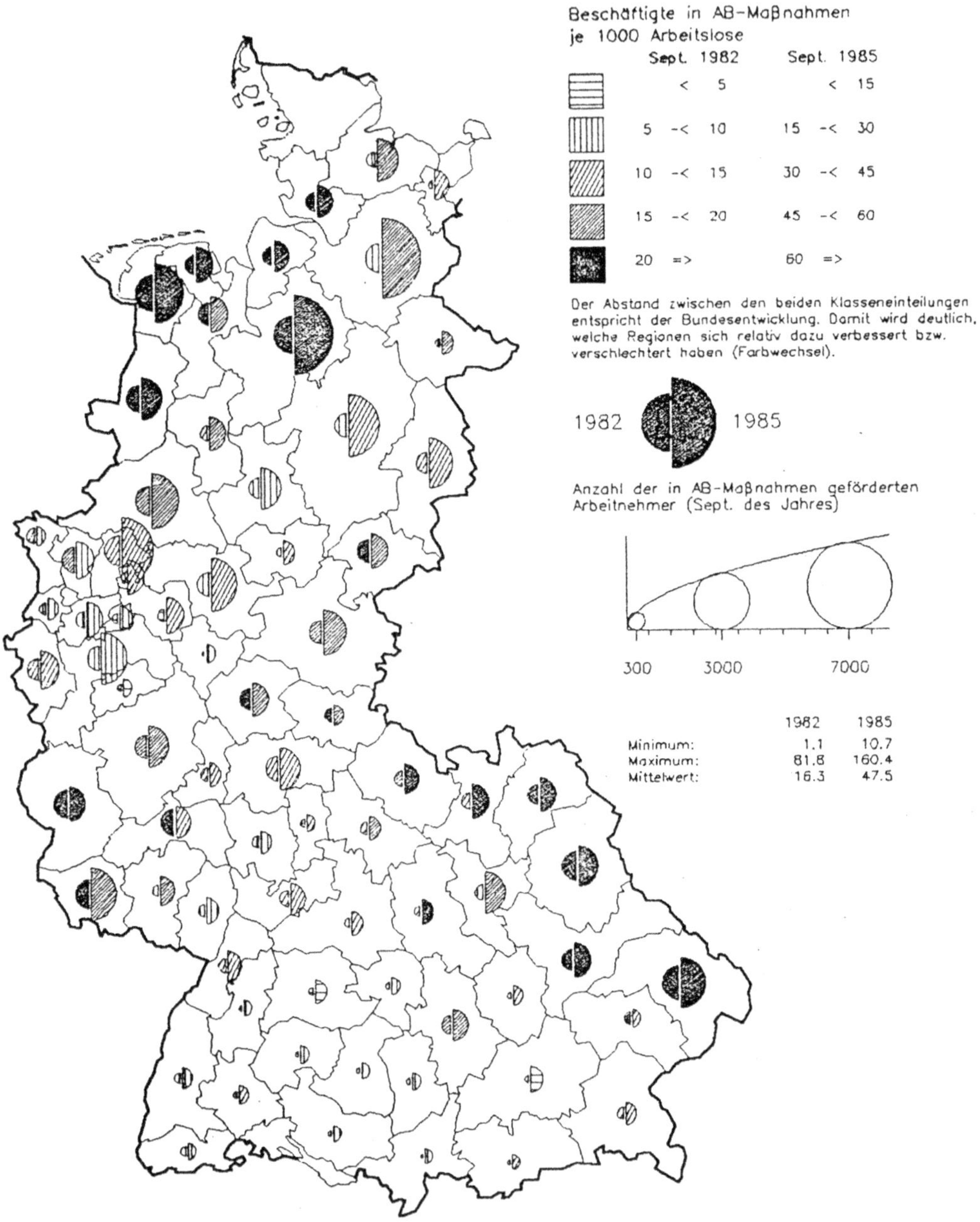

Quelle: Berechnungen der Bundesforschungsanstalt für Landeskunde und Raumordnung

Grenzen: Raumordnungsregionen 1981

100 km

Zielsetzung der Arbeitslosenversicherung — für ein Jahr — ist das Decken der Risiken, die bei Kündigung eines bestehenden Arbeitsverhältnisses durch die Suche nach einem neuen Arbeitsplatz in der gleichen Region oder einer entfernten Region entstehen, verbunden in der Regel mit beruflichen Änderungen. Innerhalb eines Jahres muß Aussicht auf Erfolg für den Erhalt eines neuen Arbeitsplatzes bestehen, wenn die Bezeichnung Versicherung für den Bezug von Arbeitslosengeld gelten und einen Sinn haben soll. Die starke Erhöhung des Anteils von Langfristarbeitslosen - länger als ein Jahr arbeitslos - zeigt, daß dieser Anspruch zur Zeit nicht eingelöst werden kann, und die Befürchtung aufgrund der Arbeitsmarktprognosen berechtigt ist, daß er auch in Zukunft immer weniger eingelöst werden kann. Das gegenwärtige System der Arbeitslosenversicherung für ein Jahr - Übergang zur Arbeitslosenhilfe nach einem Jahr - war adäquat in zurückliegenden Zeiten stetigen Wirtschaftswachstums; es kann seine Zielsetzung in der gegewärtigen Arbeitsmarktsituation und in bezug auf die Arbeitsmarktaussichten bei steigender Zahl der Erwerbspersonen nur zum Teil erfüllen. Dieser Teil bezieht sich auf Arbeitsmarktumsetzungen von sechs Millionen Personen pro Jahr.

Umsetzungshilfen für den einzelnen Arbeitnehmer, verbunden mit einer Versicherung für ein Jahr, sind vor dem Hintergrund zurückliegender Zeiten stetigen Wirtschaftswachstums und der wachstumstheoretischen Diskussionen der vergangenen Jahrzehnte zu verstehen. Diese Diskusssion implizierte, daß bei positiven Wachstumsraten des Sozialproduktes und gegebenen trendmäßigen Entwicklungen der Arbeitsproduktivität, die Differenz zwischen beiden Größen immer noch positiv bleibt oder zumindest nicht negativ wird, so daß insgesamt kein Arbeitsplatzabbau erfolgt. Diskussionen dieser Annahmen sind in der Wirtschaftspolitik zur Zeit nicht zu erkennen; die Argumentation bleibt im Modell, die Funktionszusammenhänge werden lediglich umgekehrt: wieviel Sozialproduktwachstum ist notwendig, um bei gegebener Produktivität die Zahl der Arbeitsplätze zu erhöhen. Ob die Formulierung dieser Annahmen illusorisch ist oder nicht, wird gar nicht diskutiert.[1] Man nimmt den Vorwurf des Kassandra- Rufens in Kauf, wenn man darauf hinweist, daß Wachstumsraten, die erforderlich sind, um das Arbeitskräftepotnetial bis 1995 oder bis zum Jahr

[1] Vgl. Gunnar Adler-Karlsson, Gedanken zur Vollbeschäftigung, in: MittAB 4/79, S. 481 - 505, ebenfalls, Klaus Michael Meyer-Abich, Bertram Schefold, Wie möchten wir in Zukunft leben, München 1981, Ina- Maria Greverus, Erika Haindl (Hrsg.), Versuche, der Zivilisation zu entkommen, München 1983.

2000 zu integrieren unmöglich zu erreichen sind - Wachstumsraten von 6 - 7%, je nach Konjunkturzyklus.

Hilfe zur Umstrukturierung der Arbeitsmärkte bleibt weiterhin notwendig, muß aber auch Maßnahmen umfassen, die den "Rest" der demographischen Potentiale, denen keine Arbeitsplätze gegenüberstehen einbeziehen. Die Entkoppelung der Wachstumsraten des Sozialprodukts und der Arbeitsproduktivität bringt in Verbindung mit der Entwicklung der regionalen Erwerbspersonenpotentiale eine immer größere Zahl von "unversorgten" Jugendlichen und an mit Arbeitsplätzen unversorgten Erwerbspersonen hervor. Den Bemühungen um die Beseitigung der indviduellen Arbeitslosigkeit sind in den Regionen Grenzen gesetzt, in denen Wachstumsbedingungen, die Arbeitsmarktumstrukturierungen erleichtern bzw. den demographischen Druck aufnehmen, nicht gegeben sind, d.h. in denen private und öffentlich Investitionen nicht in dem Maße erfolgen, um ein ausreichendes Beschäftigungsniveau sichern zu können. Die Gemeinschaftsaufgabe "Verbesserung der regionalen Wirtschaftsstruktur" beschränkt sich - auch nach Erweiterung ihrer Instrumente - darauf, entsprechend ihren Zielsetzungen den privaten und öffentlichen Kapitaleinsatz räumlich zu lenken.[1]

In der regionalwissenschaftlichen Literatur sind die Qualitätsprobleme der Arbeitsplätze (Humankapitalintensität) intensiv diskutiert worden. Zielsetzungen des Arbeitsförderungsgesetzes, wie die "Verbesserung des Qualifikationsniveaus der Arbeitskräfte", sind in der Regionaltheorie spiegelbildlich unter dem Thema Qualifikationsansprüche oder Höherwertigkeit der neugeschaffenen Arbeitsplätze zu erforschen versucht worden. Es sind dies die Themenbereiche:[2] Stabilität und Persistenz der Arbeitsplätze, Branchenstruktur, Dauersubventionen, berufliche Stellung, dispositive Entscheidungsspielräume, Lohn- und Gehaltsniveau, Errichtung, Erweiterung, Rationalisierung, Frauenarbeitsplätze, Ausbildungsplätze, Infrastruktur, Schwerpunktprinzip.

Das theoretische Konzept, das hinter der regionalen Wirtschaftsförderung steht, ist das des regionalen Ausgleichs der Grenzproduktivitäten. Nach diesen Vorstellungen ist die Grenzprodiktivität des Kapitals in den Regionen am

---

[1] Vgl. R. Thoss u.a.: Zur Konsistenz von Agrar-, Energie- und Verkehrspolitik mit der regionalen Wirtschaftspolitik, Münster 1978, S.51

[2] Zur Diskussion dieser Bereiche vgl. Hannelore Neumann: Berücksichtigung der Qualität von Arbeitsplätzen bei der regionalen Wirtschaftsförderung, in: Neuere Entwicklungen der Regionalpolitik in der Bundesrepublik Deutschland, Berlin 1983

größten, in denen der Faktor Kapital im Verhältnis zum Faktor Arbeit relativ knapp ist. Dieses ist vorwiegend in ländlich-peripheren Regionen der Fall, wie die Untersuchungen von Thoss gezeigt haben. Da zusätzlich in diesen Gebieten auch künftig eine hohe Arbeitslosenquote zu erwarten ist, genießen sie in der Kapitalförderung höchste Priorität. In den verdichteten Industrieregionen des Ruhrgebiets ist Arbeit relativ zum Einsatz des Faktors Kapital knapp, die Grenzproduktivität des Kapitals also relativ niedrig, die Grenzproduktivität der Arbeit - das Einkommen - relativ hoch. Hier hat sich in der Vergangenheit die Arbeitslosenquote mit einer relativ günstigen Grenzproduktivität der Arbeit saldiert, mit der Folge einer relativ geringen Förderpriorität dieser Regionen in der GRW.[1]

Die obigen Argumentation hat zwei Nachteile. Erstens: Die Messung der Grenzproduktivität am Einkommensniveau zeigt ein verändertes Bild, wenn das Einkommensniveau nach dem Einkommen der Männer und Frauen getrennt ermittelt wird. Das niedrige Einkommensniveau der ländlichen Regionen wird durch die hohe Erwerbsquote der Frauen erklärt. Der Nachteil der obigen Argumentation ist aber vor allem, daß alle Modellüberlegung anhand von Genzproduktivitäten nur in Systemen mit Vollbeschäftigung uneingeschränkt gelten. Davon kann zur Zeit nicht die Rede sein. Es macht keinen Sinn, einen arbeitslosen Bergmann zu einem arbeitslosen Maschinenschlosser umzuschulen. Vorbeugende berufsqualifizierende Maßnahmen, die die Arbeitskräfte in die Lage versetzen, auf zukünftige sektorale Umstrukturierungen und Umstellungen besser vorbereitet zu sein und reagieren zu können, verbunden mit Maßnahmen zur Verbilligung des Faktors Arbeit, können gegenwärtig nur in sehr allgemeiner Form durchgeführt werden.

---

[1] Unter Produktivitätsgesichtspunkten ist die Förderung der Mobilität in Verdichtungsräumen volkswirtschaftlich vertretbar. Vgl. Rainer Thoss, Die räumliche Konzentration in den Ländern der Europäischen Gemeinschaft, Sammlung Studien, Reihe Regionalpolitik Nr. 4, Brüssel 1977, S. 54, die angegebene Literatur z.B. Rainer Thoss, Ein Vorschlag zur Koordinierung der Regionalpolitik in einer wachsenden Wirtschaft, in: Jahrbücher für Nationalökonomie und Statistik, 182 (1969),S. 502; M. Brown, On The Theory and Measurement of Technological Change, Cambridge 1968; B. Carlsson, The Measurement of Efficiency in Production, in: Swedish Journal of Economics, 74 (1972), S. 468 ff; H.J. Schalk, Die Bestimmung der regionalen Produktivität durch die Schätzung von Produktionsfunktionen, Münster 1976, S. 130.

Die Sachkapitalförderung entstammt der frühen Konzipierungsphase der Gemeinschaftsaufgabe. Entstehehung zusätzlicher Arbeitsplätze und Sachkapitalförderung werden als funktional abhängig angesehen.

Dieser funktionale Zusammenhang wird durch jene Art von Investitionen durchbrochen, die als Rationalisierungsinvestitionen in die Förderstatistik eingehen. Durch sie wird der funktionale Zusammenhang zum Teil auf den Kopf gestellt, die Funktion invertiert: Je größer das Ausmaß der Förderung der Rationalisierungen, um so stärker der regionale Arbeitsplatzabbau. Der gleich Sachverhalt gilt zum Teil für Erweiterungsinvestitionen.[1]

Wenn Rationalisierungsinvestitionen im Vordergrund stehen, so deshalb, weil sie in Zeiten hoher Arbeitslosigkeit politisch schwer zu vermitteln sind.

Die Probleme zwischen Rationalisierung und Arbeitsplätzen werden unmittelbar aus den Definitionen der Förderarten der Förderpraxis deutlich:

— Rationalisierungsinvesttionen. Durch sie werden bestehende Arbeitsplätze abgebaut, gleichzeitig gelten die verbleibenden Arbeitsplätze als "gesichert". Die Argumentation der Technologieförderung ist hier auf die regionale Ebene übertragbar; permanente Arbeitsplatzumstellung ist zur Sicherung der Wettbewerbsfähigkeit erforderlich. Zwar werden Rationalisierungsinvestitionen nur gefördert, wenn mehr als fünfzig Prozent der Arbeitsplätze erhalten bleiben, aber in den Fällen, in denen mehrere Stufen der Rationalisierung zeitlich hintereinander geschaltet werden - ein gängiges Organisationsverfahren - und jedesmal Fördermittel beantragt werden, fördert die Regionalpolitik der Gemeinschaftsaufgabe schrittweise die Einstellung veralteter Produktionen und Produktionsweisen und schrittweise den Abbau der Belegschaft. Ob derartige Rationalisierungsinvesttionen steuerlich subventioniert werden müssen, - ohne eine Verbindung zu Sozialplanregelungen und Ersatzarbeit - ist fraglich, jedenfalls entspricht sie nicht dem Ziel der Beschäftigungsorientierung.

— Erweiterungsinvestitionen. Durch sie werden zwar in einem bestimmten Betriebsteil neue Arbeitsplätze geschaffen, aber in anderen Betriebsstätten fallen in der Regel gleichzeitig Arbeitsplätze weg. Der Beschäftigungssaldo der Erweiterungsinvestitionen kann somit ebenfalls negativ werden; immer dann, wenn Erweiterungsinvestitionen einzelner Betriebsteile Teil einer umfassenden Rationalisierungsstrategie des Gesamtunternehmens sind.

[1] Wie die empirische Analyse zeigt, besteht nur ein schwacher Zusammenhang des Investitionsvolumens mit den neugeschaffenen Arbeitsplätzen oder den gesicherten Arbeitsplätzen.

Der überproportionale Anstieg der Rationalisierungen an den Investitionen und der Rückgang von neugeschaffenen Arbeitsplätzen führen dazu, daß die abgebauten Arbeitsplätze nicht ersetzt werden konnten.

Dieser Zusammenhang soll anhand der Frage, welche Erklärungen die derzeit modernen Theorien der Innovationsorientierung oder der Flexibilisierung regionaler Arbeitsmarktstrukturen liefern, zu beurteilen versucht werden. Es gilt zunächst folgende Vermutung: die Innovationstätigkeit der altindustriell geprägten Ballungsräume unterscheidet sich nicht im Niveau von der der neuen Wachstumsräume, d.h. der wirtschaftliche Erfolg des Nordens und des Südostens vollzieht sich in einem gigantischen Prozeß der Umstrukturierung der Arbeit und der damit verbundenen Berufe im Zuge von Rationalisierungsstrategien und Rationalisierungstechniken sowie Organisationsprozessen. Im Prozeß der Veränderung der Arbeit werden im Norden und Süden gleich große Leistungen erbracht, jedoch ist die "Altlast" des Umstrukturierungsbedarfs im Süden nicht so schwer.

Eine derartige Hypothese verlangt, daß die regionalen Ausgangsstrukturen der Produktionsprozesse und ihre Veränderungen in den letzten Jahrzehnten dargestellt werden. In der Bewertung regionaler Wirtschaftsstrukturen haben sich neuerdings verschiedene Paradigmen geändert. Die These von der Überindustriealisierung der BRD ist zurückgenommen worden (In den USA entstand die Diskussion zur Neuen Industriepolitik.), die These von der Eurosklerose schlug um in Eurooptimismus, um nur zwei Richtungen zu nennen. Geht man davon aus, daß Automatisierungsprozesse die Ursache regionaler Strukturwandlungen im industriellen Bereich waren und sind, so ist die Hypothese eines verstärkten Einsatzes von wissensbasierten Innovationssystemen zwangsläufig mit der Frage zukünftiger Rationalisierungen im Industrie- und Dienstleistungsbereich verbunden.

Gefördert wurde die Rationalisierung der

Glasindustrie im Fichtelgebierge in Franken, in Aachen, in Lippe usw.,
Holzverarbeitung in Stormarn, im Emsland, Westerwald, an der Weinstr. usw.,
Nahrungsindustrie in Uelzen, Deggendorf, Daun, Wolfenbüttel, Cuxhaven usw.,
Eisen und Stahl in Peine, Salzgitter, Goslar Bad Kissingen, Osnabrück und Friesland,
Leder/Textil in Hof, Bayreuth, Diepholz, Kassel, Loerrach usw..
Kunststoff in Waldeck, Vechta und Coburg usw.,

Die Sektoren Maschinenbau und Elektrotechnik sind bei den Rationalisierungen nicht mehr dominierend. Sie kommen dennoch relativ häufig als stärkster oder drittstärkster Sektor vor.

Die Zahl der Arbeitsplätze, die durch Rationalisierungsinvestitionen in der Textilindustrie oder Nahrungsmittelindustrie betroffen sind, ist fast jener Zahl der betroffenen Arbeitsplätze in der Stahlindustrie gleich. Dennoch stand die Rationalisierung der Nahrungsindustrie weniger im öffentlichen Interesse als Beihilfen zur Rationalisierung des Stahlindustrie - sie vollzog sich fast lautlos . Erklärbar ist dieses unterschiedliche Interesse aus der größeren Kapitalintensität der Stahlbranche, aber vor allem aus der regional Konzentration dieses Sektors und dem damit verbundenen Größeneffekt regionaler Beschäftigungsfreisetzungen und Beihilfevolumens. Beihilfen zur Rationalisierung des Stahlindustrie gelten als Muster falscher Faktorallokation - übersehen wird hierbei, daß in den großen Stahlstandorten seit ca. 20 Jahren kontinuierlich ein Abbau an Arbeitsplätzen erfolgte. Jedesmal wenn ein Rationalisierungsschub bevorsteht, sorgt die Größe der erforderlichen Geldmittel und die regional konzentrierte Bedrohung der Arbeitsplätze für öffentliches Interesse. Freisetzungen erfolgen trotz Förderung kontinuierlich.

Gleichermaßen lautlos erfolgten die Umstellungen und finanziellen Förderungen in den Sektoren Glasindustrie und Holzindustrie. Die empirische Analyse zeigt, daß Rationalisierung und Erweiterung in der Regel auch immer in den gleichen Sektoren erfolgt, Rationalisierung in der Glasindustrie, Erweiterung dann vorwiegend auch in der Glasindustrie usw. Rationaliserungsförderung abzuschaffen ist somit wenig erfolgversprechend, da die regionalen Planungsinstanzen die Strategien der Erweiterungen und des Arbeitsplatzabbaus in verschiedenen Betriebsteilen nicht nachvollziehen können.

Während bei Erweiterungen und Neugründungen im Maschinenbau Kreise in Baden- Württemberg dominierten finden Rationalisierungen vorwiegend im Norden statt. Insgesamt ist folgendes festzustellen: Aufbau- und Erweiterungsförderung erfolgte in den Ländern Niedersachsen, Nordrhein- Westfalen, Bayern und Baden- Württemberg in bedeutendem Maße. Während in den Regionen des Nordens jedoch der Umstellungsprozess im Vordergrund stand, war es im Südwesten der Aufbauprozess jener Sektoren, die zur Zeit noch als Wachstumssektoren - auch hinsichtlich der Beschäftigung - gelten.

Die Gemeinschaft der Länder hat in allen Regionen den Strukturwandel im Wachstumsprozeß gefördert.

Arbeitsplatzwachstum war mit diesem Prozeß in dem Maße nicht mehr verbunden, wie die Kapitalintensität anstieg.

Flexibilität wurde hier sowohl vom Management, vom Marketingpersonal als auch von den freigesetzten Arbeitnehmern verlangt. Regional sind die Flexibilitätsanforderungen unterschiedlich. In Ostbayern fahren Sonntags nach Mitternacht die Pendler in den Münchner Raum, genauso wie die Eifelbewohner nach Köln. In einigen Regionen kommt nur Abwanderung in Frage. Tendenz zur Verlagerung von Arbeitsplätzen in die Ballungsrandgebiete. z.B. von Stuttgart nach Sindelfingen, Balingen usw.

Wohnorte bleiben auch bei Verlagerungen der wirtschaftlichen Aktivitäten erhalten. Pendelwanderungen sind in den Gebieten mit einer seit Generationen halsstarrigen Arbeitslosigkeit Tradition. Hier von mangelnder Flexibilität der Arbeitnehmer zu sprechen ist unbegründet, wenn nicht gar anmaßend.

Karte 27: Rationalisierungen im Maschinenbau - geförderte Investitionen

1.1.1972 - 30.6.1984
REGIONALE LANDKREISE

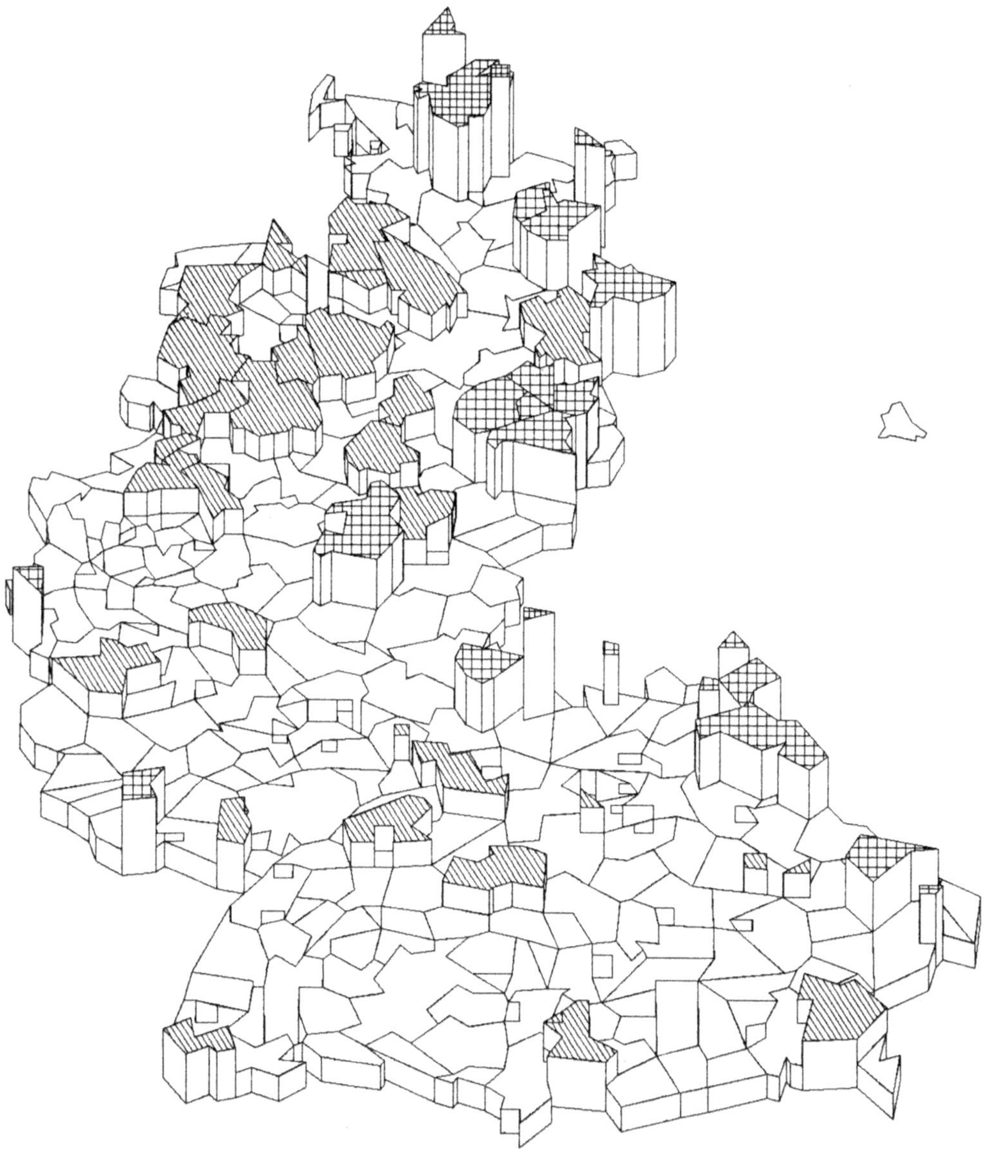

INVEST.-SUMME

KEINE FOERD.
UNTER 10.000.000
10 MIO.-50 MIO.D
50 MIO.-100 MIO.
100 MIO.U.MEHR

MIT GA-MITTELN UND/ODER INV.ZULAGE GEFOERD.VORHABEN
QUELLE: EIGENE BERECHNUNGEN FES

Karte 28: Rationalisierungen im Maschinenbau – gesicherte Arbeitsplätze

ARBEITSPL.

KEINE FOERD.	UNTER 100
101–500	501–1000
1001 U. MEHR	

MIT GA-MITTELN UND/ODER INV.ZULAGE GEFOERD.VORHABEN
QUELLE: EIGENE BERECHNUNGEN FES

Karte 29: Rationalisierungen in der Elektrotechnik – geförderte Investitionen

1.1.1972 – 30.6.1984
REGIONALE LANDKREISE

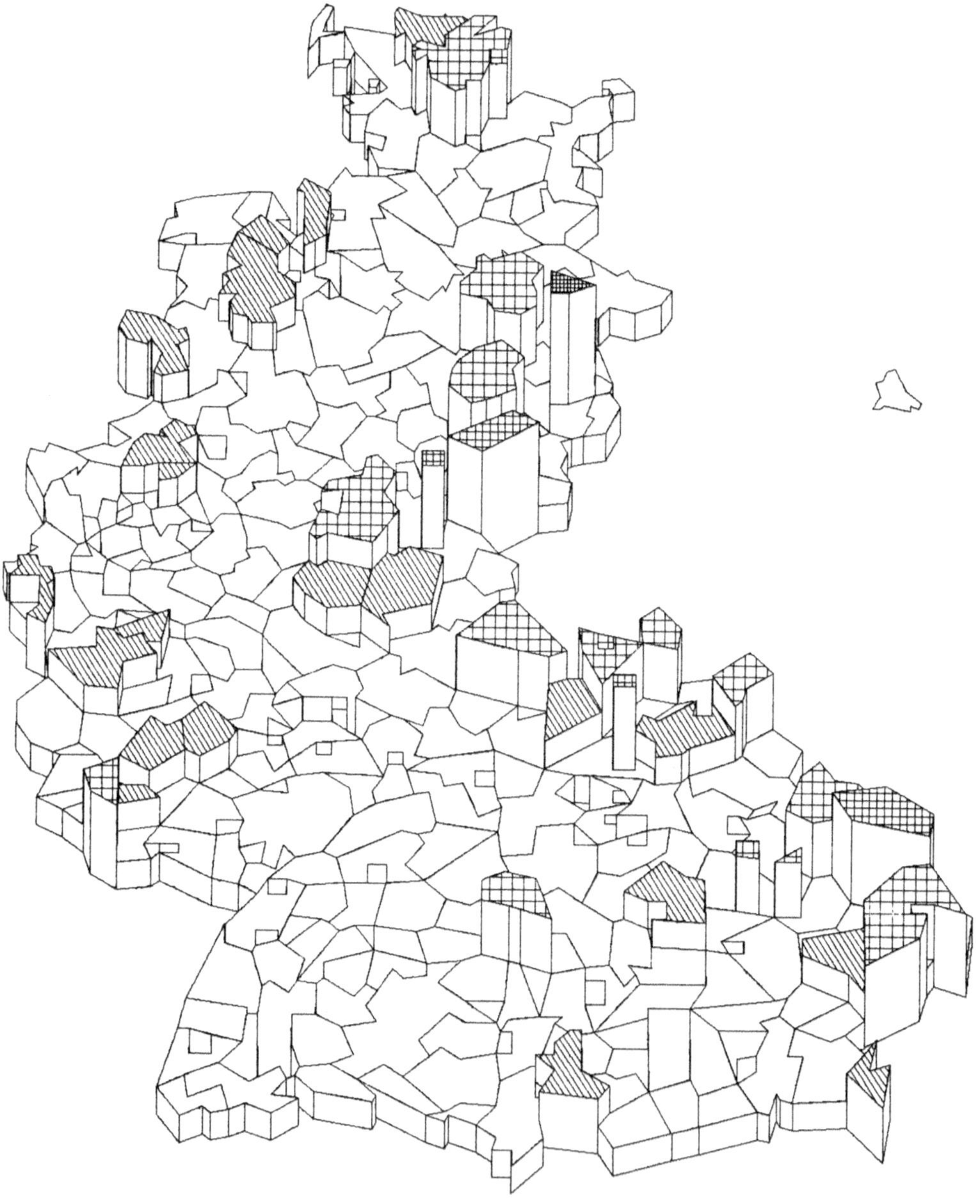

EE

- KEINE FOERD.
- UNTER 10.000.000
- 10 MIO.-50 MIO.D
- 50 MIO.-100 MIO.
- 100 MIO.U.MEHR

MIT GA-MITTELN UND/ODER INV.ZULAGE GEFOERD.VORHABEN
QUELLE: EIGENE BERECHNUNGEN FES

Karte 30: Rationalisierungen in der Elektrotechnik – gesicherte Arbeitsplätze

DD — KEINE FOERD. — UNTER 100 — 101–500 — 501–1000 — 1001 U. MEHR

MIT GA-MITTELN UND/ODER INV.ZULAGE GEFOERD.VORHABEN
QUELLE: EIGENE BERECHNUNGEN FES

Karte 31: Rationalisierungen in der Glasindustrie - geförderte Investitionen

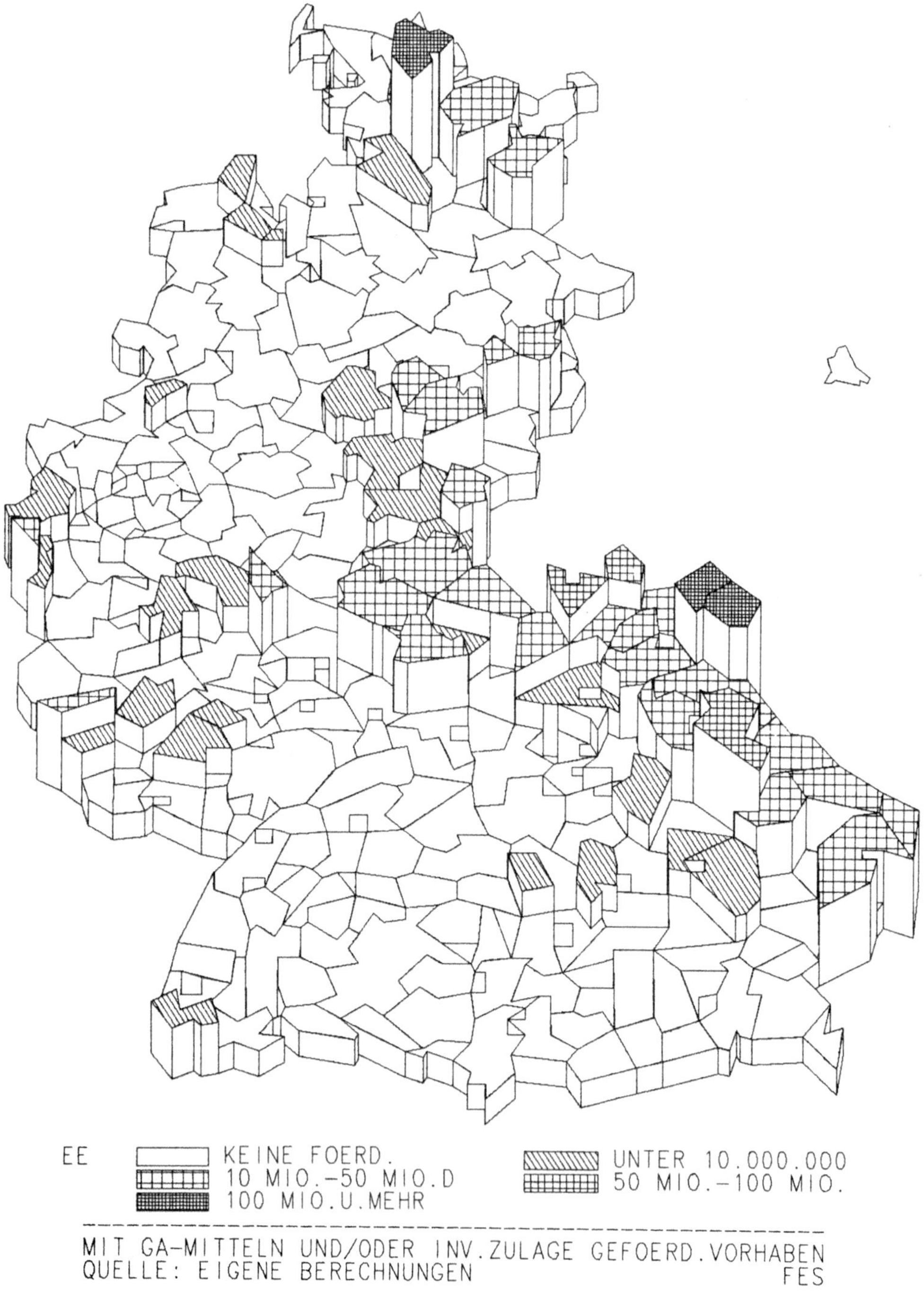

Karte 32: Rationalisierungen in der Glasindustrie – gesicherte Arbeitsplätze

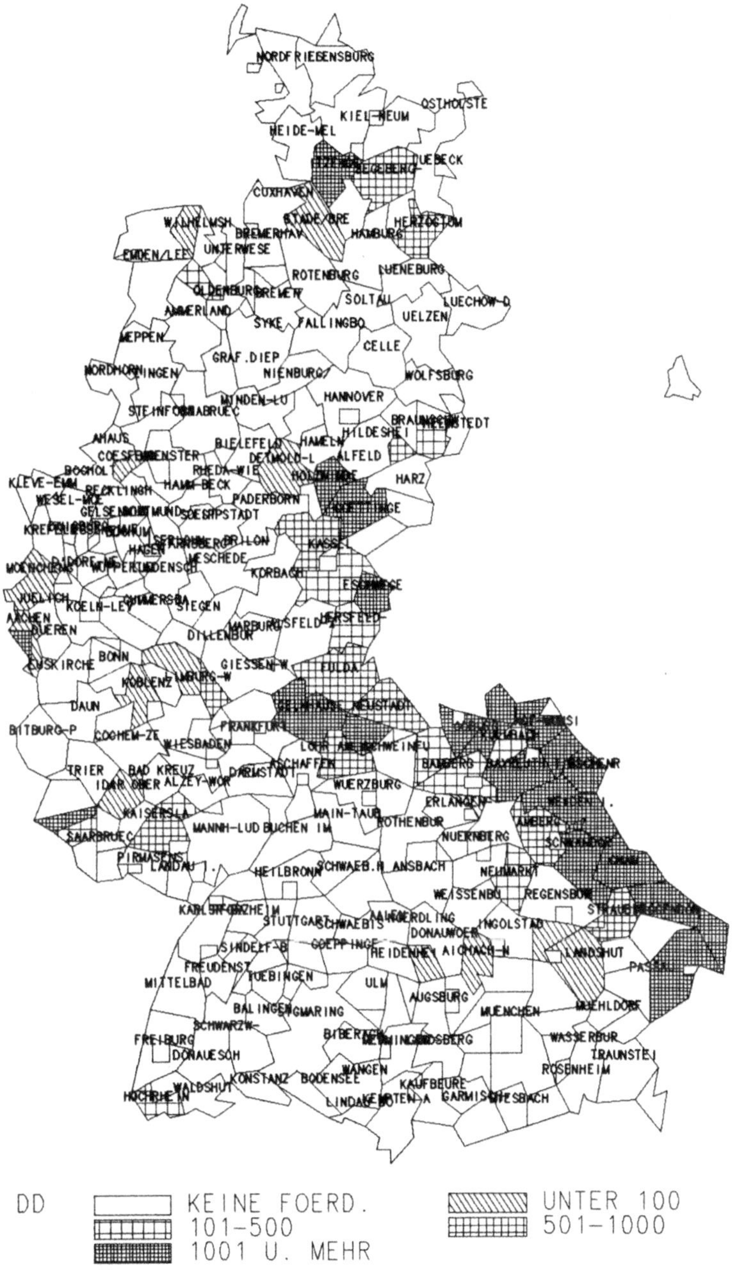

MIT GA-MITTELN UND/ODER INV.ZULAGE GEFOERD.VORHABEN
QUELLE: EIGENE BERECHNUNGEN FES

Karte 33: Rationalisierungen in der Holzindustrie - geförderte Investitionen

Karte 34: Rationalisierungen in der Holzindustrie - gesicherte Arbeitsplätze

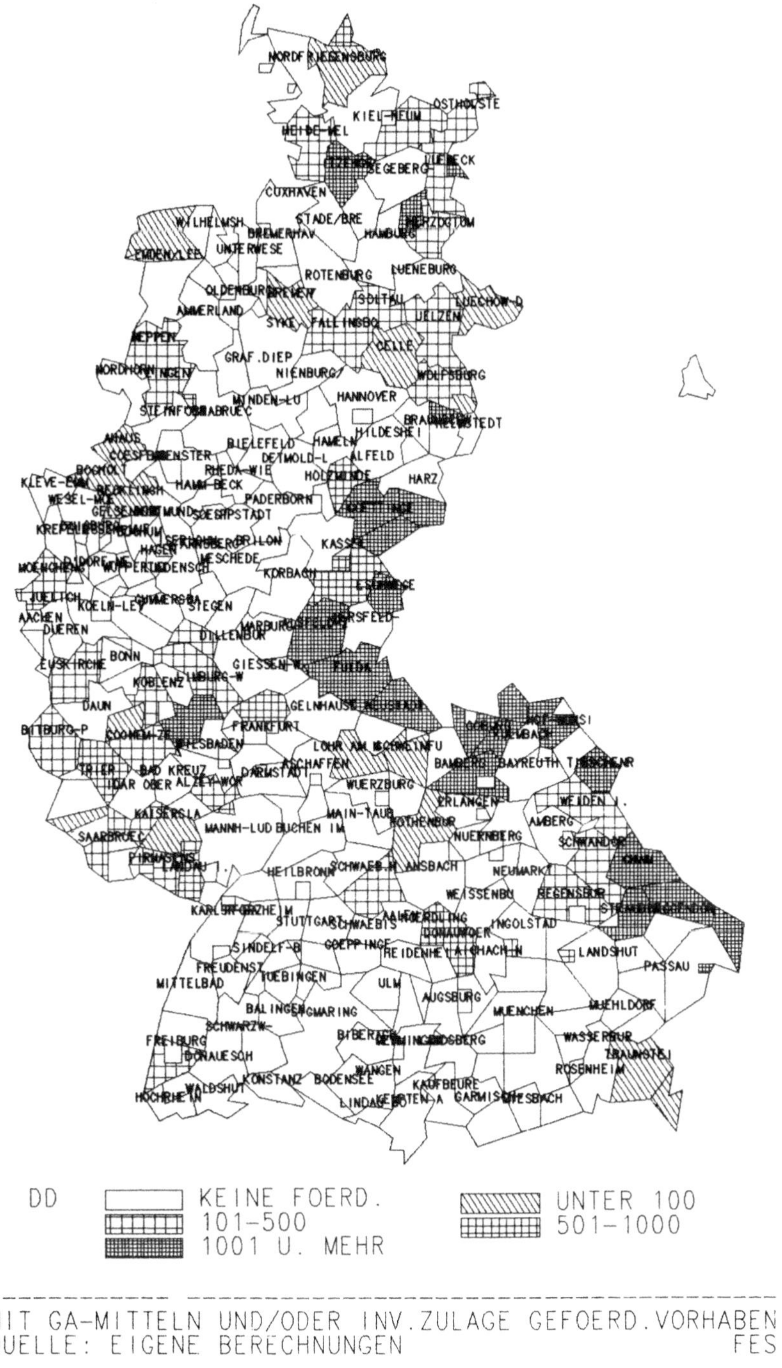

Karte 35: Rationalisierungen in der Textil- u. Lederindustrie - geförderte Investitionen

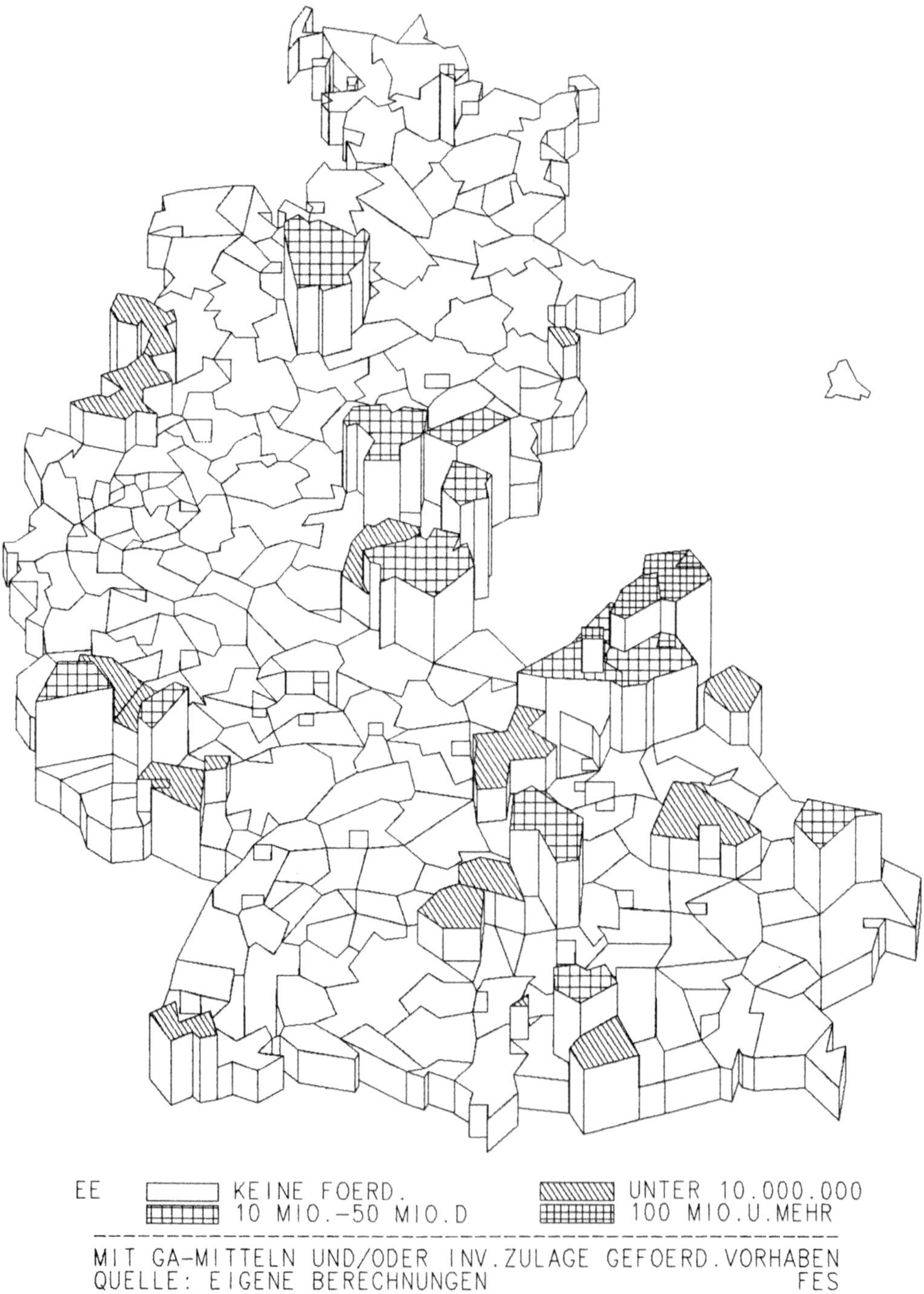

Karte 36: Rationalisierungen in der Textil- u. Lederindustrie – gesicherte Arbeitsplätze

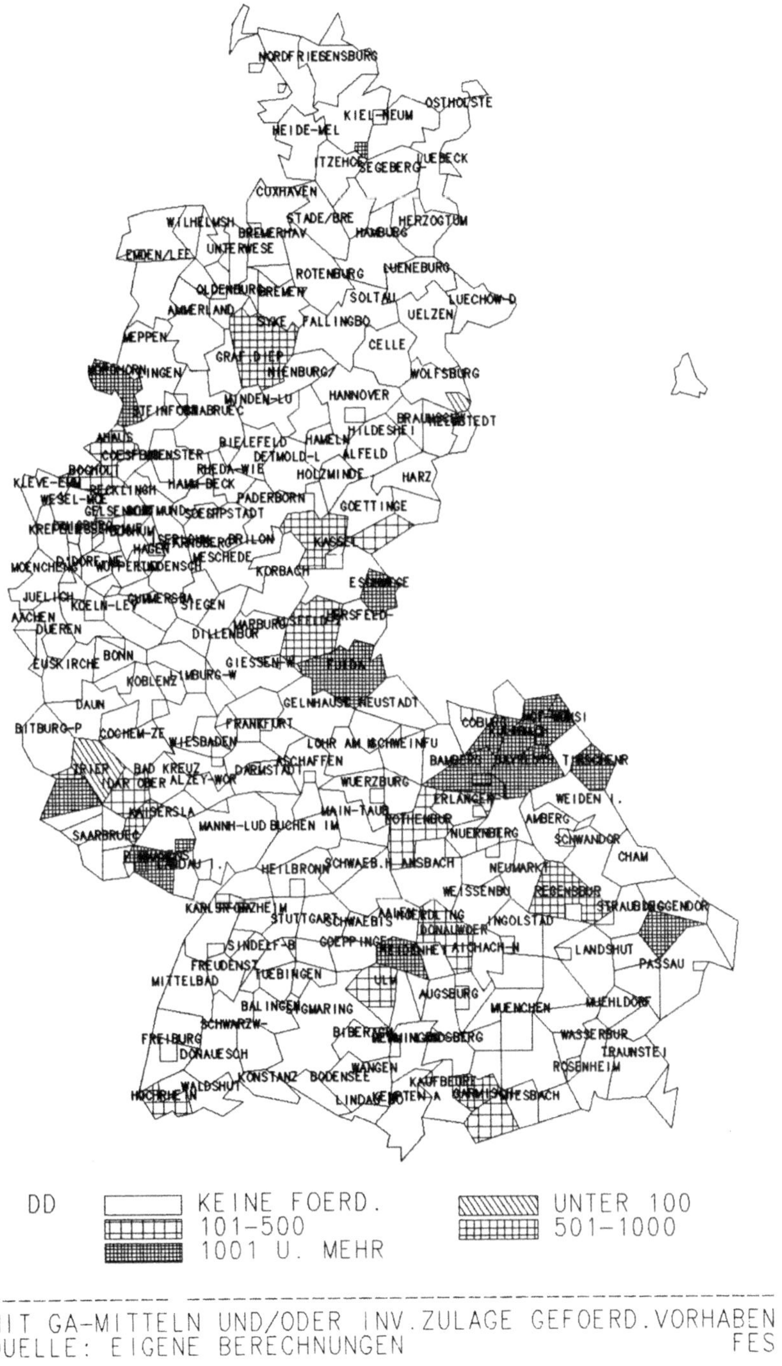

Die Analyse der Veränderung binnen- und weltwirtschaftlicher Produktionsbedingungen führte seit Anfang der 80iger Jahre zu folgender Gleichsetzung: Der drastische Rückgang bei der regionalen Betriebsansiedlung infolge eines Trendbruchs der Kapitalmobilität zeigt auch neue Bedingungen für die regionale Wirtschaftspolitik auf. Die Forderung nach der Pflege des "endogenen Potentials" und der Innovationsorientierung der regionalen Wirtschaftsförderung entstand.

Diese Diskussion beherrscht immer noch die Fragen nach den Möglichkeiten der Anpassung der Regionalpolitik.

Die Diagnose der gesamtwirtschaftlichen Wachstumsprobleme gilt noch immer: Standardproduktionen der Industrieländer werden in Schwellenländer verlagert, da sie dort mit angelernten Arbeitskräften durchgeführt werden können. Wettbewerbsvorteile der Industrieländer liegen fast ausschließlich in den Sektoren und Bereichen, in denen Ausbildung und Forschung hohe Investitionen verlangen, das Qualifikationsniveau der Arbeitskräfte somit hoch sein muß.

Entwickelte Technik und ausreichende Kapazitäten der Forschung sind die Einsatzbedingungen unter denen dem internationalen Wettbewerbsdruck begegnet werden kann. Diese Bedingungen gilt es für die Förderung der regionalen Wirtschaft ebenfalls herzustellen. Damit ist ein Zusammenhang geschaffen zwischen weltwirtschaftlichem Strukturwandel und regionaler Wirtschaftsproblematik, d.h. regionalen Arbeitsmarktproblemen.

Regionale Humankapitalförderung, Ausbau neuer Techniken, Umbau regionaler Produktionsstrukturen und Einsatz neuer Medien sind nur wenige Stichworte unter denen die Diskussion zusammengefaßt werden kann.

"Dabei berühren die Auswirkungen des Strukturwandels die Fördergebiete stärker als andere Regionen, weil die strukturschwachen Räume in eine doppelte Konkurrenz zu geraten drohen: einerseits mit den Niedriglohnländern, deren weltwirtschaftliche Integration standardisierte Produktionen mit geringen Anforderungen an die Qualifikation der Arbeitskräfte verdrängen, andererseits mit den diversifizierten Ballungszentren, die im Gegensatz zu den Förderregionen über ein entwickeltes Forschungs- und Technologiepotential verfügen und den Markt peripherer Räume mittels Preis- und Qualitätskonkurrenz einschränken."[1]

---

[1] Peter Joachim, Sozioökonomische Determinanten regionaler Innovationsbedingungen, a.a.O., S. 151

Setzt man sich mit den systemtheoretischen Ansätzen zur Begründung eines Regionalfaktors als Determinante des Innovationspotentials von Unternehmen ausführlich auseinander, so richtet sich die Kritik vorwiegend auf die Tautologien, die entstehen, wenn Untersuchungen über die Definitionen von Unternehmen als umweltoffene Systeme nicht weit hinauskommen. "Danach werden Betriebe als (umwelt-) offene Systeme betrachtet mit der Konsequenz, daß zum einen die innere Struktur der Betriebe nicht unabhängig ist von ihrer jeweils relevanten aufgabenspezifischen Umwelt, zum anderen sowohl die innere Struktur der Betriebe als auch die Art der aufgabenspezifischen Umwelt und die Intensität der Verflechtung zwischen Umwelt und Betrieb über den Betrieberfolg entscheidet".[1]

Anpassungsprozesse von Unternehmen an Veränderungen von Umweltsituationen sind demzufolge abhängig von der Verfügbarkeit qualifizierten Personals, der Existenz von Forschungs- und Entwicklungsabteilungen sowie von Informations- und Beratungszentren. Da diese in Agglomerationen als Einsatzfaktoren reichlich vorhanden seien – gemessen gegenüber Agrarregionen – würden in Agglomerationsräumen auch Anpassungsprozesse an den Strukturwandel erfolgreich möglich sein.

"Stand in den ersten systematischen Untersuchungen der geringere Anteil hochqualifizierten Personals der kleinen und mittleren Unternehmen in den wirtschafts- und beschäftigungsstrukturellen Problemgebieten als Erklärungsgröße für die vermuteten Innovationsrückstände zu den Ballungszentren stark im Vordergrund, was nicht heißt, daß es an Hinweisen auf einen möglichen Mangel an Facharbeiterqualifikationen völlig gefehlt hätte, so sehen jüngere Studien neben einem Mangel an Führungspersonal, an Entwicklungspersonal und an Außendienstmitarbeitern sowie in der Beschaffung von qualifiziertem Fertigungspersonal einen dominanten Innovations- und Wachstumsengpaß bzw. überhaupt eine enge Verbindung zwischen Arbeitsqualifikation und Innovationen."[2]

In der Bewertung regionaler Innovationsprozesse folgen wir dem Ansatz, der vorschlägt, regionale Innovationsbedingungen als Variationen sozioökono-

---

[1] H.-J. Ewers (Projektleitung): Bildungs- und qualifikationsorientierte Strategien der Regionalförderung, a.a.O., S. 25f, zitiert nach P. Joachim, Sozioökonomische Determinanten regionaler Innovationsbedingungen, a.a.O., S. 152

[2] Peter Joachim, Sozioökonomische Determinanten regionaler Innovationsbedingungen, a.a.O., S. 155

mischer und soziokultureller Faktoren zu analysieren, die alternativen ökonomischen Handlungsstrategien zugeordnet werden können.[1]

"Das Konzept eignet sich dazu, komplexe Prozesse mit ihren vielen Elementen ohne vorgängige Kenntnis besonderer regionaler Sachverhalte als von regionsinternen Vorgängen und von außen gleichermaßen beeinflußten Entwicklungen zu begreifen. Regionale Innovationsbedingungen zu untersuchen bedeutet dann, nach der Abhängigkeit von natürlichen Produktionsgrundlagen, den Wirkungsweisen des Marktes, den lokalen Verhältnissen im Arbeits- und Verwertungsprozeß, der Art und Weise der Verschränkung von Technik, Arbeitsorganisation und Qualifikation, dem Einfluß von Wertvorstellungen zu fragen.

Als Resultate der theoretischen Konkretisierung des Modells und der Operationalisierung innovationsrelevanter gesellschaftlicher Einflüsse auf regionale Neuerungskonditionen ergibt sich ein Bündel teils historisch gegründeter und quasi irreversibler Faktoren, wie unterschiedliche Siedlungstypen und die zwischen ihnen waltende Arbeitsteilung, Differenzierung bzw. Spezialisierung des individuellen Arbeitsverögens nach Funktionen, Marktwirtschaft als offenbar notwendige, aber nicht ausreichende Voraussetzung für produkt- und produktionstechnische Neuerungen einerseits, technischen Strukturen, sozioökonomischen, -politischen und -kulturellen Formen andererseits."[2]

Die Konstruktion zur Begründung regionaler innovationsorientierter Wirtschaftspolitik geht davon aus, daß unterschiedliche regionale Innovationsaktivitäten und unterschiedliche regionale Ausstattungsniveaus mit Innovationsressourcen funktional aufeinander bezogen werden können, d.h. das Niveau der Innovationen erhöht sich, sobald die Ausstattung mit Forschungs- und Entwicklungseinrichtungen und den dazu erforderlichen Personal erhöht wird, oder die Informationsinfrastruktur verbessert wird, oder die Rekrutierung von Forschungspersonal durch Innovationstransferstellen erleichtert wird. Es ist bezeichnend, daß die Überprüfung derartiger Hypothesen nur möglich ist, wenn ein Kontrast zwischen Ballungs- und Ballungsrandgebieten hergestellt wird. Gegen dieses Diktat der Innovationsverhältnisse innovativer Ballungsräume, d.h. gegen die Annahme, die Technikverhältnisse der Ballungsräume seien ver-

---

[1] Vgl. P. Joachim, Sozioökonomische Determinanten regionaler Innovationsbedingungen, a.a.O.

[2] Ebenda, S.189f.

allgemeinerbar und auf andere Räume übertragbar, wendet sich die folgende Kritik. "Mit der Ausblendung der sozialen und kulturellen Regionalstrukturen erweist sich der ökonomische Ansatz selbst im Hinblick auf die in ihm dominierenden Interessen der Anbieter von Arbeitsplätzen und Produkten als objektiv irrational, kann er doch andere Beziehungen als die in und zwischen den Unternehmen der innovativen Ballungszonen vorfindbaren nur als neuerungshemmende 'Engpässe' deuten. Daß sie auch eine erfolgreiche unternehmerische Anpassung an die spezifischen Bedingungen der regionalen Umwelt mit anderen Formen der Innovationsaktivitäten repräsentieren können, bleibt somit als Möglichkeit unbegriffen."[1]

Als Ergebnis ist bei diesem Ansatz festzuhalten. "Eine innovative Überlegenheit eines Regionstyps gegenüber einem anderen ist eine Fabel durch und für interessengeleitete Theorie und Politik, die andere als privatwirtschaftliche Ansprüche leugnet."[2]

Es bleibt als Schlußfolgerung, daß innerhalb der sektoralen Umstrukturierungen die Neubewertung von Wissen kontinuierlich erfolgte. Wenn für die Zukunft ein neuer Innovationsschub erwartet wird, so liegt dies an den konkreten ersten Anzeichen der Expertensysteme, künstlicher Intelligenz und so weiter. Diese ersten Anzeichen hat K. Steinbuch bereits 1970 beschrieben. Die Prozesse, die sich damals ankündigten, haben sich vollzogen und stehen nur vor einer Weiterführung. Vielleicht kann damit das Maschinenzeitalter bald als abgeschlossen gelten. Zwar entlehnen wir ihm immer noch unsere Begriffe, wenn wir von komplizierten Räderwerken sprechen und bereits hochintegrierte Schaltungen meinen.

Die Standortfaktoren, soweit sie das Wissen von Arbeitnehmern widerspiegeln, werden einerseits weiterbestehen bleiben, andererseits in einer Vielzahl von Regionen vernichtet werden. Umstellungen der Wirtschaft waren immer mit kulturellen Leistungen verbunden.

"Daß manche Maschinen und maschinelle Arbeitsprozesse mit ihrer Zerlegung in kleine Teiloperationen, auch wo sie dem Menschen Muskelkraft abnahmen, ihn zu mechanischer, geisttötender, monotoner Tätigkeit des Fadenknüpfens, Rohstoffaufgebens, Handgriffemachens nötigten, ist bekannt. Ein Teil der Technik hat sofort die Beteiligten gehoben, ein anderer hat sie körper-

[1] Ebenda, S. 6
[2] Ebenda, S. 189

lich und geistig herabgedrückt; es fragt sich nur, wie weit man die letztere Wirkung durch soziale Anordnungen einschränken, wie weit man durch noch größere technische Fortschritte, durch sich selbst bedienende und regulierende Maschinen die rein mechanische Arbeit des Menschen noch mehr als bisher beseitigen könne. Fast alle Arbeit aber an der Maschine hat neben der geisttötenden Wirkung des Mechanischen eine erziehende, anregende: sie leitet zur Ordnung und Präzision, zum Nachdenken und zum Erwerbe technischer Kenntnisse an. Je komplizierter der Maschinenmechanismus wird, desto mehr braucht man für die meisten, nicht für alle Arbeiten in ihm verantwortliche, kluge, kenntnisreiche, gut genährte und bezahlte Arbeiter. Mögen wir also an meisterhafter Handausbildung keine Arbeiter mehr haben, wie die Gehilfen des Praxiteles und die Gesellen in der Werkstatt Peter Vischers waren, in einer großen Anzahl unserer technisch hochstehenden Industrien haben wir Arbeiter, welche technisch, geistig, körperlich und moralisch den Vergleich mit den besseren Arbeitern aller Zeiten nicht nur aushalten, sondern sie übertreffen. Freilich nur da, wo die sittliche Ordnung unserer modernen Betriebseinrichtungen schon die schlimmsten Mißbräuche der ersten Gestaltung überwunden hat, da, wo man einsah, daß der Betrieb nicht bloß nach der Leistungsfähigkeit der Maschine, sondern ebenso nach der des arbeitenden Menschen eingerichtet werden muß. Das hatten die Unternehmer, wie Cunningham sagt, zuerst ganz vergessen!"[1]

Wie der Prozeß der Vernichtung von Qualifikationen - und der Prozeß der Erneuerung von Ausbildung - erfolgt, ist kulturabhängig. Generell wird unter dieser Kulturabhängigkeit die Entstehung technischen Wissen gemeint, wir wollen jedoch auf den Stand des Sozialen Wissens hinweisen, indem wir auf die Diskussion zur Förderung von Selbsthilfegruppen und auf die "Rechtsfigur" des "Rechts auf Arbeit" und seine Ausgestaltung hinweisen.

Vor diesen Hintergründen unausgelasteter Produktionspotentiale - im Gegensatz zu Entwicklungspotentialen- erscheint ein Konzept der direkten Arbeitsbeschaffung im Dienstleistungsbereich, hier in den sozialen Diensten, sowohl in alten Industrieregionen mit großem Dienstleistungsdefizit als auch in ländlichen Regionen als problemadäquat. Damit werden die Produktivitätsüberlegungen verlassen. Die Regionalpolitik bleibt mit der Herausforderung konfrontiert,

---

[1] Gustav Schmoller, Grundriß der allgemeinen Volkswirtschaftslehre, Erster Teil. München, Leipzig 1923, S. 228f.

zunehmend direkte Arbeitsbeschaffungsmaßnahmen infolge unterausgelasteter Produktionskapazitäten im Gegensatz zum Konzept der Förderung von Rationalisierungsinvestitionen vornehmen zu müssen. Wenn man das Unausweichliche der Selektionsprozesse am Arbeitsmarkt für die Zukunft in den Vordergrund stellt, dann bleibt zu untersuchen, welche Möglichkeiten die Regionalpolitik zusätzlich hat. Wirtschaftsstarke, im nächsten Konjunkturaufschwung prosperierende Regionen werden keine Schwierigkeiten haben, im Rahmen der Umstrukturierungsprozesse auf Arbeitsmärkten ihre Erwerbspersonenpotentiale zu integrieren und aus anderen, peripheren Regionen Arbeitskräfte zu attrahieren. Arbeismarktpolitik braucht sich hier nicht ohne Not des Instruments der Mobilitätsförderung - über Regionen hinweg - zu begeben. Neue Instrumente sind in den Bereichen notwendig, in denen - regional scharf abgegrenzt - Dauerarbeitslosigkeit und soziale Schwäche zusammentrifft. Förderung der regionalen Mobilität, d.h. in der Regel Verlagerung des Wohnsitzes, verstärkt nur die sozialen Härten. Regionalpolitik müßte in Kooperation mit lokalen Gruppen treten: In Kooperation und in der Diskussion unter den regionalen gesellschaftlichen Gruppen kann eine Festlegung der Arbeitsmarktprogramme für soziale Gruppen erfolgen: Jugendliche, Sozialhilfeempfänger, Arbeitslose mit beruflichen Qualifikationsdefiziten usw. Hier tauchen die Namen und Klassifikationen auf, die bekannt sind, sie müßten vor Ort jedesmal in eine Rangordnung gebracht werden. In einem derartigen Verfahren könnte auch das Schlagwort Hilfe zur Selbsthilfe einen Sinn bekommen. Erste regionale Orientierungen könnten durch die Existenz von Selbsthilfegruppen gegeben werden.[1] Dieser Vorschlag zeigt aber bereits, daß Regionalpolitik "vor Ort" keinen Ansprechpartner hat, daß Regionalpolitik und Arbeitsmarktpolitik in ihrer Organisation strikt getrennt sind und getrennt auftreten: Wirtschaftsfördergesellschaft auf der einen Seite, Arbeitsamt und kommunale Verwaltung auf der anderen.[2] Bekannt geworden ist der Vorschlag, die Selbstverwaltung der Arbeitsämter einzubeziehen,

---

[1] Vgl. Henrik Kreutz, Gerhard Fröhlich, Dieter Maly, Alternative Projekte - Realistische Alternativen zur Arbeitslosigkeit, in: MittAB 2/84, S. 267-273

[2] Zu den Fragen, in welchen Bereichen Arbeitsbeschaffungsmaßnahmen ausgeweitet werden können, vgl. z.B. Minister für Arbeit, Gesundheit und Soziales des Landes Nordrhein-Westfalen (MAGS): Konzeptentwicklung für ein Arbeitsbeschaffungsprogranmm zur Behebung sozialer und räumlicher Mängel (Wohnumfeldverbesserung), Aachen 1979; MAGS: Arbeitsbeschaffungsprogramm "Soziales Wohnumfeld", in: Informationen für jeden, Düsseldorf 1981, MAGS: Raum für soziales Leben, Kriterien und Leitlinien für die Qualität von Wohnquartieren und des Wohnumfeldes für Kinder, Jugendliche, Familien und alte Menschen, Arbeitshilfe, Aachen 1978

da lediglich hier alle Parteien bereits in einem Verwaltungsgremien vertreten sind. Dieser Vorschlag hat das Image eines Notvorschlages, denn man muß berücksichtigen, daß kommunale Verwaltung und kommunales Verwaltungsrecht für eine derartige Aufgabe zu komplex ausgelegt sind.[1]

In Zeiten, in denen die Organisation der Arbeit zu hoher Arbeitslosigkeit führt, werden die beiden mit der Organsisation der Arbeit notwendigerweise verbundenen Elemente - Humanisierung und Effektivität - ausführlich diskutiert. Während Effektivitätsgesichtspunkte gegenwärtig nicht nur der Kontroverse über die internationale Wettbewerbsfähigkeit vorbehalten bleiben, sondern auch unter den Stichwort der Dualwirtschaft, d.h. der bewußten Trennung der Ökonomie in einen wettbewerblich organisierten Teil und in einen nichtwettbewerblich, durch Selbsthilfe organisierten Teil diskutiert werden – und zu einer Dualisierung, Polarisierung der Regionen der Bundesrepublik führten –, bleiben die Fragen über neue Organisationsformen der Arbeit und der Arbeitszeit auf den Humanisierungsaspekt bezogen, bzw. werden unter dem Stichwort einer notwendigen Erweiterung des Arbeitsbegriffs erörtert.[2]

"Der Einsatz unbezahlter Arbeitskraft zur Verwirklichung sachkundig ausgetüftelter Pläne ist das neue Konzept. Damit kann das anschwellende Heer der Arbeitslosen im Namen der Selbsthilfe in den Dienst einer zunehmenden Verstaatlichung des Lebens gestellt werden. Diese zukunftsträchtige Selbsthilfe als 'Eigenarbeit' auszugeben ist ebenso verfehlt wie die Bemäntelung der Ausbeutung durch Lohnarbeit im 19. Jahrhundert mit der damals erfundenen 'Arbeitsfreude' ".[3]

Die Größenordnung, um die es hierbei geht, läßt erahnen, daß diese Interpretation mit Vorsicht zu behandeln ist; die Ausweitung von Arbeitsbeschaffungmaßnahmen auf ein nennenwertes Maß, gemessen an der Zahl der Arbeitslosen, verlangt die Verdoppelung des Haushaltes der Bundesanstalt für Arbeit. Die Geldmittelansätze der regionalen Wirtschaftsförderung sind damit nicht vergleichbar. Allerdings kann z.B. die Erhöhung von Sozialhilfesätzen nicht allein eine Lösung der Probleme bringen, die sich unter diesem neuen

---

[1] Vgl. Erhardt Blankenburg, Uta Krautkrämer, Aktivierung lokaler Arbeitsmarktpolitik, in: Archiv für Kommunalwissenschaft, 18. Jahrgang, 1979, S. 61-73, S. 65.

[2] Selbsthilfe, "... zerlegt das handelnde Subjekt in einen Produzenten und einen Konsumenten. Die Wörter Selbstunterricht, Selbstpflege projezieren das Industriesystem in den Einzelnen hinein." Ivan Illich, Vom Recht auf Gemeinheit, Hamburg 1982, S. 30.

[3] Ebenda

Namen der neuen Armut verbergen. Die Zerstörung der Lebensperspektive verlangt Arbeit, Beschäftigung für den Einzelnen, um die soziale Integration zu gewährleisten.

Nennenswerte Erhöhungen der Etatmittel zur Arbeitsorganisation können aber nur in Zusammenarbeit mit den Gemeinden und Sozialhilfeträgern zu sinnvollen Programmen ausgestaltet werde. Die Erfahrung der letzten Jahre belegen diese These. Es sind zum Teil alte Organisationen die sich des Arbeitslosigkeitsproblems verstärkt annehmen: Kirchen, Caritasverbände, Arbeiterwohlfahrt, Stiftungen, Genossenschaften.

Regionalpolitik als geschichtslose Politik wird betrieben, wenn vergessen wird, daß soziale Bewegungen fast immer an den Standorten der Stahlindustrie und des Schiffsbaus entstanden sind. So konsequent die Forderung ist, Subventionen in unproduktiven Branchen zu vermeiden oder zu beseitigen - konsequent im Rahmen der Aussagen der neuen klassischen Ökonomie, so geschichtslos ist jedoch eine derart produktivitätsorientierte, gesamtwirtschaftlich orientierte Politik, die die Bedürfnisse der Regionen ignoriert.[1]

Die Kritik an der Beschreibung derartiger kleinräumiger Strukturen setzt am altbekannten Sachverhalt an, daß auch der regionale Alltag geprägt wird durch die großen ökonomischen Strukturen, Organisationen, Krisen und Ideologien und den im Hintergrund stehehenden Eigeninteressen von Gruppen.[2]

Die Skala der Bewertungen von Selbsthilfeprojekten in Richtung einer Interpretation als Alternative zur Arbeitslosigkeit umfaßt alle Extreme. Auf der einen Seite werden Arbeitsloseninitiativen als die Lösung des Arbeitsmarktproblems gesehen; eine derartige Wertung entspricht gesamtgesellschaftlichen Tendenzen, in denen Eigeninitiative, Selbsthilfe, Selbstfürsorge usw.

---

[1] Thomas Ellwein hat diesen Aspekt der Regionalpolitik und der regionalen Wirtschaftspolitik beschrieben. Die alternative Bewegung - alternative Lebensformen, alternaltive Ökonomie - hat einen umfassenden kulturellen Hintergrund, der eine veränderte Beschreibung von Gegenwart und Geschichte impliziert. Die Darstellung des Alltäglichen ist nicht nur Inhalt in den Medien und in den Produkten der Kulturindustrie, sondern Ausdruck einer veränderten Perspektive, aus der Organisationen und ihre Struktur im Lichte der Erfahrungen des Einzelnen gesehen werden. Die Erforschung der Regionen erfolgt in der Suche nach ihren Besonderheiten in den Erscheinungen der Alltagszeit und Lebenszeit. So standen denn auch in den Arbeitsgruppen des 35. Historikertages in Berlin 1984 unter anderem folgende Themen zur Diskussion: Feste und Politik, Hungern und Essen, Region und Geschichte, Volksfrömmigkeit, Frauenräume, Generationenkonstellationen und Jugenprotest.

[2] Vgl. Lutz Niethammer, Bodo Hombach, Tilman Fichter, Ulrich Borsdorf (Hrsg.): Die Menschen machen ihre Geschichte nicht aus freien Stücken, aber sie machen sie selbst. Einladung zu einer Geschichte des Volkes in NRW, Berlin/Bonn 1984

positiv hervorgehoben werden. Daß hierbei eine rhetorische oder publizistische Überbetonung derartiger Initiativen - insbesondere des Schrittes in die Selbständigkeit erfolgt - ist naheliegend, denn die Grenzen zwischen abhängiger Beschäftigung und unabhängiger Beschäftigung waren bei 4 bis 6 Millionen umstrukturierter, d.h. gewechselter Arbeitsplätze in der Bundesrepublik nie eng gezogen, d.h. im früheren Jahrzehnt wurde kein Aufhebens gemacht, wenn Schritte aus abhängiger Beschäftigung in Richtung Selbständigkeit gemacht worden sind. Um eine andere Sichtweise geht es, wenn man den karitativen Charakter von Werkstätten in Betracht zieht und die Marktnischen, die bisher von Fürsorgeeinrichtungen bearbeitet worden sind.[1]

Auf der anderen Seite der Skala der Wertungen von Selbsthilfeprojekten steht die Ablehnung. Begründet zum einen durch den generellen Verdacht, unter dem große, multinationale Unternehmen stehen, wenn sie sich in diesem Bereich engagieren. Eine extreme Dualität der Wirtschaft kommt auf. Auf der einen Seite Konzerne mit einer umfassenden sozialen Betreuung bei überdurchschnittlichem Lohnniveau und mit eigenem Infrastruktursystem, d.h. eigener Lebensversicherung, eigener Krankenkasse, eigenem Schulsystem für die Kinder der Beschäftigten. . Auf der anderen Seite steht ein sozialer Bereich auf der kommunalen Ebene, mit schlecht bezahlten Beschäftigten, die - um Interessenkonflikte zwischen beiden Gruppen nicht aufkeimen zu lassen - durch einzelne Großunternehmen selbst noch finanziert werden. Hinzu kommt die generelle Frage nach der sozialen Versicherung der Beschäftigten, wenn diese in . Alternativprojekten arbeiten. Auf der anderen Seite steht die "Technologische Herausforderung der Weltmarktkonkurrenz". Eine Bewertung derartiger Produkte und Märkte durch die Bezeichnung Marktnische ist schon übertrieben. Mit Überzeugungen wie dynamischer Unternehmensinitiative und Pionierunternehmern haben diese Projekte nichts zu tun.

Trotz der aufgezeigten Kritikpunkte besteht die Notwendigkeit, örtliche Beschäftigunginitiativen, kooperative Betriebe oder Genossenschaften in Re-

---

[1] Arbeit und die Verwirklichung des Rechts auf Arbeit als karitative Leistung jedoch anzubieten und zu handeln, ist zweischneidig. Diese Absurdität erscheint zumindest dann aufgehoben, wenn davon ausgegangen wird, daß sowieso nur die Problem- und Randgruppen aus dem Arbeitsprozeßgedrängt werden; dann fällt langfristige Arbeitslosigkeit und soziale Schwäche zusammen. Es darf nicht übersehen werden, daß in bestimmten Bereichen die Deckung sozialer, öffentlicher Bedürfnisse durch Tätigkeit von Beschäftigten erfolgt, die zu einem Teil mit öffentlichen Geldern finanziert werden, zum anderen Teil durch Beschäftigte, die ihre Tätigkeit als Dienst an der Gesellschaft sehen.

gelungen des regionalen Wirtschaftsförderung einzubeziehen. Förderung von Handwerksbetrieben bildet bereits eine Ansatzmöglichkeit. Rechnet man die Ergebnisse von Henrik Kreutz, Gerhard Fröhlich und Dieter Malz hoch, die 1983 alternative Projekte in den Regionen Hannover und Nürnberg untersuchten, so ergibt die Schätzung ca. 150.000 Arbeitsplätze im sogenannten Alternativsektor. Die Verteilung zeigt das bekannte Süd- Nord- Gefälle; Arbeitsloseninitiativen konzentrieren sich auf - Nordrhein- Westfalen - Hamburg und Bremen sowie Berlin - Süd-Hessen, Teile von Rheinland-Pfalz und des Saarlandes, d.h. die regionale Gebietskulisse entspricht den regionalpolitischen Problemgebieten.[1]

Kriterium des "Netzwerks Selbsthilfe e.V." ist unter anderem die längerfristig zu erwartende wirtschaftliche Eigenständigkeit von Projekten.[2]

Neben der Formulierung alternativer Ziele, die in der Ablehnung der Gewinnorientierung und in der Ablehnung umweltschädigender Produktionen zu erkennen sind, ist es vor allem die Produktion und das Angebot von Gütern und Dienstleistungen im sozialen Bereich oder zumindest von Gütern von sozialer und ökologischer Nützlichkeit und die zu erwartende wirtschaftliche Eigenständigkeit, die die Förderung nach Kriterien der Regionalpolitik - und des AFKG - berechtigt erscheinen lassen.

---

[1] Vgl. Hubert Heinelt, Carl-Wilhelm Macke: Arbeitsloseninitiativen und Arbeitslosenzentren - Neue Organisationsformen als Antwort auf alte soziale Fragen?, in: WSI-Mitteilungen 10/1984, S. 605-612, S. 609. Die Autoren unterscheiden nach AFG-Initiativen, Betriebsinitiativen, Initiativen von Sozialarbeitern, Kirchen, Gewerkschaften, Verbänden sowie nach Spontaninitiativen.

[2] Vgl. Henrik Kreutz, Gerhard Fröhlich, Dieter Maly: Alternative Projekte. Realistische Alternativen zur Arbeitslosigkeit, a.a.O., S. 268

6.3. Rechtliche Grundlagen der Investitionsförderung und das Recht auf Arbeit

Subventionen ordnen sich grundsätzlich dem Wettbewerbsrecht unter, d.h. sie sind grundsätzlich verboten, es sei denn es besteht eine Ausnahmeerlaubnis und entsprechende Ausnahmeregelungen - wie sie z.B. die Gemeinschaftsaufgaben darstellen. Letzter Wächter in vielen Bereichen ist hier z.Z. die EG - Kommission mit ihrer Möglichkeit der Klage vor dem europäischen Gerichtshof.

Das Recht auf Arbeit ist in einigen Länderverfassungen der BRD ausdrücklich angesprochen, bzw. implizit im Sozialstaatsgebot enthalten.

"Arbeitsteilung und damit die gemeinschaftliche Organisation von Arbeitsleistungen ist jenseits familiärer Strukturen der bestimmende Grund, Halt und Zweck moderner Gesellschaften. Wer von der Arbeit ausgeschlossen ist, der wird zugleich von einem wesentlichen Teil statusbegründender Kommunikation ausgeschlossen. Der länger dauernde Ausschluß von solcher Kommunikation aber rührt an die Menschenwürde, deren Achtung und Schutz oberste staatliche Aufgabe ist (Art. 1 Abs. 1 Satz 1 GG). Insofern ist das Sozialstaatsprinzip i.V.m. der Menschenwürdegarantie im Kern ein 'Recht auf Arbeit'."[1]

Die einschlägigen Grundrechte der Arbeitnehmer — Menschenwürde, Gleichheitssatz, Persönlichkeitsentfaltung und berufliche Freiheit — haben in der Konsequenz — unter dem Wort Sozialstaatsprinzip benannt — zu einer extremen Verantwortung des Staates für die Regelung des Wirtschaftskreislaufs geführt.[2]

Sozialstaatlich gebotene Vollbeschäftigungspolitik kommt nicht nur in den Gesetzen zum Ausdruck, die das gesamtwirtschaftliche Gleichgewicht zum Inhalt haben, sondern auch in den Gesetzen zum Schwerbehindertenschutz, Mutter- und Kündigungsschutz sowie zur Ausbildungsplatzförderung. Schwieriger wird die Einordnung des Investitionszulagengesetzes und der weiteren, Subventionsvergabe regelnde Gesetze.

Versagen die Steuerungsmechanismen, so wird zwar ein Teil des Gesetzeswerk obsolet, nicht aber die Verpflichtung nach Art. 109 Abs.2 GG .

Die Verfassungsnormen der Menschenwürdegarantie und des Sozialstaatsgebot nach Art. 79 Abs.3 GG sind jeder "Berührung" entzogen. "An den

[1] Otto Ernst Kempen, Grundgesetz und Arbeitsmarkt, in: Michael Kittner (Hrsg.), Arbeitsmarkt - ökonomische, soziale und rechtliche Grundlagen, Heidelberg 1982, S.129 - 153, S.149f.

[2] Präzisiert ist das Sozialstaatsgebot in einer Reihe von Gesetzen AFKG., InvzlG. usw.

Erfordernissen des Sozialstaats muß sich die Stabilitätspolitik daher messen lassen."[1]

Noch eine Reihe von Stichworten ist zu notieren, sollen die gesetzlichen Grundlagen zur Arbeitsmarktpolitik kurz umrissen werden: Koalitionsfreiheit (Art. 9 Abs. 3 GG), Freiheit der Berufswahl (Art. 12 GG)) sowie die Garantie des Eigentums (Art. 14 GG).

Koalitionsfreiheit: Der Vorschlag, Arbeitslose auch untertariflich zu vermitteln (Vgl. Giersch), ist grundgesetzwidrig, da er gegen Art. 9 Abs. 3 verstößt. Die Begründung liegt im Tarifrecht. Regionale Wirtschaftsförderung, die an der Höhe des Lohnniveaus ansetzt, muß sich mit dem Tarifrecht auseinandersetzen, will sie nicht auf grundgesetzwidrige Vorschläge eingehen.

Freiheit der Berufswahl: Jedem steht es prinzipiell frei - und das bedeutet Freiheit der Berufswahl - jede Arbeit zu ergreifen; aber angesichts des technischen und sozialorganisatorischen Fortschritts ist diese Freiheit der Berufswahl immer mehr nur eine Freiheit der Auswahl, unbeschadet der Verpflichtung des Staates seine Regelungsmöglichkeiten wahrzunehmen.

Die Pflicht des Staates zum Eingriff in den Arbeitsmarkt ergibt sich aufgrund der strukturellen Ungleichheit der Arbeitsmarktparteien: auf der einen Seite die existenzielle Bedeutung der Arbeit für den Menschen, auf der anderen Seite unbegrenztes Weisungs- und Ausschlußrecht. Die Herstellung eines Gleichgewichts im Verhältnis der Handlungsmöglichkeiten der Arbeitsmarktparteien bedeutet bereits "Recht auf Arbeit". "In diesem Sinne bedeutet 'Recht auf Arbeit' die chiffreartige Benennung eines der Staatsziele der Bundesrepublik Deutschland. Es ist, ohne daß dies noch ausdrücklich formuliert werden müßte, bereits Bestandteil des Grundgesetzes."[2]

Recht auf Arbeit ist Auslegungsmaxime der Verwaltung;[3] es sollte stärker berücksichtigt werden bei:

- Beschäftigungsveränderungen -freisetzungen in der Folge von Subventionen an Unternehmen,
- Kündigungen von Schwerbehinderten,

[1] Ebenda, S.148

[2] Michael Kittner, Arbeitsmarkt und Recht - Eine Einführung, in: Michael Kittner (Hrsg.), Arbeitsmarkt - ökonomische, soziale und rechtliche Grundlagen, Heidelberg 1982, S.11 - 127, S. 94

[3] Ebenda, S.94ff.

- Orientierung der Bundesanstalt für Arbeit an der Schaffung von Dauerarbeitsplätzen im Rahmen der Arbeitsbeschaffungsmaßnahmen.

Einerseits ist nur das Ziel der "Sicherung eines hohen Beschäftigungsbestands" des Stabilitätsgesetzes mit Artikel 1 GG in Einklang zu bringen,[1] andererseits:

- Das Recht auf Arbeit ist nicht Gleichrangig zur Garantie des Eigentums.
- Die Freiheit zur Begründung von Arbeitsverhältnissen[2] ist unbegrenzt.
- Das Subventionsrecht bietet keine Arbeitsgarantien.
- Schutz von Leben und Gesundheit gilt nur im Rahmen der "Natur eines Betriebes".
- Wirtschaftliche Interessen werden durch treuepflichtige Mitarbeiter vertreten.
- Mitbestimmungsregelungen bieten keinen Arbeitsmarktspielraum.

Unser Erkenntnisinteresse an der Fragestellung zu Integrationsmöglichkeiten eines zusätzlichen regionalen Erwerbspersonenpotentials berührt historisch gewachsene, wichtige Elemente im Gegenstandsbereich der Arbeitswissenschaft.

Rechtsnormen, die die Struktur des Arbeitsverhältnisses bestimmen, und die trotz des Wortes von neuen Beziehungen noch gelten, sind: das Direktionsrecht und das Aneignungsrecht, letzteres sowohl als Aneignungsrecht an individuellen, als auch an kooperativen und kreativen Fähigkeiten. An diesen beiden Rechtsnormen wird die notwendige Auslegungsarbeit des alten BGB deutlich.

"Das Direktionsrecht ist der Ausgangspunkt der innerbetrieblichen Arbeitsorganisation, von Arbeitsteilung und -neustrukturierung (z.B. durch die Zergliederung des Produktionsprozesses in hintereinander geschaltete Teilvollzüge; die Trennung von planender und ausführender Tätigkeit, von 'Hand'- und 'Kopfarbeit'usw.) und der Errichtung einer innerbetrieblichen Befehlshierarchie, wie sie etwa von F.W. Taylor in seinen Grundsätzen wissenschaftlicher Betriebsführung vorgesehen wurde."[3]

---

[1] "Art. 1 GG lautet eben nicht: 'Die Würde des Menschen, das Wachstum und die Deutsche Mark sind unantastbar'!",Ebenda, S. 108

[2] Ebenda, S.108f.

[3] Ulrich Mückenberger, rechtliche Aspekte industrieller Arbeit, in: Walter Georg, Leo Kißler, Ulrike Sattel(Hg.) Arbeit und Wissenschaft: Arbeitswissenschaft? Eine Einführung. Bonn 1985, S.248-289, S.253.

Die Möglichkeiten der neuen Medien und den damit verbundenen Modellen der künstlichen Intelligenz zeigen die Notwendigkeit der Auseinandersetzung mit dem Direktionsrecht, denn die Trennung von Kopf- und Handarbeit wird einen Schritt weiter gehen können.

"Wie die Verfügungsbefugnis des Eigentümers auf der einen Seite ist die Weisungsunterworfenheit der Beschäftigten auf der anderen Seite im Ausgangspunkt grenzenlos."[1]

Mit folgender Hypothese läßt sich die Analyse des Rechts auf Arbeit weiterführen: "Das Grundgesetz ermöglicht im Interesse der Beteiligung aller am gesellschaftlichen Arbeits- und Produktionsprozeß auch eine gezielte Struktur-, Investitions- und Beschäftigungspolitik auf staatlicher wie tariflicher Ebene. Man muß sich nur rechtzeitig dafür einsetzen."[2]

In bezug auf unsere zwei Fragestellungen, Sicherung des Strukturwandels durch Regionalpolitik und Möglichkeiten der Eingliederung der regional gestiegenen Erwerbspersonenpotentiale, ist diese Schlußfolgerung insbesondere für die zweite Frage von Bedeutung. Grundgesetzliche Möglichkeiten sind gegeben, ist jedoch Wille und Kreativität vorhanden, für die nächsten 10 Jahre die Regionalpolitik an dem Primat der Vollbeschäftigung auszurichten, und eine "kunjunkturabhängige Auslegung der Grundrechte"sowie eine "Auslieferung des Verfassungsrecht an den Markt"zu vermeinden?[3]

Ob derartige Vorschläge jemals die Chanche der Verwirklichung haben werden, ist in Zweifel zu ziehen, denn

— erstens sind die Berührungspunkte mit rechtlichen Sachverhalten, die umzustürzen wären, zu intensiv und

— zweitens ginge es um die Berücksichtigung von Arbeitnehmerinteressen in einem Ausmaße, das unbekannt ist, entsprechend der Aussage, daß das Problem nicht darin besteht, "... daß Wissenschaft im Zusammenhang mit Interessen steht, sondern daß Arbeitnehmerinteressen bisher kaum in die wissenschaftliche Arbeit eingegangen sind".[4]

---

[1] Ebenda, S. 288. Neue Instrumente der regionalen Wirtschaftsförderung müßten auf der Ebene konkreter Indikatoren regionaler Arbeitsmärkte ansetzen.

[2] Otto Ernst Kempen, Grundgesetz und Arbeitsmarkt, a.a.O., S. 153

[3] Einen Förderanspruch der Arbeitnehmer, der mitnehmbar sein soll, als Ziel der rechtlichen Erweiterung.

[4] G. Leminsky: Zur Konzeption arbeitnehmerorientierter Wissenschaft. In: S.Katterle, K. Krahn(Hrsg.), Wissenschaft und Arbeitnehmerinteressen. Köln 1980, S.268-274, S.268.

Die zuletzt angeführte These kann noch wie folgt erweitert werden:

— Die Bewegungen im demographischen Bereich und die damit verbundenen Veränderungen von Arbeitsmärkten stoßen kaum auf das Interesse der Wissenschaft. Von einigen Ausnahmen abgesehen, d.h. abgesehen von jenen, die beruflich mit Bevölkerungsprognosen befaßt sind.

— Analytische Kategorien, die bei der Analyse der Entwicklung von Arbeitsmärkten herangezogen werden, beziehen sich zuerst auf jene Gegenstandsbereiche der Wirtschaftswissenschaften, die mit dem Wachstum und dem Strukturwandel des Arbeitsplatzangebots im Zusammenhang stehen. Begriffe wie Arbeitsqualifikation, technischer organisatorischer Wandel und Veränderung der Arbeitnehmer-Arbeitgeberbeziehungen sind nicht definiert worden, um ein eigenständiges Erkenntnisinteresse an der Fragestellung der Zunahme des Erwerbspersonenpotentials zu begründen. Mit anderen Worten, Während sich die Wissenschaft um Strukturwandel, Deregulierung und dynamischen Wettbewerb streitet, wird die Integration eines zusätzlichen Erwerbspersonenpotentials in allen Industrieländern nicht thematisiert; die Integration wird vielmehr der stillen Wirkung der Arbeitsmarktselektionsmechanismen überlassen.

Die Aufgabe ist vielleicht auch zu groß, d.h. zu viel wäre zu ändern oder neu zu interpretieren und die Gefahr, von Gegnern in ein falsches Licht gesetzt zu werden, zu offensichtlich.

Zentraler Konflikt bleibt das Auseinanderfallen von Recht und sozialer Wirklichkeit, reduziert auf die Frage, inwieweit Recht in der Lage ist, soziale und kulturelle Mindeststandards zu sichern. Im Konflikt zwischen dem Recht auf Arbeit und wirtschaftlicher Machbarkeit bestimmen die ökonomischen Verhältnisse die Rechtsauslegung. Ökonomische externe Faktoren führen zum Leerlauf des Rechts, denn für alle Rechtsnormen des Arbeitsmarktes kann behauptet werden, sie haben kontraproduktive Folgen.[1]

[1] Ein Ausweg kann in einer Entrechtlichung des Arbeitsmarktes gesehen werden, und zwar durch betriebliche Mitbestimmung, Berufsberatung, Arbeitsmarktkonferenzen vor Ort. Die strukturelle Ungleichheit der handelnden Parteien bleibt erhalten.

7. Infrastrukturinvestitionen

Die Notwendigkeit, Infrastruktursysteme auszubauen war uns schon bei der Diskussion von Utopien zur technischen Entwicklung begegnet.

Ein anderer Aspekt erscheint ebenso utopisch im Sinne von zukunftsorientiert - es ist der Aspekt der Gemeinnützigkeit, der hier im Zusammenhang mit regionaler Arbeitslosigkeit und regionaler Wirtschaftsförderung diskutiert werden soll.

In seinem Beitrag zur Erneuerung der Demokratietheorie gelangt Crawford B. Macpherson zu folgender Aussage: "Demokratischer Druck nach gerechterem und sicherem Zugang zu den Mitteln zum Leben und Arbeiten nimmt eindeutig zu."[1] Diese Aussage, 1973 bereits gewagt, geschieht vor dem Hinter-

Abb. 19: Investitionsvolumen der geförderten Infrastrukturvorhaben

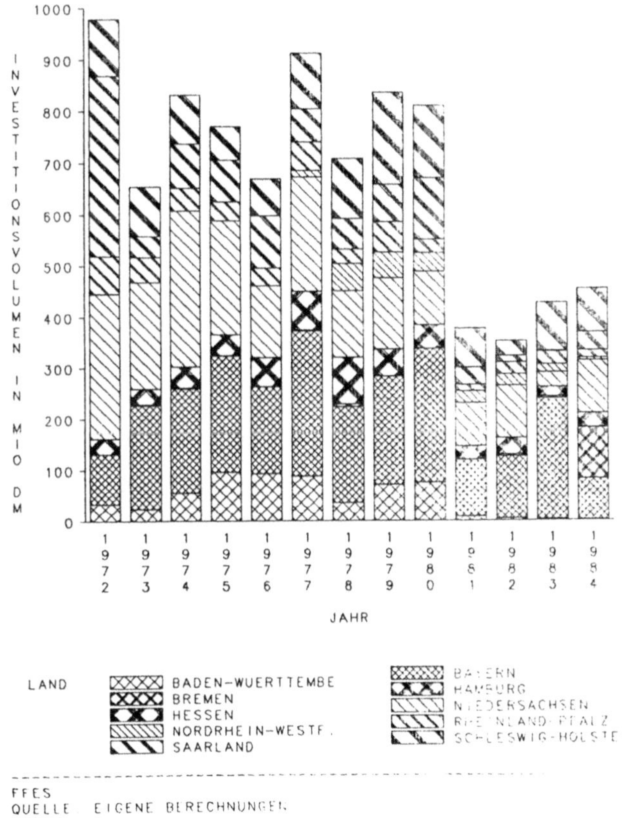

[1] Crawford B. Macpherson, Demokratietheorie, Beiträge zu ihrer Erneuerung,München 1977,S.215.

grund eines erweiterten Eigentumbegriffs: dem Individualrecht, "... nicht von dem Gebrauch oder Nutzen von etwas ausgeschlossen zu werden. Dies bedeutet entweder die gesetzliche Schaffung von mehr Gemeineigentum oder von besser garantiertem Zugang zu den Mitteln zum Leben und Arbeiten, die in Privatbesitz verbleiben, das heißt, eine Verminderung des Ausmaßes, in dem Privateigentum, besonders an produktiven Ressourcen, ein Recht auszuschließen ist."[1] Die Forderung und die Entstehung von Druck zur Schaffung von mehr Gemeineigentum wollen wir in diesem Kapitel diskutieren.

"Der Druck kommt von verschiedenen Seiten. Da ist das schon erwähnte Pochen großer Teile der organisierten Arbeiterschaft auf dem Recht auf einen Job, ein Pochen, dem sich der moderne Staat und seine Agenturen aufgrund ihrer schwachen Position nur schwer widersetzen können. Da ist das auffällig

Abb. 20: Investitionsvolumen der geförderten Infrastrukturvorhaben Fortbildungsstätten

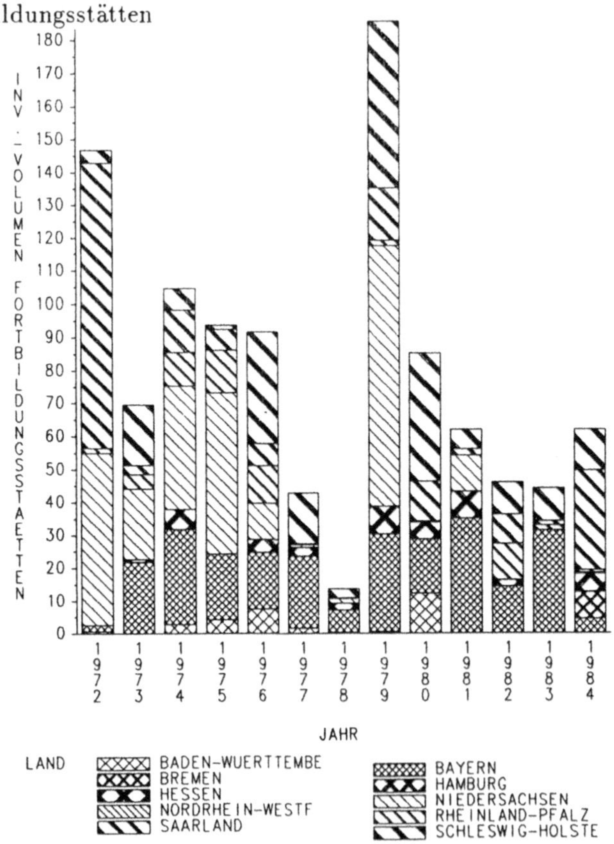

[1]Ebenda

zunehmende öffentliche Bewußtsein von den Gefahren der Wasser- und Luftverschmutzung, die als eine Verweigerung eines Menschenrechts auf eine annehmbare Umwelt betrachtet werden, eine Verweigerung, die direkt auf die bislang akzeptierte Vorstellung der Heiligkeit von Privateigentum (einschließlich Aktieneigentum) zurückführbar ist. Luft und Wasser, die man bisher überhaupt kaum als Eigentum ansah werden heute als Gemeineigentum angesehen - das Recht auf saubere Luft und Wasser wird immer mehr als ein Eigentum angesehen, von dem niemand ausgeschlossen sein sollte."[1]

Es sind vier Aspekte, die diese Aussagen hervorhebenswert machen: zum einen der Zeitpunkt des Jahres 1973, vergleichen wir ihn mit der Realität des Jahres 1985 und den Aussagen zur Arbeitslosigkeit, so kann der Druck kaum

Abb. 21: Investitionsvolumen der geförderten Infrastrukturvorhaben Industriegeländeerschließung

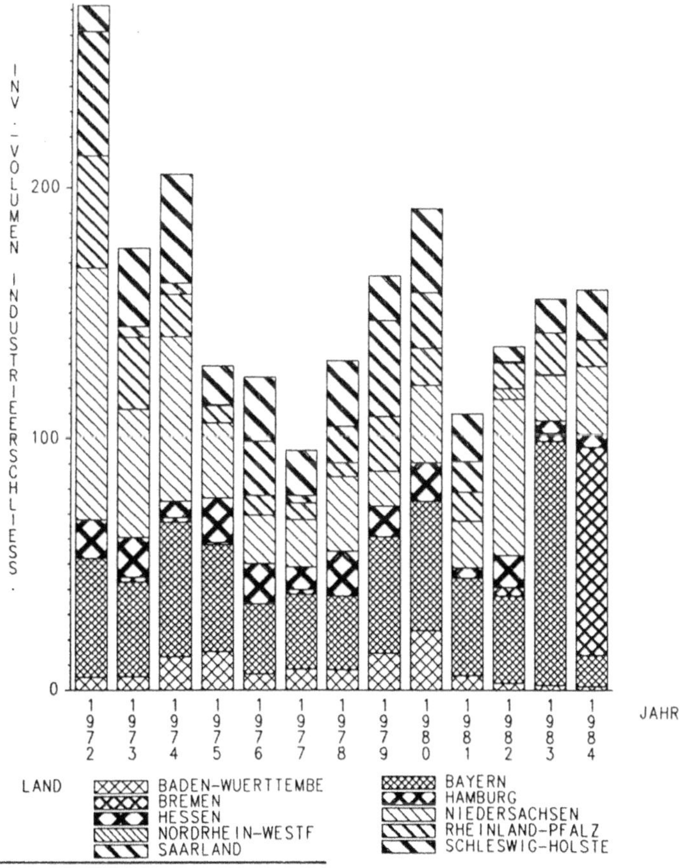

[1] Ebenda

konstatiert werden, eher ein Druck auf die Arbeitslosen als auf den Abbau der Arbeitslosigkeit, zum zweiten, das Pochen auf ein Recht auf einen Job im Zusammenahang mit der Ausweitung von Gemeineigentum, zum dritten, Gemeineigentum und Umwelt werden hier thematisiert. Alle Aspekte sind interpretierbar vor dem Hintergrund der Annahmen eines tiefgreifenden Wandels der politischen Theorie vom Bild des Menschen: Zurückweisung des Bildes vom Menschen als unbegrenzten Konsumenten und Appropriateur.[1]

Alle vier Themenbereiche sind mit der Zunahme der gesamtwirtschaftlichen und regionalen Arbeitslosigkeit ausführlich diskutiert worden, bzw. werden es noch: Druck zur Ausgrenzung von Arbeitslosen, Selektionsmechanismen oder Druck auf staatliche Beschäftigungsaktivitäten, Suche nach unumstrittenen Feldern staatlicher Aktivität zur Beschäftigungssicherung bis hin zur Definition zweiter Arbeitsmärkte, Umweltschutzdiskussion in einem nicht gekannten Ausmaß, ausgelöst von Erscheinungen wie Waldsterben und saurem Regen und zum Schluß die Diskussion über die duale Ökonomie mit jenen Bereichen in denen der Arbeitnehmer im Reich der Freiheit arbeiten kann.

Der Begriff des Gemeineigentums ist sehr weit gefaßt. Infrastrukur deckt sich nur zu einem geringen Teil mit dem, was gemeint ist.

Abb. 22: Investitionsvolumen der geförderten Infrastrukturvorhaben Fremdenverkehr

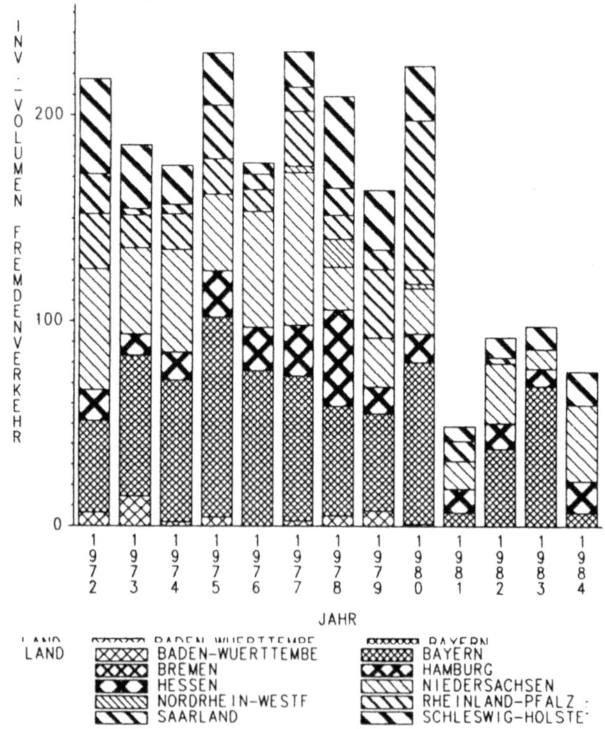

[1] Ebenda, S.70

Die Zielsetzung zukünftiger Förderung von Infrastrukturinvestitionen im Rahmen der regionalen Strukturpolitik ist offensichtlich: Setzen und ausrichten der Inhalte einer konsequenten Modernisierungsstrategie an den neuen Rahmenbedingungen und Erfordernissen. Hierzu bedarf es der politischen Prioritätensetzung. Die Konstruktion der Gemeinschaftsaufgaben erlaubt eine derartige Neuorientierung, denn die Ebenen der Infrastrukturförderung und Investitionsförderung sind nicht durch unüberwindbare Brüche getrennt.

Angesichts der sogenannten neuen Rahmenbedingungen für Unternehmensinvestitionen und Arbeitsplatzentwicklung sowie Umweltentwicklung muß die Frage nach der generellen Steuerbarkeit und Steuerungsfähigkeit der Infrastruktur gestellt werden.

"Unter 'räumlicher Steuerbarkeit' ist die Fähigkeit der Träger der regionalen Strukturpolitik zu verstehen, die Lokalisation der Infrastruktur- bzw. Unternehmensinvestitionen zu beeinflussen. Mit 'räumlicher Steuerungsfähigkeit' wird die Eignung der Instrumente selbst angesprochen, die Ziele der Landesentwicklung und der regionalen Wirtschaftspolitik zu erreichen."[1]

Dennoch muß die soziale und kulturelle Infrastruktur, d.h. die sogenannte haushaltsorientierte Infrastruktur ausgeklammert werden, da sie nicht zu den Instrumenten der regionalen Strukturpolitik gehört. Wenn allerdings die "Wohnqualität" von Regionen immer wieder als Standortfaktor zur Erklärung des Süd-Nord-Gefälles herangezogen wird, so zeigt sich die Tragweite dieser Ausklammerung. Lebensqualität für die regionale Bevölkerung und Beschäftigungsentwicklung, d.h. Arbeitsplatzentwicklung, werden durch die soziale Infrastruktur entscheidend beeinflußt. In der Folge der Konzentrationsbewegungen der Investitionen, einschließlich der wirtschaftsnahen Infrastruktur, wird die soziale Infrastruktur oft zu einer "Arme- Leute- Infrastruktur".

Infrastrukturinvestitionen können räumlich gezielt durch die öffentlichen Hände durchgeführt werden. Hoffnungen auf zusätzliche Arbeitsätze durch zusätzliche Infrastrukturarbeiten können nicht erfüllt werden; das zeigen die angeführten Zeitreihen und auch das "Hoffnungsthema" Umwelt.

Arbeit und Umwelt scheinen zusammengehörig, zumindest für jene, die in forcierten Umweltschutzinvestitionen einen Ausweg aus den gegenwärtigen Beschäftigungsproblemen sehen. Zuvor eine pessimistische Analyse.

---

[1] ffes.Räumliche Strategien, a.a.O.,S.59

"Es sind Illusionen geweckt worden, die in der Politik zur Entwicklung von Beschäftigungsprogrammen angeregt haben, die in ihren Auswirkungen ordnungspolitisch bedenklich und gesamtwirtschaftlich schädlich sind und keinen durchschlagenden Erfolg bei der Beseitigung von Massenarbeitslosigkeit mit sich bringen. Dem eigenständigen Umweltschutzziel nutzen sie am wenigsten."[1]

Läßt man die ordnungspolitischen Bedenken des Autors außer Acht - ebenfalls die gesamtwirtschaftliche Schädlichkeit zunächst - so gründet sich der Pessimismus auf die Notwendigkeit, die Prognosen zu den voraussichtlichen Beschäftigungswirkungen von Umweltschutzmaßnahmen ständig nach unten zu revidieren. Während noch 1976 mit Zahlen von jährlich 570000 ausgelasteten Umweltschutzarbeitsplätzen gerechnet worden ist, werden in neueren Studien die Werte nach unten korrigiert.

Der Umweltschutzsektor erreicht nach diesen Zahlen lediglich Anteile zwischen 1% und 3% der Arbeitsplätze im Unternehmenssektor. Wenn das enttäuschend erscheint, so muß daran erinnert werden, daß auch dem Hochtechnologie-Bereich nur zwischen 5% und 7% der Beschäftigten ihren Arbeitsplatz verdanken. Die Schlußfolgerung, die aus diesem Vergleich zu ziehen wäre: alle diskutierten Bereiche tragen einzeln nur geringfügig und bescheiden zur Lösung der mittelfristigen Arbeitsmarktprobleme bei.

Diese kurze Anmerkung mag genügen, spiegeln doch alle weiteren Argumente Glaubensangelegenheiten wider, die sich Vertreter verschiedener Gruppen gegenseitig vorwerfen, z.B. die Beeinflussung der Produktivität, damit der Beschäftigung durch Kostensteigerungen infolge der Umweltpolitik - aber bei steigenden Einkommensansprüchen.[2]

Daß Umweltschutz eine eigene Aufgabenstellung ist, Abgrenzungsprobleme und Definitionsschwierigkeiten die Wirkungen auf die Beschäftigung und das Sozialprodukt nicht exakt errechenbar machen und die Kostenverteilungen zwischen Öffentlicher Hand und Unternehmenssektor nicht vorweg prognostizierbar ist, muß eingeräumt werden, aber die folgenden Argumente fügen sich nur in den Streit der Schulen ein, ohne den Gegenstand der Untersuchung weiter zu durchleuchten, bzw. ohne erreichte Erkenntnisse in die Schlußfolgerungen zu übernehmen:

---

[1] Axel Köhler, Arbeitslose für den Umweltschutz, in: ZfU 1/85, S.29-44, S.29

[2] Vgl.Sachverständigenrat zur Begutachtung der gesamtwirtschaftlichen Entwicklung, Jahresgutachten 1984/1985, Nov. 1984, S. 139ff.

- Umweltschutz im Rahmen von Arbeitsbeschaffungsprogrammen schöpfe nur Kaufkraft ab und verringere die Rentabilität der Arbeitsplätze in mit Abgaben belasteten Unternehmen,
- Kostensteigerung verringere die "ohnehin geringen" Erträge der Unternehmen,
- Planungszeit und Genehmigungsverfahrenszeit verhinderten sprunghafte Beschäftigungseffekte,
- die Kapitalintensität nehme bei schrumpfender Eigenkapitaldecke ab,
- auch durch ökologische Arbeitsbeschaffungsprogramme werden strukturschwache Regionen nicht erreicht, da die Vorleistungen aus Ballungsgebieten kommen,
- als Exportmotor fiele die Industrie des Umweltschutzes aus, da die ausländische Nachfrage hiernach nicht stiege,
- letztlich würde die "Bürokratisierung unseres Landes" durch das Verteilungs- und Subventionssystem, das zur Verteilung der Mittel für die Arbeitsplatzprogramme erforderlich werde, verstärkt.

Kommunen können gesellschaftspolitischen Zielen gegenüber wirtschaftlichen Zwängen keinen Vorrang einräumen, solange sie keine finanzielle Bewegungsfreiheit besitzen. Mit dem Sozialstaatsprinzip ist es nicht vereinbar, daß die "armen Gemeinden" einen niedrigen Versorgungsgrad mit Infrastrukturleistungen, d.h. Gemeineigentum hinnehmen müssen, die "reichen Gemeinden" einen hohen Grad bieten können. Zusätzlich zu den unterschiedlichen Möglichkeiten, am Markt angebotene Leistungen erwerben zu können, kommen noch Unterschiede des Angebots an Gemeineigentumkonsum.

Die Hoffnungen, durch kommunales Handeln Arbeitsmarktprobleme lösen zu können, d.h. im lokalen Bereich Lebensqualität zu schaffen, ist ohne Finanzausstattung unbegründet. Die Aufgabe, Arbeit zu sichern stellt sich neben die Aufgaben, die die Kommunen in Ausführung der Bundes- und Landesgesetze bereits übernehmen und an denen die Lebensqualität zum Teil gemessen wird: Schulbau, Krankenhausbau, kommunale Straßen, Kindergärten, Altenheime, Freizeiteinrichtungen.

Die Verflechtung kommunaler und oberstaatlicher Verantwortungsbereiche ist sehr eng – ca. zwei Drittel der Sachinvestitionen werden von den Kommunen durchgeführt, die damit zum größten Teil Pflichtaufgaben erfüllen, durch die Mindeststandards an sozialen Leistungen gewährleistet werden sollen. (Vgl. die Diskussion zur gestiegenen Sozialhilfe, die den Kommunen die Handlungsfreiheit nimmt.)

Die Einschränkung der Infrastrukturinvestitionen im Zeitverlauf erfolgte, obwohl mehrere Konjunkturprogramme aufgelegt worden sind, die die kommunalen Investitionen fördern sollten (Das Zukunftsinvestitionsprogramm ZIP ist ein Beispiel hierfür).

Die Investitionssituation wird durch das "Folgekostenproblem" bestimmt. Folgekosten sind vorwiegend Personalkosten; ein Drittel des Personals der öffentlichen Verwaltung wird von den Kommunen besoldet. (Davon ein Drittel im Gesundheits- und Sozialwesen.) Durch Einstellungsstops im öffentlichen Bereich sind in der Vergangenheit die Arbeitsmarktprobleme - zu deren Lösung die Kommunen beitragen sollen - noch verstärkt worden. Hinzu kamen die Wirkungen von Haushaltsstrukturgesetzen; Kürzungen von Bundesleistungen belasteten den Sozialhilfeetat der Gemeinden (Vgl. Wohngeld).[1]

Ein Ausweg aus den Finanzierungsschwierigkeiten führte zur bekannten hohen Verschuldung der Kommunen. Hingewiesen wird auch hier auf einen Nord-Süd- Kontrast der Verschuldung - interpretiert als mangelndes Umgehenkönnen mit Geld, anstatt auf mangelnde Finanzausgleichsfähikeit des Finanzsystems.

Einen zweiten Ausweg scheint die Privatisierung öffentlicher Leistungen zu bieten. Bisher wird die öffentliche Leistungserstellung auf drei Wegen organisiert: Eigenbetriebe, d.h. gemeindliche, nicht rechtsfähige Unternehmen, Eigengesellschaften, d.h. rechtsfähige Betriebe unddrittens zum Teil bereits privatwirtschaftlich organisierte Betriebe. Zur Organisierung von Eigenbetrieben und Eigengesellschaften ist bereits jetzt ein dringender öffentlicher Zweck zu begründen. (Integration der geburtenstarken Jahrgänge in den Arbeitsmarkt wäre auch ein dringender öffentlicher Zweck.) Verletzungen dieses Zwecks stellen unlauteren Wettbewerb dar. Da die Kommunalverfassungen sehr streng in der Auslegung des dringenden öffentlichen Zwecks sind, waren bereits bisher Unternehmen zu privatisieren, wenn Leistungen durch private Anbieter kostengünstiger erstellt werden konnten. Müllabfuhr, Straßenreinigung und

---

[1] Vgl. Rüdiger Voigt, Sicherung des sozialen Netzes durch Leistungsabbau, in: Zeitschrift für Sozialreform, 1977, S. 493ff. Entlastungen der unteren Einkommensgruppen durch kleine und große Einkommenssteuerreformen betreffen ebenfalls überdurchschnittlich die Kommunen.

Schlachthöfe sind in vielen Gemeinden bereits privatisiert; Privatschulen, der staatlichen Aufsicht unterliegend, sind quantitativ unbedeutend. Die Frage ist, ob bei weiteren Maßnahmen der Privatisierung der Rechts- und Sozialstaat gefährdet sein könnte, oder ob Regelungen der staatlichen Aufsicht ausreichten. Die Antwort ist davon abhängig, wieweit in einer Gesellschaft das öffentliche Interesse auch zum Handlungsmotiv im Unternehmensbereich zählt.

Arbeitsmarktpolitik als Sicherung der sozialen Grundausstattung von Kommunen zu organisieren, bedürfte zusätzlicher gesetzlicher Regelungen. Differenzen im Finanzbedarf und in der Steuerkraft müssen über das bisherige Ausmaß von Sonderschlüsselzuweisungen hinausgehen, d.h. es würde ein neuer Ausgleichsfonds geschaffen, der bereits für außergewöhnliche Härten besteht. Oder die Organisation eines Arbeitsmarktfonds in Analogie zu den Investitionsfonds, die bisher der Wirtschaftsförderung dienen, ist denkbar. Ziel wäre dann nicht Trinkwasserversorgung und Bau von Fußgängerzonen, sondern Arbeitsmarktintegration der bereits mehrfach ausgebildeten und umgeschulten Jugendlichen.

Die Frage ist, ob die Modernisierung wesentlicher Teile der materiellen und institutionellen Infrastruktur mit einem Sonderprogramm zur Arbeitsmarktintegration der an der zweiten Schwelle des Arbeitsmarktes stehenden Jugendlichen zusammengefaßt werden könnte. Die Antwort lautet vorläufig wohl nein, denn Infrastruktur wird als hochtechnisierter Prozess zu einem beträchtlichen Teil durchgeführt. Man denke zum Beispiel an den Schwerpunkt des Energiebereichs: bedarfssenkende Energieversorgungssysteme mit hohem Anteil regenerierbarer Energieträger, solare Speichersysteme verlangen mit Sicherheit technische Ausbildungsgänge der neuen Generation, oder an die Bereiche der Wasserwirtschaft und Recyclingwirtschaft.

"Da zwar nicht der Zeitpunkt, mit hinreichender Sicherheit aber die Tendenz absehbar ist, daß die Fortsetzung des bisherigen Entwicklungstrends und der Verzicht auf planmäßige Umstrukturierungen im dargestellten Sinn zu krisenhaften Zuspitzungen, wenn nicht katastrophalen Zusammenstößen oder Zusammenbrüchen führen wird (hier ist gleichermaßen an weltwirtschaftliche Abhängigkeiten, die Gefahr internationaler Verteilungskämpfe, die Fehlleitung von Ressourcen und die Belastung des Naturhaushaltes auf der Makro- und Mikroebene zu denken), kann die zielbewußte staatliche Förderung einer krisenvermeidenden Infrastruktur nicht früh genug begonnen, nicht systematisch genug betrieben werden und nicht langfristig genug orientiert sein."[1]

[1] ffes,Räumliche Strategien, a.a.O.,S.59

Die Zeitreihen zur Infrastrukturförderung zeigen in aller Deutlichkeit: Dieses Fördersystem wirkt prozyklisch. Selbst dort, wo antizyklisch investiert werden könnte, im Fremdenverkehrssektor, wird der Konjunkturzyklus verstärkt, d.h. müssen die Gemeinden starr auf den Konjunkturverlauf reagieren. Das System der Gemeindefinanzen müßte wesentlich geändert werden, um antizyklisch reagieren zu können, um große Maßnahmen der Städteerneuerung zum Beispiel finanzieren zu können.

"Die Konstruktion des kommunalen Einnahmesystems führt in der Regel zu einem prozyklischen Investitionsverhalten der Gemeinden. Offensichtlich ist die öffentliche Investitionstätigkeit politisch nicht autonom zu gestalten, sondern besonders abhängig von der jeweiligen Finanzlage, die wiederum an die gesamtwirtschaftliche Entwicklung gekoppelt ist. Wollte man diesen Zustand ändern, müßte auch das System der Gemeindefinanzen geändert werden. ... Vor allem aber müßte ein Prozeß des Umdenkens einsetzen, der den öffentlichen Investitionen einen höheren Stellenwert einräumt."[1]

"Reformepochen sind theoretisch nicht ausgeschlossen und praktisch auch eingetreten. Aber nicht als kontinuierliche, eigenständige und planvolle Politik, sondern immer unter der Voraussetzung, daß die Steuerquellen zugleich gepflegt, d.h. die Wachstumsvoraussetzungen verbessert wurden. Der im historischen Vergleich wachsende Staatsanteil ist zudem kein überwiegendes Ergebnis von Reformpolitik, sondern in bedeutendem Ausmaß Folge der Probleme, deren Bewältigung die Privatwirtschaft auf den Staat abwälzt. (in der gegenwärtigen Phase insbesondere Gesundheitsschutz, Umweltschutz, Energievorsorgepolitik, Förderung des technischen Fortschritts durch Forschungsförderung usw.)."[2]

---

[1] Öffentliche Investitionen und Wirtschaftsentwicklung. Bearbeitet von Dieter Vesper, in: DIW Wochenbericht 11/87, 12.3 1987, 54 Jg. S.157

[2] Brigitte Nake-Mann, Flexible Infrastruktur, Möglichkeiten der Anpassung der sozialen Infrastruktur an räumliche Auswirkungen demographischer und ökonomischer Veränderungsprozesse, Opladen 1987, S.58

8. Zukunftsprobleme der Arbeitsmarktentwicklung

8.1. Prognose der Arbeitsmarktsituation

Die Gemeinschaftsaufgabe "Verbesserung der regionalen Wirtschaftsstruktur" hat hinsichtlich der Versuche, zukünftige Arbeitsmarktungleichgewichte vorauszuschätzen, eine lange Tradition. Die Ergebnisse der ersten Arbeitsmarktprognose - Prognosehorizont war das Jahr 1977 - waren "unglaublich", da in einzelnen Regionen unausgelastete Arbeitskraftreserven von 10% und mehr geschätzt wurden. Die bundesdurchschnittliche Arbeitslosenquote lag zum Basiszeitpunkt (1974) bei 2.3%.

Karte 37: Regionen mit überdurchschnittlicher Arbeitslosigkeit 1974

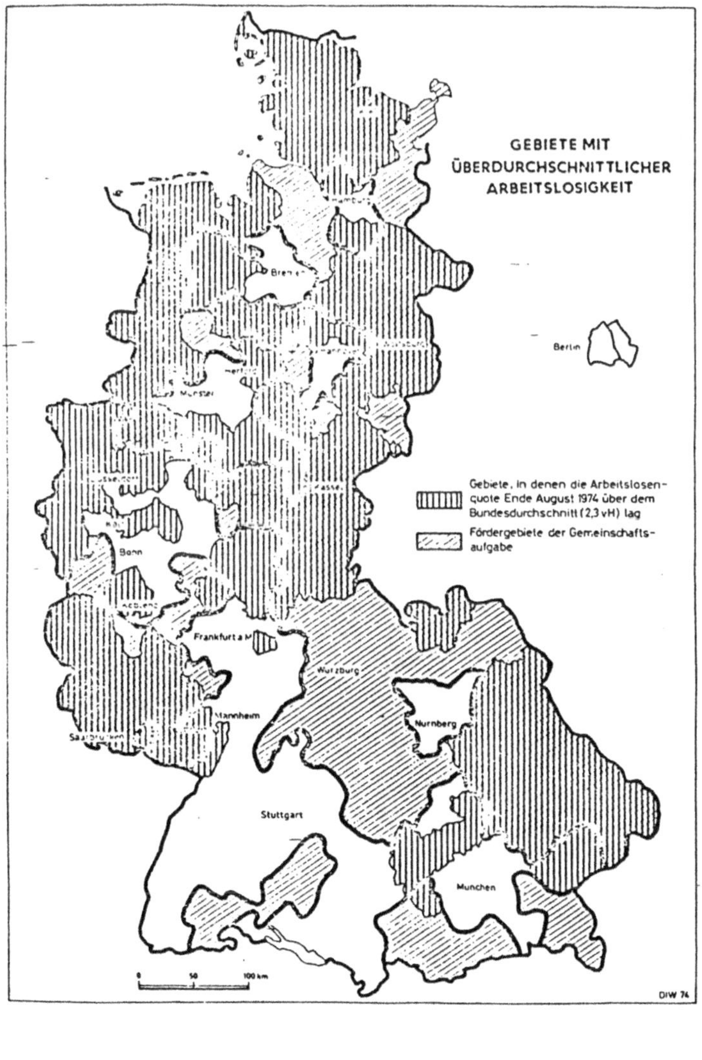

Karte 38: Historische Abgrenzung strukturschwacher Regionen

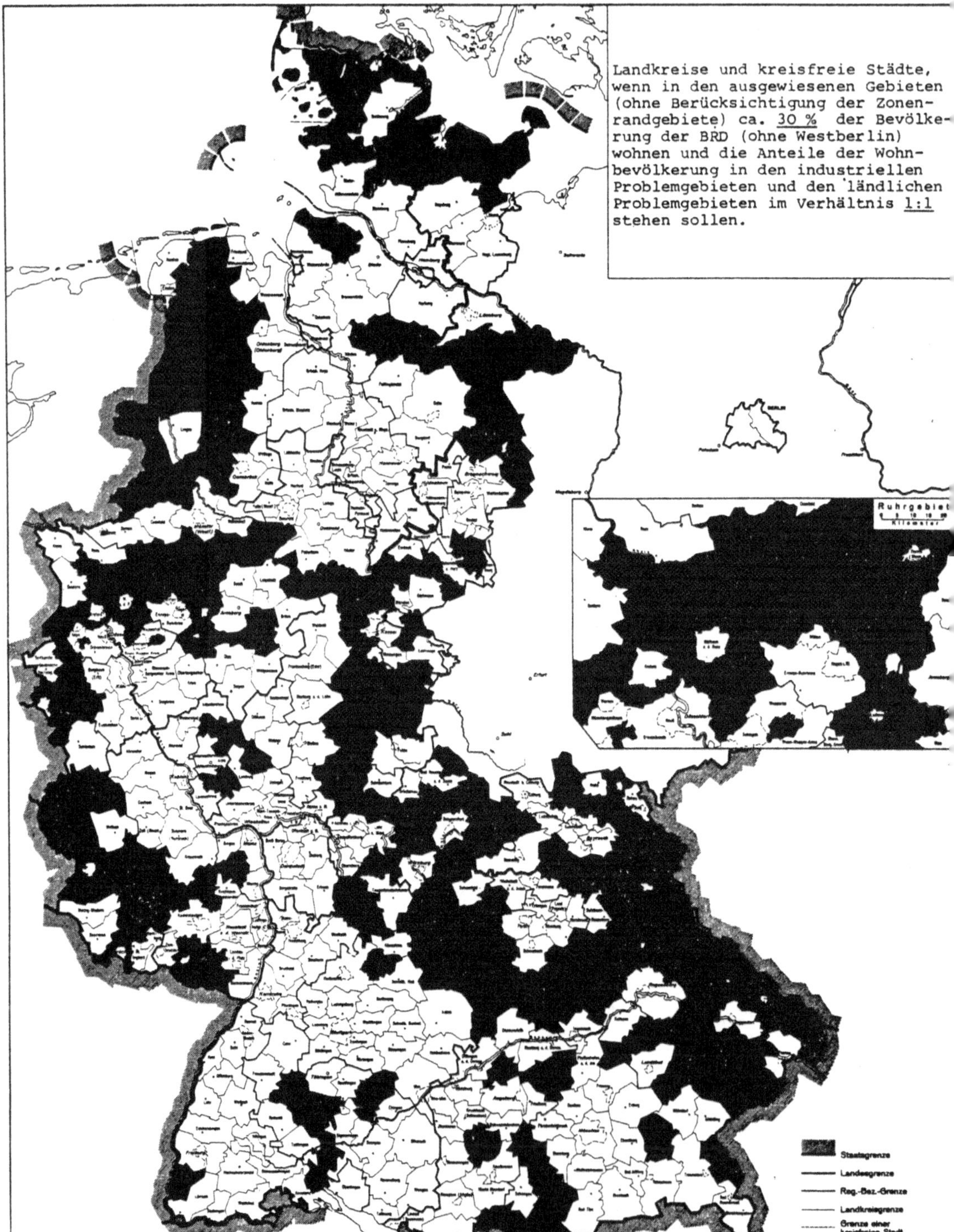

Quelle: FES

Schon damals gab es weite Gebiete, in denen aktuelle Arbeitslosigkeit und zukünftiger geschätzter Arbeitsmarktdruck auseinanderfielen; die historischen Karten zeigen es.

Diese Diskrepanzen sind über die Jahre erhalten geblieben und durch Änderungen des Gebietszuschnitts noch verstärkt worden. Trotz aller möglichen Kritik an der Gemeinschaftsaufgabe, insbesondere an der Plausibilität der letzten Prognose, geben die Ergebnisse für Arbeitsmarktregionen doch einen signifikanten Zusammenhang zwischen Arbeitsmarktbilanz und Arbeitslosenquoten wieder. Voraussetzung ist, daß man das Regionsmuster von den im politischen Entscheidungsprozeß im Zuschnitt modifizierten Regionen befreit. Man kann die Region Segeberg nicht vom Arbeitsmarkt Hamburg abtrennen und sich dann wundern, daß nur ca. dreißig Prozent der Erwerbspersonen Segebergs in Segeberg einer Arbeit nachgehen, während die Erwerbsquote normal bei ca. sechzig Prozent liegt, die Arbeitslosenquote bei ca. zehn Prozent; Wobei die Arbeitsplätze in Hamburg verloren gegangen sind. Die gleiche Argumentation gilt für die Regionen Herzogtum Lauenburg, Syke, Lueneburg, Alzey- Worms, Wesel, Euskirchen, Alfeld, Lindau, Tuebingen, Buchen, Sigmaringen, Marburg. Landau, Lueneburg.[1]

Beseitigt man die Fehlzuordnungen, so erhält man einen signifikanten Zusammenhang zwischen unterausgelasteten regionalen Erwerbspersonenpotentialen und regionalen Arbeitslosenzahlen. Die Prognoseergebnisse - bis 1990 und verlängert bis 1995 - sind jedoch "erschreckend". Die gesamtwirtschaftlichen Niveauwerte weisen, so wie sie berechnet worden sind, auf eine bekannte Hypothese hin: bis zum Jahre 1995 wird der Arbeitsmarkt durch die demographische Entwicklung lediglich um ca. 300 000 Personen entlastet. Diese Entlastung wird durch einen geringen Anstieg der Frauenerwerbsarbeit bereits ausgeglichen.[2]

Steigerungen der Erwerbsquoten zerfallen zur Zeit in eine Steigerung der

[1] Eingehende Analysen verweisen darauf, welche Regionen nicht mehr in ihrer Zuordnung von Arbeitsplätzen und Erwerbspersonen ein richtiges Abbild der Arbeitsmarktbedingungen geben. Am "alten" ursprünglichen Regionsraster (164 Arbeitsmarktregionen im Kontrast zu 178) sind die Fehlzuordnungen zu erkennen.

[2] Potentialberechnungen und ein Potentialkonzept, das auf gesamtwirtschaftlichen Zeitreihen beruht sind weit identisch. In den Regionen, in denen z.B. die Frauenerwerbsquote zwischen 70 und 80 Prozent liegt, führen Trendübertragungen der Vergangenheit nach gesamtwirtschaftlichen Maßen, zu zukünftigen Werten von ca. 90 Prozent - eine Größenordnung, die in diesem Zeitraum nicht erreicht werden kann, so sehr die gesellschaftlichen Bedingungen auch für eine Ausweitung der Frauenarbeit sprechen.

Erwerbstätigenquoten und in eine Steigerung der Arbeitslosenquoten, d.h. die Erwerbstätigenquoten steigen noch in den meisten Bundesländern und Regierungsbezirken, obwohl die Zahlen zur Arbeitslosigkeit ebenfalls zunehmen und die Zahl der Leistungsempfänger sinkt. Das ist eine Entwicklung, die durch verstärkte Arbeitsplatzteilung und Teilzeitarbeit verursacht wird.

Auf der regionalen Ebene gibt es große zusammenhängende Gebiete, die durch einheitliche Arbeitsmarktbedingungen gekennzeichnet sind.

Im Jahre 1980 wurde für die GRW - Prognosejahr war 1985 - ein Arbeitsmarktbilanzsaldo von 2,4 Millionen fehlenden Arbeitsplätzen errechnet. Im Frühjahr 1985 wurden 2,41 Millionen Arbeitslose gezählt und registriert.

Die Aktualisierung der regionalen Arbeitsmarktprognose läßt für 1990 und das Jahr 1995 keine Verbesserung der regionalen Arbeitsmarktsituation erwarten. Zwar geht in allen Arbeitsmärkten die Gruppe der jugendlichen Wohnbevölkerung und Erwerbspersonen um ca. 30 Prozent zurück, der Arbeitsmarkt wird dadurch jedoch nicht entlastet - im Gegenteil, die Prognose zeigt, daß in fast allen Arbeitsmärkten das Erwerbspersonenpotential bis 1990 noch ansteigt, bis 1995 nur in wenigen Regionen zurückgeht. Die regionale Gleichläufigkeit der Entwicklung ist verblüffend, jedoch ist das Ausgangsniveau von einem deutlichen Süd-Nord-Gefälle gekennzeichnet.

Karte 39: Veränderung der Bevölkerungszahlen 1985 – 1990
1985 – 1995

REGIONEN MIT EINER ZUNAHME DER BEVOELKERUNG
IM ERWERBSFAEHIGEN ALTER (15 - 65 JAHRE)
ZUNAHME IN %

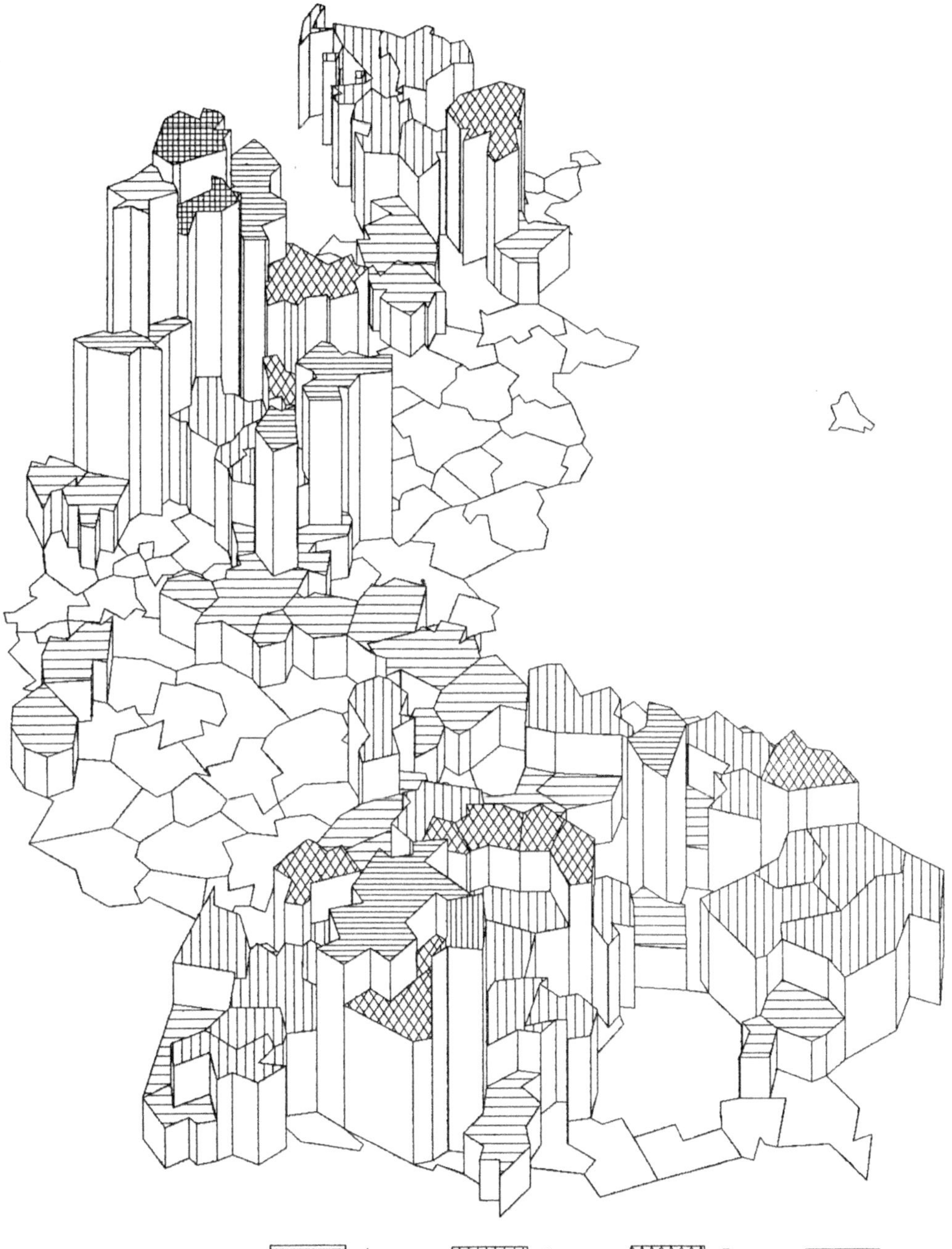

FFES
QUELLE: EIGENE BERECHNUNGEN

Karte 40: Veränderung der Bevölkerungszahlen 1985 - 1990

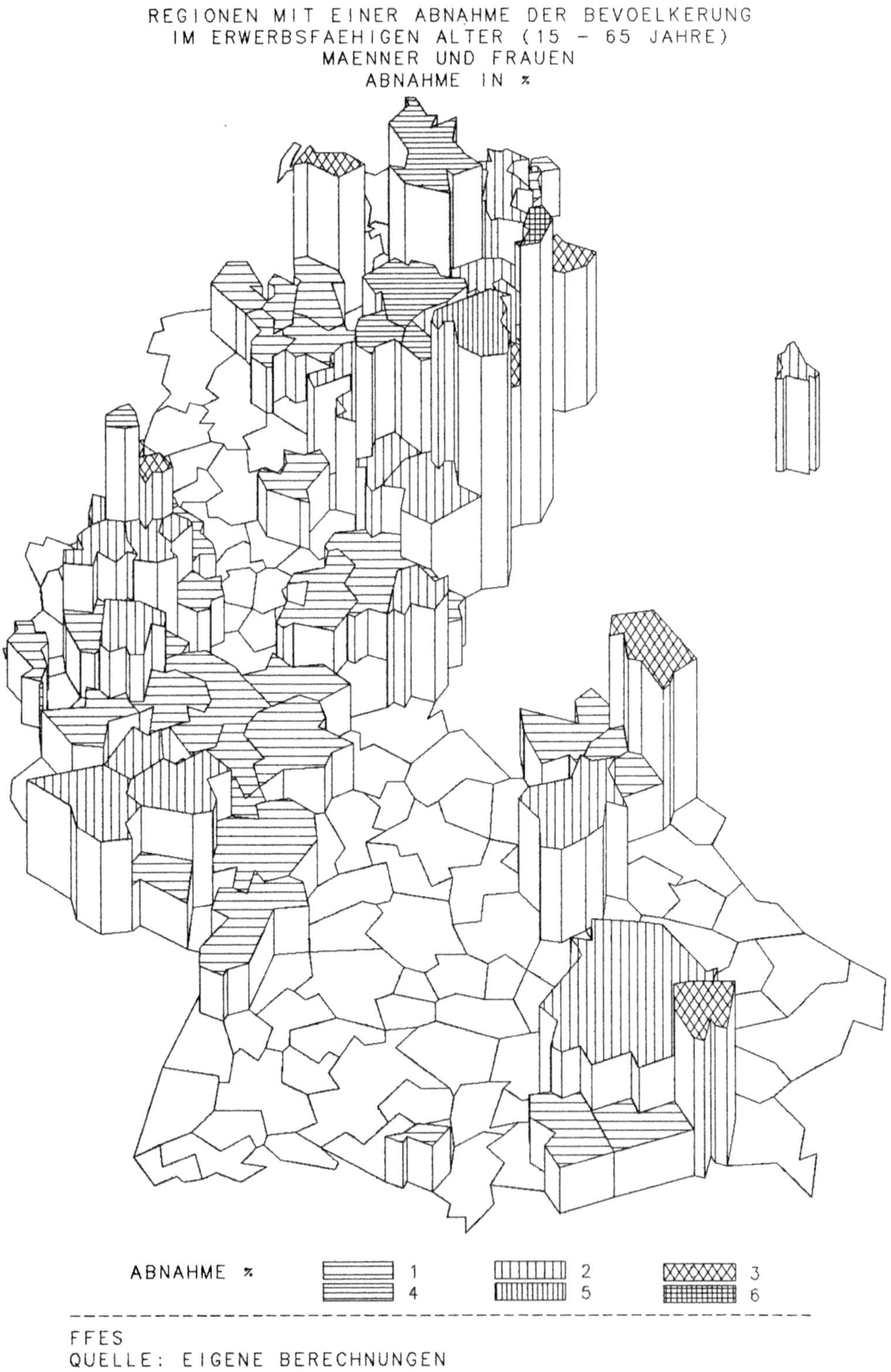

Karte 41: Veränderung der Erwerbspersonenzahlen 1985 – 1990

Regionen mit einer Zunahme des Erwerbspersonenpotentials

Karte 42: Veränderung der Erwerbspersonenzahlen 1985 - 1990

Regionen mit einer Abnahme des Erwerbspersonenpotentials

MAENNER UND FRAUEN
PROZENTUAL

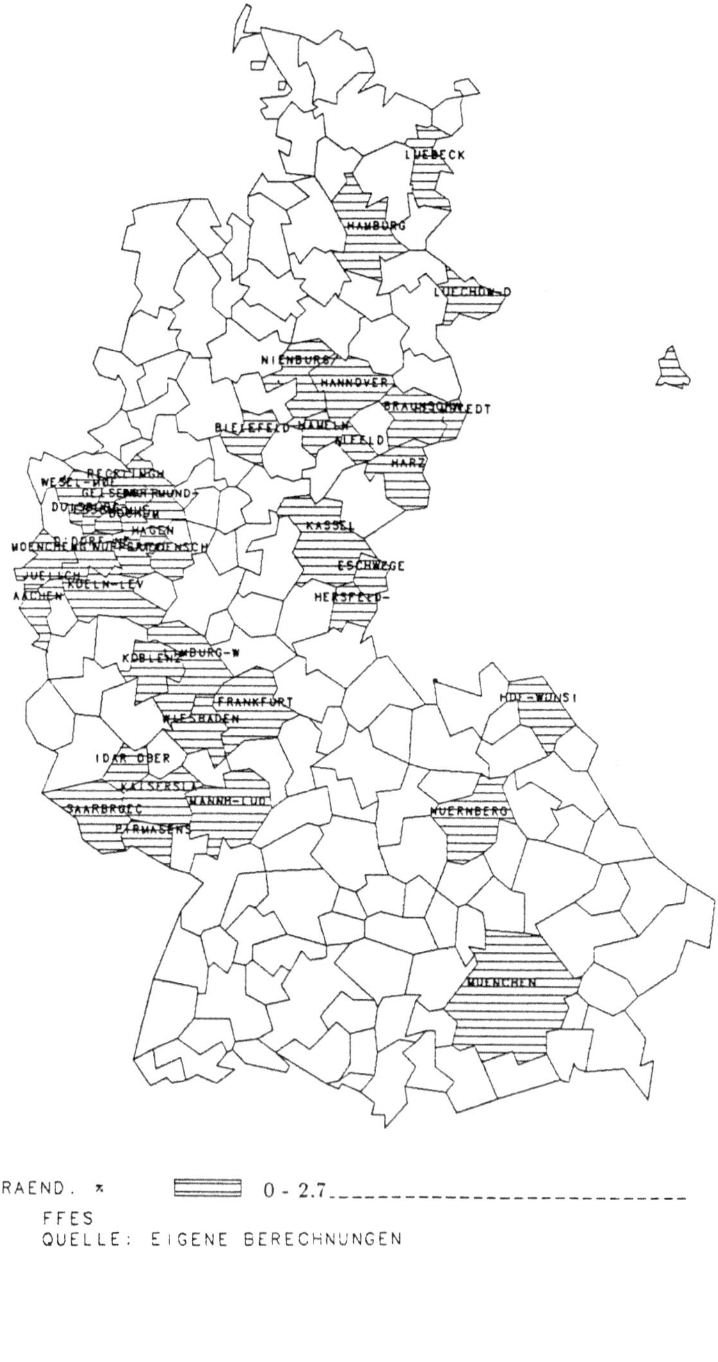

VERAENDEND. % 0 - 2.7

FFES
QUELLE: EIGENE BERECHNUNGEN

Die Ergebnisse der Arbeitsmarktprognose gingen in früheren Jahren als Indikator in die nationale Wohlfahrtsfunktion ein, die der regionalen Wirtschaftsförderung zugrunde lag.

Regionale Arbeitsmarktbilanzen sind somit Teil dieses Indikatorensystems, das den Problemdruck auf den regionalen Arbeitsmärkten widerspiegeln soll.

Kritik richtet sich denn auch vorwiegend gegen die Instrumente der regionalen Wirtschaftsförderung, geht man von der Hypothese aus, daß im Bereich der Systeme künstlicher Intelligenz neue Werkzeuge zu einer weiteren Rationalisierungswelle führen werden.[1]

Bereits für das Jahr 1987 wurde in der BRD der Höhepunkt bzgl. der Zunahme des Erwerbspersonenpotentials erwartet. Die Prognose bis zum Horizont des Jahres 1990 zeigt, daß die Situation auf den Arbeitsmärkten der Bundesrepublik Deutschland weiterhin durch die Zunahme des Erwerbspersonenpotentials gekennzeichnet ist. Überkommene Struktur- und Arbeitsmarktprobleme werden weiterhin durch die demographische Dynamik verstärkt. Lösungen der regionalen Arbeismarktprobleme, wie sie in der Prognose für 1990 zum Ausdruck kommen, hängen teilweise von der Lösung der gesamtwirtschaftlichen Arbeitsmarktprobleme ab. Anderseits werden aber Erfolge der Regionalpolitik auch zu einer Verringerung gesamtwirtschftlicher Arbeitsmarktprobleme beitragen. Mit anderen Worten: der Arbeitsmarktdruck in der Bundesrepublik Deutschland verringert sich in dem Maße, wie es gelingt, mehr und mehr regionale Arbeitsmärkte auf Niveau und Struktur der Arbeitsmarktregionen des Südens heranzuführen.

Die Größenordnung regionaler und gesamtwirtschaftlicher Veränderungen der Arbeitsplatznachfrage ist bis 1990 durch folgende Aspekte und Tendenzen gekennzeichnet: Die regionalen Arbeitsmarktbilanzen weisen weiterhin extreme Ungleichgewichte auf. Gegenüber den vorangegangenen Progno-

[1] Erforderlich sind für die Regionen mit extrem ungünstigen Arbeitsmarktperspektiven Maßnahmen, die nach anderen als betriebswirtschaftlichen Rentabilitätskalkülen beurteilt werden, z.B. Vorschläge zur Förderung alternativer Unternehmen und von Selbsthilfekooperativen usw. sind für extreme Problemregionen nicht von vornherein von der Hand zu weisen; aber wenn auf nationaler Ebene kein Handlungsbedarf diagnostiziert wird, dann sind die Erfolgsaussichten, für einzelne Regionen und Kommunen entsprechende Instrumente zu schaffen, gering. Nach welchen Indikatoren und Karten sollte es geschehen? Die Vorschläge, die weiter zu entwickeln sind, können nicht oft genug wiederholt werden: Abgrenzung regionaler Gebiete nach dem überdurchschnittlichen Anteil der Dauerarbeitslosigkeit. Unterstützung kommunaler Sonderprogramme und Selbsthilfeeinrichtungen durch die regionale Wirtschaftspolitik für die nächsten 10 Jahre.

sen nimmt die Zahl der Arbeitsmarktregionen mit einem Arbeitsplatzdefizit (Arbeitskraftüberschuß) nicht mehr zu. Der regionale Arbeitsmarktdruck bleibt bei extrem hohen Arbeitsplatzdefiziten aber bestehen. Der Arbeitskraftreservekoeffizient beträgt für die BRD fast 10% . Arbeitskraftdefizite (Arbeitsplatzüberschüsse) sind 1990 nur in wenigen Arbeitsmarktregionen zu erwarten, und quantitativ gering. Arbeitsplatzüberschüsse treten nicht nur in den Ballungsräumen auf. Die Geringfügigkeit der Arbeitsplatzüberschüsse einzelner Regionen schließt einen Arbeitsmarktausgleich durch interregionale Wanderungen als Reaktion auf regional unausgeglichene Arbeitsmarktbilanzen weitgehend aus.

Der prognostizierte Arbeitsmarktbilanzsaldo ist eine komplexe Größe zu deren Beurteilung die Analyse einzelner Berechnungskomponenten notwendig ist. Folgende Einflußkomponenten bezogen auf das Nachfragepotential sind bedeutend: Bevölkerungsentwicklung, Erwerbsquotenentwicklung und regionale Differenzierung der Erwerbsquoten, Saldo zum Basiszeitpunkt und Prognosezeitpunkt, Einfluß dieses Saldos auf die regionalen Erwerbsquoten zum Basis- und Prognosezeitpunkt, regionale Wanderungs- und Mobilitätsprozesse.[1]

Hohen Einfluß auf die Prognoseergebnisse hat die Schätzung der Entwicklung der Erwerbsquoten. Auf nationaler Ebene zeichnen sich, je nach Altersgruppe, sowohl bei den Männern, als auch bei den Frauen, eindeutige Trendwerte ab. Auf regionaler Ebene ist die Höhe der Erwerbsquoten aus der letzten "Großzählung"bekannt. Differenzen in der Entwicklung regionaler Erwerbsqouten sind statistisch im weiteren Zeitablauf nur auf Ebener der Bundesländer fehlerfrei dokumentierbar und nachweisbar. Bei der Beurteilung der Differenzen in Höhe und Entwicklung der Erwerbsquoten kann der Auffassung gefolgt

[1]Die Prognose des regionalen Arbeitskräftepotentials basiert auf der regionalen Verteilung der Bevölkerung im Wirtschaftsraum zu einem Basiszeitpunkt. Über die Entwicklung des Erwerbspersonenpotentials gibt die Analyse der demographischen Struktur bereits Anhaltspunkte - insbesondere innerhalb des Zeitraumes der der Prognose gegenwärtig zugrunde liegt. Durch Multipikation der regionalen, nach Alter strukturierten Bevölkerungszahlen der Männer und Frauen mit alters- und geschlechtsspezifischen Erwerbsquoten, wird das regionale Arbeitskräftepotential berechnet. Veränderungen dieses Potentials sind somit durch zwei Einflußgrößen gleichzeitig möglich: Durch die Bevölkerungsveränderung innerhalb einzelner Altersgruppen (und absolut), andererseits durch die Entwicklung der altersspezifischen Erwerbsquoten der Männer und Frauen in den Regionen. Umfaßt die Bevölkerungsprognose, wie in diesem Falle, nur einen Zeitraum von 7 Jahren, so sind alle im Prognosejahr ins Erwebsleben tretende Personen bereits geboren, es entfällt die Schätzung der Geburtenhäufigkeit in einer zukünftigen Generation. Durch den Wegfall dieser äußerst schwierig zu schätzenden Größe ist eine Bevölkerungsprognose hier weitgehend unproblematisch.

werden, daß Unterschiede nicht zu sehr durch regionale und landesspezifische Schwankungen in der Erwerbsmotivation verursacht werden, sondern aus der regionalen Arbeitsmarktsituation selbst herleitbar sind.

Berechtigt erscheint die Hypothese, daß regionale Quoten mindestens das Niveau der nationalen Erwerbsquoten erreichen können, wenn genügend Arbeitsplätze durch die Regionalpolitik geschaffen werden. Durch diese Hypothese wird ein zusätzliches Nachfragepotential definiert das als "stille Reserve"bezeichnet werden kann und dessen Mobilisierung von den Angebotsrelationen von Arbeitsplatzangebot und Arbeitsplatznachfrage abhängig ist.

Das Maß an regionalen Arbeitskraftreserven wird deutlich in den Regionen, in denen die Textilindustrie vorherrscht. In diesen Regionen kann die Erwerbsqoute der Frauen das gleiche oder ein höheres Niveau wie die der Männer haben. Die regionalen Niveauwerte der Erwerbsbeteiligung sind weiter unten in in klassifizierter Form wiedergegeben.[1]

Quantitativ wichtigste Einflußgröße war für alle Prognosen der regionalen Nachfrage nach Arbeitsplätzen die Bevölkerungsbewegung, bzw. die Entwicklung des Anteils der Bevölkerung im erwerbsfähigen Alter (Bevölkerung im Alter von 15 - 65 Jahren) - Zwischen 1970 und 1980 sind "demographische Berge" versetzt worden.

Zwischen 1983 und 1990 nimmt in der Bundesrepublik Deutschland die Zahl der Personen im erwerbsfähigen Alter (15 - 65 Jahre) regional extrem unterschiedlich zu. Entsprechend der unterschiedlichen regionale Alterstrukturen ergeben sich relative Zunahmen zwischen 2 und 9% , hierbei werden immer noch Absolutwerte bis 57.000 Personen pro Region erreicht.

Der Einfluß dieser demogragpischen Komponente des prognostizierten Erwerbspersonenpotentials wird durch die Verhaltenskomponente der Erwerbsbeteiligung in differenzierter Form beeinflußt

— Die Erwerbsquote der Männer und Frauen - insgesamt - bleibt voraussichtlich bis 1990 konstant.

— Differenzierungen erfolgen durch unterschiedliche Entwicklungen der Erwerbsbeteiligung in den einzelnen Altergruppen der Männer und Frauen.

[1] Dieser Sachverhalt läßt die Annahmen dieser Prognose als vertretbar erscheinen: Die regionalen Erwerbsquoten entwickeln sich entsprechend dem nationalen Trend, niedrige Erwerbsquoten der Männer werden auf bundesdurchschnittliche Niveaus angehoben, die der Frauen wird in Abhängigkeit von der Branchenstruktur berechnet.

— Die Erwerbsbeteiligung in den Altergruppen 15 -20, 20 - 25 und 25 - 30 Jahre weist gegenüber früheren Jahren sehr geringe Werte auf, d.h. weiterführende Bildungsmöglichkeiten werden stark genutzt. Offen bleibt, ob sich der seit Jahren erkennbare Trend zur Weiterbildung fortsetzt. Mit einer Abflachung dieses Trends ist in der vorliegenden Prognose gerechnet worden, obwohl die Zahlen der letzten Jahre dem widersprechen, ebenso das Argument, daß den zukünftigen Arbeitsmarktproblemen nur durch eine weitere qualifizierte Ausbildung begegnet werden kann.Die Differenzierung der Daten nach Ländern zeigt einen rel.einheitlichen Trendverlauf.

— Die ökonomischen und sozialen Rahmenbedingungen in Verbindung mit der hohen Qualifikation bei der Ausbildung führen weiterhin zu einem Anstieg der Erwerbsbeteiligung von Frauen.

— Die Erwerbsbeteiligung der 60 bis 65 Jährigen nimmt weiterhin ab, hat jedoch bald einen Grenzwert erreicht.

In Verbindung mit dem prognostizierten Arbeitsplatzangebot des Jahres 1990 erhält man einen gesamtwirtschaftlichen Arbeitskraftreservekoeffizienten von 10% .

In diesem Wert des Arbeitskraftreservekoeffizienten für 1990 ist eine "stille Reserve"von ca. 2 ,0% enthalten. Der gesamtwirtschaftliche Arbeitsmarkbilanzsaldo (Arbeitsplatzdefizit) beläuft sich 1990 somit voraussichtlich auf 8,0%. Die Quantifizierung der "stillen Reserve"des Arbeitsmarktes ist nur unpräzise möglich.

Die prognostizierten regionalen Arbeitskraft- und Arbeitsplatzdefizite können als Schätzwerte für interregionale Wanderungen dienen. Während in Zeiten der Vollbeschägftigung derartige Schätzungen bereits problematisch sind (höchstens 1/3 der Abwanderungen kann aus der Arbeitsmarktsituation erklärt werden) muß gegenwärtig davon ausgegangen werden, daß der globale Wanderunssaldo der Erwerbspersonen durch die Arbeitsmarktsituation nicht erklärt werden kann, da in fast allen Regionen weniger Arbeitsplätze angeboten als nachgefragt werden. Interregionale Wandrungsströme, können sich voraussichtlich nur aus den Bedingungen erklären, die zur Selektivität regionaler Wanderungen führen, d.h. neben der geographischen Mobilität müssen noch die beiden Aspekte der beruflichen Mobilität und der sektoralen Mobiltät (innerhalb und zwischen den Wirtschaftsektoren) berücksichtigt werden. Das in der Prognose gewählte Vorgehen, Werte der Arbeitsplatznachfrage und des -angebots zu ermitteln, die sich ergeben, wenn keine interregionalen Wanderungen auftreten, d.h. den Arbeitsmarktdruck als potentielle quatitative Größe abzuschätzen, ist wahrscheinlich das zur Zeit einzig mögliche und berechtigte Verfahren. Regionale Arbeitsplatzdefizite führen zur Zeit nicht zum Sinken der Erwerbsquote, vor allem der Frauen, sondern zur Erhöhung der Arbeitslosenquoten, weniger zu interregionalen Wanderungen.

Nicht mehr ganz unbekannt ist der Arbeitsmarktbilanzsaldo zum Ausgangszeitpunkt der Prognose. Die regionalen Arbeitslosenquoten zu diesem Zeitpunkt können nur bedingt als Indikator hierfür angesehen werden, da in ihnen die für die weitere Prognose wichtige Größe der "stillen Reserve"nicht enthalten ist, d.h. für den Arbeitsmarktbilanzsaldo zum Ausgangszeitpunkt der Prognose gelten alle Dimensionen zur Erklärung des Arbeitsmarktgleichgewichtes wie zum Prognosejahr. Der Saldo zum Basiszeitpunkt spielt – wie zu vermuten ist – eine wesentliche Rolle für den zukünftigen Arbeitskraftreservekoeffizienten.

Als Ergebnis der hier zusammengefaßt wiedergegebenen Diskussion läßt sich festhalten:

— Die Ursachen für die aufgezeigte Entwicklung regionaler Disparitäten der Arbeitsmarktregionen sind auch bis 1990 vorwiegend in der Zunahme des Erwerbspersonenpotentials bzw. der Bevölkerung im erwerbsfähigen Alter zu sehen

— überkommene Arbeitsmarktprobleme infolge unterschiedlicher Wirtschaftstrukturen werden im Niveau überlagert, behalten aber ihren Einfluß .

Versucht man die Arbeitsmarktprognose der GRW methodisch einzuordnen, so gelangt man zu folgenden Ergebnissen: Die Festlegung auf eine Potentialprognose führt dazu, daß der errechnete Arbeitsmarktbilanzsaldo als Indikator für mögliche Reaktionsprozesse genommen werden kann.

Hieraus werden unterschiedliche Konsequenzen gezogen: erstens wird aus dem gesamten Arbeitsmarktbilanzsaldo der regionale Handlungsbedarf abgeleitet, d.h. regionale Aktionsprogramme und deren Finanzvolumen festgelegt, zweitens, die methodischen Arbeiten zielen in die Richtung die Modelle rekursiv zu formulieren oder als Mehr - Regionen Modelle auszulegen.

So übereinstimmend die oben genannten Zahlen der prognostizierten Arbeitsmarktbilanz und der dann gezählten Arbeitslosen sind, sie sind nur auf den ersten Blick als Güte der Prognose interpretierbar. Vielmehr müssen sie im Rahmen einer Gleichung interpretiert werden, die das regional unausgelastete Erwerbspersonenpotential, d.h. den Bilanzsaldo zerlegt in die Zahl der registrierten Arbeitslosen, in die Veränderung der Erwerbsquote und in die Veränderung der stillen Reserve, der Veränderung der Zahlen zur beruflichen Weiterbildung, Umschulung und so weiter.

Die GRW-Prognose für das Jahr 1985 war eher noch eine Unterschätzung – insbesondere das Arbeitsplatzangebot war zu optimistisch geschätzt – da noch ca. 600000 Erwerbspersonen der stillen Reserve auf einer Seite der Gleichung hinzuzurechnen sind. Im großen und ganzen sind Prognosen, die auf Bevölkerungszahlen beruhen, sehr zuverlässig, denn es gilt:

- Jeder Mann in jeder Region zählt im Alter zwischen 35 und 55 Jahren zum Erwerbspersonenpotential, d.h. ist beschäftigt oder sucht - als Arbeitsloser registriert oder nicht registriert - Arbeit.
- aus den Altersgruppen bis 25 und z.T. bis 30 Jahren rekrutieren sich die regionalen Bildungspotentiale. Soweit Bildung in anerkannten Einrichtungen vermittelt wird, zählen die Teilnehmer nicht zum Erwerbspersonenpotential.
- Die Altersgruppe ab 55 Jahre wird offensichtlich als Arbeitsmarktreservearmee angesehen.
- Auch die Kategorie "Geschlecht" ist keine prognostisch schwer zu erfassende Größe, will sagen, die Erwerbstätigkeit von Frauen, und zwar nach den Merkmalen "Alter", "Familienstatus" und "Phasenverlauf" - jeweils extrem differenziert nach Regionen. Zu zeigen sein wird, dass sich hier - allem Gerede von "Neuer Mütterlichkeit" zum Trotz - relativ stetige und z.T. lineare Entwicklungen vollziehen.

Schwierig wird die Sachlage, wenn die Erwerbspersonenschätzungen den Prognosen der Arbeitsplatzentwicklung gegenübergestellt werden. Neben dem Aufbau von regionalen Arbeitslosenpotentialen sind die Reaktionen der Pendlerströme entscheidend – weniger Reaktionen in den regionalen Erwerbsquoten – zur Zeit sind noch Abwanderungen in das Ausland quantitav wichtig. Einpendlerströme sind nicht nur das Merkmal von Ballungsräumen; das zeigt die folgende Karte, in der Regionen außerhalb der Ballungsgebiete dargestellt sind, in deren Arbeitsmarktgrenzen mehr Beschäftigte gezählt, als Erwerbspersonen (errechnet anhand der Wohnbevölkerung) ermittelt werden.[1] Anhand der folgenden Analyse werden wir versuchen, das Seltsame daran zu erklären und in gewissem Sinne neu zu bewerten.

Karte 43: Regionen mit einem Einpendlerüberschuß und/oder hohem Anteil mithelfender Familienangehöriger

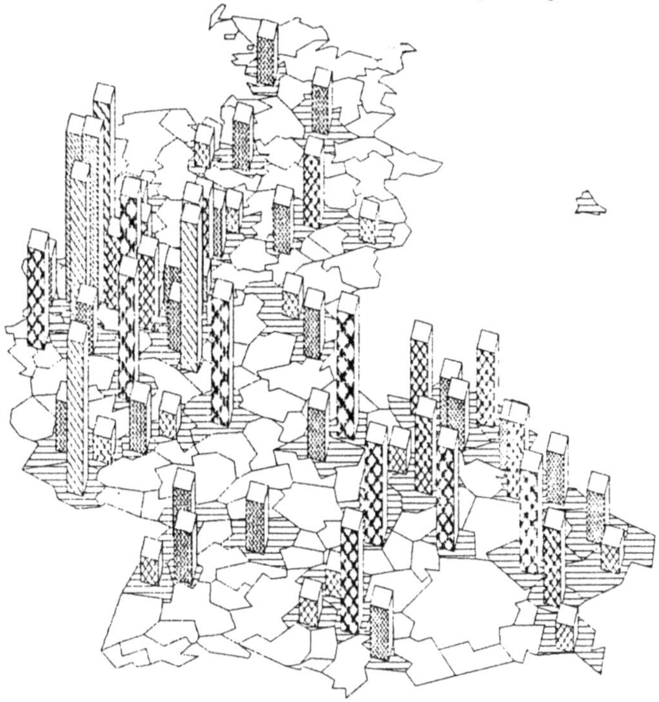

[1] Diese Gebietstypisierung zeigt das erwartete Ergebnis: hoher Einpendlerüberschuß für die Hauptballungsgebiete (Ausnahmen sind München und die Region Wuppertal mit in etwa gleichgroßen Beschäftigten- und Erwerbspersonenwerten). Für die Ballungsrandgebiete gilt diese Hypothese, die wir eigentlich für Ballungskerngebiete ausschließlich erwartet haben, ebenfalls, aber uneinheitlich. Die Gesetzmäßigkeit, mit der Beschäftigtenüberschüsse an den Ballungsrändern auftreten, ist erstaunlich. zeigt sie doch die inzwischen vielfach bestätigte These, daß es die Ballungsränder waren, die in den letzten 10 Jahren zu den Arbeitsplatzgewinnern zählten. Für derartige Aussagen sind aber nicht nur die letzten 10 Jahre heranzuziehen, sondern die Jahre zuvor sind noch zu berücksichtigen - und da waren die Ballungsgebiete die Regionen mit extremen Arbeitsplatzzunahmen. Wichtiger ist aber die Erscheinung, daß fast alle Gebiete, die in den letzten Jahren eine extreme Zahl von Arbeitsplätzen verloren haben, mit dem Arbeitsmarktbilanzkonzept allein nicht abgebildet werden können. Die Hinzunahme der Arbeitslosenzahlen führt nicht zu einer Annäherung an ermittelte Erwerbspersonenpotentiale. Es müssen die Schwankung in den regionalen Erwerbsquoten simultan mit den Möglichkeiten eines landwirtschaftlichen Nebenerwerbs und den Strukturen regionaler Arbeitslosigkeit und regionaler Pendelwege berücksichtigt werden.

8.2. Arbeitsmarktprognose und aktuelle Arbeitsmarktsituation

Als Arbeitsmarktindikatoren verwendet die Regionalpolitik zur Zeit nur regionale Arbeitslosenquoten. Das Indikatorensystem zur Neubestimmung der Fördergebietskulisse enthielt eine zeitlang zwei Arbeitsmarktindikatoren: Erstens, die räumliche Verteilung der Arbeitslosigkeit im Zeitraum der letzten fünf Jahre — gemessen anhand der offiziellen Arbeitslosenquoten, die auf den Gebietsstand der Arbeitsmarktregionen umgerechnet worden sind. Zweitens, die prognostizierte Arbeitsmarktbilanz, in der dem zukünftigen Erwerbspersonenpotential das voraussichtliche Arbeitsplatzangebot gegenübergestellt wird; der ermittelte Saldo wird durch die Arbeitsplatznachfrage, d.h. das Erwerbspersonenpotential dividiert und erhält die Bezeichnung Arbeitskraftreservekoeffizient.

Diese beiden Indikatoren — obwohl gemeinsam als Arbeitsmarktindikatoren bezeichnet — sind zwei Dinge, für die es keinen gemeinsamen Nenner gibt:

$$AKR = \frac{Bilanzsaldo}{Abh.BC. + Mithelf + Selbst + Alos} \neq Alq = \frac{Alos}{Abh.BC}$$

Die Bezeichnung "Abh.BC" steht hierbei für die Variable "Abgängig Beschäftigte, "Alos" für die Zahl der Arbeitslosen. Der Bilanzsaldo setzt sich hierbei aus mehreren Komponenten zusammen, deren Veränderung in der Zeit unabhängig voneinander geschätzt wird:

$$AKR = \frac{Erwerbspersonenpotential_{1990} - Angebot_{1990}}{Erwerbspersonenpotential_{1990}} \neq \frac{Alos}{Abh.BC}$$

Bei der Projektion des regionalen Arbeitskräftepotentials ergeben sich vergleichsweise geringe Probleme. Die Projektion der anderen Bilanzseite dagegen, nämlich die Vorausschätzung der Arbeitsplatzentwicklung wirft erhebliche methodische und vor allem empirische Probleme auf. Der dominierende Einfluß geht in dieser Gleichung von der Veränderung der Arbeitsplätze aus, denn wie zu zeigen ist, verlangsamt sich die demographische Bewegung, ohne allerdings zum Stillstand zu kommen.

Der unterschiedliche zeitliche Bezug der beiden Arbeitsmarktindikatoren - auf der einen Seite Prognosewerte, auf der anderen das Ergebnis der vergangenen fünf Jahre - zeigt, daß ein Vergleich nur mit Einschränkung möglich ist.

Nur in den Regionen, in denen der Anteil der mithelfenden Familienangehörigen und Selbständigen relativ gering ist und das Arbeitsplatzangebot sich nicht zu stark verändert ist der Arbeitskraftreservekoeffizient in etwa so groß wie die Arbeitslosenquote.

In ca. 70 % der Fälle stimmen die Indikatoren Arbeitslosenquote und Arbeitskraftreservekoeffizient überein.

Der mangelnde Zusammenhang beider Arbeitsmarktindikatoren wird also nicht nur durch den Prognosecharakter des einen Indikators bestimmt, sondern er ist schon angelegt in den unterschiedlichen Definitionsgleichungen der zu vergleichenden Daten im Basisjahr.

In der weiteren Analyse wollen wir Antworten auf die Frage, welcher Zusammenhang zwischen den beiden Arbeitsmarktindikatoren Arbeitskraftreservekoeffizient und Arbeitslosenquote besteht, zu finden versuchen.

Mit dem prognostizierten Arbeitskraftreservekoeffizient des Jahres 1990 sollen Aussagen über die voraussichtliche Entwicklung der Arbeitsmärkte bis zu diesem Zeitpunkt getroffen werden, während die Arbeitslosenquote die unmittelbare Betroffenheit der Bevölkerung durch den regionalen Strukturwandel und die regionale Entwicklung der Konjunktur charakterisiert. Der Wert des Korrelationskoeffizienten liegt bei $r = 0.29$ und das Bestimmtheitsmaß r^2 zeigt, daß ca 9 % der gemeinsamen Varianz erklärt werden können. Ein Zusammenhang zwischen beiden Größen kann nicht abgelehnt werden.

Aber nicht um die abstrakte Größe des Korrelationskoeffizienten geht es hierbei, sondern um die Klärung folgender Frage:

— In welchem Maße werden die Regionen, die fünf Jahre lang an der Spitze der Skale der regionalen Arbeitslosigkeit stehen im Arbeitskraftreservekoeffizient des Jahres 1990 abgebildet?

In mehreren Analysen[1] haben wir die Regionen in folgende Gruppen eingeteilt: Regionen, die in der Zukunft und Gegenwart eine einheitliche — positive oder negative — Arbeitsmarktposition aufweisen und in Regionen, die durch starke Gegensätze gekennzeichnet sind. Zuvor jedoch soll der Zusammenhang zwischen Arbeitskraftreservekoeffizient und Arbeitslosenquote in einem Koordinatensystem graphisch dargestellt werden, um einen Eindruck von der Art des Zusammenhangs zu geben. Der Zusammenhang zwischen zukünftiger und gegenwärtiger Arbeitsmarktsituation zeigt einige Regelmäßigkeiten, so liegen z.B. die Regionen 135 Cham, 134 Schwandorf, 6 Ostholstein, 35 Wolfsburg und

[1] Vgl. Hannelore Neumann, Joachim Vesper, Berücksichtigung strukturschwacher Verdichtungsgebiete in der regionalen Wirtschaftsförderung, Opladen 1983, S. 139 ff.

175 Wangen auf einer Linie unter die der AKR bei gegebener Arbeitslosenquote offenbar nicht fallen kann. Regionen wie Heide-Meldorf und Bochum sind schon auf der "45-Grad-Linie" gezeichnet, d.h. in diesen Regionen ist Arbeitslosenquote und Arbeitskraftreservekoeffizient identisch.

In ähnlicher Weise bilden im oberen Bereich des Koordinatensystems die Regionen 12 Herzogtum Lauenburg, 8 Segeberg-Stormarn und 92 Limburg sowie 105 Alzey-Worms eine besondere Gruppe. Der Abstand, der in diesem Bereich auftritt, entspricht der doppelten bundesdurchschnittlichen Arbeitslosenquote. Bei gleichen Werten regionaler Arbeitslosigkeit treten also extrem unterschiedliche Arbeitskräftereserven, die das Niveau der Arbeitslosigkeit weit überschreiten, nur in ca. 20 % der Fälle auf.

Abb. 23: Arbeitskraftreservekoeffizient 1990 und Arbeitslosenquoten 1981 - 1985

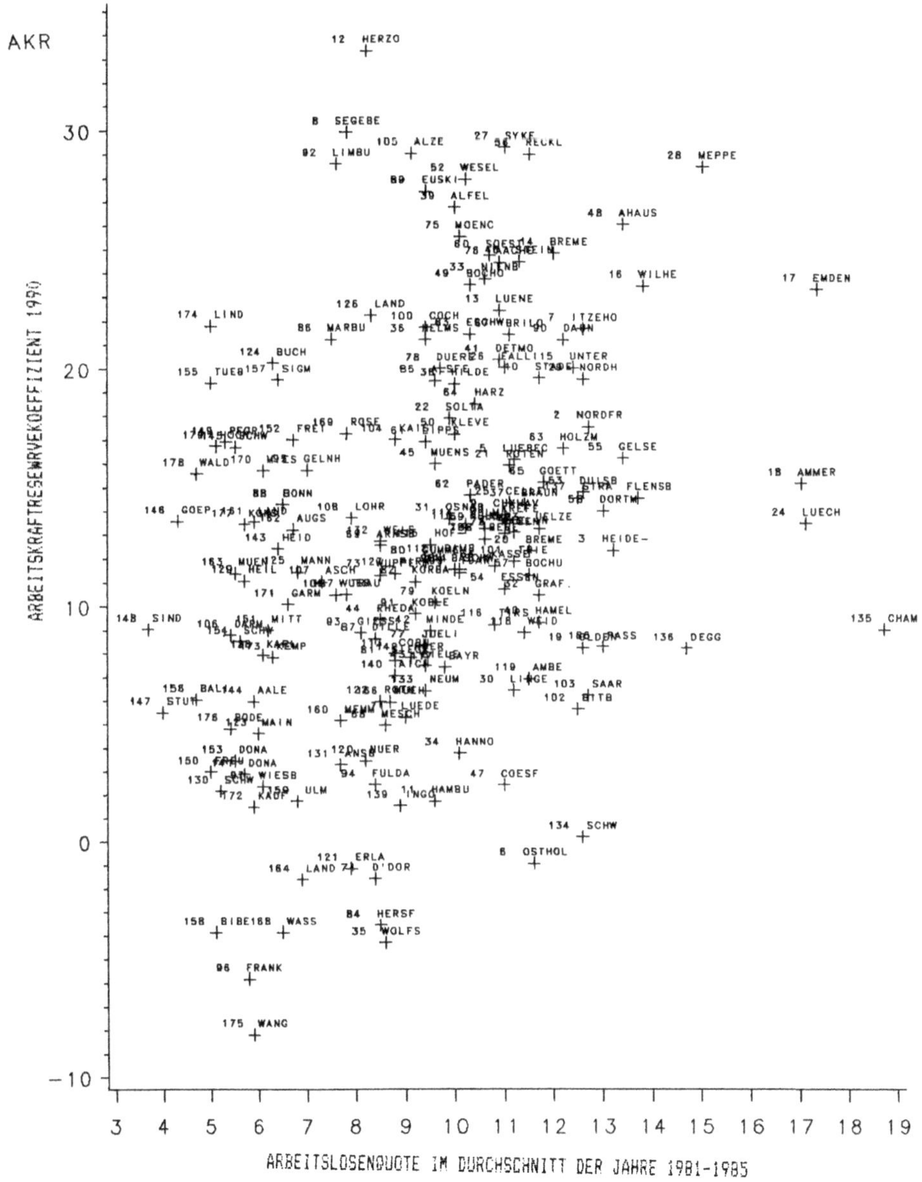

QUELLE: FES

Zahlreich sind jene Kombinationen, in denen derzeit geringe Arbeitslosenquoten mit einer ungünstigen Arbeitsmarktperspektive zusammenfällt - hier handelt es sich um Regionen, in denen Arbeitsmarktbeziehungen durchschnitten werden, d.h. in denen Wohnort und Arbeitsort weit auseinanderfallen

LAND	NAME
7	105 ALZEY-WORMS
7	126 LANDAU I.D.PFALZ
1	12 HERZOGTUM LAUENBURG
1	8 SEGEBERG-STORMARN
7	92 LIMBURG-WESTERWALD-LA
6	86 MARBURG
8	152 FREIBURG
8	157 SIGMARINGEN
8	124 BUCHEN IM ODENWALD
9	170 MIESBACH
8	145 SCHWAEBISCH GEMUEND
8	149 PFORZHEIM
8	179 HOCHRHEIN
8	155 TUEBINGEN-REUTLINGEN
9	174 LINDAU BODENSEE
8	178 WALDSHUT
8	146 GOEPPINGEN

Versucht man einige Zusammenhänge zwischen Arbeitskraftreservekoeffizient und Arbeitslosenquote durch eine Regressionsanlyse zu erklären, so müssen einzelne Komponenten, die die beiden Arbeitsmarktindikatoren bilden, auseinanderdividiert werden, um Anhaltspunkte für die Ursachen zu erhalten.

Es gibt Gruppen von Einflußfaktoren:

- zeitabhängige Komponenten wie die Veränderung der Bevölkerung im erwerbsfähigen Alter und die
- Arbeitsplatzveränderung, sowie
- niveauabhängige Komponenten wie die regionalen Erwerbsquoten,
- Beschaftigtenquoten,

- Anteile der mithelfenden Familienangehörigen und Selbständigen an den Erwerbstätigen und
- Anteil der weiblichen Erwerbspersonen an den Erwerbspersonen insgesamt und
- jene Größe, die als stille Reserve bezeichnet wird und die hier nach einem speziellen Verfahren geschätzt wird.

Die Ergebnisse können wir zunächst nur Stichpunktartig anführen. Sie zu interpretieren ist Aufgabe weiterer Untersuchungen.

- Wir können die regionale Arbeitslosigkeit zunächst nicht erklären.
- Wir können die Arbeitsmarktprognose im nachhinein erklären — allerdings nur durch eine große Anzahl von Variablen: Der Arbeitskraftreservekoeffizient kann durch die Beschäftigtenquoten der einzelnen Altersgruppen und durch den Anteil der mithelfenden Familienangehörigen bis zu einem Korrelationskoeffizienten von 0.9 erklärt werden.
- Ausgeprägt ist der Zusammenhang von Indikatoren, die die vergangene Beschäftigungssituation beschreiben mit dem Arbeitskraftreservekoeffizienten: das hat zur Konsequenz: Niedrige Beschäftigung führt nicht zwangsweise zu hoher regionaler Arbeitslosigkeit, sondern hat noch andere Reaktionsmechanismen. Wenn schon aktueller Beschäftigungsstand und Arbeitslosenquote nicht zusammenhängen, um so weniger können es Arbeitskraftreservekoeffizient - d.h. zukünftige Beschäftigung - und Arbeitslosenquote.
- Beschäftigtenquote und Arbeitslosenquote haben zwar das gewünschte Vorzeichen — in Relation zum Arbeitskraftreservekoeffizienten — aber der Zusammenhang ist nur schwach ausgeprägt, so daß als Schlußfolgerung nur bleibt: Arbeitslosigkeit kann durch den Rückgang der Beschäftigung verursacht werden, muß es aber nicht.

Wir sind hier wieder bei einer Erscheinung, die auch in der gegenwärtigen Konjunkturphase zu beobachten ist und die in der Vergangenheit ebenfalls aufgefallen war. Hierzu folgendes Zitat, das die vergangene Konjunkturphase beschreibt: "Die Zahl der Erwerbstätigen in der Bundesrepublik Deutschland ist zwischen 1973 und 1976 (jeweils Jahresdurchschnitt) um gut 1.6 Millionen zurückgegangen, während sich die Zahl der registrierten Arbeitslosen im gleichen Zeitraum 'nur' um knapp 800 000 Personen, also um weniger als die Hälfte, erhöht hat.

Ein Teil dieser Differenz erklärt sich durch gleichzeitige Rückwanderung von Ausländern (rund 300 000 Personen). Es verbleibt (in diesem Beispiel) eine "Restgröße" von mehr als 500 000 Personen, also genau einem Drittel des gesamten Beschäftigungsrückgangs.

Insbesondere dieses Zahlenbeispiel macht deutlich, wie wenig sinnvoll die Arbeitslosenquote als Meßgröße für das Vollbeschäftigungsziel bzw. wie notwendig eine umfassendere Definition des Vollbeschäftigungsziels ist".[1]

— Die Erklärung durch die demographische Bewegung reicht auch allein nicht aus, obwohl sie in Einzelfällen dominant ist.

— Die regionale Verteilung der Jugendarbeitslosigkeit gibt nur für bestimmte Regionstypen einen Anhaltspunkt. Die Wirkungen der demographischen Wellen werden in den Altersgruppen der 15 - 20jährigen extrem zu spüren sein. Wenn hier die Zahlen der Jugendlichen sich fast halbieren, wird es einen Einfluß auf die Erwerbsquoten haben. Der Anteil der Wehrpflichtigen wird dann neu geschätzt werden müssen. In der Gruppe der 20-25jährigen gibt es allerdings noch erhebliche Erwerbspersonenzunahmen.

— Für einzelne Regionen können die Werte der Arbeitskraftreserven mit der Arbeitslosenquote übereinstimmen, aber die Stellung innerhalb der Gesamtverteilung führt zu extremen Rangunterschieden. Es gibt eine untere "Grenzlinie" in der Beziehung zwischen Arbeitskraftreserven und Arbeitslosenquoten.

  Es gibt einen Unterschied in der Arbeitslosigkeit und in der regionalen Betroffenheit von Arbeitslosigkeit. In ländlichen Gebieten besteht als Alternative der Nebenerwerb in der Landwirtschaft. Die Freisetzung von Arbeitskräften aus der Landwirtschaft wurde schon immer als Funktion der außerlandwirtschaftlichen Arbeitsplätze angesehen. In Industriegebieten gibt es diese Möglichkeit nicht. Aber auch die ländlichen Regionen sind hier nicht homogen. Ein starker Unterschied besteht zwischen den nördlichen und südlichen Agrarregionen. Das Frankenland und das Emsland sind Beispiele für diesen Kontrast.

---

[1] Wolfgang Klauder, Gerhard Kühlewind, Überblick über das Erwerbspersonenpotentialkonzept des IAB — Bedeutung, Messung, Projektion — In: BeitrAB 44, S.8-22. S.10f.

"Auch ist zu berücksichtigen, daß die Aufteilung des nicht ausgelasteten Potentials in registrierte und nicht-registrierte Arbeitslosigkeit von statistischen Konventionen und/oder gesetzlichen Regelungen abhängig ist, die mehr oder weniger zufällig sind und sich ändern können. Das Potentialkonzept dient mithin zur Ermittlung (und Vorausschätzung) des gesamten beobachtbaren "Unterbeschäftigungsgrades" . Die Aufteilung dieser Unterbeschäftigung in registrierte Arbeitslosigkeit und nicht-registrierte Arbeitslosigkeit ist nachrangig" .[1] Arbeitslosenzahlen werden auf die abhängigen Erwerbspersonen bezogen. Errechnet man eine Quote, in der die Zahl der Arbeitslosen auf die Erwerbspersonen insgesamt bezogen wird, sowie eine Quote mit Bezug auf die Beschäftigten, so erhalten wir andere regionale Verteilungen und reg. Abweichungen von der offiziellen Arbeitslosenquote. Wir haben immer ausdrücklich Bezug auf die mithelfenden Familienangehörigen genommen. Aber es gibt noch folgende Gruppen, deren Verteilung systematisch zu untersuchen ist – diese Diskussion entspricht der Untersuchung über die Aussagefähigkeit der Größe "abhängige Erwerbspersonen" im Nenner der Arbeitslosenquote. "Zur stillen Reserve zählen auch Jugendliche (Schulentlassene), die eine betriebliche Ausbildungsstelle und keine sonstige Tätigkeit suchen. Außerdem sind in der stillen Reserve Rentner enthalten, deren Rentenansprüche unter dem Existenzminimum liegen und die deshalb gezwungen sind, sich auf dem Arbeitsmarkt weiter anzubieten. Beide Gruppen werden laut Definition in der Arbeitslosenstatistik nicht erfaßt. Sie stellen innerhalb der stillen Reserve ein echtes soziales Problem dar. Ebenfalls in der stillen Reserve enthalten sind Arbeitslose, für die die Bundesanstalt für Arbeit Kurse zur beruflichen Umschulung und zur beruflichen Förderung eingerichtet hat. Die geförderten Personen werden zur Zeit der Teilnahme nicht in der Arbeitslosenstatistik registriert. Gegenwärtig befinden sich 135 000 Arbeitslose in einer solchen Ausbildung. Zusammen mit den arbeitslosen Lehrlingen ergibt dies bereits eine Größe von rd. 150 000, die in der stillen Reserve enthalten sind. (Stand: Sept. 1978). Es wäre sinnvoll, wenn diese beiden Personengruppen zu den Arbeitslosen gezählt würden.[2]

Es gibt bestimmte, wohlbekannte Klassen von Regionen, von denen uns die Unterbeschäftigung bekannt ist, aber es gibt keinen metrischen Zusammen-

[1] Wolfgang Klauder, Gerhard Kühlewind, Überblick über das Erwerbspersonenpotentialkonzept des IAB — Bedeutung, Messung, Projektion — a.a.) S.11.

[2] Josef Gattinger, Bemerkungen zur 'Stillen Reserve' und zur Vorausschätzung der Erwerbsquoten. In: BeitrAB 44, S.23- 27, S.24.

hang zwischen regionaler Arbeitslosigkeit und regionaler Unterbeschäftigung – gleichgültig, ob sich diese Unterbeschäftigung auf die Gegenwart oder die nahe Zukunft bezieht. " ... kann daher konstatiert werden, daß hohe Arbeitslosigkeit in überdurchschnittlichem Maße durch Arbeitsplatzabbau bedingt ist. In den übrigen Regionen mit gravierender Unterbeschäftigung spielt hingegen anscheinend die demographische Entwicklung eine Stärkere Rolle bei der 'Verursachung' des Arbeitsplatzdefizits."[1] "Bemerkenswert ist allerdings die auch im Vergleichsraum vorhandene Polarität zwischen dem Norden und dem Süden der Bundesrepublik: Die schwer von Arbeitslosigkeit betroffenen Gebiete an der östlichen Peripherie Bayerns weisen gegenüber den nördlichen Randgebieten eine erheblich günstigere Beschäftigtenentwicklung auf."[2] " ... kann die überaus negative Arbeitsplatzangebotsentwicklung in weiten Teilen des Ruhrgebiets dabei kaum, jedenfalls nicht ausschließlich, darauf zurückgeführt werden, daß notwendige Umstrukturierungen und eine Ausweitung des Arbeitsplatzangebots aufgrund von Qualifikationsdefiziten der Arbeitnehmer ausgeblieben sind."[3]

---

[1] Hannelore Neumann, Strukturelle regionale Arbeitslosigkeit unter besonderer Berücksichtigung der Ruhrgebietsregionen. Bochum 1985, S.168

[2] Ebenda

[3] Ebenda, S.168f.

8.3. Erklärungsversuche regionaler Arbeitslosigkeit — Zum Zusammenahng zwischen Frauenarbeit und regionaler Arbeitsmarktsituation

Der räumliche Strukturwandel kann relativ genau beschrieben werden, wenn großräumige Regionstypen gebildet werden: Ballungskerngebiete, Ballungsrandgebiete, Mischgebiete und ländliche Regionen. Diese Gebiete weisen bedeutende Unterschiede in ihren Größen Einkommensniveau, Arbeitslosenquote und Entwicklung der Beschäftigung auf. Allerdings unterscheiden sich nur die Mittelwerte; Streuungen innerhalb der Gebietstypen können weniger gut erklärt werden, und zwar dann nicht, wenn innerhalb des Gebietstyps Regionen, die im Einflußder alten Schwerindustrieregionen liegen, mit Regionen, die zu den neuen prosperierenden Technologieregionen zählen, zusammengefaßt werden. Dennoch gibt es große zusammenhängende Räume, die durch offenbar einheitliche Arbeitsmarktbedingungen die Erwerbsmöglichkeiten der Bevölkerung beeinflussen. Innerhalb eines Nord- Süd- Kontrastes der Arbeitsmöglichkeiten ist im Süden der Bundesrepublik noch ein West- Ost- Gefälle meßbar.

Die Teilung der Arbeit ist räumlich nur zu erfassen, wenn der Begriff Wirtschaftsstruktur sehr weit gefaßt wird. Neben der Arbeit in der Industrie und in den Dienstleistungssektoren ist es noch die Tätigkeit in der Landwirtschaft, im Handwerk und im Kleingewerbe, die das regionale Erwerbsniveau, das familiäre Einkommensniveau und die Möglichkeit der Integration von Arbeit und Beruf bestimmt.

Für die Wirtschaftsstruktur der Regionen und der Kennziffer der regionalen Arbeitsplatzentwicklung sind die sozialen, gesellschaftlichen und betrieblichen Bedingungen der 70er Jahre mitentscheidend: wo zwischen 1960 und 1970 oder zwischen 1970 und 1978 extreme Arbeitsplatzverluste oder -gewinne gemessen wurden, dort wurden auch zwischen 1978 und 1984 extreme Veränderungen registirert. Die Diskussion über Chancengleichheit im Sinne eines gleichen Zugangs zum Arbeitsmarkt hat im Süden und Südwesten der Bundesrepublik eine andere Bedeutung als in den ländlichen und schwerindustriellen Regionen des Nordens.

Man erhält das weiträumige Raster der Regionen aufgrund der Art der Tätigkeit, aus der Wirtschaftsstruktur der Regionen, d.h. aus den wirtschaftlichen Grundlagen der Regionen und aus gesamtgesellschaftlichen Trends. Die

Aufteilung der Erwerbspersonenpotentiale in Erwerbstätige und registrierte Arbeitslose gibt die Bedeutung sektoraler Umstrukturierungen für die Arbeitsmöglichkeiten auf den Arbeitsmärkten wieder. Die Registrierung als arbeitssuchend ist nur ein Element in dem Suchprozeß nach Arbeit. Für dieses Element gibt es ein eindeutiges Süd- Nord- Gefälle. Auch das Niveau der Beschäftigung weist diesen Kontrast auf, aber ein linearer Zusammenhang ist nur schwach ausgeprägt. Die Betonung dieser großräumigen Kontraste verkennt jedoch die Größenordnung, in der im Norden der BRD sektorale Umstrukturierungsprozesse ablaufen.

Die Suche nach linearen Zusammenhängen ist wenig erfolgsversprechend, da es kaum eine Größe gibt, die in verschiedenartigen Regionen die gleiche Wirkung zeigt. Lediglich die Höhe der Erwerbsbeteiligung der Frauen gibt in etwa Auskunft über regionale Einkommenswerte und regionale Arbeitslosigkeit. Die Höhe des Sozialprodukts der Regionen im Südwesten der Bundesrepublik wird durch die Frauenarbeit stark bestimmt. Die Erfassung dieses Beitrags ist dabei nicht einmal exakt: weder durch die Tätigkeit im Haushalt, noch durch die Entlohnung als mithelfende Familienangehörige in der Landwirtschaft, im Handwerk, bei den Selbständigen werden richtig gerechnete Einkommen gezählt.[1]

Ein zunehmender Anteil des Sozialprodukts wird von Frauen erwirtschaftet, mit anderen Worten, der Wohlstand der Industrienationen ist von der Erwerbstätigkeit der Frauen abhängig, durch sie bestimmt. Der Anteil der erwerbstätigen Frauen an den Erwerbstätigen insgesamt ist auf ca.38,2% gestiegen, der der Erwerbspersonen auf ca 39,1% . Sie erzeugen mehr als ein Viertel des Sozialprodukts. In diesem zunächst geringfügig erscheinenden Unterschied - 38 zu 26 Prozent - liegt jedoch auf regionaler Ebene die Erklärung für Differenzierungen des Familieneinkommens.[2]

Während am Anfang der 80iger Jahre - vor dem Hintergrund konjunktureller Stagnation und zunehmender Erwerbspersonenzahlen - die Befürchtung laut wurde, ein neues Arbeitsmarktreservoir an Frauen könne entstehen - Anzeichen gab es genug, vor allem das neugeweckte öffentliche Interesse an der Rolle der Frau als Mutter, d.h. das öffentliche Interesse am Kind, wurde neu thematisiert - zeigen die gesamtwirtschaftlichen Trendverläufe zur Erwerbstätigkeit

[1] Der Anteil des Forschungs- und Entwicklungspersonals gibt für die regionale Beschäftigtenentwicklung des verarbeitenden Gewerbes eine ähnlich gute Erklärung ab.

[2] Vgl. hierzu das Statistische Jahrbuch für die Bundesrepublik Deutschland 1985, S. 99, S. 103 und S. 488.

der Frauen in allen Altersgruppen auch nach 1980 einen diesen Befürchtungen widersprechenden Verlauf. Die Erwerbstätigkeit der Frauen hat auch seit 1979 extrem zugenommen, entgegen allen Erwartungen, und zwar bei gleichzeitig verstärktem Bildungsverhalten der Jüngeren.

Es geht um die Beschreibung von Arbeitsmarktphänomenen, für die in der amerikanischen Literatur die Bezeichnung "heimliche Revolution" geprägt worden ist (subtle revolution). Versucht man, die Arbeitsmarktsituation in der Bundesrepublik Deutschland zu beschreiben, so können folgende Ergebnisse vorweg als bekannt angenommen werden:

- Die demographische Entwicklung beeinflußt das Arbeitsangebot von Frauen nur noch geringfügig. Zwischen 1985 und 1990 nimmt das Erwerbspersonenpotential der Frauen lediglich um ca. 100000 Personen ab.
- Die Trendwerte in den jüngeren Altersgruppen zeigen eine verbesserte schulische Ausbildung.
- Die Erwerbsquote der Frauen in den Altersgruppen von 40 bis 55 Jahren bewegt sich auf einem hohen Niveau und nimmt weiterhin zu, und zwar sowohl in der quantitativ am stärksten vertretenen Gruppe der verheirateten Frauen, als auch in der Gruppe der alleinerziehenden Frauen.
- Noch nicht zum Abschluß gekommen ist die Entwicklung, daß ältere Arbeitnehmerinnen aus dem Beruf und der Arbeit sehr früh ausscheiden.
- Der sektorale Strukturwandel erleichtert die Arbeitsaufnahme für Frauen, da der Trend zur Dienstleistungsgesellschaft weiter anhält.
- Trotz einer Konzentration der Arbeitnehmerinnen auf wenige Berufe, ist eine höhere Konjunkturanfälligkeit der mit Frauen besetzten Arbeitsplätze – gemessen gegenüber der Betroffenheit von Konjunktureinbrüchen der Arbeitsplätze der Männer – nicht feststellbar.
- Die Spezialisierung von Regionen hat in der Bundesrepublik ein hohes Niveau angenommen. Mit dem Rückgang der Schwerindustrie nehmen auch die Erwerbsmöglichkeiten für Frauen in den alten Industriegebieten zu.
- Von einer Zunahme der stillen Reserve des weiblichen Arbeitskräftepotentials kann nicht mehr ausgegangen werden, vielmehr wird die Höhe der regionalen Arbeitslosenquote der Frauen durch die genannten

Arbeitsmarktstrukturen[1] sowie die regionale Arbeitsmarktbilanz beeinflußt.

Daß Familienangehörige der Handwerker, Händler und Bauern im Betrieb mithelfen, hat in den europäischen Staaten Tradition. Erstaunlich ist vielmehr das Ausmaß, in dem die Erwerbstätigkeit der Frau außerhalb dieser Bereiche zugenommen hat. Der Abbau der Beschäftigungsmöglichkeiten innerhalb der Familienbetriebe ist in der Vergangenheit durch Arbeitsplätze außerhalb dieses Bereichs mehr als kompensiert worden — allerdings nicht in allen Regionen.

[1] "Mit der als Folge der sogenannten Energiekrise erneut einsetzenden rezessiven Wirtschaftsentwicklung war man in der Öffentlichkeit umso erstaunter, als die Zahl weiblicher Arbeitsloser mehr und mehr anstieg, die bisherigen Mechanismen des lautlosen und reibungslosen Rückzugs von Frauen vom Arbeitsmarkt in die stille Reserve nicht mehr so funktionierten, wie es noch die Erfahrungen der Rezession 1966/67 lehrten." Jochem Langkau, Monika Langkau-Herrmann, Bundesrepublik Deutschland, in: Alice M. Yohalem(Hg.), die Rückkehr von Frauen in den Beruf, Maßnahmen und Entwicklung in fünf Ländern, Bonn 1982, S. 24-63, S. 50.

Abb. 24: Erwerbsquote der Frauen und Wohlstand

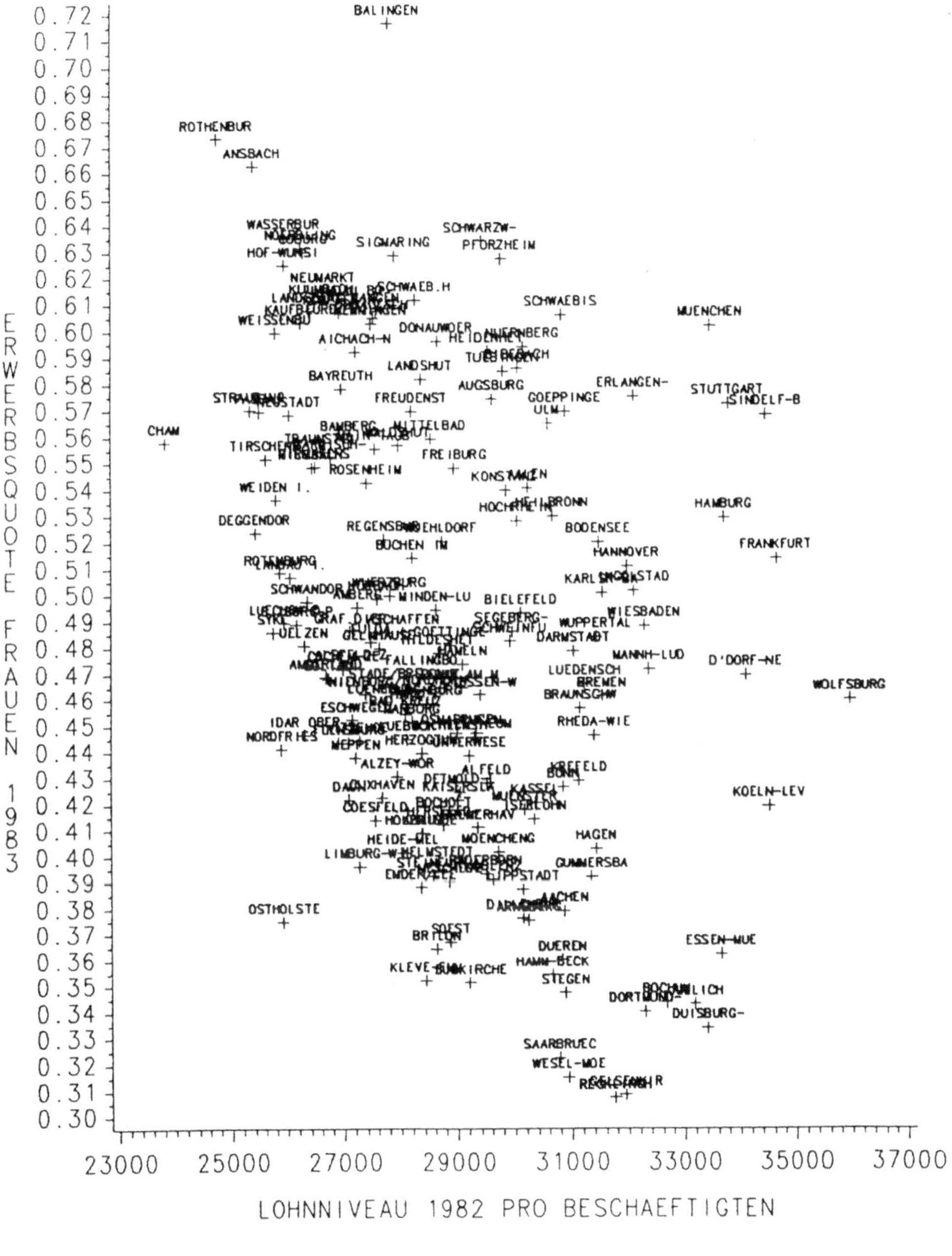

FFES
QUELLE: EIGENE BERECHNUNGEN

Abb. 25: Erwerbsquote der Frauen und Arbeitslosigkeit

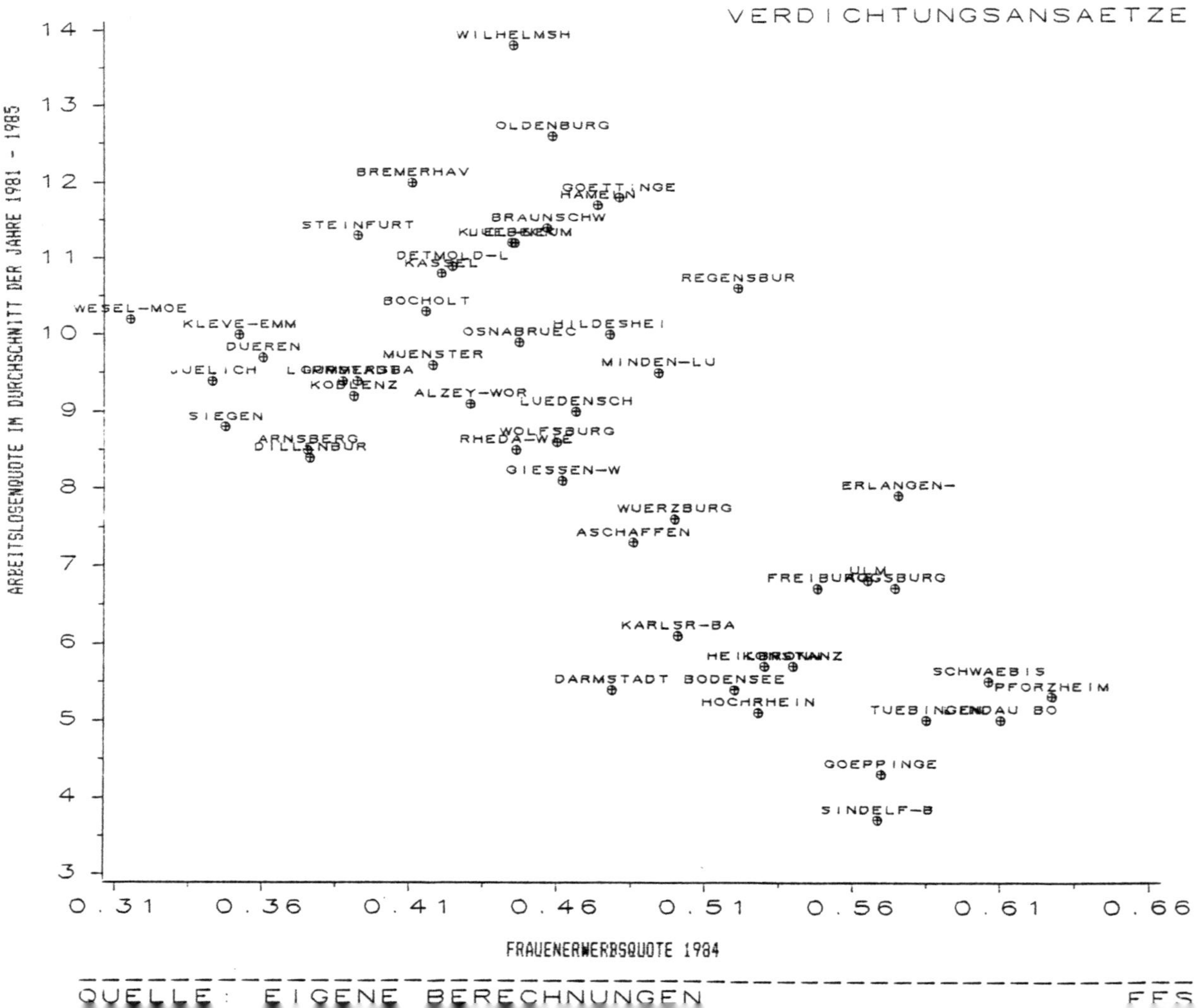

Karte 44: Regionale Beschäftigungsstrukturen der Frauenarbeit

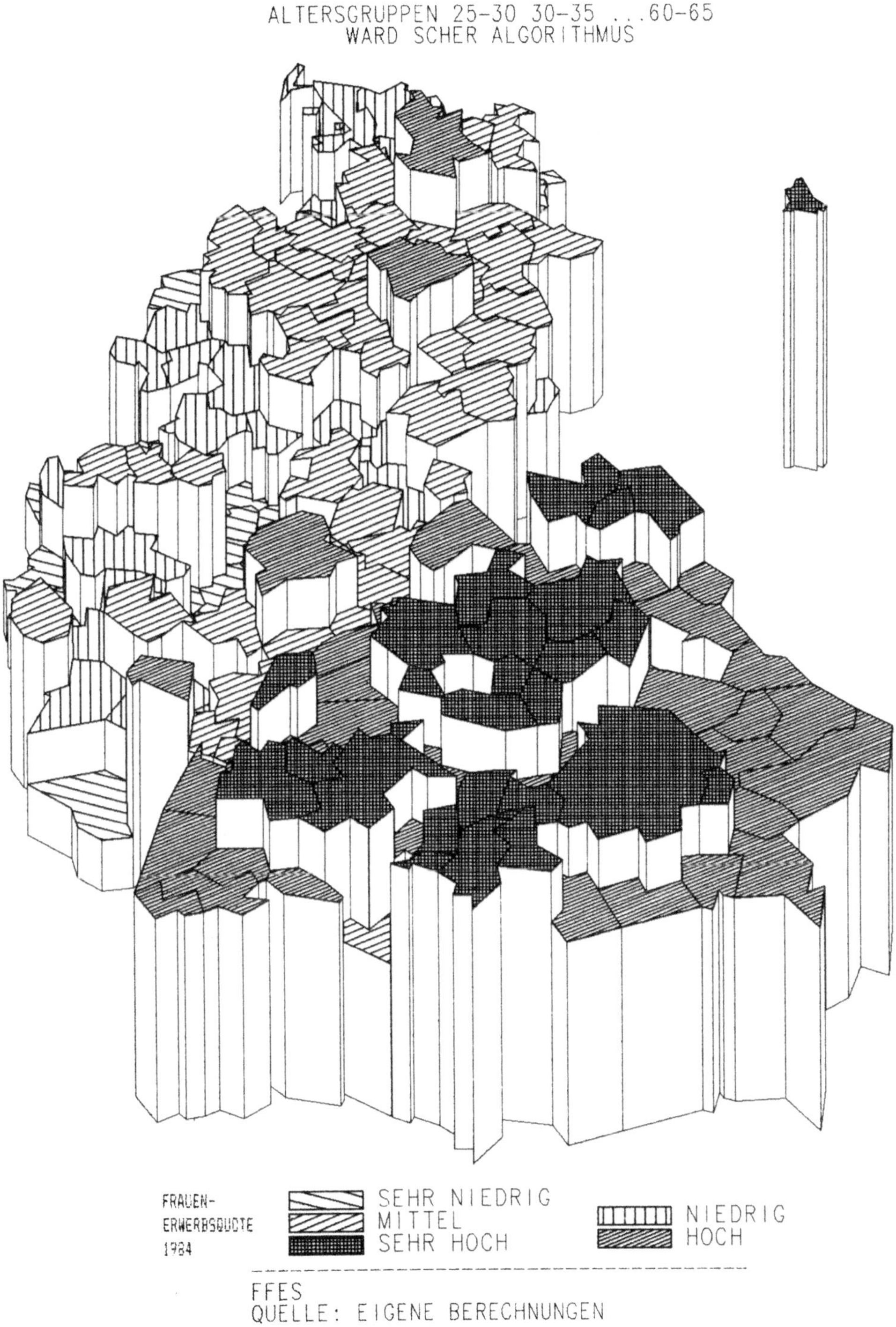

Diese Ergebnisse machen deutlich, daß von der Erwerbsbeteiligung der Frauen zwar der Haupteinfluß auf die regionale Arbeitsmarktsituation ausgeht, aber erstens ist die Arbeit durch die regionalen Wirtschaftsstrukturen determiniert - nicht durch unterschiedliche Neigungen zur Arbeit - und zweitens stellt sich die Frage, wie dieses Ergebnis operationalisiert werden kann, d.h. welche Maßnahmen ergriffen werden können, um in den Zusammenhang zwischen regionaler Arbeitslosigkeit und Frauenerwerbsarbeit eingreifen zu können. Die Antwort fällt zunächst nicht leicht, ist dann jedoch erstaunlich: Frauenförderung. Damit wird ein gesellschaftlich kontroverser Zusammenhang angesprochen.

Drei Strömungen können in Zukunft das Erwerbsverhalten der Frauen wahrscheinlich beeinflussen oder verändern:

— Frauenförderung, verbunden mit Quotenregelungen in den verschiedenen Bereichen und Segmenten des Arbeitsmarktes, aber auch verbunden mit Forderungen und Maßnahmen zum Abbau der Diskriminierung von Frauen auf dem Arbeitsmarkt,

— "Berufstätigkeit als Mutter" und entsprechende geldliche Leistungen, um diesen Beruf zu entlohnen,

— sich verstärkendes Bildungsverhalten der Frauen, sowohl am Anfang der Berufsausbildung, als auch im Rahmen betrieblicher Ausbildungs- und Weiterbildungsprogramme.

Es sind entgegengerichtete Strömungen in bezug auf die statistische Meßbarkeit. Man kommt aber vor allem sehr schnell zu Wertungen, und zwar zwei Bewertungslinien der Frauenarbeit: die eine, die das Recht zur Entfaltung der Person und zur Selbstverwirklichung durch das Recht auf Arbeit betont, die andere, die der Familienpolitik eher starke Bedeutung zumißt.

Aus beiden Gesellschaftsbildern folgen unterschiedliche Forderungen an die Arbeitsmarkt- und Familienpolitik. Die eine Richtung fordert Maßnahmen zur Integration der Frau in die Berufswelt, Vertreter der anderen Richtung fordern mehr Familienurlaub. Aus diesen Forderungen - und inzwischen beschlossenen Gesetzen - Prognosewerte abzuleiten ist unmöglich. Zwar stehen Änderungen in den Strukturen regionaler Arbeitsmärkte überkommene Rollenverständnisse gegenüber, aber wir können uns auf die Werte der Vergangenheit - inzwischen lange Zeitreihen - berufen und diese zeigen einen eindeutigen Trendverlauf.

Daß die Erwerbsquoten der Frauen von konjunkturellen Schwankungen fast unbeeinflußt sind, zeigen die Zahlen und Strukturen zur regionalen Arbeitslosigkeit. Regionale Arbeitslosigkeit spiegelt auf der Ebene der Arbeitsmarktregionen ein Generationenproblem wider. Während in den mittleren Jahrgängen nur geringe Arbeitslosenquoten auftreten, ist der jüngeren Generation der Eintritt in den Arbeitsmarkt verwehrt, und zwar vorwiegend den jüngeren Frauen. Nicht die Erwerbsquote sinkt, sondern die Arbeitslosenquote steigt - selektiv für Jugendliche (Frauen). Demgegenüber weisen die Älteren keine überdurchschnittlichen Arbeitslosenquoten auf, hier sinken rapide die Erwerbsquoten.[1]

Die Unterschiede in diesen Erwerbsbiographien sind als Ausdruck der traditionellen Rollenverteilung zwischen den Geschlechtern in den Industriegesellschaften interpretiert worden, Frauen in der Rolle der Hausfrau und Mutter ohne Orientierung an den qualitativen Anforderungen des Berufslebens. Regional ist diese Rollenverteilung jedoch zum Teil nicht mehr gültig, und zwar offenbar in jenen Regionen, in denen die Erwerbsquoten der Frauen sehr hoch sind, zum Teil höher als die der Männer.[1]

Die Integration der Frauen in die Berufswelt ist weit fortgeschritten.[2] Durchschnittswerte über alle Regionen sagen hier weniger aus als die Analyse der Bedingungen auf einzelnen regionalen Arbeitsmärkten. Die Höhe der weiblichen Erwerbsquote ist eine Funktion der Branchenstruktur. Und in den Regionen,

[1] Vergleicht man die Erwerbstätigkeit über Altersgruppen hinweg — gewissermaßen als Biographie einer einzelnen Person — so fallen folgende Gesetzmäßigkeiten auf. Die Erwerbsquote der Männer steigt nach der Ausbildung kontinuierlich auf ca. 95 %, regional sogar bis 98 % an. Dieser Bereich hoher Erwerbstätigkeit ist zeitlich jedoch sehr begrenzt, er gilt lediglich für ca. 25 Jahre, d.h. relativ früh beginnt bereits das Ausscheiden aus dem Beruf und der Erwerbsarbeit — allerdings auch hier regional sehr differenziert. Im Gegensatz zu diesem Erwerbsprofil der Männer sinkt die Erwerbsquote der Frauen im Alter von 25 bis 30 Jahren wieder ab, um dann in der Altersgruppe ab 35 Jahre wieder leicht zuzunehmen. Dieser Verlauf der Erwerbsquoten der Frauen wird als Phasenverlauf der Berufstätigkeit interpretiert.

[1] Im Bundesdurchschnitt erreicht die Erwerbsquote der Frauen unmittelbar nach der Ausbildung in der Altersgruppe von 20 bis 25 Jahren ihr höchstes Niveau. Als zweite Phase gilt die Zeit bis zum 35. Lebensjahr, geprägt durch Geburt, Betreuung und Erziehung der Kinder - die Erwerbsquote sinkt im Durchschnitt um 15% -punkte. Danach folgt die dritte Phase - ab 35 Jahre - in der die Erwerbsquote wieder ansteigt, d.h. die Frauen die Rückkehr in den Beruf versuchen.

[2] "Niedriges Bildungs- und Ausbildungsniveau, geringe Berufserfahrungen, immer die Familie als Hauptbetätigungsfeld im Auge, die Berufstätigkeit dagegen eher als ein sekundäres, vorübergehendes Element im Lebenshaushalt, das waren die Merkmale, mit denen sie beschrieben wurden." Jochem Langkau, Monika Langkau-Herrmann, Bundesrepublik Deutschland, in: Alice M. Yohalem(Hg.), die Rückkehr von Frauen in den Beruf, Maßnahmen und Entwicklung in fünf Ländern, Bonn 1982, S. 24-63, S. 50.

in denen z.B. die Schwerindustrie einer hohen regionalen Gesamtquote entgegensteht liegt dafür die Erwerbstätigkeit in den Dienstleistungssektoren über dem Durchschnitt, so daß auch in diesen Regionen die gesamtgesellschaftlichen Entwicklungen zum tragen kommen. Von einer traditionellen Rollenverteilung der Geschlechter in der bei den Frauen die Rolle als Mutter und Hausfrau, bei den Männern die Berufsrolle, dominiert, kann in vielen Regionen der Bundesrepublik offenbar nicht mehr die Rede sein. Rollenverteilung ist hierbei nicht im Sinne einer öffentlichen Meinung zu verstehen, sondern nach den Paragraphen des Gesetzes: Nach §1606 BGB ist für die Kindererziehung nach wie vor die Mutter zuständig und nach §1356, Satz 2 BGB hat die Ehefrau in verstärktem Maße auf die Belange der Familie Rücksicht zu nehmen, und zwar wenn Kinder zu pflegen und zu erziehen sind.

Stellt man die Frage nach den ökonomischen, gesellschaftlichen und politischen Bedingungen, die zur Zeit auf Familien einwirken, so ist eine der wichtigsten Gegebenheiten der Zusammenhang zwischen regionalem Beschäftigungssystem und Familie, d.h. zwischen regionaler Wirtschaftsstruktur und Familie. Nicht Rollenverhalten und Statuserwartungen prägen regionale Sozialstrukturen, sondern die Möglichkeiten der regionalen Wirtschaftsstruktur determinieren die Erwerbstätigkeit der Frauen, stellen einen Zusammenhang zwischen Familienarbeit und Beschäftigung her. In den ländlichen Regionen mit klassisch hoher Erwerbsbeteiligung der Frauen ist die Integration von Erziehungsarbeit und Arbeit im Betrieb am einfachsten möglich. In den großen Dienstleistungszentren führt Berufstätigkeit und Erwerbsarbeit zu einer Doppelbelastung, die ca. 60 % der Frauen aufsichnehmen. Geht man davon aus, daß bei den gegebenen Familiengrößen die schwierige erste Phase der Kindererziehung ca. 10 Jahre in Anspruch nimmt, so sind die Frauen, die hierfür ihre Arbeit unterbrechen für ca. ein Drittel ihres Erwerbslebens benachteiligt.[1]

[1] Es bliebe noch zu klären durch welche Sektorstrukturen die extremen regionlen Schwankungen in der Frauenerwerbstätigkeit verursacht werden, das heißt mit anderen Worten aber, daß eine Beschreibung regionaler Wirtschaftsstrukturen erforderlich wird. Diese Beschreibung haben wir weiter oben kurz vorgenommen. Die Diskussion zur Technologieentwicklung erweckt den Eindruck, als änderten sich Wirtschaftsstrukturen permanent, so daß Ergebnisse nur kurze Zeit ihre Gültigkeit behielten. Eine Karte der Regionen, in denen mehr als 25% der Erwerbspersonen als in der Landwirtschaft mithelfende Familienangehörige registriert sind, beweist das Gegenteil. Die Umstrukturierungen in der Schwerindustrie werden noch lange Zeit in Anspruch nehmen. Mit dominierenden regionalen Schwerindustriestrukturen sind geringe Erwerbsmöglichkeiten für Frauen gegeben, damit müssen in diesen Regionen auch andere Familieneinkommen, Familienverhältnisse vorherrschen als in Agrarregionen oder Dienstleistungszentren.

9. Zusammenfassung

Die technische Entwicklung einer regionalen Wirtschaft kann kann gar nicht überschätzt werden. Die Produktivität der geleisteten Arbeit erhöht sich infolge der Technisierungsprozesse und der damit verbundenen Organisierungsstrategien stetig. Die Stetigkeit der Prozesse wird durch soziale Kräfte beschleunigt oder verlangsamt. Technikprozeß und sozialer Prozeß müssen gleichzeitig betrachtet werden, um nicht in vorgefaßte Denkschulen abgedrängt zu werden. Diese Schulen lassen sich auf zwei Richtungen der Bewertungen der Technik festlegen. Die eine Richtung betont die Freisetzungseffekte durch Rationalisierungen, die andere Richtung, die Möglichkeiten kreativer Arbeit.

Wirtschaftspolitik, die sich an der Einheitlichkeit der Lebensverhältnisse orientiert, wird sich – will sie als soziale Kraft gelten – mit zwei Entwicklungen auseinandersetzen müssen:

- Einer weiter verstärkten Kapitalintensivierung der Produktionsweisen, d.h. selbst bei jährlich gleichbleibendem Investitionsvolumen wird immer weniger Arbeit geschaffen, verbunden mit einer Neubewertung von Produktionswissen. Entwertete Elemente der Berufsbildung werden durch neue, fortschrittliche Elemente ersetzt. Voraussetzung in diesem Prozeß der Neubewertung von beruflichem Wissen ist die Qualifikation während der beruflichen Tätigkeit.
- Nord – Süd – Kontraste können sich weiterhin in einer Vielzahl von Bereichen verstärken. Die Förderung der Elektrotechnik hat das Bild des Nord-Süd- Kontrastes weitgehend mitbestimmt, indem der südliche Raum als innovative Region benannt wurde, bei gleichzeitiger Konzentration der Arbeitslosigkeit im Norden der Bundesrepublik Deutschland. Wenig genannt ist der gigantische Rationalisierungsprozeß des Nordens in wichtigen Sektoren des Maschinenbaus, des Stahlbaus, des Bergbaus und der Stahlerzeugung.

Die Gefährdung der Einheitlichkeit der Lebensverhältnisse betrifft als Zielsystem dabei nicht nur die klassischen Aufgaben der Regionalpolitik, sondern betrifft alle Gesellschaftsbereiche, die an Produktion und Arbeit geknüpft sind: Einkommen und soziale Sicherung. Es gibt viele Politikbereiche, für die zu befürchten ist, daß es nur einen flüchtigen Konsens über eine gegebene Stufe der sozialen Entwicklung gegeben hat - Die frühere stabile ökonomische Entwicklung, als Grundlage sozialen Fortschritts interpretiert und als Erfolgsausweis der zweiten deutschen Republik genommen, läßt bei instabiler ökonomischer Entwicklung ein Zerbrechen des Sozialen Konsens befürchten. Regionale Wirtschaftspolitik scheint ein Ausnahmefall zu werden. Aber auch hier wird die Entwicklung davon abhängen, ob die regionalpolitischen Akteure passiv oder aktiv dem ökonomischen und sozialen Veränderungsdruck begegnen. Auf jeden Fall stehen regionalpolitische Akteure im Spannungsfeld der gesellschaftlichen Bewertungen über die systematische Verursachung der gegenwärtigen Arbeitsmarktsituation.

Das Transfersystem der Gegenwart, in seiner Größenordnung erschreckender Dauerbestandteil des wirtschaftlichen Kreislaufs und in seiner Notwendigkeit nicht nur im Detail zu rechtfertigen, dabei noch immer weiter ausgreifend, setzt entscheidende Daten für Bevölkerung und Unternehmen. Die Prosperität der vergangenen Dekaden führte dazu, daß der Eindruck entstehen konnte, oder heute zu vermitteln versucht wird, daß "Wohltaten" - im sozialen System oder in bezug auf Unternehmenssubventionen - hinterhergeworfen werden konnten. Auch hier besteht die Gefahr, daß allzu schnell von Mißbrauch die Rede sein kann. Gegenbewegungen zu dieser Argumentation oder Einstellung entstehen nur langsam. Gegenbewegungen, die sowohl die Steuerungsfähigkeit der Faktoren betonen, die das Arbeitskräfteangebot beeinflussen, als auch der Faktoren die das Arbeitsplatzangebot stimulieren und die darauf hinweisen, daß den vielfältigen Formen der Transferleistungen eine Bestimmung des begünstigten Personenkreises und eine umfassende Diskussion der verbundenen Gerechtigkeitsvorstellungen vorausgegangen ist.

Als eigenständiges Finanzierungsinstrument innerhalb des Finanzausgleichssystems sind die Gemeinschaftsaufgaben ebenfalls an die Grundbedingungen des Finanzausgleichs gekettet: Harmonisierungsgebot aber Nivellierungsverbot. Mit anderen Worten, einmal darf die Größenordnung, in der hier Gelder umverteilt werden, nicht zu einem konterkarierenden System, d.h. zu einem Gegenstrom werden, zum anderen gilt bei eigenständiger Aufgabendefinition der Regionalpolitik das Harmonisierungsgebot der "Einheitlichkeit der Lebensverhältnisse". Dieses Gebot ist inzwischen die "ratio legis" der Finanzverfassung geworden. Gemessen an der Höhe des Technologiebudgets oder den

Ausgaben der Arbeitsmarktpolitik, ist in der regionalen Wirtschaftsförderung der Subventionsaufwand vergleichsweise gering. Dies steht nicht im Gegensatz zu einer positiven Bewertung des konsensbereiten Operierens anhand einer einheitlichen Wohlfahrtsfunktion in der Regionalpolitik. Eine derartige Festellung ist nur wahr oder falsch vor dem Hintergrund der Hypothesen von der Einebnung des Fördergefälles der Regionalpolitik. Zwar kann Technologieförderung als neue Gemeinschaftsaufgabe der Politik gesehen werden, aber die Regionalpolitik hat mit einer Konzentration auf wenige Gebiete und auf Arbeitsmarktindikatoren zu reagieren versucht.

Das Ergebnis der Diskussion, ob kleine und mittlere Betriebe das regionale Wirtschafts- und Beschäftigungswachstum tragen, kommt in den Maßnahmen zur Förderung des Handwerks zum Vorschein. Interne Kräfte, endogene Potentiale sind durch das Handwerk zu mobilisieren. Die Vorleistungsstruktur von Regionen kommt in die Diskussion und Begutachtung. Unternehmen ohne Primäreffekt versorgen solche mit Primäreffekten, d.h. überregionalem Absatz. Die Vorleistungen selbst haben hohe Standortqualität, da große Unternehmen betriebsinterne Vorleistungen nutzen können.

Kleine und mittlere Unternhmen benötigen ein externes Angebot; deshalb die Erweiterung der Förderung für solche Unternehmen, die ihre Produkte vorwiegend an die gewerbliche Wirtschaft mit Primäreffekt absetzen. Hier verbinden sich Technologie- und Dienstleistungsförderung. Ingenieurbüros, Laborbetriebe, EDV- Unternehmen usw. liefern Leistungen an Unternehmen mit Primäreffekt und weisen hochwertige Arbeitsplätze auf. Humankapital und Qualifikationsniveau der Arbeitsplätze der Regionen werden aufgestockt. Organisatorisches Problem wird vielleicht sein, daß jetzt regionale Wirtschaftsfördergesellschaften punktuell Vorleistungsstrukturen ermitteln müssen, die in der Forschung bisher durch aufwendige Input- Output- Tabellen zu ermitteln versucht wurden.

Zur Infrastrukturförderung gehört inzwischen die Errichtung oder der Ausbau derartiger Forschungs-, Innovations-, Technologie-, Gründerzentren u. ä. Einrichtungen, sowie die Erschließung von Gewerbeflächen, Wiedernutzbarmachung von Brachflächen und Errichtung und Ausbau von Einrichtungen neuer Techniken der Individualkommunikation.

Durch diese Maßnahmen versucht die Regionalpolitik in Zukunft Engpässe und Defizite im regionalen Innovationsprozeß zu beseitigen — durch das Angebot technischer, wirtschaftlicher und juristischer Dienstleistungen, die notwendig sind, um die schwierigen Planungsvorgänge und Entscheidungen regionaler und sektoraler Investitionen zu erleichtern.

Verkannt wird, daß die Verfügbarkeit technischer, wirtschaftlicher und juristischer Dienstleistungen - Marketingpersonal eingeschlossen - nur eine Auskunft gibt über die Betriebe, die, obwohl zu schrumpfenden Branchen gehörend, dennoch wirtschaftlichen Erfolg haben oder erwarten lassen. Als Verlierer können Betriebe in Regionen und Sektoren identifiziert werden, die ihre Forschungs- und Marketingaktionen nicht verstärkten. Der gesamtwirtschaftliche Effekt wird vergessen. Nehmen wir das Beispiel der Textilindustrie oder der Glasindustrie. Erfolgreich waren nur die Betriebe mit hohem Forschungsaufwand – insgesamt ist in diesen Branchen seit langem die Beschäftigung abgebaut worden – und wird wahrscheinlich weiterhin abgebaut werden. Innovationsorientierte Regionalpolitik wird den technologischen Ausleseprozeß verstärkt fördern. Die Gesamtsumme der Arbeitsplätze in der Textil- oder Glasindustrie wird weiter zurückgehen, es wird sich aber eine lineare Beziehung zwischen dem hohen Anteil des Forschungspersonals und der Ausweitung der Beschäftigung in der einen Region und dem geringen Anteil des Forschungspersonals und dem Abbau der Beschäftigung in einer anderen Regionen ermitteln lassen. Regionalpolitik wird einen Beitrag zum gesamtwirtschaftlichen Wachstum des Sozialprodukts leisten können. Die Ausweitung der Beschäftigungsmöglichkeiten wird jedoch von gesamtgesellschaftlichen Strömungen der Produktivität bestimmt. Durch innovationsorientierte Regionalpolitik wird ein verstärkter Arbeitsplatzeffekt entstehen, wenn durch die regionale Förderung der Datenbe- und verarbeitung, des Versandhandels, des Import/Exporthandels, von Hauptverwaltungen, von Kongressen Verlagen und Unternehmensberatungen, von Marktforschung, Laborleistungen, Werbung, Messen und Forschungsleistungen die regionale Produktivitätssteigerung sich zu einer gesamtwirtschaftlichen Einkommenssteigerung summiert, d.h. zu einer Erhöhung des Sozialprodukts führt.

Als Alternative zur Kumulierung von Fördermitteln in strukturschwachen Gebieten bietet sich an, die Subventionen, die nicht räumlich gezielt gewährt werden, zu kürzen, d.h. die Mehrzahl der Programme. Diese Forderung ist modern, denn sie folgt aus der Annahme, daß die Dynamik des Marktes eher zu Wachstumseffekten führe, als Staatsinterventionen. Subventionsabbau und Deregulierung sind die Stichworte. Liefert die subventionsfreie Faktorallokation bessere Wohlfahrtsergebnisse als wirtschaftspolitische Intervention, dann entstehen durch Subventionsabbau keine Wohlfahrtsverluste, eher Wohlstands- und Arbeitsplatzgewinne. Es geht um eine Neubewertung der Staatsaufgaben, d.h. der Lenkungs- und Ausgleichsfunktion des Staates.

Gemeinschaftsaufgaben sollten weiterhin die Länderaufgaben sein, die wegen ihrer Größe und ihrer Bedeutung den Rahmen der Möglichkeiten der einzelnen Länder sprengen.

Die regionale Wirtschaftspolitik steht vor den Problemen, die in den öffentlichen Auseinandersetzungen unter den abstrakten Fragen, ob Technik dem sozialen Fortschritt diene oder ob die Erringung von Technikkompetenz Selbstzweck sei, geführt wird.

Am Anfang der Entscheidungsprozesse steht in der gemeinsamen Wohlfahrtsfunktion das Kriterium "regional fehlende Arbeitsplätze". Nach diesem Kriterium wird unter anderem entschieden, wo Investitionen gefördert werden sollen. Und dann sind die meisten geförderten Investitionen Rationalisierungsinvestitionen, so daß sich der Verdacht aufdrängen muß , hier werden Arbeitsplätze wegrationalisiert, vernichtet, abgestuft. Mitteleinsatz und Ziel widersprechen sich, sind inkonsistent.

Die bereits klassisch zu nennenden Erweiterungen der Instrumente zur Konfliktregulierung - die Rationalisierungsabkommen - erheben zum Gegenstand der Verhandlungen in der Regel zunächst die Einkommenssicherung und in der Form von Umsetzungen die Arbeitsplatzsicherung sowie die am ehesten konsensfähigen ergononomischen Bedingungen der neuen Arbeitsplätze; Veränderungen in den Entwicklungen der Qualifikationsanforderungen werden durch die Systeme der innerbetrieblichen und außerbetrieblichen Umschulung und Weiterbildung geregelt.

Betriebliche Systeme der Arbeitsorganisation und Leistungskontrolle waren bisher kaum Gegenstand regionaler Vereinbarungen, konnten es auch nicht sein, da Entscheidungen über Entwicklung und Einführung von Technik in den Bereich der unternehmerischen Investitionsautonomie fällt. Der Problemlösungshorizont traditioneller Konfliktregulierungsinstrumente sowie der Bestand fast aller betrieblicher und tariflicher Regelungsmechanismen wird durch die technischen und organisatorischen Veränderungen berührt: Neue Arbeitsplätze und Einstellungen, Arbeitsplatzabbau und Entlassungen, Veränderungen der benötigten Qualifikationen, Ein- und Umgruppierungen, Belastungen und Arbeitszeiten.

Zentrale Hypothese heutiger Forschung kann folgende Aussage sein: Auf dem Höhepunkt der demographischen Welle haben sich alle sozialen und ökonomischen Strukturen herausgebildet, die in den nächsten fünfzehn Jahren entscheidend für viele Politikbereiche sein werden. Die demographische Entwicklung selbst hat keine Dramatik mehr, aber die Entwicklungen verlaufen in einzelnen Altersgruppen nach Regionen sehr differenziert. Nach 1990 ist der demographische Druck insgesamt noch nicht abgebaut. In den Altersgruppen, die für die Besetzung der Lehrstellen wichtig sind errechnen wir aber bereits Abnahmen von mehr als 40 Prozent. Erst mit einer zeitlichen Verzögerung von ca. 5 Jahren nähert sich die Demographie des Nordens der des Südens an. Während diese zeitliche Verzögerung nicht als großartiges Nord-Süd- Gefälle interpretiert werden kann, ergeben sich allerdings in Verbindung mit der Entwicklung der Arbeitsplatzzahlen Arbeitsmarktstrukturen, die ein deutliches Gefälle aufweisen. Die Daten zur Jugendarbeitslosigkeit, und zum Beschäftigungsniveau der Frauen sind Beleg hierfür.

Wir haben den Prozeß der Errichtungen, Erweiterungen, Umstellungen und der Rationalisierungen von Betrieben untersucht, und zwar im Hinblick auf seinen Anteil an der Wirtschaftsförderung, d.h. seine ökonomisch- gesellschaftliche Bestimmtheit, d.h. auf die damit verbundenen ökonomischen Rentabilitätskalküle, den damit verbundenen Änderungen des quantitativen und qualitativen Arbeitskräteeinsatzes — der Flexibilität, mit der diese Änderungen vonstatten gehen konnten. Die Hypothesen über die Zusammenhänge zwischen Produktionssystem und Beschäftigungssystem, d.h. die Annahme einer hohen oder geringen Elastizität zwischen diesen beide Systemem, determiniert zum großen Teil dann auch die Bewertung der Flexibilität verschiedener regionaler Beschäftigungssysteme. Unterschiedliche Arbeitsmarktflexibilität ist zurückführbar auf Unterschiede im Umstellungverhalten der Betriebe hinsichtlich des quantitativen und qualitativen Arbeitskräfteinsatzes, Umstellungen zum einen innerhalb des Betriebes und Umsetzungen zum anderen zwischen

Betrieben einer Volkswirtschaft oder einer Region. Wir halten derartige Unterschiede im innerbetrieblichen Arbeitskräfteumsetzungsprozeß und zwischenbetrieblichen Arbeitskräfteumsetzungsprozeß als extrem gesellschaftsabhängig. Rechnerische Größe zur Ermittlung dieser Unterschiede in der Häufigkeit, mit der Einstellungen und Entlassungen in Betrieben erfolgen, ist die Größe "Errichtungs- und Erweiterungsinvestition" sowie "Umstellungs- und Rationalisierungsinvestition".

Die Hypothesen über hohe oder niedrige Elastizitäten zwischen betrieblichem Produktionsprozeß und betrieblichem Arbeitskräfteeinsatz sind schon immer umstritten und kennzeichnen geradezu unterschiedliche ökonomische Schulen. Es macht schon einen Unterschied, ob man Veränderungen der Beschäftigungsstruktur ausschließlich technologisch begründet, oder ob man tradierte Verhaltensweisen und soziale Strukturen in die Begründung des Arbeitsmarktwandels mit einbezieht: die Unterschiede liegen in den Schlußfolgerungen hinsichtlich der Möglichkeiten staatlicher Arbeitsmarktpolitik und Technologiepolitik bzw. hinsichtlich der unterstellten Spielräume von Betrieben bei der Organistion von Arbeit. Die Annahme einer weitgehend naturwissenschaftlich- technischen Determination betrieblicher Arbeitskräftestrukturen kann in der gegenwärtigen industriesoziologischen Forschung als überwunden gelten, die Messung von Produktions- und Beschäftigungsstrukturen am jeweiligen Extrem technischer Möglichkeiten, an der jeweils letzten technischen Erfindung, am neuesten Computermodell, läßt jedoch diese Hypothese immer wieder durchscheinen. Die Berücksichtigung sozialer Arbeitsmarktstrukturen hat dazu geführt, daß unter technischem Fortschritt nicht nur Differenzierung und Vertiefung von Produktionstrukturen verstanden wird, sondern zur Definition des technischen Fortschritts gehört auch dessen Funktionalität, d.h. Funktion hinsichtlich der spezifischen Unternehmensziele.

Dieses Konzept eines relativ autonomen Beschäftigunssystems ist natürlich vielfach kritisiert worden. Die Kritik richtet sich vorwiegend auf die Relation von Beschäftigungssystem und Bildungssystem - vgl. die Diskussion zu Schlüsselqualifikationen. Die Annahme eines relativ autonomen Beschäftigungssystems gegenüber den technischen Bedingungen des Produktionssystems ist zu begründen. Hierzu zwei Hypothesen. Erstens: Technische Entwicklungen sind dadurch charakterisiert, daß sie von der konkreten Form regionaler

Wirtschaftsstrukturen und den in ihnen zum Ausdruck kommenden Produktionsprozessen abhängen; regionale Wirtschatssektoren weisen typischerweise extrem unterschiedliche Automatisierungsgrade bzw. Mechanisierungsniveaus auf. Zeitens: Veränderungen der Arbeitsbedingungen infolge technologischer Veränderungen lassen sich dann nur vor dem Hintergrund dieser konkreten Produktionsprozesse erfassen bzw. interpretieren, d.h. sie hängen ab vom technischen Niveau der Gründungen und Erweiterungen, vom technischen Niveau vor und nach Rationalisierungs- und Umstellungsinvestitionen.

Diese Hypothesen sind nur dann nicht trivial, wenn man von der Ebene der Konstruktion theoretischer Begründungszusammenhänge, wie sie z.B. die Ansätze, die sich am Begriff des technischen Fortschritts bzw. am Phänomen der Arbeitsproduktivität als Restgröße der ökonomischen Wachstumstheorie orientieren, heruntersteigt. Unterschiedliche Arbeitsproduktivitäten werden durch unterschiedliche Automatisierungsgrade bestimmt. Die Bundesrepublik ist ein hoch spezialisiertes Maschinenbauland, ebenso wie die USA oder Japan; d.h. insbesondere mehr als die Hälfte der örtlichen Produktionsstrukturen werden durch den Sektor Maschinenbau dominiert. In diesen örtlichen Produktionsstrukturen lassen sich extrem unterschiedliche Automatisierungsgrade und zum Teil Mechanisierungsgrade finden. Zu einer derartigen Aussage gelangt man nur aufgrund von empirischen Untersuchungen, die als Unterscheidungskriterium technische Konstruktionsprinzipien des Maschinenparks aufweisen.Auf dieser empirischen Ebene sind alle Klassifikationen nach Wirtschaftssektor, Branchen sowie der Relation von Industriebereich zu tertiärem Sektor nicht aussagefähig, da in ihnen die Ausweitung der "Eigenfähigkeiten technischer Apparaturen" in Relation zur menschlichen Arbeit nicht zum Ausdruck kommt.

Die Ausweitung der Eigenfähigkeiten technischer Apparaturen hat zu wirtschaftlichen Wandlungen in alten Industriegebieten geführt, die gar nicht überschätzt werden können. Zwischen 1961 und 1970 verloren Regionen wie Duisburg und Oberhausen monatlich 700 Arbeitsplätze, zwischen 1970 und 1986 immer noch monatlich zwischen 200 und 300 Arbeitsstellen. Daß diese "Dynamik" einer Region auch mit der Dynamik oder Flexibilität der Menschen dieser Region zu tun hat, davon ist selten die Rede; allenfalls wird ihnen eine gewisse Industrieerfahrenheit zugebilligt. Diese Industrieerfahrenheit wird auch noch gebraucht, denn noch immer bestimmen die Sektoren Eisen und Stahl wichtige Städte des Ruhrgebiets. Die industrielle Neuorientierung der alten Industriegebiete war ein Bündel von Maßnahmen: Reduktion der Aktivitätsniveaus, industrielle Rationalisierung und tertiäre Neuorientierung. Reduktion der wirtschaftlichen Aktivität bedeutete dabei meist einen - hohen - lokalen Verlust an Arbeitsplätzen, seltener eine Reduktion der Produktionskapazitäten. Der Bergbau verlagerte sich im Ruhrgebiet nach Norden, die Stahlindustrie erhöhte ihre Produktivität in gigantischem Maße, verbunden mit Stillegungen ganzer Walzwerke durch Konzentration an spezialisierten Standorten. Der Arbeitsplatzabbau war in der Regel mit Sozialplanregelungen für ältere Arbeitnehmer verbunden. Die Unternehmen streuten ihr Risiko sehr breit. Aufkauf branchenfremder Unternehmen oder vertikal verbundener Betriebe. In einigen Unternehmen wird deshalb die Montanmitbestimmung wohl auslaufen, da der Anteil der Arbeitnehmer in dieser Sparte an den Gesamtbeschäftigten der Unternehmen unter das vorgesehene gesetzliche Minimum geschrumpft ist. Das "Potential" an älteren Arbeitnehmern ist jedoch in einigen Werken erschöpft, so daß weitere Sozialplanregelungen nicht greifen werden.

Unterschiedlich sind die Regionen aus dem Konjunkturtal nach 1978 hervorgegangen. Erklärungen der Arbeitsplatzentwicklungen sind für einen Teil der Regionen davon abhängig, ob der Zeitraum 1970-1978 oder 1978-1984 gewählt wird. Konjunktureinfluß und Struktureinfluß überlagern sich. Die Entwicklung von 1970 bis 1978 stellt die Rangfolge des regionalen Wirtschaftswachstums im Vergleich zu 1961 - 1970 geradezu auf den Kopf: die Regionen. die zwischen 1961 und 1970 das höchste Arbeitsplatzwachstum aufweisen, haben jetzt fast gleich hohe Beschäftigungsverluste. Es sind die großen Ballungsgebiete, die sowohl zwischen 1961 und 1970 als auch zwischen 1970 und 1975 extreme Beschäftigungsveränderungen aufweisen. Während jedoch die Entwicklung zwischen 1961 und 1970 durch Expansion des tertiären Sektors überwiegend getragen wurde, ist zwischen 1970 und 1978 ein Drittel des Beschäftigungsrückgangs durch den Beschäftigungseinbruch im Baugewerbe zu erklären. Die Prognose bis 1990 zeigt noch immer keine Trendwende an den regionalen Arbeitsmärkten; aber die sozialen Strukturen der Zukunft sind in der Gegenwart bereits meßbar. Wichtigster Indikator - der durch die Prognosen zeitlich vorweg zur Verfügung stehen sollte - ist jetzt die regionale Arbeitslosenquote, d.h. das Niveau der Arbeitslosigkeit zum Basiszeitpunkt (1983) bestimmt neben den Pendelverflechtungen die zukünftige Arbeitsmarktsituation.

Bei derartig extremen Unterschieden in der regionalen wirtschaftlichen Entwicklung kann ohne weitere Prüfung davon ausgegangen werden, daß durch sie auch die Sozialentwicklung geprägt worden ist. Instabilität in der regionalen ökonomischen Entwicklung wird jedoch in dem Maße nicht zur Instabilität der politischen Basis geführt haben, wie interregionale Kompensations- und Ausgleichszahlungen (kommunaler Finanzausgleich, Länderfinanzausgleich, regionale Wirtschaftsförderung, Zuständigkeit des Bundes in der Arbeitsmartkpolitik) die sozialen Folgelasten ökonomisch depressiver Regionen gemindert haben.

Wenn in Zukunft die Vorleistungsstruktur in den Regionen verstärkt in der Wirtschaftsförderung berücksichtigt werden soll, so müssen wir auf die theoretischen Grundlagen und Probleme verweisen. Regionale Input-Output-Modelle können regional- sektorale Abhängigkeiten bei der Erzeugung des regionalen Sozialprodukts durch Formulierung entsprechender Hypothesen zur Konstanz oder Systematik der Veränderung der Wirtschaftstruktur aufzeigen. Die Wirkungen der vollständigen Wirtschaftsstruktur auf wirtschaftliche Stabilität werden dagegen der Flexiblität, d.h. Nicht-Konstanz der regionalen Wirtschaftsstrukturen zugeschrieben. Die Wirkungen sektoraler Nachfrageverschiebungen setzen sich bei deterministischer Betrachtungweise entsprechen der regionalen und sektoralen Produktions- und Handelsstrukturen fort. Die theoretische Grundlage der Flexibilisierungszielsetzung bildet die Hypothese, daß mehr oder weniger zufällige regionale Nachfrageeinbrüche bzw. Nachfrageimpulse, im Sinne unabhängiger, zufälliger Ereignisse, die regionalen Produktions- und Nachfragestrukturen verändern, daß einem sektoralen Beschäftigungseinbruch ein anderer sektoraler Beschäftigungsimpuls gegenübersteht. Die Rechtfertigung dieser Betrachtrungsweise ergibt sich in Kenntnis der Tatsache, daß regionale Betriebserweiterungen , -umstellungen, -neugründungen an anderen Standorten und regionale Betriebsstillegungen durch die Input-Output-Analyse nicht erfaßt werden können.

Hinzu kommt die Theorie der horizontalen Abhängigkeit von Produktionen, die als Schlüsselsektoren bezeichnet werden. Die Auswahl von Schlüsselsektoren zur Initiierung von Wachstumsprozessen basiert auf der Methodologie der

Input-Output-Analyse. Beschreibt die Input-Output-Analyse (in Form der Matrix-Multipikatoren) für alle Sektoren die direkten und indirekten Wirkungen von Nachfrageänderungen, so werden bei dem Versuch, Schlüsselsektoren zu ermittlen, in einem zweiten Schritt die Multiplikatoren entsprechend ihrer Größe und Wichtigkeit in eine Rangfolge gebracht. Sektoren mit den größten Multipilkatoren (d.h. den höchsten direkten-indirekten Linkage Effekten) werden als Schlüsselsektoren definiert.

Bei Schlüsselsektoren können sich die Absatz- und Bezugsverflechtungen auf sehr viele Regionen verteilen, so daß die Spezialisierung einer einzelnen Region dadurch nicht berührt wird. Um von stärkerer Spezialisierung durch die Existenz von Schlüsselsektoren in einer Region sprechen zu können, müssen die Abnehmer- und Bezugsindustrien (Dienstleistungunternehmen) in der gleichen Region ihren Standort haben, d.h. einen räumlichen Verbund bilden bzw. räumlich assoziert sein.

Durch Berücksichtigung eines Indutriekomplexes steigt die durchschnittliche Spezialisierung in den Arbeitsmarktregionen der Bundesrepublik Deutschland, erklärbar dadurch, daß die Sektoren Maschinenbau, Stahlerzeugung und Elektrotechnik innerhalb des einzelnen Komplexes von der Zahl der Beschäftigten her das stärkste Gewicht haben; Allerdings nur im Norden der Bundesrepublik, im Süden werden Komplexe nur durch den Sektor Maschinenbau und Elektrotechnik gebildet.

Neben der Zielsetzung, regionale Wirtschaftstrukturen zu flexibilisieren, sollten die Informationsinstrumente zur Beschreibung regional ablaufender Prozesse, die die Markt-, Technologie- und Beschäftigungssituation von Regionen verändern, verbessert werden. Daß hier noch Forschungsarbeit zu leisten ist, zeigt die Diskussion um die Regionalisierung der Strukturberichterstattung. Wenn gefordert wird, daß im Rahmen der Regionalpolitik verstärkte Hilfe bei der Analyse der Notwendigkeit und bei der Durchführung von Umstellungen, insbesondere industrieller Markt- und Technologiebedingungen, geboten wird, so weist diese Forderung auf einen Weg, der von der regionalen Wirtschaftsförderung bereits beschritten wird. Versuche, durch regionale Technologieberatungs- und - transferstellen Unstrukturierungsprozesse von Regionen zu erleichtern, d.h. den sogenannten Technologietransfer zu beschleunigen, finden bereits statt.

Die Verteilung der geförderten Investitionen auf Wirtschaftssektoren gibt ein getreues Abbild regionaler Spezialisierung und Diversifizierung.

Sieht man vom Fremdenverkehrssektor ab, so dominiert in der Wirtschaftsförderung der Sektor Maschinenbau. Dominant ist ebenfalls der Sektor Elektrotechnik. Geht es nicht um die dominierende Stelle der Förderung, so setzt sich aber bereits der Sektor Holzverarbeitung vor den der Elektrotechnik. In der Förderung der Betriebserrichtungen folgen die Sektoren Kunststoffverarbeitung, Nahrungsindustrie, Chemie, Dienstleistungen, Textil/Leder, Glasindustrie, Eisen- und Stahlherstellung und jene Sektoren, die regional nur in wenigen Fällen eine dominante Stelle einnehmen, wie z.B. der Bergbau und der Energiesektor. Diese regional selten auftretenden Fälle haben jedoch nichts mit einer geringen Höhe der Investitionssumme zu tun; Bergbau- und Chemieunternehmen haben eine extrem hohe Kapitalintensität, so daß schon ein Fall volkswirtschaftliches Interesse wecken kann. Da wir die Sektoren Elektrotechnik und Maschinenbau für die innovationsorientierte Regionalpolitik für besonders wichtig halten, sind diese besonders analysiert worden; Aber auch die Sektoren Holzindustrie, Glasindustrie und Textil, um die räumliche Separierung der Sektoren, die gemeinhin mit dem technischen Fortschritt in Verbindung gebracht werden, von denen zu zeigen, die in diesem Zusammenhang weniger genannt werden. Die Größenordnungen, in denen in der Glasindustrie, der Holzindustrie, in der Textilindustrie und Nahrungsmittelindustrie Investitionen vorgenommen worden sind – und gefördert wurden – zeigt wie unberechtigt die vorherrschende Diskussion um Technologiezentren geführt wird. Es gibt vielmehr eine Dualisierung der Wirtschaft, zum einen neue Betriebe der Elektrotechnik und Informationstechnik und Steuerungstechnologie, auf der anderen Seite ein permanenter Prozeß der Aufnahme dieser neuen Technik in fast alle Sektoren einer Volkswirtschaft, sei es in Form von Neuggründungen, Erweiterungen, Umstellungen oder Rationalisierungen.

Erweiterungen von Betrieben erfolgten vorwiegend in den Sektoren Maschinenbau und Elektrotechnik. Während in den Karten zu den Errichtungen im Sektor Elektrotechnik ein Nord- Süd- Gefälle gezeichnet wurde, ist dieses bei den Erweiterungen nicht zu erkennen. Das heißt, der Ausbau vorhandener Betriebe der Elektrotechnik und des Maschinenbaus erfolgte im Norden und

Süden der Bundesrepublik gleichermaßen; um die Zuwächse neuer Betriebe ist soviel Diskussion entstanden.

Die Kombination, in der die drei wichtigsten Sektoren in den Regionen vertreten sind, definiert regional unterschiedliche Wirtschaftsstrukturen. Strukturen des Hochtechnologiebereichs Elektrotechnik und Maschinenbau werden dann kein regionales Arbeitsplatzwachstum verursachen, wenn der dritte wichtige Sektor in der Textilindustrie oder in der Stahlerzeugung oder im Bergbau zu finden ist. In diesen Sektoren sind auch bei Erweiterung von Betrieben durch hohe Produktivitätssteigerung Arbeitsplatzverluste in einer Höhe zu verzeichnen, die die Zunahme in anderen Sektoren kompensiert – sind die Investitionen als Rationalisierungsinvestition ausgewiesen, dann natürlich erst recht. Will man die Ergebnisse der umfangreichen Statistiken zusammenfassen, so zeigen Zahlen zu den Errichtungen und Erweiterungen vor allem folgendes:

- die regionale Wirtschaftsförderung hat als Aufgabe der Ländergemeinschaft den Ausbau der wichtigen Industrien des Maschinenbaus und der Elektrotechnik in allen Bundesländern begleitet und subventioniert.
- Die Errichtungen von Betrieben und Arbeitsplätzen der Elektrotechnik sind durch die Ländergemeinschaft vorwiegend im Süden subventioniert worden.
- Neben der gleichmäßigen Förderung des Maschinenbaus ist auch die Konkurrenzfähigkeit der Textilindustrie, der Glasindustrie usw. erhöht worden.

Die Diskussion über die Flexibilität regionaler Arbeitsmärkte ist eine Kontroverse zu fundamentalen Arbeitsmarkttheorien und zu schwerwiegenden Interessen der Arbeitsmarktparteien. Die Regelung der Arbeitsmärkte über Tarifverträge ist ein System von Vereinbarungen, und die Vereinbarungen sind (jederzeit) revidierbar, im allgemeinen hart erkämpft.

Einer der Hauptsätze der Produktionstheorie lautet: Durch Variation im Einsatz eines Produktionsfaktors ändert sich die Einsatzintensität aller anderen Produktionsfaktors. Intensitätsänderung ist ein Synonym für Flexibilitätsanforderungen. Am Beispiel der Diskussion um die Arbeitszeitverkürzung werden diese Zusammenhängesehr deutlich. Für die regionale Wirtschaftspolitik gilt:

- Wenn die regionale Wirtschaftsförderung den Indikator "Arbeitslosenquote" stark gewichtet als Abgrenzungskriterium von Regionen nimmt, aber gleichzeitig fast nur Investitionen fördert – und hier immer stärker Rationalisierungsinvestitionen – dann müssen sich regional neue Faktorintensitäten ergeben, d.h. müssen neue Flexibilitätsanforderungen entstehen oder müssen in der Vergangenheit hohe Flexibilitätsraten in dem Maße erreicht worden sein, wie Kapitalförderung erfolgreich war.

Unter Flexibilität wird auch die Beseitigung von Kündigungsschutzvorschriften verstanden, so daß Investitionsförderung und regionale Arbeitslosigkeit in einen Zusammenhang gebracht werden könnten, käme es nur auf dieses Merkmal an. Wichtig ist in der angeführte Zusammenhang zwischen produktivem Wissen der Arbeitnehmer über interne Organisationsstrukturen.

Regionalpolitik ist seit jeher durch unterschiedlich wirkende Konjunkturen begründet. Wir können die Diskussion um Beschäftigungsprogramme beliebig weiterführen, denn die Argumentation zur Lohnhöhe ist in sich schlüssig, wenn sie die Modelle der vollkommenen Konkurrenz nicht verläßt: Abbau von Arbeitsschutz führt zu Entlassungen der Arbeitnehmer, die aufgrund dieses Schutzes nur noch weiter beschäftigt wurden; die Löhne müssen für diese Gruppen gesenkt werden können, bei Beibehaltung der hohen Löhne für qualifizierte Arbeitnehmer, dies ergibt eine hohe Lohndifferenzierung; wenn die Löhne für unqualifizierte das Niveau der Arbeitslosenversicherung erreicht haben, dann muß die Versicherungsleistung gesenkt werden; wenn – nach einem Jahr – die Arbeitslosenhilfe oder die Sozialhilfe höher als das untere Lohnniveau wird, so muß das Niveau der Sozialhilfe diskutiert werden. Alle Bereiche sind in den letzten Jahren ausgiebig diskutiert worden. Das System gestattete auch qualifizierte Jugendliche, die jetzt lediglich infolge des demographischen Drucks nicht in den Arbeitsmarkt integriert werden, zu beschäftigen. Somit kann es sozialpolitisch sogar legitimiert werden.

Schwierig wird die Argumentation, wenn Modell- und Zieldiskussion vermischt werden. Regionalpolitik hat schon immer die Zielkonflikte zwischen Wachstums- und Gerechtigkeitsziel aufgezeigt, d.h. gezeigt, auf wieviel Sozialproduktwachstum verzichtet wurde, wenn das Gerechtigkeitsziel stärker gewichtet wurde. Schwierig wird es in der Zukunft, wenn eine sehr hohe Gewichtung der Arbeitsmarktindikatoren, d.h. Stärkung der Ausgleichszielsetzung zu gesamtwirtschaftlichen Wachstumsverlusten führen kann. Dann muß auf die Zielsetzung verstärkt hingewiesen werden. Wenn Arbeitslosigkeitsbeseitigung aber nur ein verbales Ziel ist, dann besteht Konsens mit Angebotstheoretikern nur in jenem schmalen Bereich jener geringen, sektoral und regional abgestimmten Beschäftigungsprogramme. Dann ist man in der Grössenordnung lokaler Selbsthilfeeinrichtungen, die nur die größte Not lindern können, mit Ökonomie nur wenig zu tun haben.

Der obigen Argumentation haben wir gegenübergestellt: zum einen das hohe Niveau der in der Vergangenheit erfolgten Umstellungen und Rationalisierungen in den Regionen der Bundesrepublik. Mobilität der Arbeitnehmer war hierzu Voraussetzung, denn diese Prozesse erfolgten meist über einen regionalen Arbeitsplatzabbau. Zum anderen haben wir auf die Bedingung hoher Mobilität und Flexibilität verwiesen und gefragt, was Ökonomen für Vorstellungen von sogenannten Intergenerationenprozessen haben. Berufliche Erstausbildung ist ein derartiger Prozess, d.h. Informationen über Berufe werden über Generationen vermittelt. Berufliche Umschulung verlangt Informationen der bereits ausgebildeten über zukunftsfeste Berufe und da derartige Programme meist in öffentlichen Einrichtungen oder zumindest gesellschaftlich finanziert werden, auch Vorstellungen von Ämtern und Institutionen, wohin denn die Mobilität gerichtet sein soll.

Offen bleiben aber vor allem Fragen nach beruflichen und sektoralen Mobilitätsprozessen. Die Wahrscheinlichkeit in Zwiesel Glasfacharbeiter zu werden ist bedeutend höher als in Heinsberg, Stahlfacharbeiter in Duisburg oder Oberhausen oder Dillingen zu werden, höher als in Düsseldorf oder München. Man muß sich nur einmal die Kommunikationsprozesse vorstellen, die ablaufen müssen, um in Berufe überzuwechseln, die in Regionen nicht vertreten sind, und auch keine überregionale Ausbildungsinstitutionen aufweisen. Die funktionalen Berufsverteilungen der Regionen legen zunächst einmal das Maß an Information in einer Region fest.

Wer von mangelnder Flexibilität spricht, der muß eine theoretische, eine gewünschte Verteilung vorgeben, um dann die Mobilitätserfordernisse ableiten zu können; Wanderungsprozesse von der gegenwärtigen Berufs- und Sektorverteilung zur gewünschten Verteilung nach Sektoren und Berufen. Die Klassifikation nach Hochtechnologie, Zukunftsfestigkeit ist zu allgemein, reicht nicht aus.

Die Ungewißheit struktureller und konjunktureller Entwicklungen wird in der Unternehmensplanung durch den Einbezug von Stabilisatoren zur Verstetigung der Nachfrage und der Ausgaben zu berücksichtigen versucht. Aus den unterschiedlichen Branchenkonjunkturen, die bis 1982 durch den Konjunkturabschwung verstärkt worden waren, resultieren Strategien zur Erhöhung der Krisenfestigkeit, abgebildet durch Modelle der flexiblen Planung. Flexible Spezialisierung ist ein Thema, das durch den letzten Konjunkturzyklus sowohl auf volkswirtschaftlicher Ebene, als auch auf betriebswirtschaftlicher Ebene wieder in den Vordergrund getreten ist. Regionaler Strukturwandel entsteht durch unterschiedliche sektorale Konjunkturen und der Veränderung reginaler Standortfaktoren. Regionalpolitik wirkt auf beide Faktoren ein. Durch Infrastrukturmaßnahmen auf das Gefüge der Standortfaktoren, durch Verbilligung der Kapitalkosten, die räumlich selektiv gewährt werden, auf die Erleichterung von Umstellungsprozessen im sektoralen Konjunkturzyklus und Trend.

Regionale Wirtschaftsförderung muß in Verbindung mit der trendorientierten Kapazitätspolitik der Unternehmen gesehen werden; sie greift in die Kapazitätspolitik der Unternehmen ein, gleichgültig, ob diese Kapazitätspolitik auf Erweiterungen oder Abbau von Produktionsfaktoren durch Rationalisierung gerichtet ist. Regionalpolitik greift deshalb in langfristige Planungskonzepte der Unternehmen ein. Es ist nicht zu verstehen, wie Investitionszulagen deshalb noch nachträglich gewährt werden können, wo es hierbei um grundlegende Einflüsse auf Investitionen geht. Zur Regionalförderung zählt nicht zufällig die Förderung des Aufkaufs von Unternehmen, denn bei Mehrheitsbeteiligungen verwischen sich die Differenzen von "Off- Balance- Sheet"-Investition und Sachanlageinvestition; die Beteiligung geht bilanziell in die Vermögens- und Kapitalrechnung der Beteiligungsgesellschaft ein. Ohne daß sich die Produktionskapazitäten einer Volkswirtschaft erhöhen, kann die regionale Wirtschaftsförderung dazu beitragen öffentliche Gelder in die Wirtschaft zu transferieren, und zwar immer dann, wenn sich die Geschwindigkeit erhöht, mit der Unternehmenskonzentrationen erfolgen.

Diversifikationskonzepte von Unternehmen lassen sich durch betriebsinterne Investitionen verfolgen, oder durch externe Investitionen, d.h. Beteiligungen. Beteiligungsinvestitionen nehmen unter bestimmten Bedingungen einen hohen

Stellenwert ein. Sie weisen für die Unternehmen folgende Vorteile auf: Zeitersparnis im Vergleich zur Entwicklung eigener Produkte, konstante Kapazität, Widerstände der Markteindringung werden leichter überwunden, seien es finanzielle, technische oder rechtliche Widerstände, Programmerweiterung um eingeführte und gereifte Produkte, Erwerb zum Teil unter dem Ertrags- oder Substanzwert, technologische "Befruchtung" und Finanzierungserleichterungen.

Dieses scheinbar klare Konzept bereitet in der Praxis Schwierigkeiten. In der Praxis fehlen wesentliche Informationen über konjunkturunempfindliche Sektoren, auf die die wirtschaftlichen Aktivitäten verlagert werden sollen und durch die ein Abbau der schicksalhaften Abhängigkeit einer spezialisierten Unternehmung vom angestammten Markt erfolgen soll. Bei unvollkommener Information werden zusätzliche Risiken übernommen, die die Krisenanfälligkeit der Unternehmung noch erhöhen können. Diese Einschränkungen gelten sowohl für die Strategien der "organischen" Diversifikation, d.h. wenn Produkterweiterungen um das zentrale Know How der Unternehmung vorgenommen werden, als auch für die vertikale Diversifikation, d.h. bei Angliederung produktionstechnischer Vor- oder Nachstufen.

Anpassungsfähigkeit von Regionen durch diese Konzepte zu erreichen scheint unmöglich. Vertikale Diversifikation führt eher zu einer weiteren Spezialisierung von Regionen. Während allerdings Unternehmen durch neue geographische Märkte ihre Gewinnrisiken streuen können, bleibt die schicksalhafte Abhängigkeit der Arbeitnehmer vom ursprünglichen Produktionsprogramm erhalten.

Alternative Zukunftslagen bereits bei der Planung zu berücksichtigen, ist eine Forderung, die vereinzelt von der Rechtsprechung bereits gefordert wird, und zwar im Bereich des Umweltschutzes. Diese Forderung – Denken in Alternativen – kann auch an den Bereich regionaler Arbeitsmarktpolitik und Wirtschaftsförderung herangetragen werden. Gefragt werden braucht lediglich danach, was sich ereignet, wenn die demographische Entlastung am Arbeitsmarkt nicht bereits mit Beginn der 1990er Jahre einsetzt, wenn Rationalisierungsinvestitionen weiterhin zunehmen, wenn die Kapitalintensität weiter steigt. Das derartige Fragen wenig gestellt werden, ist nach Auffassung der Rechtsprechung, d.h. im Sinne der von der Gesellschaft in das Recht hineingetragenen Wertungen, Politikversagen.

Die Diskussion von Mobilitätsprozessen - zum politischen Schlagwort inzwischen verkürzt - nimmt die Entwicklung des Arbeitsmarktes in den USA zum Vorbild. Zwischen dem Arbeitsplatzwunder in den USA und seinen hochflexiblen Arbeitsmärkten wird unbesehen ein Kausalzusammenhang hergestellt, so daß für die Bundesrepublik der Umkehrschluß gelten muß, wonach mangelnde Flexibilität und verkrustete Arbeitsmarkstrukturen für das Ausbleiben neuer Arbeitsplätze verantwortlich sind. Mangelnde Flexibiltät wird in der Regel bei den Arbeitnehmern, bei den Gewerkschaften und beim Staat lokalisiert, selten auf der Unternehmerseite. An den amerikanischen Arbeitnehmern wird demgegenüber die Eigenschaft gelobt, daß sie von heute auf morgen ihren Beruf und ihren Job wechseln, während hierzulande starre Löhne, überhöhte Reallöhne, Kündigungsvorschriften und soziale Regulierungsmechanismen ein derartiges Verhalten unmöglich machten. Die Gültigkeit dieser unterstellten Kausalzusammenhänge würde bedeuten: Der hochflexible Arbeitsmarkt der USA hat dazu geführt, daß der Strukturwandel, d.h. der Austausch der alten durch die neuen Arbeitsplätze reibungslos vonstatten gegangen sei, aus schrumpfenden Industriezweigen wären die freigesetzten Arbeitskräfte im expandierten Dienstleistungsbereich untergekommen. In der Tat scheint ein erster Blick auf die Wirtsschaftsstruktur der USA diese Hypothese zu bestätigen. Zwischen 1970 und 1981 blieb die Beschäftigtenzahl in verarbeitenden Gewebe nahezu konstant, während sich die Arbeitsplätze im Handel von 15 Millionen auf 20,6 Millionen erhöhten, bei den Banken und Versicherungen von 3,6 Millionen auf 5,3 Millionen, bei den sozialen und privaten sowie den kommunalen Dienstleistungen von 11,5 auf 18,6 Millionen sowie im öffentlichen Bereich von 12,6 auf 16,0 Millionen. Damit erhöhte der Dienstleistungssektor seinen Anteil an der Beschäftigung von 62,6% auf 68%, während sich die Beschäftigung im Sekundärsektor von 33,2% auf 28,4% reduzierte. Zum Vergleich: In der BRD wuchs im gleichen Zeitraum der Tertiarsektor von 45,2% auf 51,8% bei Abnahme der Arbeitsplätze im produzierende Gewerbe von 47,5% auf 42,7%. Zu erinnern ist jedoch daran, daß diese Entwicklung nicht mehr uneingeschränkt positiv nach dem Motto: Auf dem Weg zur Dienstleistungsgesellschaft interpretiert wird, sondern daß zur Zeit von einer neuen Industriepolitik die Rede ist. Trotz der extremen Erhöhung der Arbeitsplatzzahlen hat auch in den USA die Arbeitslosenquote auf ca. 10% zugenommen. Wäre die These eines hochflexiblen Arbeitsmarktes durch Umsetzung von Arbeitnehmern aus alten

Industriebereichen in neue Dienstleistungsbereiche gültig, so müßte die Arbeitslosenquote in diesen alten Industiebereichen vergleichsweise gering sein. Untersuchungen zur Branchenstruktur und der Arbeitslosenquoten nach Branchen zeigen jedoch hier einen Widerspruch, der noch dadurch erhärtet wird, daß vorwiegend Frauen von den neuen Arbeitsplätzen profitiert haben. Die Diskussion zur neuen Industriepolitik wurde unter dem Stichwort Zukunftsorientierung der Wirtschaft geführt. Picking winners anstatt bail-out losers. Venture capital-Programme gehören in diese Kategorie der Politik, in der Finanzengpässe nur beseitigt werden müssen, um die neuen Industrien zu fördern. Der Erfolg einer derartigen Politik basiert auf der Annahme einer Fähigkeit zur Weitsicht der Planungsinstanzen, die über ein normales Maß hinausgeht. Die empirischen Fakten stützen diese Annahme nicht.

Alte Industriezweige haben eine etablierte politische Basis und Lobby, neue Industrien haben noch keinen festen Ort im politischen Gefüge. Dies ist ein Grund, weshalb einige Advokaten des freien Marktes fürchteten, daß neue Industriepolitik in den USA eher den Strukturwandel behinderten als zu neuen sunrise Industrien führten. Aber die Strategie der Technologieförderung hat keinen Erfolg für alte Industriezweige und -regionen gebracht; sie hat wenig oder nichts für die entlassenen Arbeitnehmer erreicht, hat sie nicht wieder in Produktionsprozesse integrieren können, yuppies sind nach North Carolina eingewandert, entlassene Stahlarbeiter arbeiten für einen Bruchteil ihrer früheren Löhne im Dienstleistungssektor. Wenn man berücksichtigt, daß Löhne in etwa das Grenzprodukt der Arbeit wiedergeben, dann ist diese Bewegung von Arbeiten mit hohen Löhnen zu niedrigen Löhnen ein Indiz für die Zerstörung des produktiven Wissen der Stahlarbeiter und Automobilarbeiter in den USA. Eine Grundsatzentscheidung der Industriepolitik der USA betrifft den regionalen Bezug von Programmen. Da die Schwerindustrie auch in den USA regional konzentriert auftritt, ist Sektorpolitik und Regionalpolitik weitgehend identisch. Die Lage ist eher durch ein Zuviel an Regionalpolitik gekennzeichnet, da jedes Bundesland, jede Stadt ihre incentives und Subventionen gewährt. Prinzipiell ist gegen eine Wirtschaftspolitik auf lokaler Ebene nichts einzuwenden – unter der Annahme, daß lokale Instanzen ihre Bedürfnisse und Fähigkeiten besser kennten als zentrale Behörden. Von allen als eigne Politik der Wirtschaftsförderung betrieben, nivellieren sich die Anreizeffekte, verwischen sich die Wettbewerbsvorteile; Industriepolitik wird zur Politik des beggar thy neighbor, ohne daß relative Standortvorteile verändert werden. Regionalpolitik wird dann zur generellen Politik der Wirtschaftsförderung. Das Problem der Steuervergünstigungen an neue Unternehmen besteht darin, daß sie als Standortfaktoren gar keine Rolle spielen; Bildungseinrichtungen, Verkehrsinfrastruktur und Servicesektor bilden die entscheidenden Standortfaktoren. Steuervergünstigungen – in großem Maßstab gewährt – verringern die Fähigkeit öffentliches Kapital zur Verfügung zu stellen und damit Wirtschaftswachstum zu fördern. Die öffentliche Kapitalbasis muß erhalten bleiben, um nicht Gefahr zu laufen, eine Nation in Ruinen zu werden, eher noch als eine Nation der "hamburger stands". Die Rationalität von Einzelentscheidungen führt nicht zur Wohlfahrt aller, sondern wird zur Tragödie des Gemeinwesens. Auch für die USA wird von einer Gruppe von Ökonomen darauf hingewiesen, daß Industrie- und Regionalpolitik nicht unbedingt unter Wettbewerbsgesichtspunkten durchgeführt werden muß. Hilfprogramme für Städte sollten dazu führen, die Arbeitslosigkeit abzubauen und keine Wachstumspolitik darstellen.

Die Entwicklung auf dem Arbeitsmarkt der Bundesrepublik Deutschland – und auch auf regionalen Arbeitsmärkten – ist mit relativer Sicherheit vorherschätzbar : die Gleichwertigkeit der Lebensverhältnisse ist als Zielsystem in Frage gestellt, denn Arbeit ist regional extrem ungleich verteilt, erkennbar sowohl an den Zahlen zur registrierten Arbeitslosigkeit, als auch an Formen der Unterbeschäftigung in ländlichen Regionen, sowie an den Ergebnissen der Prognosen regionaler Arbeitsmarktbilanzen, sowie an dem in einer Reihe von Städten etablierten zweiten Arbeitsmarkt.

Staatliche Arbeitsmarktpoltik und Regionalpolitik wird - - bedingt durch den Arbeitsangebotsdruck bis bald zum Jahr 2000 – keinen Einfluß auf die nach betriebswirtschaftlichen Kalkülen betriebenen Rationalisierungsstrategien haben können; "Gesicherte Arbeitsplätze" versus "Neue Arbeitsplätze" sind die beiden Indikatoren, die weiterhin zu untersuchen sein werden. Regionalpoltik kann zwar, auch auf regionaler Ebene, in Teilbereichen, vor allem durch Informationsverbesserung über regional entfernte Märkte, die Allokationsprozesse von Arbeitsmärkten beeinflussen, aber sie kann an der Verfügungsmacht der Arbeitsnachfrager, Arbeitsplatzanbieter nichts ändern, jener Verfügungsmacht, die Claus Offe als "negatives Eigentumsrecht" der Arbeitsplatzanbieter bezeichnet. Nicht Arbeitsmarktpolitik, sondern Investitionspolitik und Technologieförderung steht im Mittelpunkt des Intersses der

Besitzer von Arbeitsplatzrechten. Um so schwerer wird die Verantwortung, die Regionalpolitik übernimmt, wenn sie verstärkt neue Technologien fördert, ohne hinzusehen, ob damit Rationalisierungsinvestitionen gefördert werden und wenn sie im Interessengefälle zwischen Arbeitsangebotsseite und Arbeitsnachfrageseite auf Ausgliederungsforderungen und auf verstärkten sozialen Druck stößt. Der Hintergrund zur Diskussion des Indikators der strukturellen Arbeitslosigkeit ist Beleg hierfür. Durch die Individualisierung der Ursachen der Arbeitslosigkeit, d.h. der Suggestion, daß jeder seines Glückes Schmied sei, wird verdeckt, daß Arbeit und die Zuweisung eines bestimmten Status durch Arbeit nur im gesellschaftlichen Rahmen möglich ist. Somit ist zuvor eine systematische öffentliche Meinungsbildung bis hin zur Meinungsmache notwendig, um Randgruppen zu finden und zu kennzeichnen. Hierzu gehören Diskussionen über den Mißbrauch sozialer Regelungen durch bestimmte Gruppen ebenso, wie Klagen über verlorene Arbeitsmoral und Drückebergertum der Deutschen, sowie Hinweise auf verstärkt abweichendes Verhalten der Jugendlichen, auch Behauptungen über die gesellschaftliche Schädlichkeit von Doppelverdienern und gleichfalls eine plötzliche Wiederentdeckung einer Rolle der Frau, bezeichnet als "Neue Mütterlichkeit". Alle in der öffentlichen Meinung gefundenen - und durch die tatsächlichen überdurchschnittlichen Werte zur Arbeitslosigkeit auch empirisch bestätigten - Randgruppen geraten unter einen verstärkten Druck, der eine Ausgliederung aus dem Arbeitsmarkt bewirken soll. Dieser Druck richtet sich auf eine Ausgliederung in das soziale Fürsorgesystem oder auf eine Ausgliederung zu externen Arbeitsmärkten, sogenannte alternative Arbeitsmärkte, denen man dann über eine neue Diskussion alternativer Lebensformen auch noch einen positiven Wert geben kann. Die neue Diskussion über den Arbeitsbegriff ist Indiz hierfür.

Untersuchungen zum Problemen der Messung struktureller Arbeitslosigkeit kommen zu folgendem Ergebnis: Das höchste Risiko dauernd arbeitslos zu bleiben, haben Personen, deren Berufausübung durch gesundheitliche Schäden beeinträchtigt wird - und Ältere. Die beiden Merkmale verstärken wechselseitig die Gefahr der Dauerarbeitslosigkeit. Eine fehlende Ausbildung ist nicht von vorneherein als Vermittlungsschwierigkeit von Dauerarbeitslosen anzusehen. Die Dauer der Arbeitslosikgkeit stellt beim Bemühen um eine berufliche Wiedereingliederung selbst ein äußerst negatives Merkmal dar; die Diskussion um den Zerfall berufsspezifischer Qualifikationen beginnt hier zu wirken: eine lange Arbeitslosigkeit wird von Unternehmern als negatives Auslesekriterium angesehen. Von den regionalen Arbeitsmarktbedingungen hängt die Rückkehr in den Arbeitsprozeß ab, auch bei sogenannten Problemgruppen des Arbeitsmarktes. Dauerarbeitlosigkeit mit Bodensatzarbeitslosigkeit gleichzusetzen, bedeutete, zur Zeit mehr als ein Fünftel aller Arbeitslosen als unvermeidbaren Sockel abzuschreiben.

Die zu Beginn einer konjunkturellen Abschwächung sichtbare Auslese und Verdrängung der Schwachen des Arbeitsmarktes geht zur Zeit relativ zurück. Es darf nicht vergessen werden, daß Entlassungen häufig mit einer Vernichtung des regionalen Arbeitsplatzangebots einhergehen. Jüngere und qualifizierte Arbeitnehmer verlassen oft aufgrund einer als langfristig perspektivlos angesehenen Arbeitsmarktsituation frühzeitig eine Region. Diese Rette- sich- wer-kann- Bewegung der sogenannten markttüchtigen Arbeitskräfte verstärkt den regionalen Struktureinbruch.

Wenn von Arbeitnehmern eine verstärkte regionale Mobilität zur Behebung der Arbeitslosigkeit verlangt wird, so müßte eine Nord- Süd- Wanderung einsetzen, die nur mit den Wanderungen früherer Jahre verglichen werden könnte - mit jenen Wanderungen aus schlesischen Gebieten ins Ruhrgebiet im vorigen Jahrhundert.

Vor dem Hintergrund des Nord- Süd- Kontrastes der Arbeitslosigkeit sind die Argumente zu folgenden Theoriebereichen neu zu betrachten: Regionale Selbsthilfe, Handwerkshilfe und Finanzausgleich. Förderung durch die Regionalpolitik könnte zu einer Polarisierung führen: Handwerk im Norden und Südosten - Großindustrie im Süden, Selbsthilfe im Norden und Südosten - Erwerbsarbeit im restlichen Süden. Ist diese Darstellung auch zu pointiert, so darf nicht vergessen werden, welchen breiten Raum die Argumentation um die Selbsthilfe von Regionen, um die Stärkung des endogenen Potentials von Regionen und um neue Formen der Arbeitsorganisation in der öffentlichen Diskussion einnimmt. Sind einzelne Formen der Selbsthilfe umstritten, so können sie politisch schnell mißbraucht werden, indem auf den scharfen Süd- Nord-Kontrast verwiesen wird. Leistungsprinzip und Berufsethos, Arbeit als ethische Pflicht bestimmen als traditionelle Arbeitsorientierung nicht nur den Bereich der Arbeit selbst, sondern alle Lebensbereiche. Das Ausmaß der Betroffenheit im persönlichen Schicksal durch den Verlust der Arbeit folgt zwangsläufig aus dem Wert der Arbeit, der dieser zur Identitätsbildung beigemessen wird. Ein zweiter Faktor ist jedoch ebenso wichtig wie die hohe Wertung der beruflichen Arbeit: Die Stigmatisierung der Arbeitslosigkeit, die Leichtfertigkeit, mit der von Randgruppen gesprochen wird.

Es ist unwahrscheinlich, daß nur im Norden und Südosten offene Diskriminierung am Arbeitsmarkt, unterschiedliche berufliche Qualifikationsvoraussetzungen und unterschiedliches berufliches Weiterbildungsverhalten, mehr oder weniger abhängig vom tradierten gesellschaftlichen Rollenverhalten, wirken, und zwar bei jenen Arbeitsmarktgruppen, die sehr schnell als Problemgruppen des Arbeitsmarktes klassifiziert werden: Frauen, Jugendliche, Alte und gesundheitlich Beeinträchtige. Schnell könnten Vorurteile eine regionale Dimension gewinnen : mangelnde Arbeitsmoral der Arbeitslosen und der jüngeren Generation im Norden, hohe Arbeitsmotivation im Süden. In der Konfrontation mit einer unterstellten, weniger rigiden Arbeitsorientierung des Nordens würde eine wesentilche Grundlage der regionalen Zusammengehörigkeit in Frage gestellt.

Regionale Wirtschaftsförderung gelangt in dem Augenblick an Grenzen, in dem Investitionen nicht mehr gefördert werden können, da das Investitionsklima gegen eine Ausweitung der Neuinvestitionen steht. Es sind in dem Augenblick, in dem Regionalpolitik Arbeitskräfte fördern müßte, die Regeln der marktmäßigen Nachfrage nach Arbeitskräften außer Kraft gesetzt. Unabhängig von der Höhe der gesamtwirtschaftliche Arbeitslosigkeit sind mikroökonomische Gleichgewichtslagen erreicht. Dieser Sachverhalt gilt bereits seit langer Zeit, denn in allen Bereichen der sozialen Dienste und der Infrastrukturversorgung wird Arbeitsnachfrage durch staatliche Tätigkeit wirksam. Im Augenblick geht es nicht darum, für einen aktuellen und dringenden sozialen Bedarf Arbeitskräfte einzusetzen, sondern aufgrund der Notwendigkeit, die Folgen der Arbeitslosigkeit zu mildern, entsteht die Forderung, Arbeit zu schaffen.

Die Sachkapitalförderung entstammt der frühen Konzipierungsphase der Gemeinschaftsaufgabe. Entstehehung zusätzlicher Arbeitsplätze und Sachkapitalförderung werden als funktional abhängig angesehen. Dieser funktionale Zusammenhang wird durch jene Art von Investitionen durchbrochen, die als Rationalisierungsinvestitionen in die Förderstatistik eingehen. Durch sie wird der funktionale Zusammenhang zum Teil auf den Kopf gestellt, die Funktion invertiert: Je größer das Ausmaß der Förderung der Rationalisierungen, um so stärker der regionale Arbeitsplatzabbau. Der gleich Sachverhalt gilt zum Teil für Erweiterungsinvestitionen. Wenn Rationalisierungsinvestitionen im Vordergrund stehen, so deshalb, weil sie in Zeiten hoher Arbeitslosigkeit politisch schwer zu vermitteln sind.

Die Innovationstätigkeit der altindustriell geprägten Ballungsräume unterscheidet sich nicht im Niveau von der der neuen Wachstumsräume, d.h. der wirtschaftliche Erfolg des Nordens und des Südostens vollzieht sich in einem gigantischen Prozeß der Umstrukturierung der Arbeit und der damit verbundenen Berufe im Zuge von Rationalisierungsstrategien und Rationalisierungstechniken sowie Organisationsprozessen. Im Prozeß der Veränderung der Arbeit werden im Norden und Süden gleich große Leistungen erbracht, jedoch ist die "Altlast" des Umstrukturierungsbedarfs im Süden nicht so schwer.

Gefördert wurde die Rationalisierung der

Glasindustrie im Fichtelgebierge in Franken, in Aachen, in Lippe usw.,
Holzverarbeitung in Stormarn, im Emsland, Westerwald, an der Weinstr. usw.,
Nahrungsindustrie in Uelzen, Deggendorf, Daun, Wolfenbüttel, Cuxhaven usw.,
Eisen und Stahl in Peine, Salzgitter, Goslar Bad Kissingen, Osnabrück und Friesland.
Leder/Textil in Hof, Bayreuth, Diepholz, Kassel, Loerrach usw..
Kunststoff in Waldeck, Vechta und Coburg usw.,

In der Bewertung regionaler Wirtschaftsstrukturen haben sich neuerdings verschiedene Paradigmen geändert. Die These von der Überindustriealisierung der BRD ist zurückgenommen worden; die These von der Eurosklerose schlug um in Eurooptimismus. Geht man davon aus, daß Automatisierungsprozesse die Ursache regionaler Strukturwandlungen im industriellen Bereich waren und sind, so ist die Hypothese eines verstärkten Einsatzes von wissensbasierten Innovationssystemen zwangsläufig mit der Frage zukünftiger Rationalisierungen im Industrie- und Dienstleistungsbereich verbunden. Die Zahl der Arbeitsplätze, die durch Rationalisierungsinvestitionen in der Textilindustrie oder Nahrungsmittelindustrie betroffen sind, ist fast jener Zahl der betroffenen Arbeitsplätze in der Stahlindustrie gleich. Dennoch stand die Rationalisierung der Nahrungsindustrie weniger im öffentlichen Interesse als Beihilfen zur Rationalisierung des Stahlindustrie - sie vollzog sich fast lautlos . Erklärbar ist dieses unterschiedliche Interesse aus der größeren Kapitalintensität der Stahlbranche, aber vor allem aus der regional Konzentration dieses Sektors und dem damit verbundenen Größeneffekt regionaler Beschäftigungsfreisetzungen und Beihilfevolumens. Beihilfen zur Rationalisierung des Stahlindustrie gelten als Muster falscher Faktorallokation - übersehen wird hierbei, daß in den großen Stahlstandorten seit ca. 20 Jahren kontinuierlich ein Abbau an Arbeitsplätzen erfolgte. Jedesmal wenn ein Rationalisierungsschub bevorsteht, sorgt die Größe der erforderlichen Geldmittel und die regional konzentrierte Bedrohung der Arbeitsplätze für öffentliches Interesse. Freisetzungen erfolgten trotz Förderung in späteren Phasen. Gleichermaßen lautlos erfolgten die Umstellungen und finanziellen Förderungen in den Sektoren Glasindustrie und Holzindustrie. Die empirische Analyse zeigt, daß Rationalisierung und Erweiterung in der Regel auch immer in den gleichen Sektoren erfolgt, Rationalisierung in der Glasindustrie, Erweiterung dann vorwiegend auch in der Glasindustrie usw. Rationaliserungsförderung abzuschaffen ist somit wenig erfolgversprechend, da die regionalen Planungsinstanzen die Strategien der Erweiterungen und des Arbeitsplatzabbaus in verschiedenen Betriebsteilen nicht nachvollziehen können.

Während bei Erweiterungen und Neugründungen im Maschinenbau Kreise in Baden- Württemberg dominierten,finden Rationalisierungen vorwiegend im Norden statt. Insgesamt ist folgendes festzustellen: Aufbau- und Erweiterungsförderung erfolgte in den Ländern Niedersachsen, Nordrhein- Westfalen, Bayern und Baden- Württemberg in bedeutendem Maße. Während in den Regionen des Nordens jedoch der Umstellungsprozess im Vordergrund stand, war es im Südwesten der Aufbauprozess jener Sektoren, die zur Zeit noch als Wachstumssektoren - auch hinsichtlich der Beschäftigung - gelten.

Die Gemeinschaft der Länder hat in allen Regionen den Strukturwandel gefördert. Arbeitsplatzwachstum war mit diesem Prozeß in dem Maße nicht mehr verbunden, wie die Kapitalintensität anstieg.

Flexibilität wurde hier sowohl vom Management, vom Marketingpersonal als auch von den freigesetzten Arbeitnehmern verlangt. Regional sind die Flexibilitätsanforderungen unterschiedlich. In Ostbayern fahren Sonntags nach Mitternacht die Pendler in den Münchner Raum, genauso wie die Eifelbewohner nach Köln. In einigen Regionen kommt nur Abwanderung in Frage. Tendenz zur Verlagerung von Arbeitsplätzen in die Ballungsrandgebiete, z.B. von Stuttgart nach Sindelfingen, Balingen usw. kommen hinzu.

Wohnorte bleiben auch bei Verlagerungen der wirtschaftlichen Aktivitäten erhalten. Pendelwanderungen sind in den Gebieten mit einer seit Generationen halsstarrigen Arbeitslosigkeit Tradition. Hier von mangelnder Flexibilität der Arbeitnehmer zu sprechen ist anmaßend und unbegründet.

Entwickelte Technik und ausreichende Kapazitäten der Forschung sind die Einsatzbedingungen unter denen dem internationalen Wettbewerbsdruck begegnet worden ist. Diese Bedingungen sind auch durch Subventionen an die regionalen Wirtschaft herbeigegührt worden. Regionale Humankapitalförderung, Ausbau neuer Techniken, Umbau regionaler Produktionsstrukturen und Einsatz neuer Medien sind nicht unbedingt neue Maßnahmen.

Anpassungsprozesse von Unternehmen an Veränderungen von Umweltsituationen waren auch in der Vergangenheit bereits von der Verfügbarkeit qualifizierten Personals, der Existenz von Forschungs- und Entwicklungsabteilungen sowie von Informations- und Beratungszentren abhängig, und zwar nicht nur in den Agglomerationen.

Es bleibt als Schlußfolgerung, daß innerhalb der sektoralen Umstrukturierungen die Neubewertung von Wissen kontinuierlich erfolgte. Wenn für die Zukunft ein neuer Innovationsschub erwartet wird, so liegt dies an den konkreten ersten Anzeichen der Expertensysteme, künstlicher Intelligenz und so weiter. Diese ersten Anzeichen hat K. Steinbuch bereits 1970 beschrieben. Die Prozesse, die sich damals ankündigten, haben sich vollzogen und stehen nur vor einer Weiterführung. Vielleicht kann damit das Maschinenzeitalter bald als abgeschlossen gelten. Zwar entlehnen wir ihm immer noch unsere Begriffe, wenn wir von komplizierten Räderwerken sprechen und bereits hochintegrierte Schaltungen meinen. Die Standortfaktoren, soweit sie das Wissen von Arbeitnehmern Widerspiegeln, werden einerseits weiterbestehen bleiben, andererseits in einer Vielzahl von Regionen vernichtet werden.

Wie der Prozeß der Vernichtung von Qualifikationen – und der Prozeß der Erneuerung von Ausbildung – erfolgt, ist kulturabhängig. Generell wird unter dieser Kulturabhängigkeit die Entstehung technischen Wissen gemeint, wir haben jedoch auf den Stand des Sozialen Wissens hingewiesen, indem wir auf die Diskussion zur Förderung von Selbsthilfegruppen und auf die Rechtsfigur des "Rechts auf Arbeit" und seine Ausgestaltung eingegangen sind.

Die Regionalpolitik bleibt mit der Herausforderung konfrontiert, zunehmend direkte Arbeitsbeschaffungsmaßnahmen infolge unterausgelasteter Produktionskapazitäten im Gegensatz zum Konzept der Förderung von Rationalisierungsinvestitionen vornehmen zu müssen. Das Unausweichliche der Selektionsprozesse am Arbeitsmarkt bleibt in der Zukunft erhalten. Wirtschaftsstarke, im nächsten Konjunkturaufschwung prosperierende Regionen werden keine Schwierigkeiten haben, im Rahmen der Umstrukturierungsprozesse auf Arbeitsmärkten ihre Erwerbspersonenpotentiale zu integrieren und aus anderen, peripheren Regionen Arbeitskräfte zu attrahieren. Arbeismarktpolitik braucht sich hier nicht ohne Not des Instruments der Mobilitätsförderung - über Regionen hinweg - zu begeben. Neue Instrumente sind in den Bereichen notwendig, in denen - regional scharf abgegrenzt - Dauerarbeitslosigkeit und soziale Schwäche zusammentrifft. Förderung der regionalen Mobilität, d.h. in der Regel Verlagerung des Wohnsitzes, verstärkt nur die sozialen Härten. Regionalpolitik müßte in Kooperation mit lokalen Gruppen treten: In Kooperation und in der Diskussion unter den regionalen gesellschaftlichen Gruppen kann eine Festlegung der Arbeitsmarktprogramme für soziale Gruppen erfolgen: Jugendliche, Sozialhilfeempfänger, Arbeislose mit beruflichen Qualifikationsdefiziten usw. Hier tauchen die Namen und Klassifikationen auf, die bekannt sind, sie müßten vor Ort jedesmal in eine Rangordnung gebracht werden. In einem derartigen Verfahren könnte auch das Schlagwort Hilfe zur Selbsthilfe einen Sinn bekommen. Erste regionale Orientierungen könnten durch die Existenz von Selbsthilfegruppen gegeben werden. Dieser Vorschlag zeigt aber bereits, daß Regionalpolitik "vor Ort" keinen Ansprechpartner hat, daß Regionalpolitik und Arbeitsmarktpolitik in ihrer Organisation strikt getrennt sind und getrennt auftreten: Wirtschaftsfördergesellschaft auf der einen Seite, Arbeitsamt und kommunale Verwaltung auf der anderen. Bekannt geworden ist der Vorschlag, die Selbstverwaltung der Arbeitsämter einzubeziehen, da lediglich hier alle Parteien bereits in einem Verwaltungsgremien vertreten sind. Dieser Vorschlag hat das Image eines Notvorschlages, denn man muß berücksichtigen, daß kommunale Verwaltung und kommunales Verwaltungsrecht für eine derartige Aufgabe zu komplex ausgelegt sind.

Versucht man, die Entwicklungsperspektiven der alten Industriegebiete zu skizzieren, so drängen sich drei Themen in den Vordergrund. Erstens, die Frage nach der weiteren Arbeit in der schwerindustriellen Basis der Regionen, d.h. nach der Zahl der Arbeitsplätze, die nach den absehbaren weiteren Rationalisierungen und grundlegenden Umstellungen noch verbleiben werden. Zweitens, die Frage nach den Möglichkeiten einer weiteren Urbanisierung und Dienstleistungsorientierung der Regionen, sowie drittens die Frage nach dem, was man

"Identitätsproblem" der Schwerindustrieregionen nennen kann, d.h. die Frage nach dem Wert der historischen Erfahrungen und ihrem Einfluß auf weitere wirtschaftliche Aktivitäten der Bevölkerung.

Die industrielle Neuorientierung der alten Industriegebiete war ein Bündel von Maßnahmen: Reduktion der Aktivitätsniveaus, industrielle Rationalisierung und tertiäre Neuorientierung. Reduktion der wirtschaftlichen Aktivität bedeutete dabei meist einen - hohen - lokalen Verlust an Arbeitsplätzen, seltener eine Reduktion der Produktionskapazitäten. Der Bergbau verlagerte sich im Ruhrgebiet nach Norden, die Stahlindustrie erhöhte ihre Produktivität in gigantischem Maße, verbunden mit Stillegungen ganzer Walzwerke durch Konzentration an spezialisierten Standorten. Der Arbeitsplatzabbau war in der Regel mit Sozialplanregelungen für ältere Arbeitnehmer verbunden. Die Unternehmen streuten ihr Risiko sehr breit. Aufkauf branchenfremder Unternehmen oder vertikal verbundener Betriebe. In einigen Unternehmen wird deshalb die Montanmitbestimmung wohl auslaufen, da der Anteil der Arbeitnehmer in dieser Sparte an den Gesamtbeschäftigten der Unternehmen unter das vorgesehene gesetzliche Minimum geschrumpft ist. Das "Potential" an älteren Arbeitnehmern ist jedoch in einigen Werken erschöpft, so daß weitere Sozialplanregelungen nicht greifen werden.

Dennoch hilft zur Beurteilung der Arbeitsmöglichkeiten in den Sektoren der Schwerindustrie nur die Klärung der Frage, inwieweit "nationale Sonderstellungen" aufrechterhalten werden können. Sicherung einer Energiereserve betrifft den Bergbau, weniger die Stahlindustrie, aber auch hier gelten vorwiegend natione Interessen, weniger regionale oder lokale.

Die Alten Industrieregionen haben sich zu Warenmärkten und Dienstleistungszentren entwickelt, d.h. ein hohes Maß an Kaufkraft hat sich in ihnen konzentriert, nicht zuletzt infolge der hohen in Kontischichten erzielten Löhne der Industriearbeiter.

Literaturverzeichnis

[1] H.R. Adamsen, Faktoren und Daten der wirtschaftlichen Entwicklung in der Frühphase der Bundesrepublik Deutschland 1948 -1954, in: Archiv für Sozialgeschichte XVIII, 1978

[2] Gunnar Adler-Karlsson, Gedanken zur Vollbeschäftigung, in: MittAB 4/79, S. 481 - 505

[3] A.A. Alchian, H. Demsetz, Production, Information Costs, and Economic Organisation, in: The American Economic Review, Vol. 62 (1972), S. 777 - 795

[4] Autorengemeinschaft, Zum Problem der strukturellen Arbeitslosigkeit, in: Mitteilungen aus der Arbeitsmarkt- und Berufsforschung, (1976) 1, S. 70-83

[5] J.L. Badaracco, D.B. Yoffie, Industrial Policy, It Can't Happen Here, Harvard Business Review, Nov./Dec. 1983, S.97-105

[6] Franz-Josef Bade, Die Beschäftigtenentwicklung in den Regionen der Bundesrepublik Deutschland 1976 bis 1983, 2. Zwischenbericht zum Gutachten "Die regionale Verteilung von Wirtschaftsaktivitäten" im Auftrag des Niedersächsischen Ministers für Wirtschaft und Verkehr, Berlin, im August 1985

[7] Beschlußempfehlung und Bericht des Ausschusses für Forschung und Technologie(18.Ausschuß) Deutscher Bundestag Drucksache 10/2937

[8] Erhardt Blankenburg, Uta Krautkrämer, Aktivierung lokaler Arbeitsmarktpolitik, in: Archiv für Kommunalwissenschaft, 18. Jahrgang, 1979, S. 61-73

[9] H.J. Bodenhöfer: Zum Wandel der funktionalen Beschäftigungsstruktur im Wachstum, in: Bedarfsprognostische Forschung in der Diskussion, Hrsg. Arbeitsgruppe des IAB, Frankfurt a.M. 1976

[10] Michael Bolle, Vollbeschäftigung: Theorie und Politik, in: Michael Bolle (Hg), Arbeitsmarkttheorie und Arbeitsmarktplitik, Opladen 1976

[11] Christian Brinkmann, Strukturen und Determinanten der beruflichen Wiedereingliederung von Langfristarbeitslosen, a.a.O.,

[12] Martin Buber, Das dialogische Prinzip, Heidelberg 1979,

[13] Friedrich Buttler: Spielräume einer regionalisierten Arbeitsmarktpolitik bei stagnierendem Wirtschaftswachstum, in: Wirtschaftsdienst, 1983/I, S. 51-56

[14] Hermann Biehler, Wolfgang Brandes, Friedrich Buttler, Knut Gerlach und Peter Liepmann, Arbeitsmarktstrukturen und -prozesse, Zur Funktionsweise ausgewählter Arbeitsmärkte, Tübingen 1981

[15] Ulrich Cramer, Zur Messung struktureller Arbeitslosigkeit, in: Wirtschaftsdienst 1979 (III), S. 130-134

[16] R. Dahrendorf, Gesellschaft und Demokratie in Deutschland, München 1968

[17] Ralf Dahrendorf, Die neue Unterklasse, Warum hohe Arbeitslosigkeit keine Revolution bewirkt, in: Die Zeit, Nr. 5 - 27. Januar 1984, S. 32.

[18] DIE ZEIT Nr.8 - 15.Februar 1985, S.37

[19] Gerlinde Dörr, Zum Zusammenhang von gesellschaftlicher Arbeit und politischer Regulierung bei technisch- organisatorischen Innovationsprozessen auf Basis der Mikroelektronik. In: Barbara Stiegler (Hg.), Blaumann über der Schürze, Über die Chancen für Frauen in technischen Berufen. Bonn 1985

[20] Franz Egle, Werner Karr, Rudolf Leupoldt, Strukturmerkmale der Arbeitslosen für Ströme und Bestände wowie Analyse der Vermittlungstätigkeit, in: Mitteilungen aus der Arbeitsmarkt- und Berufsforschung, 1980 (1), S. 105 - 113

[21] Franz Egle, Rudolf Leupoldt, Mehrfacharbeitslosigkeit, Dauer der Arbeitslosigkeit und Wiedereingliederung von Arbeitslosen. Eine Empirische Untersuchung aus einer Abgangsstichprobe, in: Mitteilungen aus der Arbeitsmarkt- und Berufsforschung, 1977 (4), S. 463-468

[22] Einkommens- und Vermögensverteilung, Der Bundesminister für Arbeit und Sozialordnung, Bonn 1981

[23] Ferdinand Fasterding, Ausbildung und berufliche Erstplazierung der Nachkommen selbständiger Landwirte, in: Landbauforschung Völkenrode, 35. Jahrgang(1985), Heft 4, S. 174-184

[24] G. Fels, K.-D. Schmidt, Die deutsche Wirtschaft im Strukturwandel. Tübingen 1981

[25] Siegfried Franke, Reallohn, Mobilität und Beschäftigung, in: Wirtschaftsdienst 1986/V, S.245- 250

[26] Dietrich Garlichs, Friederike Maier, Klaus Semlinger (Hrsg.), Regionalisierte Arbeitsmarkt- und Beschäftigungspolitik, Frankfurt/Main, New York, 1983

[27] H. Gerfin, Ist Keynes entthront?, in: Wirtschaftswoche Nr. 33, 13.8.1982, S. 46 - 49

[28] J.C. Gray, D.A. Spina, State and Local Industrial Location Incentives, A Well- Stocked Candy Store, Journal of Corporation Law, 5, 1980, S. 517-687

[29] Heinrich Gräber, Mathias Holst, Karl- Peter Schackmann- Fallis, Harald Spehl, Regionale Wirtschaftsstrukturen im Verarbeitenden Gewerbe unter besonderer Berücksichtigung der Kontrollstruktur, Endbericht (Kurzfassung), Trier 1986

[30] Claus Grossner, Hans-Hermann Münchmeyer, Arend Oetker, Carl Christian von Weizsäcker, Das 198. Jahrzehnt, Eine Team- Prognose für 1970 bis 1980, Hamburg 1969

[31] Tim Guldimann, Die Grenzen des Wohlfahrtsstaates, München 1976

[32] Wilhelm Hankel: Die Wirtschaft in der Wirtschaft, Die "Schwarzen Märkte"werden zu einem neuen Zentrum der Wertschöpfung, in: Die Zeit - Nr.16 - 15, April 1983, S. 44

[33] Heinz-Dieter Hardes, Arbeitsmarktstrukturen und Beschäftigungsprobleme im internationalen Vergleich

[34] Hubert Heinelt, Carl-Wilhelm Macke, Arbeitsloseninitiativen und Arbeitslosenzentren - Neue Organisationsformen als Antwort auf alte soziale Fragen?, in: WSI-Mitteilungen 10/1984, S. 605-612, S. 609

[35] Hans Hofbauer, Materialien zur Situation älterer Erwerbspersonen in der Bundesrepublik Deutschland, in: Mitteilungen aus der Arbeitsmarkt- und Berufsforschung, (1982) 2, S. 99-110

[36] Peter Hurler, Rudolf Kohler, Sonja Krusch, Regionale Arbeitslosigkeit. Arbeitsbericht im Rahmen des DFG-Schwerpunktes Regionalforschung und Regionalpolitik, 1979

[37] Ivan Illich, Vom Recht auf Gemeinheit, Hamburg 1982

[38] J. Jacobs, Bidding for Business, Corporate Auctions and the Fifty Disunited States, Washington, DC, 1980

[39] Urs Jaeggi, Kapital und Arbeit in der Bundesrepublik 14. Auflage 1974

[40] Peter Joachim, Sozioökonomische Determinanten regionaler Innovationsbedingungen, Gutachten, gefördert durch die Deutsche Forschungsgemeinschaft, Bonn 1986

[41] Manfred Kaiser, Tamas Kolosi, Peter Robert, Bildungsexpansion, Beschäftigung und Mobilität, Ein empirischer Vergleich zwischen der Bundesrepublik Deutschland und Ungarn. In: MittAB 1984, Heft 3/84, S.388 - 406

[42] Werner Karr, Zur Strukturalisierung der Arbeitslosigkeit. Umfang der Zielgruppen am Arbeitsmarkt unter Berücksichtugng von Mehrfachbeeinträchtigungen und Doppelzählungen, in: Mitteilungen aus der Arbeitsmarkt- und Berufsforschung, 1979 (2), S. 152 -165

[43] Werner Karr, Gertrud Apfelthaler, Zur Dauer der Arbeitslosigkeit, in: Mitteilungen aus der Arbeitsmarkt- und Berufsforschung, 1981 (4), S. 383 - 390

[44] Otto Ernst Kempen, Grundgesetz und Arbeitsmarkt, in: Michael Kittner (Hg.), Arbeitsmarkt - ökonomische, soziale und rechtliche Grundlagen, Heidelberg 1982, S.129 - 153

[45] Horst Kern, Michael Schumann: Industriearbeit aud Arbeiterbewußtsein, Teil I, Frankfurt a.M. 1970

[46] R.W. Kingdon, Agendas, Alternatives and Public Policies, Boston 1984

[47] Michael Kittner, Arbeitsmarkt und Recht - Eine Einführung, in: Michael Kittner (Hg.), Arbeitsmarkt - ökonomische, soziale und rechtliche Grundlagen, Heidelberg 1982, S.11 - 127

[48] Kurt Klotzbach, Der Weg zur Staatspartei, Berlin/Bonn 1982

[49] H. Koch, Grundlagen der Wirtschaftlichkeitsrechnung, Wiesbaden 1970

[50] Henrik Kreutz, Gerhard Fröhlich, Dieter Maly, Alternative Projekte - Realistische Alternativen zur Arbeitslosigkeit, in: MittAB 2/84, S. 267-273

[51] Heinz Lampert, Möglichkeiten und Grenzen einer Flexibilisierung der Beschäftigungsverhältnisse, in Wirtschaftsdienst 1986/IV, S. 179- 186

[52] J.Langkau, P. Thelen, J. Vesper, Regionale Arbeitsmarktbilanzen zur Neuabgrenzung der Fördergebiete in der Bundesrepublik Deutschland, Schriftenreihe des Forschungsinstituts der Friedrich-Ebert-Stiftung, Band 119, Bonn-Bad Godesberg, 1975,

[53] J. Langkau, H. Neumann, J. Vesper, K.-H. Weimer, Die Ermittlung von Fördergebieten auf der Grundlage von Prognosen regionaler Arbeitsmarktbilanzen für das Jahr 1980, Gutachten im Auftrag des Planungsausschusses der Gemeinschaftsaufgabe "Verbesserung der regionalen Wirtschaftsstruktur", Bonn-Bad Godesberg, 1977

[54] Jochem Langkau, Lohn- und Gehaltsdiskriminierung von Arbeitnehmerinnen in der Bundesrepublik Deutschland, Bonn 1979

[55] Jochem Langkau,Sozialpolitik, längerfristige Wirtschaftsentwicklung und Finanzpolitik – Wechselwirkungen und Anpassungserfordernisse, in: Jochem Langkau,Claus Köhler(Hg.), Wirtschaftspolitik und wirtschaftliche Entwicklung, Festschrift für Walter Hesselbach, S.231-245, Bonn 1985

[56] R.Z. Lawrence, Can America Compete, Washington, DC, 1984, L. R. Klein, Identifying the Effects of Structural Change, in: Industrial Change and Public Policy, Kansas City 1983

[57] Heinz Laufer, Regierungslehre, in: Leonhard Reinisch (Hg.), Politische Wisschenschaft heute, München 1971

[58] G. Leminsky, Zur Konzeption arbeitnehmerorientierter Wissenschaft. In: S.Katterle, K. Krahn(Hg.), Wissenschaft und Arbeitnehmerinteressen. Köln 1980, S.268-274

[59] B. Lutz, I.Krings, J. Fleischer: Überlegungen zum Problem des "Bedarfs" an hochqualifizierten Arbeitskräften und seiner Prognose, Hannover 1970

[60] Carl Wilhelm Macke, Ein Tropfen auf einem heißen Stein, Zum Beispiel das Arbeitslosenzentrum Hannover, in: Michael Bolle, Peter Grottian (Hg.), Arbeit schaffen jetzt

[61] Minister für Arbeit, Gesundheit und Soziales des Landes Nordrhein-Westfalen (MAGS): Konzeptentwicklung für ein Arbeitsbeschaffungsprogranmm zur Behebung sozialer und räumlicher Mängel (Wohnumfeldverbesserung), Aachen 1979

[62] MAGS: Arbeitsbeschaffungsprogramm "Soziales Wohnumfeld", in: Informationen für jeden, Düsseldorf 1981

[63] MAGS: Raum für soziales Leben, Kriterien und Leitlinien für die Qualität von Wohnquartieren und des Wohnumfeldes für Kinder, Jugendliche, Familien und alte Menschen, Arbeitshilfe, Aachen 1978

[64] Helmut Maneval, Probleme der Erfassung struktureller Arbeitslosigkeit und Probleme der wirtschaftlichen Beeinflussung struktureller Arbeitslosigkeit, in: Soziale Probleme der modernen Industriegesellschaft, Schriften des Vereins für Sozialpolitik, N.F. 92/I, Berlin 1977, S. 111-129

[65] Heribert Meffert, Marktkommunikation, Das System des Kommunikations-Mix, Westfälische Wilhelms-Universität Münster, o.J.(1979)

[66] Bernd Mettelsiefen, Hartmut Seifert, Arbeitsmarktpolitik in der Beschäftigungskrise - Ein Rückblick, in: WSI-Mitteilungen 6981

[67] Klaus Michael Meyer-Abich, Bertram Schefold, Wie möchten wir in Zukunft leben, München 1981

[68] Ulrich Mückenberger, rechtliche Aspekte industrieller Arbeit, in: Walter Georg, Leo Kißler, Ulrike Sattel(Hg.) Arbeit und Wissenschaft: Arbeitswissenschaft? Eine Einführung. Bonn 1985, S.248-289

[69] Richard Müller, Werner Röck: Konjunktur und und Stabilisierungspolitik, Stuttgart 1976

[70] Chie Nakane, Die Struktur der japanischen Gesellschaft, Frankfurt am Main 1985

[71] Friedrich Naumann, Neudeutsche Wirtschaftspolitik, Berlin- Schöneberg 1911

[72] Hannelore Neumann, Berücksichtigung der Qualität von Arbeitsplätzen bei der regionalen Wirtschaftsförderung, in: Neuere Entwicklungen der Regionalpolitik in der Bundesrepublik Deutschland, Berlin 1983 Wirtschaftsdienst 1983/I, S. 51 - 56

[73] Hannelore Neumann, Achim Weimer (EDV), Frank Weimer(EDV), Regionale Arbeitslosenquoten 1976 bis (1. Halbjahr) 1983 - Ergebnistabellen - Gutachten (Teil I) im Auftrag des Planungsausschusses der Gemeinschaftsaufgabe "Verbesserung der regionalen Wirtschaftsstruktur", Bonn, 1983

[74] Hannelore Neumann, Strukturelle regionale Arbeitslosigkeit und Probleme ihrer Messung, unveröffentlichtes Gutachten, Bonn 1981

[75] Neunter Subventionsbericht Bericht der Bundesregierung, Drucksache 400/83 des Bundesrates 6.9.83

[76] H. Nicklisch, Handwörterbuch der Betriebswirtschaftslehre, Stuttgart 1938 2 Bd.

[77] Lutz Niethammer, Bodo Hombach, Tilman Fichter, Ulrich Borsdorf (Hg.), Die Menschen machen ihre Geschichte nicht aus freien Stücken, aber sie machen sie selbst. Einladung zu einer Geschichte des Volkes in NRW, Berlin/Bonn 1984

[78] Mechthild Oechsler, Mir hat keiner was gegeben, und von mir kriegt auch keiner was - Interpretationsbericht zum Interview B 201, in: Rainer Zoll (Hg.), Hauptsache, ich habe meine Arbeit, S. 189-228

[79] B.G. Peters, The Politics of Bureaucracy, New York 1984

[80] B. Guy Peters, The Politics of Industrial and Regional Policy in the United States, Paper prepared for conference on Regional Structural Change in International Perspective, Essen October 8-10, 1986 by the FES

[81] K.R. Popper, THE OPEN SOCIETY AND ITS ENEMIES, VOL.II THE HIGH TIDE OF PROPHECY, London 1974

[82] Rolf- Dieter Postlep, Helmut Stegemann, Die Einebnung des Fördergefälles als Problem der Regionalpolitik, in: WIRTSCHAFTSDIENST 1986/VII, S. 357- 361

[83] Wolfgang Renzsch, Alfred Kubels Vorschläge zur Neuordnung des bundesstaatlichen Finanzausgleichs, in: Bernd Rebe, Klaus Lompe, Rudolf von Thadden (Hg.), Idee und Pragmatik in der politischen Entscheidung, Alfred Kubel zum 75. Geburtstag, Bonn-Bad Godesberg 1985

[84] F.W. Scharpf: Institutionelle Bedingungen der Arbeitsmarkt- und Beschäftigungspolitik, in: Aus Politik und Zeitgeschichte, B 6/83, 12.2.1983, S. 3-15

[85] Ronald Schettkat, Klaus Semlinger, Der eigenständige Effekt gesundheitlicher Einschränkungen als Vermittlungshemmnis, in: Mitteilungen aus der Arbeitsmarkt- und Berufsforschung, 1982 (4), S. 434-442

[86] Markus Scheuer, Zur Leistungsfähigkeit neoklassischer Arbeitsmarkttheorien. Bonn 1987

[87] Henner Schierenbeck, Unternehmungsfinanzen und Konjunktur, Stuttgart 1980

[88] Thomas Schmid (Hg.), Befreiung von falscher Arbeit, Thesen zum garantierten Mindesteinkommen, Berlin 1984

[89] Gustav Schmoller, Grundriß der allgemeinen Volkswirtschaftslehre, Erster Teil. München, Leipzig 1923

[90] Hella Schomacker, Arbeitslosigkeit in der Bundesrepublik Deutschland. Beiträge zu Umfang, Struktur, Auswirkungen und Prognostik der Arbeitslosigkeit, Bremen 1978

[91] Sigrid Skarpelis-Sperk, Statement vor dem Arbeitskreis STRUKTURPOLITIK des Rationalisierungskuratoriums der Deutschen Wirtschaft e.V. am 9. Mai 1985 in Eschborn

[92] Rüdiger Soltwedel, Konjunkturelle oder strukturelle Arbeitslosigkeit - ungelöstes Zuordnungsproblem, in: WSI-Mitteilungen (1977) 5

[93] Erich Staudt, Technik dient dem sozialen Fortschritt, Visionen über grundlegend veränderte Beziehungen zwischen Arbeit und technischer Umwelt, in: Frankfurter Allgemeine Zeitung, 27.April 1985,Nr.98,S.15

[94] D. Storbeck, M. Lücke, Die gesellschaftpolitische Relevanz regionalpolitischer Ziele, in: Ausgeglichene Funktionsräume, Grundlagen für eine Regionalpolitik des mittleren Weges, Forschung- und Sitzungberichte der Akademie für Raumforschung und Landesplanung, Bd. 94, Hannover 1975, S. 19-62

[95] Johano Strasser, Klaus Traube, Die Zukunft des Fortschritts, Der Sozialismus und die Krise des Industrialismus, Bonn 1981

[96] Walter Sulzbach, Nationales Gemeinschaftsgefühl und wirtschaftliches Interesse, Leipzig 1929

[97] Vgl. z.B. Peter Thelen, Georg Lührs: Abgrenzung von Fördergebieten. Die Messung der Wirtschaftskraft und der strukturellen Gefährdung von Regionen, Schriftereihe des Forschungsinstituts der Friedrich-Ebert-Stiftung, Bonn-Bad Godesberg 1971

[98] RainerThoss, DieräumlicheKonzentration in den Ländern der Europäischen Gemeinschaft. Sammlung Studien, Reihe Regionalpolitik Nr. 4, Brüssel 1977

[99] Rainer Thoss u.a., Zur Konsistenz von Agrar-, Energie- und Verkehrspolitik mit der regionalen Wirtschaftspolitik. Münster 1978

[100] Joachim Vesper, Prognose der regionalen Arbeitsplatznachfrage 1985 und regionaler Arbeitsmarktbilanzen für die Neuabgrenzung der Fördergebiete im Rahmen der Gemeinschaftsaufgabe "Verbesserung der regionalen Wirtschaftsstruktur", Gutachten im Auftrag des Planungsausschusses der Gemeinschaftsaufgabe "Verbesserung der regionalen Wirtschaftsstruktur", Bonn-Bad Godesberg, 1981

[101] Joachim Vesper, Diversifizierung der regionalen Wirtschaftsstruktur als Ziel der Regionalpolitik, Diss. Münster 1983

[102] Joachim Vesper, Voraussetzungen und Bedingungen regionaler Arbeitsmarktpolitik, Köln - Opladen 1985

[103] Joachim Vesper, Prognose der regionalen Arbeitsmarktbilanzen 1990, Gutachten im Auftrag des Planungsausschusses der Gemeinschaftsaufgabe "Verbesserung der regionalen Wirtschaftsstruktur", Bonn-Bad Godesberg, 1986

[104] Vierzehnter Rahmenplan der Gemeinschaftsaufgabe "Verbesserung der regionalen Wirtschaftsstruktur", BT- Drucksache 10/3562, vom 25.6.1985

[105] J. Zysman, Governments, Markets and Growth, Financial Systems and the Politics of Industrial Change, Ithaca 1983

FORSCHUNGSBERICHTE
des Landes Nordrhein-Westfalen

Herausgegeben
vom Minister für Wissenschaft und Forschung

Die „Forschungsberichte des Landes Nordrhein-Westfalen" sind in zwölf Fachgruppen gegliedert:

Geisteswissenschaften
Wirtschafts- und Sozialwissenschaften
Mathematik / Informatik
Physik / Chemie / Biologie
Medizin
Umwelt / Verkehr
Bau / Steine / Erden
Bergbau / Energie
Elektrotechnik / Optik
Maschinenbau / Verfahrenstechnik
Hüttenwesen / Werkstoffkunde
Textilforschung

WESTDEUTSCHER VERLAG
5090 Leverkusen 3 · Postfach 300620

GPSR Compliance

The European Union's (EU) General Product Safety Regulation (GPSR) is a set of rules that requires consumer products to be safe and our obligations to ensure this.

If you have any concerns about our products, you can contact us on ProductSafety@springernature.com

In case Publisher is established outside the EU, the EU authorized representative is:

Springer Nature Customer Service Center GmbH
Europaplatz 3
69115 Heidelberg, Germany

Batch number: 10809636

Printed by Printforce, the Netherlands